国家社会科学基金一般项目（13BZS038）成果

明清时期皖南宗族与区域文化关系研究

谈家胜　金　晶　江慧萍◎著

安徽师范大学出版社
ANHUI NORMAL UNIVERSITY PRESS
·芜湖·

图书在版编目(CIP)数据

明清时期皖南宗族与区域文化关系研究 / 谈家胜,金晶,江慧萍著. —芜湖:安徽师范大学出版社,2022.10

ISBN 978-7-5676-5153-1

Ⅰ. ①明… Ⅱ. ①谈… ②金… ③江… Ⅲ. ①宗族-关系-区域文化-研究-皖南地区-明清时代 Ⅳ. ①K820.9②G127.54

中国版本图书馆CIP数据核字(2022)第178802号

明清时期皖南宗族与区域文化关系研究

谈家胜 金 晶 江慧萍◎著

责任编辑:李慧芳 责任校对:何章艳
装帧设计:王晴晴 姚 远 责任印刷:桑国磊
出版发行:安徽师范大学出版社
芜湖市北京东路1号安徽师范大学赭山校区 邮政编码:241000
网 址:http://www.ahnupress.com/
发 行 部:0553-3883578 5910327 5910310(传真)
印 刷:安徽新华印刷股份有限公司
版 次:2022年10月第1版
印 次:2022年10月第1次印刷
规 格:700 mm × 1000 mm 1/16
印 张:22.5 插 页:4
字 数:379千字
书 号:ISBN 978-7-5676-5153-1
定 价:98.80元

作者简介

谈家胜，男，1966年生，安徽东至人。1988年毕业于安徽师范大学历史系，获历史学学士学位，同年入职池州师范专科学校历史系执教；2005—2007年在职攻读安徽师范大学社会学院历史学硕士学位。现为池州学院皖南民俗文化与旅游发展研究院院长、教授、安徽省高校人文社科重点研究基地皖南民俗文化研究中心主任，兼任安徽师范大学历史学院硕士生导师、安徽省社科联第八届委员会委员、安徽省历史学会理事、安徽省徽学学会理事等职。

长期从事中国古代史、史学理论及地方文化的教学与研究工作，主持国家社科基金、安徽省社会科学创新发展研究、安徽省教育厅人文社科及校级教科研项目和地方委托项目15项，出版《国家图书馆所藏徽谱资源研究——32种稀见徽州家谱叙录》《宗族社会与池州傩戏的关系研究》《池州傩文化》《皖江文化十讲》等著作4部，参编省规划教材《中国历史与文化》《大学生传统文化素养》2部，在《东南文化》《戏剧》《历史档案》《安徽史学》《安徽师范大学学报》等学术期刊发表论文50余篇。

金晶，女，1987年生，安徽淮南人。现为池州学院皖南民俗文化与旅游发展研究院、旅游与历史文化学院讲师，安徽师范大学历史学院中国史专业博士研究生。主要从事明清史、区域文化及徽学方面的教学与研究工作。主持校级教科研项目3项，参与国家社科基金项目1项，发表学术论文4篇。

江慧萍，女，1984年生，安徽贵池人。毕业于安徽大学历史学系中国古代史专业，获历史学硕士学位。现为池州学院旅游与历史文化学院讲师。主要从事明清史、徽学及皖南民俗文化等方面的教学与研究工作。主持省级教科研项目2项，参与国家社科基金项目1项，发表学术论文3篇。

贵池梅街镇刘街社区岸门刘古村落及其水口林

祁门闪里镇坑口村磻村组的古戏台

祁门环砂村叙伦堂永禁碑，清嘉庆二年（1797年）正月立

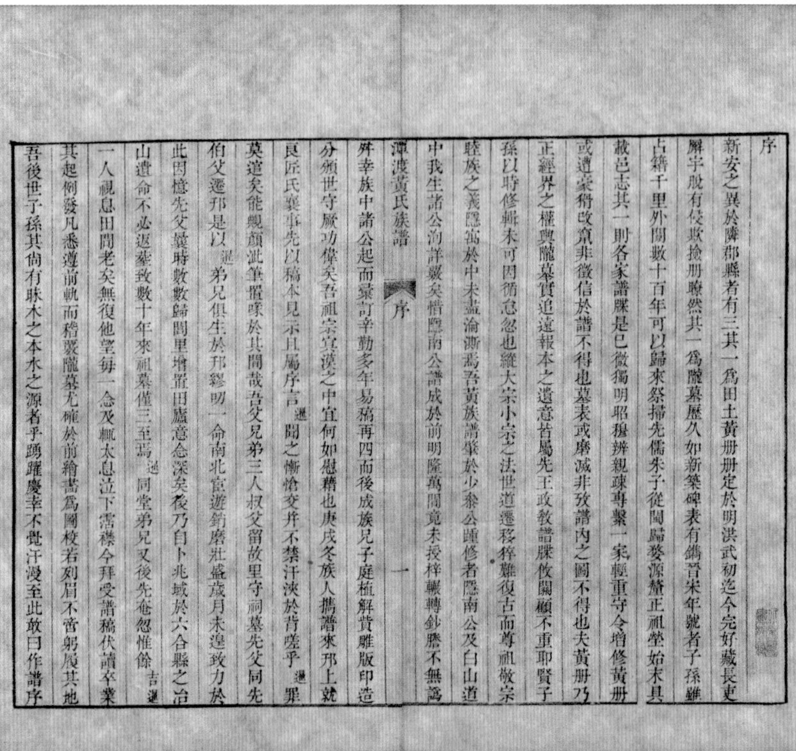

序

新安之異於隣郡縣者有三其一爲田土黃册册定於明洪武初迄今完好藏長吏
廨宇脫有侵欺撿册瞭然其一爲隴墓歷久如新築碑表有鐫晉宋年號者子孫雖
占籍千里外闊數十百年可以歸來祭掃先儒朱子從閩歸婺源整正祖塋始末具
載邑志其一則各家譜牒是已徽獨明昭穆辨親疎尊聚一家輕重守令增修黃册
或遺豪猾改竄非徵信於譜不得也墓表或磨滅非考譜內之圖不得也夫黃册乃
正經界之權輿隴墓實追遠報本之遺意皆屬先王政教譜牒攸關顧不重耶賢子
孫以時修輯未可因循怠忽也纔大宗小宗之法世道遷移猝難復古而尊祖敬宗
睦族之義隱寓於中未盡淪澌焉吾黃族譜肇於少參公踵修者隱南公及白山道
中我生諸公尚詳覈矣惜隱南公譜成於前明隆萬間竟未授梓輾轉鈔謄不無譌

潭渡黃氏族譜　序　一

舛幸族中諸公起而彙訂辛勤多年易稿再四而後成族兄子庭植解貲雕版印造
分頒世守厥功偉矣吾祖宗冥漠之中宜何如慰藉也庚戌冬族人攜譜來邗上就
良匠氏襄事先以稿本見示且屬序言暹閱之慚愴交幷不禁汗浹於背嗟乎暹罪
莫逭矣能覥顏泚筆置喙於其間哉吾父兄弟三人叔父留故里守祠墓先父同先
伯父遷邗是以暹弟兄俱生於邗繆叨一命南北宦遊銷磨壯盛歲月未遑致力於
此因憶先父曩時數數歸閭里增置田廬意念深矣後乃自卜兆域於六合縣之冶
山遺命不必返葬致數十年來祖墓僅三至焉暹同堂弟兄又後先奄忽惟餘吉暹
一人視息田間老矣無復他望每一念及輒太息泣下霑襟今拜受譜稿伏讀卒業
其起例發凡悉遵前軌而稽覈隴墓尤確於前繪畫爲圖按若列眉不啻躬履其地
吾後世子孫其尚有脉木之本水之源者乎踴躍慶幸不覺汗漫至此敢曰作譜序

歙县《潭渡孝里黄氏族谱》，明隆庆年间刻本，中国国家图书馆藏

序

近日谈家胜教授又寄来了他的新作《明清时期皖南宗族与区域文化关系研究》，嘱我作序。这是他继《国家图书馆所藏徽谱资源研究——32种稀见徽州家谱叙录》《宗族社会与池州傩戏的关系研究》《池州傩文化》之后的又一部力作。他的研究条件不好，搜集资料又比较困难，但他却成果不断，着实令我吃惊。

这是一部研究区域文化的著作。当今，区域文化研究正方兴未艾，已成为学术界研究的热点。关于区域文化的定义，学术界五花八门，家胜教授比较了各种观点后，认为区域文化所必备的要件有三个：第一，共同的区域或者生存空间。这个空间可以是自然的地理空间，也可以是社会行政区划空间，或者是二者的重叠。第二，创造区域文化的人群。生活在特定区域的人群是文化产生的最重要的因素。第三，这种区域文化是历史上形成并得以传承。根据这三个要件，他给区域文化作了一个界定，即指一定时期、一定区域内特定的人群，通过社会实践所创造出来并遗存（传承）下来的物质及精神财富的总和。我对这样的分析是认同的。

正是根据这样的理路，他撰成了这样一部《明清时期皖南宗族与区域文化关系研究》。翻读此书，我觉得此书有“三新”。

首先是视角新。说到皖南的区域文化，人们立即会想到徽州文化，经过众多学者长期辛勤劳作，徽州文化研究的园地里，已经是百花齐放，春色满园了。但是，难道皖南的区域文化就仅指徽州文化吗？当然不是。明清时期的皖南区域包括太平府、宁国府、池州府、徽州府、广德州，除去太平府和广德州，宁国府、池州府、徽州府三府地相连，境相似，人相通，俗相近，属于一个较大的区域文化圈，研究这个区域的文化现象，是很有意义的。但是迄今为止，人们看到的只是徽州文化研究如火如荼，而关于宁国府、池州府的研究却寥若晨星。家胜教授的新著跳出徽州府的圈子，把视线扩大到宁国府和池州府，并将它们与徽州府看成一个区域进行研究。他从宗族视角切入，可以说是抓住了“牛鼻子”。因为这三府都是典型的宗族社会，每个人都在自己的宗族中生活。这些人正是创造区域文化的主体。本书就是从这一视角来探讨宗族的“人”与区域文化的互动关系。把宗族与区域文化联系起来考察，既能深入探讨区域文化的形成机制，又能揭示这一区域文化何以影响着宗族，使得这三府的宗族制度渐趋牢固。从这一视角切入研究是较新的。

其次是方法、材料新。史学研究贵在创新。创新之一就是研究方法创新。区域文化的研究方法，最常见的是历史学、历史社会学和历史人类学的研究方法，很多学者用这些方法进行研究已取得了很好的成果。但是任何方法都不是绝对的，都有局限性。研究一个事物，完全可以通过不同的方法去揭示事物的本质。好比烹饪一条鱼，可以红烧，也可以清蒸，还可以炖汤，但也绝不仅仅就这三种方法，但凡高级厨师凭借那双巧手用其他的方法完全可以做出更加美味可口的佳肴来。家胜教授在研究宗族与区域文化时就引入了文化人类学的方法，专门研究社会人群的信仰心理和行为特征，以此来解释何以池州傩戏能够世代流传下来。他多次深入乡村，观看傩戏演出，探寻其中的文化机理。这是一个可贵的探索。研究历史问题要取得更好的成果，绝对离不开新资料的发掘与运用，否则很容易炒冷饭。为了完成这一课题研究，他真正深入田野开展调查走访，收集资料，又发挥自己对家谱比较熟悉的优势，查阅了大量家谱和其他文献资料，其中有不少资料是第一次面世，从而使自己的研究建立在坚实的基础上。

最后是观点新。史学研究无论是采取新方法也好，使用新资料也罢，其实都是手段，最根本的目的就是得出对事物的新认识。因此，史学研究力求获得新观点、新认识，推动学术进步，应是我们每位研究者的终极关怀。家胜教授始终没忘记这一点。在皖南宗族与区域文化的关系上，他首先关注了教育文化，认为府县官学、书院、私塾、社学、义学等的大量创办，成为影响皖南各地举业以及地方文化建设的重要因素。其中宗族起了重要作用，宗族重视教育，支持各种文教事业，兴办各类教育机构，用各种办法激励族中子弟读书、科考，正因为如此，族内产生了一大批文化学术和专业技术人才，为皖南宗族民众创造物质，尤其是非物质文化事象奠定了人才基础，正是他们创造了区域文化。这些显著的成效又积极反哺宗族社会，对宗族自身的建设产生了深远的影响。这一认识是深刻的。

同时，皖南宗族在村落中聚族而居，出于生活需要和精神诉求，又营建了各类物质设施，一是各类礼仪建筑，如祠堂、寺观、村社和牌坊，二是村落的交通设施，包括桥梁、道路、堤坝等。总之，这些都体现了物质文明，不仅便捷了宗族成员的生活，也增强了宗族的凝聚力，促进了宗族的兴盛。尤其是宗族里的人创造出来的各类技艺和非技艺文化事象灿若星辰，在宗族社会传承不绝，成为当下珍贵的非物质文化遗产，也构成了这个区域文化的特色。家胜教授紧紧抓住宗族与区域文化这一对关系，深入剖析，言之成理，持之有故，得出的结论是令人信服的，也是发人深省的。

家胜教授在十年时间里出了四部著作，实在可喜可贺，其勤奋程度真令人钦佩。家胜早已是教授了，不存在评职称的压力，可以说他完全可以像某些人那样“躺平”，优哉游哉。但他没有那样做，仍然焚膏继晷，挑灯夜战，执着地在史学园地里孜孜耕耘，这就更显得难能可贵了。我们的高校尤其是地方院校如果多一些这样的教师，那学校的学科建设水平会明显提高的。

本书是皖南区域文化园地里又一朵绚丽的花朵，希望更多的学者都来研究这一区域文化，让这块略显稀疏荒凉的园地灿烂起来。我们任重而道远！

王世华

二〇二二年七月一日

目　录

绪　论

一、本书研究的缘起

自20世纪80年代始，区域文化研究逐渐热起来。安徽境内的区域文化以徽州文化的研究被学界高度重视，研究成果渐渐丰富起来，至20世纪90年代，“徽学”作为一门以地域文化为研究对象，“进而探寻中国传统社会后期经济社会发展规律的中国史的分支学科”①诞生，进一步促进了国内外学者的研究。进入21世纪，徽学研究成果呈井喷态势，绚丽灿烂的徽州文化被世人渐渐认知，也引起了政府的高度关注，期望文化的研究和被揭示出来的文化资源有助于地方经济社会建设与发展，因之，黄山市的古徽州文化旅游也热了起来。

历史上徽州一府六县的地域范围即今之黄山市全境、宣城市绩溪和江西上饶市婺源县境，以此为核心，其毗邻的宣城、池州历史文化也引起了学界和政府的重视，相关的研究成果也不断刊发，皖南丰富的历史文化资源及其遗产被揭去了尘封经年的面纱，呈露于世人面前。面对前人创造并遗存下来的文化遗产，各地政府积极地加以保护与利用，以期促进地方经济社会建设，显著之例便是“皖南国际文化旅游示范区”的建设。2009年2月6日，黄山、池州及宣城三市旅游管理部门在宣城市召开会议，提出并提请安徽省委、省政府批准建立“皖南国际旅游文化示范区”，力求将皖南打造成世界级文化旅游目的地；2009年7月14日，安徽省政府批准设立“皖南国际旅游文化示范区”，并提请国家发改委批准。在此期间，黄山、池州和宣城三地的文化旅游规划也紧锣密鼓地开展起来，各地历史文化资源的开发利用愈益受到重视，客观上要求区域文化研究进一步深入化。

① 王世华主编:《徽学概论》,安徽人民出版社2020年版,第65页。

现今皖南遗存下来的文化遗产多是由历史上的宗族民众所创造，如何充分发挥它们在地方经济社会建设过程中的作用，值得学界和政府共同研究。但在服务地方经济社会发展的过程中，如何从理论上研究更好地保护并传承它们，则是学界的重任，需要学界将研究的视角投向它们产生并传承的机理方面。可以说，在区域文化研究热潮兴起，在以徽州文化为核心的皖南历史文化研究成绩斐然的学术背景刺激和“皖南国际文化旅游示范区”建设的现实背景需求下，将学术研究视角投向皖南宗族社会与区域文化关系方面，应是学术研究的趋势。此正是本书研究的缘起。

二、本书研究的意义

皖南区域文化研究成就卓著者当属徽州文化研究，其中关于徽商及徽州宗族的研究力度最深。随着宗族研究的深化，学者们发现徽州文化的诸多方面与徽州宗族有着密切的联系，“徽州宗族不是孤立的、简单的社会现象，它与徽州经济、徽州文化等社会要素之间存在着不可分割的内在联系”[①]，于是有学者将研究的视角投向宗族社会里的文化事象并试图探究二者的关系。如陈琪、张小平、章望南合著的《花雨弥天妙歌舞：徽州古戏台》[②]一书，揭示了徽州宗族社会“演剧自遣”的习俗文化及其遗产；日本学者田仲一成著有《明清的戏曲——江南宗族社会的表象》[③]，该著内容涉及徽州和池州宗族社会里的戏曲文化；朱万曙的《明清两代徽州的演剧活动及其与区域文化的互动关系》[④]一文，探讨了徽州大姓的演剧活动在区域文化中的主体作用；也有学者以宗族个案研究的方式揭示诸宗族社会与地域文化之关联，认为“宗族社会聚落一方，也营建一方，它们从事着物质和精神文化的双重生产，是地域文化（明）形成的基础，也是创造地域文化（明）的主体”[⑤]。从整体上来说，这类研究还不够充分，虽然单一的文

① 唐力行:《徽州宗族研究概述》,《安徽史学》2003年第2期。

② 该书由辽宁人民出版社2002年出版。

③ 该书由北京广播学院出版社2004年出版。

④ 该文载朱万曙,卞利主编《戏曲·民俗·徽文化论文集》,安徽大学出版社2004年版,第113—143页。

⑤ 谈家胜:《宗族社会与地域文明——以安徽贵池南山刘氏宗族为例》,《东南文化》2011年第3期。

化事象研究成果丰硕，一些成果也涉及宗族因素，但深究宗族与它们关系的论著不多，论宗族与皖南区域文化之关系的研究成果则是空白。因此，本书研究的必要性就显得较为突出，我们努力在此方面作一尝试性探索，研究成果有益于学界在此方面的后续研究中有进一步的突破，其学术价值和意义是不言而喻的。

随着社会的变迁，国家公权力的介入，转入近现代，宗族已发生了变异，"近现代的宗族组织，由宗族向宗亲会转变。从成员构成、组织管理、社会功能等组织原则看，它基本上还是宗亲组织，具有宗族的职能，但有巨大变异，其宗法性已大大削弱"①。换言之，宗族社会已经转变为宗亲会组织形式，但在某些方面仍具有宗族的功能，产生变异的仅仅是历史上宗族所具有的宗法性消失，族权被铲除。究之皖南而言，历史上的宗族村落今天依然存在，同姓聚居格局尚未破坏，祠堂也在不断地修缮或复建，不少姓氏的谱牒自20世纪90年代起也在恢复编修，有学者认为："宗族的形态基本上还或明或暗地存在着，但宗族并未对村治造成威胁。"②确实如此，从血缘关系角度来说，宗族社会的遗存体"宗亲共同体"客观存在，况且一些文化遗产仍植根于乡土而存活。本书探究历史上宗族社会与区域文化的互动关系，一方面可以为更好地保护区域文化提供历史的借鉴，另一方面也有助于当下的宗亲共同体充分认知其先祖创造出来的文化，更加自觉的传承，其学理意义和实际价值较为重要。

2014年2月12日，经国务院同意，国家发展改革委正式下文（发改社会〔2014〕263号），安徽省呈报的《皖南国际文化旅游示范区建设发展规划纲要》正式颁布实施，规划范围涉及黄山、池州、安庆、宣城、铜陵、马鞍山、芜湖七市，其中黄山市、池州市全境和宣城市的部分县为核心区域。此核心区域在明清时期正是徽州府、宁国府和池州府的辖境，也是聚族而居的宗族社会，本书考察皖南区域文化与历史上宗族社会的关联，以便为传承、保护以及开发、利用文化遗产作一学术上的参考，更好地服务

① 冯尔康等：《中国宗族史》，上海人民出版社2009年版，第24页。

② 卞利：《社会转型期宗族在农村社会中的作用——以祁门历溪、环砂和六都村为例》，文载安徽大学徽学研究中心编《徽学》（2000年卷），安徽大学出版社2001年版，第95页。

于“皖南国际文化旅游示范区”建设，其实际应用价值凸显。

习近平总书记在党的十九大报告中指出，实施乡村振兴战略。农业农村农民问题是关系国计民生的根本性问题，必须始终把解决好“三农”问题作为全党工作的重中之重。皖南的黄山、宣城、池州三市多山少地，生态环境优美，虽各市的年度GDP在省内不占优势，但历史文化遗产最为丰富。本书探讨历史上皖南宗族与区域文化的互动关系，考究区域文化衍生、传承与保护的机理，我们考察区域文化的着力点正是静态存留、活态传承于皖南乡野的物质文化遗产和非物质文化遗产（简称“非遗），从振兴乡村角度看，它们是实实在在的乡村文化。因此，本书的研究对于政府实施乡村振兴战略、保护传统村落、兴盛乡村文化、建设美好乡村等方面有一定的学术价值。

三、本书的主要内容与创新之处

（一）主要内容

本书的主要内容有五部分，研究成果以六章的形式呈现。

第一章“皖南地理、行政及区域文化研究”，内容主要从三个方面阐述：皖南的地理环境，皖南的行政建置的沿革，区域文化的概念及皖南区域文化研究概述。

第二章“明清时期皖南宗族社会的形成与发展”，内容分为两点：第一，族姓的迁入与繁衍。徽州府、宁国府、池州府所在的皖南山区，历史上是宗族迁入的理想境地，其中迁入徽州者最多，宁国府、池州府次之；徽、宁、池三府互为毗邻，因之三地人口又有互迁者，其中由徽迁宁、池者为多。第二，宗族制度的建立与完善。迁入山区的族姓繁衍生息、聚族而居，明中叶后形成宗必有谱、族必有祠、祠必有产的宗族社会；而族规家训的制定、族田祠产的设置又进一步推动了宗族社会的发展。

第三章“明清时期皖南宗族与教育文化”，内容主要从四个方面阐述：首先概述明清时期皖南教育状况，涉及府县官学、书院、社学、私塾等宗族私学等教育类型，以揭示皖南教育之盛况。其次阐述皖南宗族与文教事业，重点分析宗族兴建教育机构、延师课教、资助奖励等重视教育的方式。再次论述皖南宗族重视教育的成效，表现为整体文化素质提高、科举人才辈出、职业教育发达等方面。最后分析重视教育给宗族社会带来的反哺作用，表现为科举仕宦之多在一定程度上提高了宗族的社会地位，职业教育的发达促进了宗族自身经济和文化的发展，正因有此反哺功能，宗族愈加重视教育，使得皖南在明清时期基本处于文风昌盛的境地。

第四章“明清时期皖南宗族与物质文化”，内容分为五个部分：第一，皖南宗族与村落的形成，讨论皖南传统村落的建立与村落的聚族而居，宗族对村落名称的影响。第二，皖南宗族与村落空间的营建，讨论宗族与村落的选址，宗族对村落环境的改造与完善，以及宗族对村落形态及村落关系的影响。第三，皖南宗族与村落的“礼仪标识”，讨论皖南村落中最重要的、实际可见的礼仪传统指示物——祠堂、寺观、村社、牌坊四类建筑，宗族的礼仪和公共生活由其展开，宗族也是其建立和维系的重要力量。第四，皖南宗族与村落的交通建设，主要体现为道路和桥梁，或由合族共建，或由族人出资，宗族兴建并持续维护着这类设施，并成立了桥会、路会等组织。第五，物质文化建设的反哺作用，讨论物质营建对宗族人文振兴和族内团结的作用。

第五章“明清时期皖南宗族与非物质文化”，内容分为三个部分：第一，皖南宗族与戏剧文化。皖南宗族最喜“搭台演戏”，徽戏、目连戏、皮影戏深受欢迎，班社众多，其中目连戏风靡徽、池、宁三地。戏剧活动围绕着宗族展开，戏剧文化给宗族社会带来了一定的反哺作用，主要体现在精神层面的愉悦、宣传教化和宗族统合三大方面。第二，皖南宗族与傩文化。行傩逐疫是传统社会共通的现象，徽、池两地宗族在此方面情有独钟。徽州傩尚处于舞的阶段，也有班社组织，池州宗族援戏入傩形成傩戏，无班社组织，仅在本宗族内演出，牢牢地受控于宗族，同时也为宗族自身的稳定和宗族社区的和谐产生了积极的反哺作用。第三，皖南宗族与传统技艺文化。宗族社会的重文重教整体上提升了皖南族众的文化素养，他们在传统生产技艺方面积极进取，创造出的各类技艺文化备受宗族珍视而传承不绝，衍为当下珍贵的非物质文化遗产。

第六章“结语与思考”，内容有二：一是对前文的论述加以总结，二是对时下的文化遗产保护与传承提出粗浅的建议与对策。

（二）创新之处

本书的创新之处体现如下。

其一，将宗族与区域文化联结起来考察，既能够深入探析出区域文化的形成机制，也拓展了宗族社会研究的内涵。重教仕进亢宗是传统中国宗族的共同诉求，我们认为明清时期以徽州为核心，徽州、宁国、池州三府辖境是典型的宗族社会，在多山少地的皖南山区，宗族社会的这种诉求尤为炽烈，致使该区域的宗族民众文化素质普遍高于他郡，人才辈出，为宗族社会的发展和文化（物质文化和非物质文化）创造奠定了厚实的人才基础，而文化创造既为宗族社会所重视，又积极地反哺宗族社会，二者形成了一种良性互动，这是区域文化形成的机理。长期以来，关于宗族研究，学界多致力于宗族自身问题，如形成发展、组织结构、宗法制度、宗族控制、宗族谱牒、宗族祭礼等诸多方面，成果浩繁，个案研究现象更为突出，但从综合角度探究宗族与一地的文化关系的成果欠丰，本书在此方面作一尝试，可以说拓展了宗族社会研究的空间与内涵。

其二，将文化人类学的研究方法引入历史上皖南宗族及其文化创造研究，是一种研究方法上的创新。皖南宗族社会及其文化的形成与发展本属于历史的范畴，长期以来，学术界多采用文献资料的搜集、整理与分析的方法加以研究，以还原历史的原貌，揭示其本质；也运用历史社会学的研究方法，通过对现实的遗存开展实地调查研究，探究历史的真相。但特定的区域文化都是由区域内特定的社会人群所创造，解读其文化，必须对特定的社会人群的信仰心理和行为特征展开分析，其信仰心理和行为特征一般具有相对的稳定性，这也是特定的社会群体所创造出来的非物质文化能够传承下来成为非遗的重要原因之一。因此，本书以现实的文化遗存为观照，在实地调研的过程中，重点参与观察非遗文化的活动。如池州傩戏，各族每年仅在春节期间搬演，其仪式与过程完全照搬祖制，代代传承，我们多次深入乡野观看其虔诚有加的演出，体味族众驱邪迎祥的心理期盼，破解了宗族倾情傩戏的机理。其实文化人类学的研究方法本是区域文化研究的重要方法，如周大鸣、吕俊彪在研究珠江流域的族群与区域文化时，

"主要采用传统的人类学参与观察法进行长时间的深入调查"[①]。唐宗力曾对皖南泾县、歙县五个村落的六个姓氏开展了为期四个月的调查研究，也采用了该方法[②]。但该方法时下主要用于族群及其文化现象研究，本课题将此方法与其他研究方法相结合，研究历史上皖南区域文化，也是一种新的尝试。

其三，将皖南的徽州、宁国、池州三府作为一个整体来考察研究该区域的文化，研究范围是首次突破，研究的意义也得以彰显。为何选定该三府，后文将详述。关于区域文化，学界和地方政府常常关注本地的文化事象，本书第一章中的"皖南区域文化研究概述"便是例证。2009年、2014年，安徽省政府、国家发展改革委先后批准了"皖南国际文化旅游示范区"建设项目，党的十九大又提出了"实施乡村振兴战略"，其路径之一便是"必须传承发展提升农耕文明，走乡村文化兴盛之路"。虽然黄山、宣城、池州三市既是"皖南国际文化旅游示范区"的核心区域，又是拥有乡村文化遗产最富集之地，但将三地视作一个整体的综合性的区域文化研究成果，尤其是历史上宗族与区域文化关系的研究成果空缺。本书在此方面作一探索，限于水平和能力，难以概括所有的文化现象，但宗族与区域文化关系的机理探究，既可为学界后续的深入研究提供一种学术思考，也可为"皖南国际文化旅游示范区"建设及当下"乡村振兴战略"实施过程中如何更好地保护、利用珍贵的文化遗存提供学术支撑。

四、本书的研究思路与研究方法

（一）研究思路

本书以黄山、宣城、池州三市现存的物质文化遗产（如传统村落、祠堂牌坊、古道古桥等）、非物质文化遗产（如传统技艺、传统戏剧等）为重点考察研究对象，这些文化遗产多在明清时期产生并遗存、传承下来。有些文化现象虽然在明代以前就已经产生，但在明清时期发展得更加成熟，

① 周大鸣，吕俊彪编著：《珠江流域的族群与区域文化研究》，中山大学出版社2007年版，第14页。

② 唐宗力：《皖南农村调查》，武汉大学出版社2011年版，第3页。

如宣纸传统制作技艺中的“燎草”技法是由泾县小岭曹氏始迁祖曹大三试制，但直到其第七代孙曹裔生才将这一技法完善，时在明宣德年间[①]。本书研究观照这些文化遗产的同时，再稽考文献史料兼之田野调查，追溯其源，从而探究明清时期徽州、宁国、池州三府的宗族与区域文化之间的关系。

我们选择历史上徽州、宁国、池州三府的宗族及其文化为研究对象，太平府、广德州的区境不在研究的范围之内，其因有三。

一是徽、宁、池三府同属一个地理单元，即皖南山区，三府互为相邻，道路相通、习俗相近。宁国府旌德县、太平县与徽州府绩溪县、歙县接壤，池州府青阳县与宁国府南陵县、泾县为邻，池州府石埭县、建德县则与宁国府太平县、徽州府祁门县毗邻。歙县箬岭关位处歙县、绩溪、太平、旌德四县交界，箬岭古道从徽州府治歙城北行至此分叉，右行入旌德经泾县达宣城为徽宁古道，左行入太平县域至广阳北上直通池州青阳县城为徽青古道，这两条古道是徽州通往外界的交通和经济要道。现存较为完好的榉根关古徽道也是徽州向外的一条古道，此道位于石埭、建德、祁门三县交界处，南行入祁门经徽浮（江西饶州浮梁县）古道直达徽州府城，北行入石埭县境至唐家渡分路，一路西折入建德至雁汊（今东至县大渡口镇）渡江抵安徽省治安庆府城，谓之徽安古道，另一路北上入贵池县可达池州府城，称之徽池古道[②]。三府相邻，宗族房支也就近分迁。如太平县李氏宗族，因户大人稠，明代以来迁居外地者散居于徽州、池州、宁国三府交界数县，谱载：“族衍数郡，如太平之美溪、赐田，青（阳）之上章、徽埂，泾之竺田、顷田，贵池之源头诸李。”[③]自徽迁宁、池者则更多，如今东至县金家村即自徽州迁至，始迁祖金侨因“唐末避黄巢乱，由徽之黄墩迁建之南溪（今金家村）”[④]。祁门《金氏统宗谱》也载：“（金）侨，曜公子，迁池州。”[⑤]正因地理环境相同，房支就近迁徙，三地诸多习俗相近，“新

① 曹曦:《宣纸燎草制作技艺完善者曹裔生考略》,《中国农史》2016年第4期。

② 张邦启主编:《古道古桥》,黄山书社2018年版,第34—35页。

③ [清]李垣等纂修:《李氏家乘》卷末《文瑞公神道碑记》,清道光元年(1821年)刻本,上海图书馆藏。

④ [清]佚名:《建德南溪金氏家乘》卷首《源流》,清宣统三年(1911年)刊本,安徽东至金家村金氏族人藏。

⑤ [清]金应礼纂修:《金氏统宗谱》卷二《家世源流》,清光绪三年(1877年)双溪天合堂木活字本,上海图书馆藏。

安、宛陵著姓多聚处，坟茔祠宇，累朝弗替”[①]，“兴孝乡（按：原属贵池县，今属石台县）逐疫以黟祁两县人随其所至，为期三月而止”[②]。正因如此，我们认为徽、宁、池三府是皖南宗族社会的主要区域，尤其徽州是核心区域。

二是太平府、广德州地处沿江平原、丘陵地带，历史上人口流徙频繁，受祸较多，尤以咸同兵燹为最重，战后瘟疫又随行，致人口十不存一。如当涂县“县境东北、东南各乡数十里渺无人烟，劫余遗黎仅有存者又耗之八”[③]；广德州受难最惨，“广、建一带遭难最惨，或一村数百户，仅存十余家，或一族数千人，仅存十数口”[④]，葛庆华对此作了较为精细的统计，“战争期间广德州人口损失60.8万，人口损失率为94.5%，战后人口仅存3.5万”[⑤]。面对如此人口凋零、田地荒芜之惨状，曾主导围剿太平军的曾国藩奏疏招募他省民众垦荒，据方志载：“田地尽属荒芜，江督曾侯出示招徕开垦，客民麇集。”[⑥]一时间湖北、河南两省移民纷纷涌入，江北庐州府民也过江围垦，今马鞍山、芜湖沿江地带，宣城广德、郎溪、宁国诸县（市）多是移民，聚族而居的宗族村落不复再现，代之而起的则是散村遍布，如当涂县“农民住于极分散的小庄，每庄三、四户不等，没有几十户的大村”[⑦]。据笔者调研，这一状况时下仍无大的改观，也失去了现实遗存观照进而探究太平府、广德州区域宗族与文化关系研究的意义。

三是今黄山、宣城、池州三市文化遗产较多，且多是明清时期宗族民

---

① [清]朱珔:《小万卷斋全集·文稿》卷十《同族六甲支谱序》,清光绪十一年(1885年)刊本。

② [清]陆延龄修,桂迓衡等纂:光绪《贵池县志》卷一《舆地志》,《中国地方志集成·安徽府县志辑》(第61册),江苏古籍出版社1998年版,第21页。

③ [清]欧阳錂纂:《当涂县乡土志》卷二《户口》,清光绪三十二年(1906年)修,民国五年(1916年)石印本,当涂县档案馆藏。

④ [清]赵定邦修,周学濬等纂:同治《长兴县志》卷三十一上《杂识》,《中国地方志集成·浙江府县志辑》(第28册),上海书店1993年版,第706页。

⑤ 葛庆华:《近代苏浙皖交界地区人口迁移研究》,上海社会科学院出版社2002年版,第38页。

⑥ [清]胡有诚,丁宝书等纂:光绪《广德州志》卷十八《田赋志》,《中国地方志集成·安徽府县志辑》(第42册),江苏古籍出版社1998年版,第289页。

⑦ 华东军政委员会土地改革委员会编:《安徽省农村调查》(“华东农村经济资料”第4分册),转引自李甜《明清宁国府区域格局与社会变迁》,复旦大学出版社2016年版,第63页。

众所创造并遗存、传承下来。相对而言，马鞍山市、芜湖市欠丰。以传统村落为例可窥一斑。所谓传统村落是指村落形成较早，拥有丰富的物质形态和非物质形态文化遗产，具有较高的历史、文化、科学、艺术、经济、社会价值的村落。2012—2019年，中华人民共和国住房和城乡建设部已公布五批“中国传统村落”名录，安徽省共有400个古村落入选，分布于安徽省11个市（见表1）。

表1　安徽省“中国传统村落”数及其分布[①]

（单位：个）

地级市	合肥	芜湖	黄山	池州	安庆	宣城	六安	铜陵	滁州	马鞍山	淮南
分布数	4	1	271	23	17	67	8	6	1	1	1

从表1来看，黄山居首，宣城第二，池州第三，铜陵[②]现有的6个“中国传统村落”除却枞阳县陈瑶湖镇水圩村外，其余5个均在铜陵市郊区、义安区境内，四市“中国传统村落”数合计367个，占比91.75%，即超过九成的“中国传统村落”分布于皖南的黄山、宣城、池州、铜陵四市。其中，宣城的传统村落多在旌德、泾县、宁国、绩溪境内，广德仅有1个，即广德县（今广德市）柏垫镇前程村月克冲村。此外，芜湖市1个，即芜湖县（今湾沚区）红杨镇西河老街；马鞍山1个，在江北含山县境内，即运漕镇蓼花洲村。芜湖县明清时期隶属太平府，广德县明清时期隶属广德州，由此可见，历史上太平府、广德州遗存下来的传统村落总共只有2个。出现这一现象的原因可能是“咸同兵燹”的摧残，这也是我们不将太平府、广德州的区境纳入研究范围的原因之一。传统村落大多是历史上宗族聚族而居之地，现今的诸多非遗也存活于传统村落里，它们由历史上的宗族民众所创造，也传承在时下的宗亲群里。

---

① 此表数据根据中华人民共和国住房和城乡建设部官网、安徽省住房和城乡建设厅官网发布的信息统计。

② 铜陵市于1958年9月5日设置，由安徽省直辖，现下辖三区一县。其前身铜陵县于南唐保大九年（951年）设立，宋元明清时期隶属于池州（路）府。2015年10月13日，原安庆市辖县枞阳县划入铜陵市。

（二）研究方法

为揭示皖南宗族与区域文化的关系，本书运用了如下方法展开研究。

其一，文化人类学的方法。文化人类学是人类学在考察研究人类文化的特殊性，进而比较得出通则性的分支学科，研究对象大多是弱势族群和少数团体，而研究方式大多注重“质”而非“量”，观察的现象多是“特例”而非“通识”，参与观察法是其主要的研究方法。本课题研究主旨在于皖南宗族社会及其文化，历史上宗族民众大多是基层社会群体，现今宗族的遗存体“宗亲共同体”大多也是普通的老百姓，他们一直在传习着祖上传下来的文化。本课题研究在田野调查访谈之外，对一些非遗类的文化演出采取的就是这种参与观察研究的方法，对他们的宗教信仰、风俗习惯进行长时段的观察并体会认知，进而探寻其先祖们演绎该文化的心理特质。

其二，田野调查的方法。该方法是社会学研究的基本方法，旨在近距离地认知对象，这一方法在历史学研究的过程中被学者所关注并运用，形成了历史社会学的方法。在区域史（区域经济、区域社会、区域文化等）研究方面，用这种实地的田野调查考证历史的静态、活态遗存，不仅能补史料文献缺乏之不足，更能加深研究者对研究对象的认识，从某种意义上说，该方法是实现古今人群对话的一条通道。本书旨在研究明清时期皖南宗族这一具有浓厚血缘关系的社会群体与区域文化的关联，历史上宗族民众生活的地理环境、创造文化的人文环境必须通过实地调查的方式方可取得相关的研究资料。如前述的传统村落，它们历经百余年风雨实实在在地定在那儿，村落里遗存、传承下来的物质和非物质文化，除需考诸文献资料外，还需加以实地调研。

其三，口述史学的方法。该方法即搜集和记录口述史料并据之撰写论著的方法，其作为一种独立的历史学研究方法，诞生于20世纪三四十年代的美国。不过，我国史学工作者对口头史料的运用由来已久，司马迁就很重视实地考察与采访，并将采集的口述资料用于《史记》的撰写，梁启超也很重视口述史料的采集，他认为：“采访而得其口说，此即口碑性质之史料也。”[①]皖南区域文化虽然丰富，有些文化事象民间也很重视，但方志、

① 梁启超:《中国历史研究法》,华东师范大学出版社1995年版,第56页。

谱牒里记载的却很少，如池州傩戏是一种祭祀性的驱邪逐疫的古老戏曲，池州府、县志仅在“风土”里有记录：“凡乡落自十三至十六日夜，同社者轮迎社神于家，或踹竹马，或肖狮象，或滚球灯，装神像、扮杂戏，震以锣鼓，和以喧号。群饮毕，返社神于庙。盖《周礼》逐疫遗意。”[①]方志里仅有此记录而已，我们只得通过访谈采集资料。诸如此类涉及非遗的文化事象研究，口述史学的方法不失为一种较好的方法。

当然，除了上述方法外，史学研究的基本方法，如文献史料分析、归纳与演绎、比较研究等也在研究的过程中实际使用，此处不再赘述了。

① ［明］王崇纂修：嘉靖《池州府志》卷二《风土》，明嘉靖二十五年（1546年）刻本；该条史料也见于清光绪九年（1883年）陆延龄纂修的《贵池县志》卷一《舆地志》，全文相同。

第一章　皖南地理、行政及区域文化研究

皖南，顾名思义即安徽南部，但这并非以维度划分，而是以长江流经安徽境内的八百里皖江为界限，皖江以南的部分俗称皖南。该区域地形地貌由沿江平原、丘陵岗地、低山中山组成，古今行政建置变化较大，其中南部山区的文化遗存较多，引起了学界和政府的高度关注。

第一节　皖南的地理环境

安徽省以淮河、长江为限，大致可分为三个地理单元——皖北、皖中和皖南。其中，皖南地区是指长江以南的芜湖市、马鞍山市、铜陵市、黄山市、宣城市、池州市等地。这一地区的地形地貌主要以丘陵、山地为主，间以沿江平原、山间盆地，区域内既有主峰为全省最高点的黄山，也有面积为全省盆地之首的屯溪盆地，“从而可以将其分为北部低山丘陵带，中部低山中山带、屯溪盆地、东南部低山中山带、东北部丘陵带等次级地貌单元”[①]。

皖南丘陵山地区位于“（东至）香隅—（贵池）殷家汇—青阳—南陵—宣州—广德一线以南”[②]，在地貌上以西狭东阔状的江河冲积平原为主，平原上有带状或片状分布的丘陵低山，诚如光绪《宣城县志》言：“自黄池至敬亭九十余里皆无大山而多围田，姑熟之青山采石、金陵之牛首遥为拱卫。”[③]今马鞍山、芜湖、铜陵等市辖长江以南的区县，宣城市辖广德、郎溪县和宣州区及池州市沿江地带均在此区域内。上述地理划线以南为皖南山地区，其中中部低山中山带为皖南丘陵山地的核心，自东南至西北天

① 安徽省地方志编纂委员会编:《安徽省志·总述》,方志出版社1999年版,第35页。

② 安徽省地方志编纂委员会编:《安徽省志·自然环境志》,方志出版社1999年版,第71页。

③ [清]李应泰等修,章绶纂:《宣城县志》卷二《疆域形势》,清光绪十四年(1888年)活字本。

目—白际山、黄山、九华山3条山脉平行排列，呈北东向展布[①]，地质以花岗岩为主，地壳隆起形成花岗岩峰林地貌，山地雄峰竞起、秀嶂叠峙、幽壑纵横、奇岩千姿、巧石百态[②]。屯溪盆地位于“黄山、天目山、白际山之间，在地质构造上为一山字型构造体系内的断陷盆地，在地貌上为一含有丘陵、台地的山间菱形盆地”[③]。宣城市辖绩溪、旌德、泾县，池州市辖石台县及东至、贵池、青阳南部山区，黄山市辖县区大部分均在此区域内。东南部低山中山带位于省境东南缘，即皖浙、皖赣边界线上，地貌为中低山群集处，一片崇山峻岭，河谷深切，河谷平原极窄，山间盆地少而小[④]。此区域内农业生产受限，但林业生产可观，黄山市辖歙县及江西婺源县在此区域内。东北部丘陵带包括皖赣铁路两侧以东的宁国、广德、郎溪诸县市的一部分或大部分地区，地面比较破碎，成为皖南丘陵山地与宣芜平原的过渡地区[⑤]。复杂的地形地貌，成为长江诸支流和新安江水系的发源地，比较著名的有青弋江、水阳江、率水、横江、深渡河、秋浦河等。

该区域处于北亚热带，年平均气温除个别地段外，均在15 ℃以上。其中当涂、马鞍山、芜湖、繁昌、郎溪等县市及广德、宣城、铜陵等县市的北部位于沿江平原地带，年平均气温15.7～16 ℃，年降雨量1000～1250 mm；南陵、泾县、青阳、贵池、东至、石台、祁门、黟县、休宁、屯溪、旌德、绩溪、歙县、徽州、黄山等区县，以及铜陵市的大部、宣城市、广德县的南部位于南部山区，年平均气温15.4～16.4 ℃，年降雨量1280～1700 mm。整体来看，皖南区域气候宜人，雨量充沛，适宜人类居住和生活。只是春季降水明显增加，夏秋易受梅雨、台风影响，多暴雨，平原地带常出现洪涝之灾，山地则易引发山洪危害。在梅雨和台风影响较小的年份，则易出现秋伏旱，给民众的生活带来不便。

总之，皖南地区地貌类型多样，平原、岗地、丘陵和山地俱全，环境优美，气候温润，适宜人类生活，其中南部山区更是古人避乱求安的理想之地。

---

① 安徽省地方志编纂委员会编:《安徽省志·自然环境志》,方志出版社1999年版,第71页。

② 安徽省地方志编纂委员会编:《安徽省志·总述》,方志出版社1999年版,第36页。

③ 安徽省地方志编纂委员会编:《安徽省志·总述》,方志出版社1999年版,第36页。

④ 安徽省地方志编纂委员会编:《安徽省志·总述》,方志出版社1999年版,第36页。

⑤ 安徽省地方志编纂委员会编:《安徽省志·总述》,方志出版社1999年版,第37页。

第二节　皖南的行政建置

一、古代行政建置沿革

皖南地区在明清时期，大约相当于四府（徽州府、宁国府、太平府、池州府）一州（广德直隶州）二十三县（歙、休宁、婺源、祁门、黟、绩溪、宣城、宁国、泾、太平、旌德、南陵、当涂、芜湖、繁昌、贵池、铜陵、石埭、建德、东流、青阳、广德、建平）的地域范围。其建置沿革大致如下：

徽州府的前身是歙州，始建于隋开皇十一年（591年），但其历史可上溯至东汉建安十三年（208年）设立的新都郡。新都郡初领六县，即早在秦朝便已设立的黟、歙二县加上从歙县划出的始新县、新定县、黎阳县、休阳县，晋武帝灭吴后，于太康元年（280年）更名为新安郡，至南朝刘宋大明八年（464年）改领歙、黟、海宁、遂安、始新五县。隋文帝一度于开皇九年（589年）废新安郡，并于十一年（591年）改置歙州，只领黟、歙二县，隋炀帝则于大业三年（607年）改歙州为新安郡，增领休宁县[①]，至唐武德四年（621年）汪华附唐，复改新安郡为歙州。此后，婺源、祁门、绩溪三县先后于开元二十八年（740年）、永泰二年（766年）设立并划属歙州，至大历五年（770年）废归德县，地复归歙、休宁二县，歙州领黟、歙、祁门、休宁、婺源、绩溪六县。北宋宣和三年（1121年），改歙州为徽州，此后除元明之际一度改称徽州路、兴安府外，自元至正二十四年（1364年）改称徽州府，沿用至民国元年（1912年）废府留县，已有五百余年，但徽州一府六县的格局则维持了一千一百余年之久。

宁国府的前身是宣州，始于隋开皇九年（589年）省并郡县，初领宣城、泾、南陵、秋浦、永世、绥安六县。此后，唐天宝三年（744年）析宣城地复置宁国县，天宝十一年（752年）析泾县地置太平县，至德二年（757年）改绥安县为广德县，宝应二年（763年），析太平县地置旌德县，

① 休阳县于孙吴永安元年(258年)避吴主孙休讳，改名海阳县，于晋太康元年(280年)再改为海宁县，至隋开皇十八年(598年)定名为休宁县。

秋浦、永世二县相继析出。至永泰元年（765年），宣州领宣城、当涂、泾、广德、南陵、太平、宁国、旌德八县。南唐升元元年（937年），当涂、广德二县划入江宁府，宣州领宣城、泾、南陵、宁国、太平、旌德六县。南宋乾道二年（1166年），"以孝宗潜邸"[①]，升宣州为宁国府。自南宋迄清的七百余年间，宁国府一府六县的格局长期保持稳定。除元明之际先后改称宁国路、宣城府、宣州府外，宁国府的名称自元至正二十七年（1367年）延续至民国初年，维持了五百余年之久。

池州府的前身是池州，始建于唐武德四年（621年），初领秋浦、南陵二县，贞观元年（627年）被废，永泰元年（765年）复置，领有秋浦、青阳、石埭、至德四县。此后，至德县、秋浦县先后于五代杨吴顺义二年（922年）、六年（926年）改名为建德县、贵池县，铜陵、东流二县又先后于北宋开宝八年（975年）、太平兴国三年（978年）自升州、江州来属。至此，池州领有贵池、建德、石埭、铜陵、青阳、东流六县。自北宋迄清的九百余年间，县级政区基本未变。除元明之际先后改称池州路、九华府、华阳府外，池州府的名称自明洪武元年（1368年）十月延续至民国三年（1914年）六月裁府留县，有五百余年之久。

太平府的前身是太平州，始建于北宋太平兴国二年（977年），其历史可上溯至西汉元封二年（前109年）设立的芜湖县。芜湖古称鸠兹，自汉魏至隋唐千余年间，先后几次归属丹阳郡、宣城郡，并于唐代一度沦为当涂县属镇，废置无常，直至五代时，南唐升元年间复置芜湖县，属江宁府，建置方才稳定，延续至民国。当涂县和繁昌县，原都是东晋初年因江淮间战乱，民多南渡，遂于江南侨立的县。后来当涂县于开皇九年（589年）徙治姑孰始定，先后归属隋之丹阳郡、唐之宣州、五代杨吴之江宁府，至南唐升元元年（937年）改为建平军，保大末年，又改为雄远军，北宋开宝八年（975年）再改为平南军，太平兴国二年（977年）升为太平州，立当涂县为附郭。此时，宣州之芜湖、繁昌二县来属。元代先后改太平州为太平路、太平府。太平府一府三县的格局，历宋元明清四朝九百余年基本未变。

广德直隶州，古称桐汭。东汉建安初，孙策平定宣城以东地区后，分

① [元]脱脱等撰：《宋史》卷八十八《志第四十一·地理志四》，中华书局1977年版，第2187页。

故郸县地始置广德县。此后，随着政权更迭，建置废置频繁，名称各异，地域析合变化详情失考。及至宋初，以县置广德军，并于端拱元年（988年），析广德西北桐乡、昭德、临湖、原通、妙泉五乡置建平县，广德军领广德、建平二县，属江南路。此后，除广德军一度改称广德路、广兴府、广德府外，自明洪武四年（1371年）改称广德直隶州，至民国元年（1912年）改州为县，广德直隶州的称号沿用近五百年，其一州二县的区域格局维持了九百余年。

综上所述，以“县”这一相对稳定的行政单位为基准，明清时期皖南地区二十三县的地域格局抛却“府（州）”级名头，自唐宋以降，维持了近千年之久的相对独立、稳定的地理单元。明清时期皖南行政区划见图1-1所示。

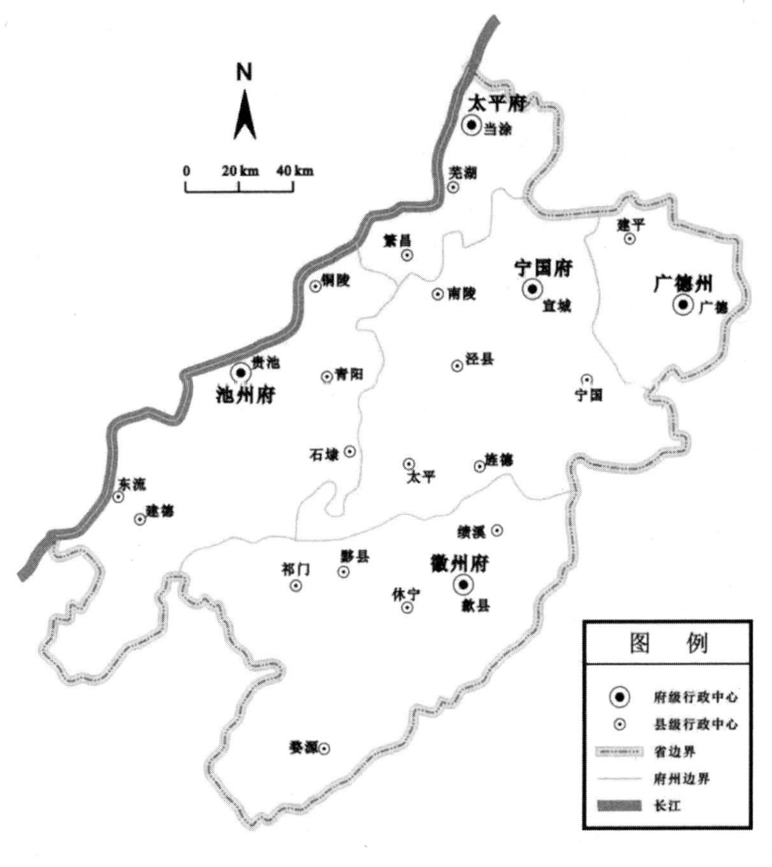

图1-1　明清时期皖南行政区划

二、现代行政建置变化[①]

皖南地区行政建置在民国以降发生了巨大的变化。中华民国成立之初，废道、府、州、厅，实行省、县二级制。民国三年（1914年）置芜湖道，辖皖南诸县。民国十七年（1928年）废，各县复直属省。民国二十一年（1932年）春，实行“首席县长”制，徽州首席县长驻歙县，宣城首席县长领宣城、泾、旌德、宁国、绩溪、广德、郎溪[②]七县。同年十月，全省划为十个行政区，后改称行政督察区，设专员公署。皖南地区分属第八区（池州地区），石埭县、太平县划入，专员公署驻贵池县；第九区（宣城地区），辖宣城、泾、旌德、宁国、广德、郎溪六县，专员公署驻宣城，抗日战争期间移驻泾县；第十区（徽州地区），辖休宁、婺源、祁门、黟、歙、绩溪六县，治所休宁，民国二十三年（1934年）七月，婺源县划属江西省。民国二十七年（1938年）四月，第八、第十两区改属皖南区属（治所屯溪镇）。民国二十九年（1940年）三月撤销第十区，休宁、黟、祁门、歙、绩溪五县直属皖南区属，同年八月设第七区，辖休宁、黟、祁门、歙、绩溪、旌德六县，第九区改为第六区，辖县不变。这样的变化多数是受到战争的影响，其中最显著的是婺源县划属江西。中华人民共和国成立后，皖南地区先后设有徽州、宣城、池州、芜湖等专区或“地区”，至今日演变为芜湖市、马鞍山市、铜陵市、黄山市、宣城市、池州市。当代皖南行政区划见图1–2所示。

---

① 据安徽省地方志编纂委员会编《安徽省志·建置沿革志》(方志出版社1999年版)整理。

② 原建平县,民国三年(1914年)改名。

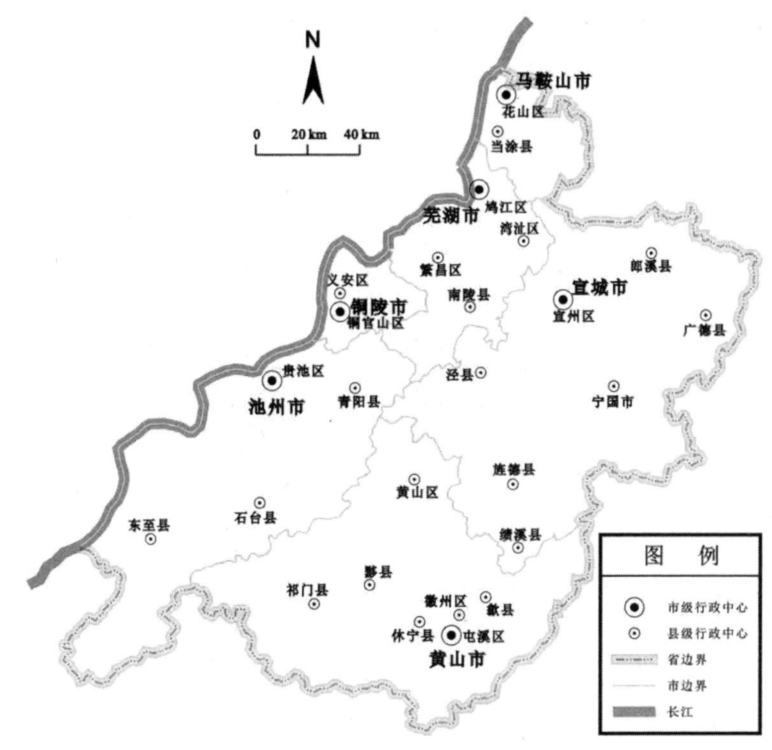

图1-2 当代皖南行政区划

为便于后文的叙述，我们现将明清时期皖南四府一州二十二县的古今归属及其地理环境制成表1-1。

表1-1 皖南古今行政区划及地理环境

府州名称	辖县名称	地理环境	今县(区、市)名	今归属市名
太平府	当涂县	平原、丘陵	当涂县	马鞍山市
	芜湖县	平原、丘陵	湾沚区	芜湖市
	繁昌县	平原、丘陵	繁昌区	
广德州	广德县	丘陵	广德县	宣城市
	建平县	丘陵	郎溪县	宣城市

续 表

府州名称	辖县名称	地理环境	今县(区、市)名	今归属市名
徽州府	歙县	低山、中山	歙县	黄山市
	休宁县	低山、中山	休宁县	
	黟县	低山、中山	黟县	
	祁门县	低山、中山	祁门县	
	绩溪县	低山、中山	绩溪县	宣城市
	婺源县	低山、中山	婺源县	江西上饶市
宁国府	南陵县	平原、丘陵	南陵县	芜湖市
	太平县	低山、中山	黄山区	黄山市
	旌德县	低山、中山	旌德县	宣城市
	泾县	低山、中山	泾县	
	宁国县	丘陵、低山	宁国市	
	宣城县	平原、丘陵	宣州区	
池州府	石埭县	低山、中山	石台县	池州市
	贵池县	南部丘陵低山、北部平原	贵池区	
	青阳县	南部中山、北部丘陵	青阳县	
	建德县	低山、中山	东至县	
	东流县	平原、丘陵		
	铜陵县	平原、丘陵	义安区	铜陵市

从表1-1来看，前述“（东至）香隅—（贵池）殷家汇—青阳—南陵—宣州—广德一线以南”的皖南丘陵山地带，即今之黄山市全境、宣城市辖大部分区县和池州市南部山区，明清时期属徽州府、宁国府、池州府辖境范围，以其复杂的地形地势、长期稳定的行政区划，自北人南迁以来，一直是人口迁入较多的地区，且多聚族而居，至明清时期形成了宗族制度最为成熟的宗族社会，宗族民众在生产生活的过程中创造出了丰富的区域文化。

第三节 皖南区域文化研究

一、区域文化的概念

在漫长的历史发展过程中，我国各地形成了各具特色的区域文化。关注并研究它们，肇始于20世纪30年代学术界各种文化研究会的成立，最早的是吴越文化研究会，接着巴蜀文化研究也随之兴起，再后有楚文化、岭南文化、齐鲁文化、三秦文化、中原文化、燕赵文化、三晋文化等[①]。20世纪80年代以来，随着文化研究的热潮兴起，区域文化不仅成为学术研究的资源，也成为学术研究的特色。进入21世纪，区域文化研究高潮出现，研究的成果丰硕，其中关于区域文化的概念也是学术界讨论的热点。

在人文社会科学领域，文化的概念可能是最繁杂的。文化有“广义”和“狭义”之分，广义上的文化指人们在社会历史实践过程中所创造出来的物质财富和精神财富的总和，狭义上的文化特指精神财富。可见，广义上的文化是内含多种文化元素的复合型文化。文化与区域存在着不可分割的联系，文化的创造发展与传承需要周围的环境和环境中生存的人，这种环境就是区域，区域环境的存在是文化发生发展的载体。在某个区域的载体中，文化成为一个系统，这个系统中相同气息的文化相互联系，共同形成了该区域文化。所以，学界的观点基本趋同，认为区域文化在本质上属于复合文化。张森材、马砾在《江苏区域文化研究》里直言，区域文化是在特定的地域出现的复合文化[②]；赵心宪在《地域文化与文化区域的文化研究——“黔中文化研究”的科学价值取向问题》中也认为，区域文化是指某个特定地区中产生的特殊的文化现象的总称[③]；双传学在《区域文化刍论》中说，区域文化是指区域成员在实践中创造出来的一切物质的和精神

① 马春香:《区域文化研究缘何而热》,《文艺报》2006年8月10日。

② 张森材,马砾编著:《江苏区域文化研究》,江苏古籍出版社2002年版,第5页。

③ 赵心宪:《地域文化与文化区域的文化研究——“黔中文化研究”的科学价值取向问题》,《重庆师范大学学报》2012年第6期。

的财富的总和[①]。

但正如人们对文化概念的阐释多种多样，不同学者对于区域文化的内涵理解也不尽相同。在徐学军等学者看来，它“是指生活在特定历史文化区域的人在从事物质生产、精神生产和社会活动中所形成的带有一定地域特色和历史文化变迁痕迹以及一定的族群烙印的价值观念、思维方式、行为心态、民族意识、风俗习惯、道德规范、文化艺术遗存和生活方式、人文传统等诸多要素的总和”[②]。张凤琦则从文化人类学的角度解释，认为区域文化即地域文化，“是指在一定空间范围内特定人群的行为模式和思维模式的总和。不同地域内人们的行为模式和思维模式的不同，便导致了地域文化的差异性”[③]。周大鸣等学者从族群角度解释，认为区域文化是“指在具体的自然地理空间之中的族群文化的总称，在一定程度上，它甚至还包括有不同的文化区域”[④]。

从上述简单的列举来看，学界对区域文化的内涵阐释不尽相同。为进一步了解学界有关区域文化研究的情况，笔者曾专门搜集整理研究学界的成果，得出如下的认识：学界不仅对区域文化的概念界定纷繁，用之于区域文化研究的理论与方法也是多维的，但从中可以梳理出区域文化所必备的要件。第一，共同的区域或者生存空间。这个空间可以是自然的地理空间为主，也可以是社会行政区划空间为主，或者是二者的重叠。第二，创造区域文化的人群。文化离不开人，没有人，文化就无从谈起，因此可以说生活在特定区域的人群是文化产生的最重要的因素。第三，历史上形成并传承。区域文化的形成是一个历史的过程，不是一蹴而就的，一旦形成它就具有较强的生命力，在特定区域内受到人群的保护并被不断传承。据此三个要件，我们在综合学界已有卓见的基础上可以给区域文化作一界定，即一定时期、一定区域内特定的人群，通过社会实践所创造出来并遗存

① 双传学:《区域文化刍论》,《江苏社会科学》2006年第6期。

② 徐习军,秦海明,张锐戟:《文化大发展大繁荣视角的区域文化创新探论》,《淮海工学院学报》(人文社会科学版)2012年第9期。

③ 张凤琦:《“地域文化”概念及其研究路径探析》,《浙江社会科学》2008年第4期。

④ 周大鸣,吕俊彪:《珠江流域的族群与区域文化研究》,中山大学出版社2007年版,第5页。

（传承）下来的物质及精神财富的总和[①]。从当下来看，这些遗存（传承）下来的物质及精神财富就是珍贵的物质文化遗产和非物质文化遗产，本书正是基于此界定，并从遗存（传承）下来的物质和非物质形态的文化遗产视角，追溯、探究明清时期皖南宗族与区域文化的关系。

二、皖南区域文化研究概述

皖南地区拥有独特的地理形势和秀美的山水环境，历史上是人口迁徙的主要目的地之一。他们或避乱而来或仕宦于皖南羡慕其山水而留居于此（具体情况后文阐述），子孙繁衍、瓜瓞绵绵，至明清时期发展成墟落相望、祠堂遍布、谱系缜密的宗族社会。历史上这些宗族民众创造出了丰富的物质和非物质文化，这些文化在宗族民众的保护和代代传习过程中保存下来，形成时下语境中所言的文化遗产。我们曾对皖南非遗的时空结构做了系统研究，结果显示“从石器时期至明清时期，非物质文化遗产数量不断增加，类型也逐渐齐全，手工技艺不断提高、文化内涵不断丰富……较好地印证了皖南地域文化的形成与发展过程”[②]。可以这样说，皖南区域文化极为丰富，是学术界关注和研究的重要对象，研究的成果颇为丰硕，其中以徽州一府六县的文化事象研究成就最为显著，并形成了一门历史学的分支学科——徽学。

徽学研究的论文、专著颇为浩繁，逐一揭示非本书的主旨所在，也非笔者能力所及，现以专著为例捡诸要者提及。20世纪末，安徽省委宣传部和省社会科学界联合会决定，在总结现有徽学研究成果的基础上，编撰《徽州文化全书》作为安徽省“九五”期间的社科研究的重大项目和一项跨世纪学术文化建设工程；1999年，该重大项目经全国社科规划领导小组审批立项。历时六年研究至2005年，安徽人民出版社出版了20卷本的《徽州文化全书》，具体言之即《徽州土地关系》《徽商》《徽州宗族社会》《徽州教育》《徽州科技》《新安理学》《徽派朴学》《新安医学》《徽州戏曲》《新

① 谈家胜：《纷繁与多维：区域文化研究的理论与实践》，《地方文化研究》2016年第5期。

② 张军占：《皖南非物质文化遗产时空结构研究》，《中国文化产业评论》2017年第2期。

安画派》《徽派篆刻》《徽派版画》《徽州工艺》《徽州刻书》《徽州文书档案》《徽州建筑》《徽州村落》《徽州民俗》《徽州方言》《徽菜》，较为全面系统地总结了此前学界有关徽州区域文化研究的成就。此后学界在徽州区域文化研究方面仍勤力耕耘，安徽省徽学会组织编撰3卷本的《徽州文化史》[①]，将徽州文化置于历史发展的过程中考察，从纵向上揭示了徽州文化发展的历程，是《徽州文化全书》的姊妹篇。出版界也积极组织力量出版丛书，如2005年合肥工业大学出版社出版了《徽州古村落文化丛书》[②]10本，即《和谐有序的乡村社区——呈坎》《徽商的智慧与情怀——西递》《书院与园林的胜境——雄村》《自然与艺术的灵光辉映——西溪南》《儒、商互济的家园——昌溪》《聚落人文的典范——渚口》《宗族文化的标本——江村》《望族的故乡——龙川》《天人合一的理想境地——宏村》《村落构建艺术的奇葩——石家村》，详细介绍了10个典型村落的历史人文。

这种以丛书形式介绍一地区域文化的方式，皖南各市纷起效法。如池州市组织专家编写了《池州记忆》[③]丛书10本，分别是《老地图》《古诗词》《古寺庙》《古石刻》《古村落》《古名胜》《遗珍》《非遗》《名人书画》《历史人物》，对池州悠久而又珍贵的历史文化遗产作了宣介，其中贵池区又另行组织学者编撰、刊印了《文化贵池》丛书3册，分别为《罗城民歌》《贵池傩》《杏花村》；宣城市组织人力编撰、出版《宣城历史文化丛书》[④]10册，即《文房四宝名四海》《宣城自古诗人地》《村落文化古色香》《艺文丹青漾清辉》《物华天宝灵杰地》《璀璨文物道沧桑》《江左泱泱古郡府》《名人光辉映日月》《红旗猎猎耀千秋》《徽派三雕添诗韵》，对宣城的建置沿革、历史人文、自然风光作了介绍，其中将原隶属于徽州府的绩溪县也纳

---

① 该书由安徽人民出版社2015年出版。

② 该套丛书所列十个村庄除“江村”外，皆属徽州境内。皖南江氏分为济阳江氏和萧江氏，济阳江氏得姓始祖江元仲西周时受封江国，后为楚灭，子孙以国为姓；萧江氏源于萧氏，唐末有萧祯者任江南节度使，朱温篡唐之际为避祸隐居歙县篁墩，念先世自北渡江而来，遂易萧为江姓。此书主要介绍旌德县江村，属济阳江氏。旌德，明清时期属宁国府辖县，今属宣城市管辖，但其地理位置与绩溪相邻，受徽州文化影响为重，且江村与胡适的故乡上庄一岭之隔，此或许是出版社将之纳入《徽州古村落文化丛书》的原因。

③ 该套丛书由黄山书社2014年出版。

④ 该套丛书由安徽大学出版社2007年出版。

入进来；旌德县政协编写了“旌德历史文化丛书”[①]5本，即《旌德记忆》《旌德名人》《中国灵芝之乡——旌德》《旌德古建筑》《旌德风物》，介绍了旌德的历史人文。这些由政府组织学界力量编撰、出版的地方文化丛书为本课题的研究提供了较为详实的参考资料。除却上述丛书外，学界在皖南区域文化研究方面也有精品力作刊出，如李甜的《明清宁国府区域格局与社会变迁》[②]从地理、商业、人群、认同等层面论述了明清时期宁国府的人文分化与社会变迁，是我们认识宣城地域文化传统的一部力作。但考诸学界成果尤以非遗研究着力为多，如曹天生的《中国宣纸》[③]探讨了宣纸制作的环境、制作技艺的渊源与特色，并对宣纸传统制作技艺的主要工序、产品、用途等作了介绍；张媛媛、江小角主编的《安徽非物质文化遗产》[④]对皖南的省级非遗名类作了较详细的介绍；王长安主编的《安徽戏剧通史》[⑤]对明清时期诞生于皖南又声名远播的目连戏、徽剧、青阳腔、傩戏等戏曲及历史上皖南戏曲理论家作了较深入的研究；邓玮的《安徽民间祭祀艺术》[⑥]用较多的篇幅对遗存于今的皖南傩祭、祠祭、目连戏及庙会类祭祀活动作了研究；刘永濂的《皖南花鼓戏初探》[⑦]首次对流行于今宣城地区的花鼓戏的唱腔及其艺术特征作了详细的分析；李泰山主编的《中国徽班》[⑧]按明清历史顺序梳理了徽班的起源、发展及其与京剧的关系；纪永贵的《青阳腔研究》[⑨]对历史上源于池州但影响波及天下的青阳腔源流及其“滚调”特征做了精深的考论；王兆乾、王秋贵合编的《安徽省贵池市刘街乡源溪村曹、金、柯三姓家族的傩戏》[⑩]对池州市贵池源溪村傩戏历史与现实、傩神会组织与活动、傩仪与傩戏的演出情况等作了详尽的载录；王兆乾辑校

① 该套丛书由合肥工业大学出版社2015年出版。
② 该书由复旦大学出版社2016年出版。
③ 该书由华中科技大学出版社2016年出版。
④ 该书由安徽文艺出版社2015年出版。
⑤ 该书由安徽教育出版社2010年出版。
⑥ 该书由黄山书社2012年出版。
⑦ 该书由安徽文艺出版社1989年出版。
⑧ 该书由安徽文艺出版社2006年出版。
⑨ 该书由安徽文艺出版社2018年出版。
⑩ 该书由(台北)施合郑民俗文化基金会1993年出版。

的《安徽贵池傩戏剧本选》[①]首次将在各族内部手抄传承的傩戏剧本刊之于世，并校正了手抄本的错讹之处，具有极高的史料价值；茆耕茹编的《安徽目连戏资料集》[②]考诸方志谱牒及戏曲文本，对目连戏的流布情况尤其是皖南各县目连戏演出的资料作了全面的搜集整理；王兆乾的《安徽池州东至苏村高腔目连戏文穿会本》[③]和《安徽池州青阳腔目连戏文大会本》[④]对存留于池州民间的目连戏文本作了点校；陈琪的《徽州戏曲文化研究：以历溪为例》[⑤]对祁门历溪王氏宗族的目连戏演出情况作了叙述，兼及徽州宗族的演戏戏关和戏台；丁希勤的《古代徽州宗教信仰研究》[⑥]《古代徽州和皖南民间信仰研究》[⑦]对历史上皖南区域的各类宗教及民间神灵信仰作了较全面的研究。除了非遗研究之外，物质性文化遗产研究也不少。辽宁人民出版社出版了《中国文化遗珍·徽州卷》[⑧]丛书6本，具体为《徽州古戏台》《徽州古村落》《徽州古祠堂》《徽州古桥》《徽州古书院》《徽州古牌坊》，对遗存至今的徽州物质文化遗产作了阐述；张邦启编著的《古道古桥》[⑨]对池州存留至今的交通古道和至今仍在发挥作用的古津桥作了介绍；葛祥贵主编的《宣城古桥》[⑩]以史话的文体形式对宣城域内的112座古桥的历史渊源作了叙述。这些学术性的专著及编撰性的著作基本概括了存留于今的皖南区域的物质文化遗产和非物质文化遗产，为我们研究皖南区域文化提供了参考，稍显遗憾的是，宗族与这些文化的关系论述少有涉及。

除了上述的著作外，学界在皖南区域文化方面的研究论文也颇为丰硕，现择其要者叙述一二。在非遗方面，学者较多关注戏曲声腔的研究。郑本目连戏明中叶诞于皖南，明清时期在皖南演出盛况空前，今仍存留于皖南，是国家级非遗。该方面研究除前述的茆耕茹、王兆乾所作的贡献外，朱万

---

① 该书由财团法人施合郑民俗文化基金会1995年出版。

② 该书由财团法人施合郑民俗文化基金会1997年出版。

③ 该书由财团法人施合郑民俗文化基金会1998年出版。

④ 该书由财团法人施合郑民俗文化基金会1999年出版。

⑤ 该书由合肥工业大学出版社2017年出版。

⑥ 该书由安徽师范大学出版社2013年出版。

⑦ 该书由安徽师范大学出版社2016年出版。

⑧ 该套丛书由辽宁人民出版社2002年出版。

⑨ 该书由黄山书社2018年出版。

⑩ 该书由黄山书社2010年出版。

曙对之研究力度颇深，除却《徽州戏曲》第六章“徽州目连戏”[①]对此专论外，其《郑之珍与目连戏剧文化》《〈祁门清溪郑氏家乘〉所见郑之珍生平资料》两文对郑之珍的生平及其文化贡献作了深入的考论[②]；周显宝的《皖南傩戏、目连戏及其青阳腔与仪式的原生形态》探讨了仪式与艺术之间共同追求交感呼应的原生态关系[③]；樊昀的《使用与功能——皖南目连戏的变与不变——以祁门两个村落为例》从音乐学的“使用与功能”角度，分析了目连戏传承的变与不变的关系[④]；陈星、张隽的《皖南目连戏的文化内涵和演出功能》论述了目连戏的“通神”仪式性功能[⑤]；何芳、汪承洋、王汉义、刘璇的《安徽省黄山市祁门县马山目连戏现状调查》[⑥]，柳林的《徽州目连戏调查及研究》[⑦]，袁生的《中国戏剧的活化石：徽州目连戏》[⑧]及王晓荧的《安徽徽州目连戏生存现状与保护传承研究》[⑨]等文主要考察了目连戏的遗存、源流及其与徽州文化的关系，并提出了保护的对策。

20世纪80年代以后，对徽剧的研究开始热起来，朱万曙的《〈徽郡风化将颓宜禁说〉所见徽班资料》对清嘉庆年间歙人汪必昌的《徽郡风化将颓宜禁说》作了解读[⑩]；均宁的《徽剧和青阳滚调》一文，对徽剧与青阳滚调的特点作了探讨[⑪]；严济棠的《明清以来徽戏活动的传闻与纪实》对徽州

---

① 朱万曙:《徽州戏曲》,安徽人民出版社2005年版,第219—266页。

② 朱万曙:《郑之珍与目连戏剧文化》,《艺术百家》2000年第3期;《〈祁门清溪郑氏家乘〉所见郑之珍生平资料》,《文学遗产》2004年第6期。

③ 周显宝:《皖南傩戏、目连戏及其青阳腔与仪式的原生形态》,《音乐研究》2004年第2期。

④ 樊昀:《使用与功能——皖南目连戏的变与不变——以祁门两个村落为例》,《合肥学院学报》(社会科学版)2008年第1期。

⑤ 陈星,张隽:《皖南目连戏的文化内涵和演出功能》,《安庆师范学院学报》(社会科学版)2006年第3期。

⑥ 何芳,汪承洋,王汉义,刘璇:《安徽省黄山市祁门县马山目连戏现状调查》,《黄山学院学报》2008年第1期。

⑦ 柳林:《徽州目连戏调查及研究》,安徽大学2012年硕士学位论文。

⑧ 袁生:《中国戏剧的活化石:徽州目连戏》,《地方文化研究》2014年第5期。

⑨ 王晓荧:《安徽徽州目连戏生存现状与保护传承研究》,《传播与版权》2016年第5期。

⑩ 朱万曙:《〈徽郡风化将颓宜禁说〉所见徽班资料》,《戏剧研究》2005年第2期。

⑪ 均宁:《徽剧和青阳滚调》,《艺谭》1980年创刊号。

明清戏曲活动作了全面钩沉[①]；汪效倚的《徽班与徽商》阐述了徽商与徽班的关系[②]；江巨荣的《明代徽剧演出本的若干特征》对明代徽剧演出本的特征进行了研究[③]；陈雪明的《明清时期徽戏在徽州地区的兴盛表现及社会功用》在论述徽戏盛行原因后，认为演戏与官方的正统教育相辅相成，引导基层民众的价值取向[④]。青阳腔以滚调见长，在历史上影响甚广。纪永贵的《论皖南目连戏与青阳腔滚调的关系》认为滚调即来源于目连戏[⑤]，其另两篇论文《青阳腔产生的民俗背景》《论"弋阳诸腔"与"青阳诸腔"》将池州腔、徽州腔、青阳腔、石台腔、太平腔统一纳入"青阳诸腔"，滚调是它们的共有特征，并从池州的佛、傩文化和青阳俗谣俚曲等方面分析了青阳腔诞生的背景[⑥]；朱万曙的《关于青阳腔的形成问题》认为青阳境内九华山上、山下搬演《目连救母》而形成了新腔[⑦]；班书友的《再议青阳腔的起源及当时周边戏剧大环境》辩驳了青阳腔源起陈说[⑧]；周显宝的《青阳腔的仪式生境与历史变迁》认为青阳声腔源于皖南祭祀仪式，其流布于外后声腔演变为舞台艺术[⑨]，之前他在《音乐艺术（上海音乐学院学报）》上连发三文，对青阳腔的人文背景、历史地位及美学价值作了论析[⑩]。除上述力作外，有关青阳腔的传承路径及当下的保护对策也有学者探究，不再一一赘述。

傩文化研究方面，学界用力也较深。1994年王兆乾在《徽州社会科学》

---

① 严济棠：《明清以来徽戏活动的传闻与纪实》，《徽州学丛刊》1985年创刊号。

② 汪效倚：《徽班与徽商》，《徽学》1986年第1期。

③ 江巨荣：《明代徽剧演出本的若干特征》，《徽学》1986年第1期。

④ 陈雪明：《明清时期徽戏在徽州地区的兴盛表现及社会功用》，《农业考古》2017年第1期。

⑤ 纪永贵：《论皖南目连戏与青阳腔滚调的关系》，《戏剧》2016年第2期。

⑥ 纪永贵：《青阳腔产生的民俗背景》，《中国戏曲》2007年第5期；《论"弋阳诸腔"与"青阳诸腔"》，《民族艺术》2016年第3期。

⑦ 朱万曙：《青阳腔的形成问题》，《安徽新戏》1998年第5期。

⑧ 班书友：《再议青阳腔的起源及当时周边戏剧大环境》，《中华戏曲》1999年第2期。

⑨ 周显宝：《青阳腔的仪式生境与历史变迁》，《戏曲艺术》2004年第2期。

⑩ 周显宝：《论青阳腔的人文背景、历史地位及美学价值》（上），《音乐艺术（上海音乐学院学报）》1997年第3期；《论青阳腔的人文背景、历史地位及美学价值》（中），《音乐艺术（上海音乐学院学报）》1997年第4期；《论青阳腔的人文背景、历史地位及美学价值》（下）《音乐艺术（上海音乐学院学报）》1998年第1期。

第3期上发表《祁门傩及其对宇宙本原的阐释》，1998年陈爱中在《黄山学刊》第2期上发表《婺源傩初探》，麻国钧主编的论文集《祭礼·傩俗与民间戏剧》[①]收录了倪国华的《祁门芦溪傩》、曹芷生的《黟县〈城隍会〉试析》，这些论文对皖南傩的流行、演变，傩与社会生活的关系进行了探讨；朱万曙、卞利主编的《戏曲·民俗·徽文化论集》[②]一书收录了陈长文、张学文、戴光照的《绩溪县扬溪镇傩舞〈破寒酸〉》一文，该文详细论述了傩舞《破寒酸》的由来与发展；陈琪在《安徽日报》上发表论文《徽州傩舞》介绍了徽州傩舞的由来、发展、表现形式以及傩舞向傩戏的转变[③]；熊良华主编的《上饶民俗风情荟萃》[④]一书对婺源傩舞溯源以及傩仪与“鬼面具”做了详尽的叙述；陈浩河、韩丽、陈淇的《祁门县社景村傩舞〈游太阳〉与汪华祭祀》认为傩舞《游太阳》是流行于祁门与黟县乡村的重要民俗活动[⑤]；谈家胜的《近20年来安徽贵池傩戏[⑥]研究综述》对1987—2006年学术界关于池州傩戏的研究状况做了较全面的梳理与评析[⑦]。

皖南花鼓戏是流行于今宣城地区的珍稀剧种，陈雨婷的《皖南花鼓戏源流考述》认为湖北花鼓戏和河南灯曲是其源头[⑧]；施俊的《安徽皖南花鼓戏艺术发展及问题研究——以〈当茶园〉为例》分析了该戏的艺术特点和现存状况并提出了保护的对策[⑨]；汪胜水、方文章的《见微知著，彰往昭来——东至“文南词”的兴衰》审视了“文南词”在池州东至县的流变过

① 该论文集由中国戏剧出版社1999年出版。

② 该书由安徽大学出版社2004年出版。

③ 陈琪:《徽州傩舞》,《安徽日报》2006年6月2日。

④ 该书由中国文联出版社2006年出版。

⑤ 陈浩河,韩丽,陈淇:《祁门县社景村傩舞〈游太阳〉与汪华祭祀》,《黄山学院学报》2015年第4期。

⑥ 明清民国时期,池州境内九华山北麓的贵池、青阳、石台三县交界的山区宗族社会会搬演傩戏,现仅在贵池东南山区遗存下来,故学界称之为贵池傩戏;2006年,贵池傩戏成功申报为首批国家级非遗,定名为“池州傩戏”。

⑦ 谈家胜:《近20年来安徽贵池傩戏研究综述》,《池州学院学报》2007年第6期。

⑧ 陈雨婷:《皖南花鼓戏源流考述》,《安徽广播电视大学学报》2017年第2期。

⑨ 施俊:《安徽皖南花鼓戏艺术发展及问题研究——以〈当茶园〉为例》,《湖北工程学院学报》2018年第4期。

程[①]；唐彦春的《文南词文词［正板］音乐形态与板腔体式探析》从音乐学角度探究了南词的艺术形态[②]。

考诸上述成果，可以说学者们对皖南这些涉及戏曲类非遗文化的研究力度深厚，对它们的源起、特征、文化内涵及影响皆作了深入研究，这为本书的研究提供了有力的参考。

除却戏曲类非遗外，学者对其他类非遗文化也有较多成果，兹列举一二以窥测皖南区域文化之丰富。东至花灯舞被列入第二批国家非遗名录，孔华的《东至花灯的历史起源和文化内涵探析》认为东至花灯源于元宵节张灯习俗，但其内涵又区别于张灯习俗[③]；程凯的《国家非遗东至花灯的田野调查报告》梳理了东至花灯的历史与现存状况，探讨了其特征与价值[④]。2009年，宣纸制作技艺被联合国教科文组织列入《人类非物质文化遗产代表作名录》，这方面的研究成果也较多。曹曦的《宣纸燎草制作技艺完善者曹裔生考略》虽是人物考，但对宣纸燎草制作技艺的历史源头也作了考论[⑤]；曹天生的《宣纸的“前世今生”和你想象的不一样》《中国宣纸研究百年》两文阐述了宣纸的历史，并对近百年来学界有关宣纸研究的成果作了梳理[⑥]。曹天生《中国宣纸传统制作技艺之“传统”探析》对宣纸的“六大传统”和“七大特征”作了分析[⑦]；王达春、周乃空、曹天生的《宣纸传统制作技艺中沙田稻草加工技艺考析》认为宣纸制作过程中稻草浆掺入技艺是革命性变革[⑧]。徽墨历史悠久且享誉甚高，黄辉的《徽墨的历史与传统

① 汪胜水，方文章：《见微知著 彰往昭来——东至“文南词”的兴衰》，《戏曲研究》2006年第3期。

② 唐彦春：《文南词文词[正板]音乐形态与板腔体式探析》，《安庆师范学院学报》(社会科学版)2012年第5期。

③ 孔华：《东至花灯的历史起源和文化内涵探析》，《重庆文理学院学报》(社会科学版)2014年第4期。

④ 程凯：《国家非遗东至花灯的田野调查报告》，《池州学院学报》2016年第5期。

⑤ 曹曦：《宣纸燎草制作技艺完善者曹裔生考略》，《中国农史》2016年第4期。

⑥ 曹天生：《宣纸的“前世今生”和你想象的不一样》，《人才资源开发》2017年第23期；《中国宣纸研究百年》，《合肥师范学院学报》2012年第1期。

⑦ 曹天生：《中国宣纸传统制作技艺之“传统”探析》，《自然辩证法研究》2012年第5期。

⑧ 王达春，周乃空，曹天生：《宣纸传统制作技艺中沙田稻草加工技艺考析》，《中国农史》2015年第3期。

制作技艺研究》对徽墨工艺的历史与现状作了分析[①]；姚昱波的《徽墨传统制作技艺的现状和发展前景》还原了徽墨传统制作技艺的发展过程，并结合工艺传承的现实情况提出了继承和发展思考[②]。徽州三雕是徽州文化的亮点之一，这方面的研究文章较多，但多是赏析或价值分析，从历史文化角度来分析的不多，如徐祥民的《徽州民间雕刻艺术的社会基础》对明清时期徽州“砖、木、石”三雕孕育、发展的社会经济和文化基础作了分析[③]；张炯炯的《古徽州雕刻的文化底蕴及艺术特色》从宗法制度、儒家文化的角度分析了明清时期徽州三雕繁荣的基础[④]。歙砚是徽州文化的名片，其制作技艺是国家级非遗，论及歙砚的文章颇多，但论述其制作技艺的历史文章贫乏，如王晶晶、樊嘉禄的《歙砚制作技艺的发展简史》考论了唐宋以来各阶段歙砚制作的历史并提出了传承与保护的建议[⑤]；方韶的《歙砚的历史演变》将歙砚的制作历史上溯至汉代，到了明清两代，歙砚有了长足的发展，倾向于艺术化方向[⑥]。除上述成果外，学界在皖南区域文化研究方面的成果尚有不少，限于篇幅不再赘述。

总之，从上文已述及的成果来看，一方面可证皖南区域文化之丰富，另一方面也旁证了学界多关注并致力于单个文化事象的研究，皖南区域性的文化整合研究成果欠丰，对于单一文化事象中的宗族因素，一些研究成果中有所涉猎，但深究宗族与它们关系的论著不多，如再论宗族与皖南区域文化之关系的研究成果则是空白，这为本书留下了研究的空间。

① 黄辉:《徽墨的历史与传统制作技艺研究》,《民艺》2018年第4期。

② 姚昱波:《徽墨传统制作技艺的现状和发展前景》,《文物鉴定与鉴赏》2018年第23期。

③ 徐祥民:《徽州民间雕刻艺术的社会基础》,《阜阳师范学院学报》(社会科学版)2002年第3期。

④ 张炯炯:《古徽州雕刻的文化底蕴及艺术特色》,《淮北煤师院学报》(哲学社会科学版)2002年第3期。

⑤ 王晶晶,樊嘉禄:《歙砚制作技艺的发展简史》,《赤峰学院学报》(自然科学版)2014年第6期。

⑥ 方韶:《歙砚的历史演变》,《合肥工业大学学报》(社会科学版)2012年第5期。

第二章　明清时期皖南宗族社会的形成与发展

皖南山区原本是山越人的居地，他们出入山林，“依阻山险，不纳王租”[①]，不服国法。三国时期，孙吴政权曾“对山越人进行了30多年的征剿”[②]，使之元气大伤。此后，历代政权对皖南都实施了有效管控，这给迁入该地的各族姓生息繁衍提供了一个理想的自然与社会环境。延至明清时期，皖南山区的巨姓大族比肩相望，成为传统中国宗法制度最完备、宗族发展最成熟的宗族社会。关于宗族尤其是皖南宗族如何形成与发展，非本课题研究重点，学界研究成果已甚为丰富[③]，本课题仅仅是作一描述，目的在于使读者了解皖南族姓的迁入繁衍及宗族形成与发展的概况，也为后文的探讨作铺垫。

第一节　族姓的迁入与繁衍

唐力行在研究徽州宗族社会的形成时，依据《新安名族志》制成《各时期宗族始迁徽州原因分析表》《各时期宗族始迁地分布状况表》，指出因

① [宋]司马光:《资治通鉴》卷五十六,中华书局1956年版,第1817页。

② 张南:《简明安徽通史》,安徽人民出版社1994年版,第93页。

③ 关于中国宗族问题研究,冯尔康、常建华、林济、陈其南等学者皆有诸多力作问世,其中冯尔康的《中国宗族史》《中国古代的宗族与祠堂》《18世纪以来中国家族的现代转向》、常建华的《宗族志》《明代宗族研究》《宋以后宗族的形成及地域比较》等著作学理深厚,上海人民出版社也曾出版“中国家庭·家族·宗族研究系列”丛书7本;关于皖南宗族研究,学界多关注徽州宗族,叶显恩、赵华富、周绍泉、栾成显、唐力行、常建华、李琳琦、周晓光、卞利、王振忠、陈瑞、[日]牧野巽、[日]多贺秋五郎、[韩]朴元熇、[荷]宋汉理、[美]居蜜等国内外学者多有论述,其中赵华富的《徽州宗族调查研究》《徽州宗族研究》《徽州宗族论集》、唐力行的《徽州宗族社会》、[韩]朴元熇的《明清徽州宗族史研究:歙县方氏的个案研究》、王振忠的《明清以来徽州村落社会史研究》、陈瑞的《明清徽州宗族与乡村社会控制》等学术专著对徽州宗族研究力度颇深;关于宁国、池州二府的宗族研究,李甜、谈家胜等学者有所涉猎,但总体上学界研究力度不够,成果稀缺。

避战乱而迁居徽州的宗族占比29%，居第一位，而爱其山水清嘉隐居者亦有避乱的意蕴，故而躲避战乱是宗族迁入徽州的首要原因，其次则为承平时期宦居徽州而形成宗族[①]。毋庸置疑，因躲避战乱而迁居与历史上三次北人南迁的高潮有关，一为两晋之际的永嘉之乱，二为唐中后期的安史之乱和黄巢起义，三为两宋之际的靖康之难。三次北人南迁使得大量中原士族寓居江南，承平时期又繁衍发展，蔚然成大宗，至明清时期已然成为典型的宗族社会。

明清时期皖南宗族社会的核心范围是徽州府、宁国府和池州府。学术界对徽州宗族研究着力最重，其次为宁国府，再次为池州府，这和历史上三府宗族社会发展的状况相关。我们将分别介绍明清时期徽州府、宁国府、池州府宗族迁入、繁衍等基本情况。

一、徽州名族的迁入与繁衍

据《新安名族志》[②]记载可知，最早迁入徽州的是西汉末的方氏和东汉末的汪氏，此后三次移民高潮中，因战乱迁入徽州的宗族分别有9姓、24姓、15姓之多。兹略述如下。

方氏始祖方纮，世望河南，为汉丹阳令。西汉末年，为逃避王莽篡乱，遂家歙之东乡。其孙方储“对策魁天下，拜太常卿、黟县侯，追赠尚书令、洛阳开国公，庙赐‘真应’，谥曰‘仙翁’”。后裔由歙县东乡逐渐向西扩散和发展，散居郡邑。汪氏始祖汪文和，世望平阳，“以破黄巾功，为龙骧将军；建安二年，因中原大乱，南渡江，孙策表授会稽令，遂家于歙，是为新安汪氏始迁之祖”。其后裔逐渐向四方发展，分布六县，成为徽州一个大姓。罗愿《汪王庙考实》记载：“今黟、歙之人，十姓九汪，皆王[③]

① 唐力行:《徽州宗族社会》,安徽人民出版社2004年版,第4—5页。

② 该书由明嘉靖年间戴廷明、程尚宽等编撰,采录的家谱或宗谱资料至少有八百种,徽州大姓的迁徙及发展历史基本网络其中。本节所述徽州府族姓的迁入与繁衍情况据此书成篇,文中打引号但未标注出处的材料均自该书摘录,依据的版本是[明]戴廷明、程尚宽等撰,朱万曙等点校,黄山书社2004年出版的《新安名族志》。

③ 指唐人汪华。

后也。”[1]

程氏世望广平，东汉末年，程普随东吴孙氏平定江东，北拒曹操，“赐第于建业，为都亭侯”。程普的后人程元谭，值永嘉之乱，“佐琅琊王起建业，为新安太守，有善政，民请留之，赐第于郡西之黄墩，遂世居焉”，其后裔散居郡邑，为新安望族。余氏远祖封涂山，东汉末，余仁赡“渡江居……丹阳”；西晋永嘉间，余祥“迁睦之遂安，改迁余岸[2]”。余氏一迁丹阳，二迁遂安，三迁歙县，虽未言明迁徙原因，但前两次迁徙都与中原战乱有关。晋征西大将军俞纵，先世河涧人，永嘉末，中原大乱，俞纵始迁新安；厥后，俞晃“仕至龙图侍郎，居歙草市”；唐广明后，俞昌“由歙迁婺源长田”，此后，“子孙散居郡邑”。

唐乾符间，周钦任庐州刺史，“因巢乱，有武功忠节”，其子迁歙之黄墩。广明间，严陵人陈禧，避黄巢乱，迁居休宁陈村；饶州人吴宗，汉长沙王吴芮之后，为避巢乱，迁居休宁长丰；又有鄱阳吴氏徙居休宁江潭，平江吴氏徙居休宁大溪。唐僖宗朝，陈秀“避广明乱，自桐庐迁歙之黄墩”，传二世曰贵，于后汉乾祐元年（948年）始迁祁门石墅。唐末，河内人查师诣“从九江匡山药炉源徙宣城，转徙黄墩，官至游击将军、折冲都尉。一世曰昌士，唐吉王长史。三世曰文徽，历官工部尚书，迁休宁；弟文征，官至歙观察使，居婺源”；豫章人罗秋隐、罗文昌堂兄弟二人因避黄巢乱，迁居歙之呈坎；姑苏人朱师古始迁歙之黄墩，天祐中，制置茶院府君朱瓌奉歙州刺史陶雅之命，“领兵三千戍婺源，民赖以安，子孙因家弦高镇，即今阙里也”。歙县长陔毕氏，先世居偃师县，累世簪缨，唐咸通间，毕师远袭父职为永州司马，唐乾符四年（877年），调歙州，官中散大夫，后因黄巢兵乱，遂居长陔。祁门县孚溪李氏，“出唐宗室昭王之季子曰祥，避黄巢乱始家于歙。祥生伸皋，仕宋江西寨将，生三子，曰德鹏，赠银青光禄大夫，分居祁门新田，即孚溪祖也；曰德鸾，官至散骑常侍，居婺源严田；曰德鸿，居浮梁界田，时称三田李氏”。休宁凤湖刘氏，其先彭城人，唐末，刘依仁官至翰林学士，“承旨出守江南，因乱遂家休宁，后子孙

① 王晓波，李勇先，张保见等点校：《宋元珍稀地方志丛刊·甲编》（八），四川大学出版社2007年版，第546页。

② 时属歙县。

散居县前、凤湖等处”。祁门康氏，先世世居京兆，后迁会稽，唐末，康先“避乱居歙之黄墩，未几复迁浮梁化鹏乡”，其子康新迁祁门武山乡尤昌里之康村。婺源武口王氏，先世世居太原，唐王仲舒为江南西道观察使、洪州刺史，子王弘家于宣州莲舡塘，孙王翔“因避寇于歙之黄墩，再迁婺源武口，号云谷居士”。祁门苦竹港王氏，先世琅琊人，唐王璧始迁苦竹港，唐乾符中，王璧“与婿郑传倡议集众，保障州里。刺史陶雅屡奏其功，历补军职，官至银青光禄大夫、检校兵部尚书加金紫光禄大夫”，生九子，“皆显于南唐，子孙散居郡邑”。歙县岩镇吕氏，唐广明元年（880年），吕从善避黄巢乱，由金陵始迁歙之竭田，宋宣和二年（1120年），吕仲明“避方腊乱，徙居岩镇西南山”。婺源桃溪潘氏，“先世闽之三山人”，唐广明间，潘逢辰“上书阙下，不报，黄巢乱，避地黄墩，后迁桃溪”。休宁屯溪潘氏一世祖潘逢旦，同兄潘逢辰“避乱，由闽居歙黄墩，其子孟和公迁浮梁落马桥”，八世孙潘汝戒“始迁屯溪居焉”。休宁汪溪金氏，唐广明间，金博道“避黄巢乱，自桐庐迁居休宁之杉坑，四世竦公徙居梅结，九世松青三公徙居汪溪”。休宁龙泉赵氏，“其先陇西人”，唐中和年间，始祖赵思避乱，始迁龙源。休宁小贺姚氏，“其先陕西人”，唐乾符年间，严州刺史姚□“避黄巢乱解官居此”。婺源施村施氏，先世世居兖州淄畲林，其后裔施雠徙居吴兴县，唐通明殿朝请大夫施矗，“避巢乱迁歙黄墩，继迁浮梁榔木田”。宋绍兴十二年（1142年），十世孙施敏由浮梁榔木田徙居婺源施村。婺源山头里齐村齐氏，唐乾符六年（879年），齐亮“始居歙之黄墩，御黄巢乱有功，封兰公，迁饶之德兴”；八世孙齐公绰“官至工部尚书，始迁山头里齐村”。休宁隆阜戴氏，先世“世居亳州”，后裔“避黄巢乱，迁歙黄墩”；南唐时，戴护为兵马使，其子戴寿“拜武翼郎，擢中书舍人”，其孙戴安“历官银青光禄大夫、检校国子祭酒兼监察御史上柱国，守饶，卒谥忠恭，赐葬乐平瑯槟山”，其曾孙戴奢，始迁隆阜。休宁杭溪张氏，先世世居陈留，代有闻人，唐末，张舟“避巢乱迁歙黄墩”，其子徙居杭溪，据《新安张氏续修宗谱》记载，唐张正则在歙为官，其孙为绩溪县令，黄巢大起义时，张氏逃避歙县黄墩，后迁婺源。

从上述记载来看，唐末尤其是黄巢兵乱之际，避祸迁入徽州的族姓最多。诚如宋人罗愿所言：“黄巢之乱，中原衣冠避地保于此，后或去或留，俗益向文雅，宋兴则名臣辈出。”[①]北宋末年，靖康之难，又一批中原仕宦避乱徽州。据《新安名族志》载，徽州郡城杨氏，其先世世居合肥，宋绍兴元年（1131年），杨通“除授徽州路司户参军，太守洪适重其才，在任六载卒”，子杨清“欲扶柩还，以国祚南迁，北土未宁，不敢行，遂家焉。世居于徽治之北偏，即今之上北街也”。休宁韩家巷韩氏，“出唐昌黎愈公之后，本居上党”，宋淳熙年间，“天下苦于金胡之乱，朝廷暮徙，当时民在北地者，咸以江南为乐土”，韩炜时任池阳教授，子韩实“由父宦邸道经休邑，见徽于万山，休邑人烟辏集，无异京华，乃留于城北居之”，其后裔“业盛家肥，人以韩家巷为名”。

二、宁国望族的迁入与繁衍

与徽州府相邻的宁国府和池州府，因地理形势与徽州相同，是宗族繁衍生息的胜地，也成为徽州府宗族向邻近地区迁出的重地，如明代宣城人梅鼎祚所言：“宣歙地相错如绣，歙土狭不任耕，故多趋化居而迁，即迁吾宣者，阮氏、孙氏称最久，且著世相为昏（按：婚）姻。”[②]可见，徽州府宗族因人口众多、土地狭贫，宁国府是其外迁地之一。据《绩学堂文钞》载，泾县宣阳都汪珊的始祖葬在徽州，推测其祖先应属徽州汪氏，同邑朱氏、唐氏、胡氏、檀岭王氏均自婺源迁出，朱氏尤以朱熹后裔自居。无独有偶，泾北童氏也号称自徽州迁入。人口的流动是相互的，除了有徽州宗族外迁宁国府外，也有一些自宁国府迁入徽州府的宗族，如祁门谭氏即于乾隆年间自旌德迁往徽州府。

然宁国府古称宛陵，位近建康，历史上北方大族南下也有定居于此者。下面我们将着重介绍宣城梅氏、旌德方氏和丰溪吕氏在宁国府的繁衍情况。

宣城梅氏，世望汝南。据《宛陵梅氏宗谱》《文峰梅氏宗谱》中的相关记载，宣城梅氏之始祖系于五代时徙居而来的汝南人梅远，其后裔于宣城境内繁衍生息，传至第四世时，分居三地，成为“汝南世家”，号称“梅氏三望”，即“墨庄”“章务”“善经”。《宛陵梅氏宗谱》对“梅氏三望”记载声称：“迄

---

① ［宋］罗愿撰，萧建新、杨国宜校著：《〈新安志〉整理与研究》，黄山书社2008年版，第16页。

② ［明］梅鼎祚：《鹿裘石室集》卷十二《侍峰阮三公六十序》，《续修四库全书》编纂委员会编《续修四库全书·集部》（第1379册），上海古籍出版社2002年版，第277页。

大宋文人蔚起，诗名盖代。族遂以望称。而当时族之称望者，十有六，惟三望为尤著。……居于善经曰五坪[1]，于章务[2]曰弋江[3]，于墨庄曰九曲[4]。”[5]

明清时期，宣城梅氏支系繁衍，较为著名的支系有宣城弋江章务里河沿上房梅氏、西河房梅氏。柏枧山房文峰梅氏，其始迁祖系梅尧臣的同祖三世侄孙梅太七公，于南宋嘉泰年间别为一支，自九同碑村柏山寺迁居宣城东南七十里柏枧山口。泾县溪口梅氏，其始迁祖系梅及中的六世孙梅景秀和七世孙梅云龙，自宣城弋江章务迁居到泾县茂林柏山溪口。此外，梅云龙的孙子梅大崇自泾县溪口徙居宣城杨柳乡与寒亭乡交界的天门山，别为一支，繁衍至清中晚期，发展为宣城地区最大的粮食商。后来，从泾县溪口又迁出了几支，在溪口仅留下梅景秀十世孙梅福的后裔，分为进、问、积、隧四大分支，部分族人迁居邻府当涂县。清嘉庆二十年（1815年），泾县溪口梅氏鉴于家族枝繁叶茂、人丁众多，于是组织人力建造“福公祠”，并将其命名为“追述堂”，以追溯先人功德，劝诫后世子孙。泾县溪口梅氏一族是“宁国商人”中重要的一部分，历来以经营水上运输业为主，兼及农商各业，杰出人物有明万历年间升州[6]知州梅克济、明朝武亚元梅象先等。

徽州方氏由来之久，已如前文所述。旌德方氏之由来，亦是年深日久的故事。据现存方氏谱牒资料的相关记载，早在晋代，方苋官居宣州，其子方法立南游龙头山，见该地山川秀丽，清静宜人，遂筑室而居，繁衍生息，自成一村，人们称之为“方村”[7]。唐代中期，朝廷命令割太平县东乡设旌德县，自方村外迁的方姓族人方德做出了一个改变家族命运的举动——让家宅为县治，再次带领族人迁回方村，学者推测此或为“旌德”县名之由来，也由此促使旌德方氏成为大宗。此后，旌德方氏繁衍为方盛、方盈、方漩三大派，共尊方德的五世孙方元荡为旌德始祖，三派历经千百

① 今安徽宣城夏渡乡玉山村。

② 今安徽宣城文昌乡。

③ 今安徽芜湖南陵弋江镇。

④ 今安徽宣城宣州区九同碑村。

⑤ [民国]梅汝霖:《宛陵梅氏宗谱》卷之首《墨庄判薄房支谱序》,转载自葛欣荣《宋清之际宣城梅氏家族研究》,广西师范大学2006年硕士学位论文,第9页。

⑥ 明代交趾承宣布政使司下辖的一个州,治所可能在今越南广南省境内。

⑦ 位于今旌德县三溪镇。

年发展变迁，逐渐形成众多的分支别派，“蔓延散处，若城若乡二十余族矣”[①]。譬如，方伯成沿着县城孔道顺流而下十余里定居，衍为“板山派”[②]；方鹏翔虽以农事开业，然传数世而人文蔚起，衍为“厚儒派”[③]；方奇与方新兄弟二人前往龙山垦荒，消除虎患后定居山下，形成了有东、西二门之分的“水西派”[④]。

我们还据隐龙方氏家谱的相关记载，发现在宋嘉祐年间，方盈派后裔方伯源从咸阳县卸任归里，遍游山水名胜，在县城南十五里某地，见其山环水绕，景色清佳，宛若桃源仙境，遂决意定居于此，“以其山势委蛇盘屈，有潜隐之意，故名曰隐龙，是为隐龙肇基之始祖”[⑤]，隐龙方氏自此得名，并成为旌德方氏众多支派的大宗。隐龙方氏的分支极为复杂，据载，方伯源隐居隐龙后，子孙繁衍生息，人丁益众，不得不分为“上方”和“下方”两个村庄。其子孙“为宦留家，因贾迁地，随赘改居，转徙不一”[⑥]，相继形成了十多个分支。譬如，宋元之际，方伯富自隐龙外赘，后又自赘地徙出，别为一支，即“板桥支”[⑦]；“厚儒支”的始迁祖方伯玉系方伯源之弟，据隐龙本村人称，“故其族户口之繁、人物之盛，与吾隐龙相埒”[⑧]，可见该支派的悠久历史和雄厚实力。迨至明代，方原真徙居县城，

① [清]方表等纂修:《旌德方氏统修宗谱》卷一《方氏续修家谱叙》,清康熙三十七年(1698年)刻本,上海图书馆藏。

② [清]方表等纂修:《旌德方氏统修宗谱》卷一《伯成公支谱序》,清康熙三十七年(1698年)刻本,上海图书馆藏。

③ [民国]方镛纂修:《隐龙方氏宗谱》卷一《康熙年厚儒原序》,民国十一年(1922年)木活字本,上海图书馆藏。

④ [民国]方镛纂修:《隐龙方氏宗谱》卷一《康熙年水西西门佛子岭龙山序》,民国十一年(1922年)木活字本,上海图书馆藏。

⑤ [民国]方镛纂修:《隐龙方氏宗谱》卷四《始祖世系》,民国十一年(1922年)木活字本,上海图书馆藏。

⑥ [民国]方镛纂修:《隐龙方氏宗谱》卷一《迁徙》,民国十一年(1922年)木活字本,上海图书馆藏。

⑦ [清]方表等纂修:《旌德方氏统修宗谱》卷一《上泾板桥派修谱原叙》,清康熙三十七年(1698年)刻本,上海图书馆藏。

⑧ [民国]方镛纂修:《隐龙方氏宗谱》卷二十《平甫方明经传》,民国十一年(1922年)木活字本,上海图书馆藏。

衍为“隐梅支”，其后裔方友庆再徙，衍为“尚文坊支”①。此外，“蘽口派支”又分出了泾县“尚泽支”，该支后裔方孟孙自元末迁居俞村，繁衍发展，衍为“俞村支”。“俞村支”于民国年间加入隐龙合谱，后因生齿日繁，分徙形成九处村落，其中方子禄迁居黄田，衍为“黄田支”②。“基村支”也是因基址湫隘，发展空间有限，先后迁徙形成多处散支，“有七里坦、犁壁石、八角亭、前场坦、沙堤、江村之迁，且有泾县官圩、百户、太平尧村之徙，甚且有广东惠州卫军户之派”③，分布范围非常广。

旌德县除了方氏这一名宗大族外，丰溪吕氏亦是宁国府望族。据家谱记载，吕氏系出于姜齐，五世祖胡公自营丘迁都薄姑④；六十九世祖吕从庆与其弟从善于唐光启年间因避黄巢兵乱，自金陵徙居歙之堨田，不久，吕从庆又自堨田徙居旌德丰溪⑤；七十三世祖吕延瀚⑥则自丰溪徙居庙首镇。散居旌德的吕氏族人又析出瑶台、菱塘坑、兰堂、鲤塘、和村、进坊、高溪、板桥、东山等支。唐宋以降，旌德吕氏累世簪缨，出了不少名宦、名贤、名人。譬如，宋开封府尹吕仲汉、元景州学正吕德元、翰林学士吕景原、明南京兵备道吕文林、路南州知州吕坚、清花翎副将衔四川峨边营参将吕登鳌、提督山西学政翰林院编修吕凤岐等。特别是入清以后，旌德吕氏涌现出了许多著名家族，譬如吕朝瑞家族、吕祥龄家族、吕贤基家族、吕宏积家族、吕云栋家族等⑦。

除了上述几大家族外，宁国府在明清时期繁荣发展的宗族还有以沈懋学、张焘家族为代表的宣城沈氏、张氏，以吴尚默家族为代表的泾县茂林

① [清]方表等纂修:《旌德方氏统修宗谱》卷六《尚文派·友庆公迁梓山尚文坊记》,清康熙三十七年(1698年)刻本,上海图书馆藏。

② [民国]方镛纂修:《隐龙方氏宗谱》卷二《俞村支派》,民国十一年(1922年)木活字本,上海图书馆藏。

③ [民国]方镛纂修:《隐龙方氏宗谱》卷一《康熙年基村原序》,民国十一年(1922年)木活字本,上海图书馆藏。

④ [民国]吕朝熙编订:《旌德吕氏续印宗谱》卷一《凡例》,民国六年(1917年)丁巳铅印本,上海图书馆藏。

⑤ [清]任启远撰:《清芬楼遗稿》卷四《唐隐士吕从庆传》,《续修四库全书》编纂委员会编《续修四库全书·集部》(第1424册),上海古籍出版社2002年版,第217页。

⑥ 即从庆公五世孙。

⑦ [民国]吕朝熙编订:《旌德吕氏续印宗谱》卷一《列传》、卷二《墓志铭》,民国六年(1917年)丁巳铅印本,上海图书馆藏。

吴氏，以胡承珙家族为代表的龙坦胡氏，以翟国儒、翟纯祖家族为代表的水东翟氏，等等。

三、池州宗族的迁入与繁衍

笔者在调查池州傩戏的过程中，发现池州宗族社会的维系大多与傩文化相关。宗族搬演傩戏，起到娱神、娱人、强化同宗的作用。沿着“傩戏”这一线索，我们大致描绘出有“九刘十三姚”“七分汪”“元四章”之称的池州宗族盛况。大略如下。

姚氏原系北方大族，“东汉末年建安之乱随北人南迁，而郡定吴兴……再南徙入赣”[①]，唐末、两宋时，其后裔曾有三支先后迁徙到贵池，即三十世姚祥七于唐乾符年间自豫章迁秋浦[②]，三十六世姚六十二于两宋之际由赣迁秋浦北村，三十六世后裔姚天九于南宋末又迁建德[③]杨河口，后其子睿六与弟贤三复又从建德再回迁秋浦霞湖[④]。历元明至清中叶，姚氏在池州形成十三支聚族而居的村落，俗称“十三姚”，即荡里姚、南边姚、山里姚、山外姚、西华姚、古洞姚、宋村姚、九里姚、畈里姚、楼华姚、庄村姚、毛坦姚、殷村姚。

刘氏自元朝末年于江西瓦吉坝迁至贵池元二保南山[⑤]，始迁祖为刘十二，生二子，长为桂一，次为桂二，再传四世至六世祖刘振瑄、刘甦瑄时，刘氏一族已人丁渐旺。刘振瑄、刘甦瑄两系各衍生四支，形成八个分支，俗称“八大房头”。谱载刘振瑄生九子：昇堂、雯堂、景堂、昱堂、暹堂、晟堂、昙堂、晕堂、曜堂[⑥]；刘甦瑄生五子：昂堂、昊堂、昆堂、杲堂、冕

① [民国]佚名：《贵池姚氏宗谱》卷三《地理志》，民国二十年（1931年）木活字本，安徽贵池姚街姚氏族人藏。

② 今池州市贵池区。

③ 今池州市东至县。

④ 霞湖又名虾湖，今池州市贵池区梅街镇姚街村。历史上该地是发源于九华山的白洋河在此回旋形成的小湖。唐天宝年间，诗人李白三次游历秋浦，曾夜宿于此并写下《宿虾湖》诗文。姚姓迁入后，子孙繁衍成村（荡里姚村）并就近外迁，因处商贾要道，村落繁兴，晚清时期，易名姚街。

⑤ 今池州市贵池区梅街镇刘街。

⑥ [清]佚名：《南山刘氏宗谱》卷一《振瑄公支下世系》，清同治十三年（1874年）刻本，中国国家图书馆藏。

堂[1]。子孙繁衍甚众，只得先后自南山徙出，沿白洋河布局渐次形成南山上村、南山下村、汤村、中庄岭、观音阁、岸门、栗山畈、风和、前山九个村落，俗称“九刘”。

池州汪氏发源于徽州。南宋时，汪厚由婺源回岭迁开元乡，是为池州贵池汪氏始迁祖，落居于白洋河畔的银坑冲。因村基形状像鸭嘴伸向河边，该村俗称“鸭嘴汪”。汪厚生二子：长曰十三，无传；次曰十八，生子一，曰八四。八四生六子：一、二、三、四、五、六。自此子嗣繁衍益众，谱曰：“阅数传，生齿日繁，分为七分”[2]，俗称“七分汪”，即茶溪、双龙、高源、碧山、石柱、上安、鸭嘴汪七个村落。

章氏世望福建浦城，后迁宁国府泾县，约在元末明初，章姓一支自泾县章渡迁入贵池。据《梨村章氏宗谱》载，始迁祖章正一生三子：保一、保二、保三。保一无后断嗣；保二迁居开元乡元四保梨村[3]，生六子，即龙一、龙二、龙三、龙四、龙五、龙六，各子继续繁衍，以梨村为中心就近外迁，形成十四个支派近30个村落，入清后成为贵池大姓之一，俗称“元四章”；保三“爱元一保太和名胜，因卜居焉”[4]，但该支繁衍不兴，除零星徙出池州外，至今仍团聚在太和村，俗称“太和章”。

柯氏也是池州大族，有“棠、峡、陡、金、莲”五大支派，始迁祖是柯应诚。柯氏世望河南洛阳，唐神龙元年（705年），柯应诚任职池州，唐景云二年（711年），因爱九子山[5]，举家迁居九子山莲玉里[6]。越数传至唐咸通九年（868年），有名柯益孙者自莲玉里迁居贵池棠溪镇棠溪村，为棠溪柯氏始迁祖，子孙繁衍池州各地，渐成五大支派，即棠溪柯氏、峡川柯氏、陡坑柯氏、金溪柯氏和莲玉柯氏。此外，今池州市贵池区梅街镇刘街社区还有徐村柯氏，其始迁祖为元至正年间入赘徐姓的棠溪柯思周，柯思周生三子，即添

---

① ［清］佚名：《南山刘氏宗谱》卷一《甦瑄公支下世系》，清同治十三年（1874年）刻本，中国国家图书馆藏。

② ［清］佚名：《贵池汪氏宗谱》卷三《汪氏族谱序》，光绪五年（1879年）刻本，上海图书馆藏。

③ 今池州市贵池里山街道元四章村。

④ ［民国］佚名：《梨村章氏宗谱》卷三《分迁始祖世系总图》，民国十六年（1927年）重修本，安徽贵池元四村章氏族人藏。

⑤ 今九华山。九华山，汉称陵阳山，盛唐前称九子山，唐天宝年间李白游历秋浦时，观九子山胜景写下“妙有分二气，灵山开九华”的诗句，遂易名九华山。

⑥ 今池州市九华山风景区柯村。

一、荣二、留三，子嗣入清后归宗，改徐为柯，实为棠溪柯氏支派之一。

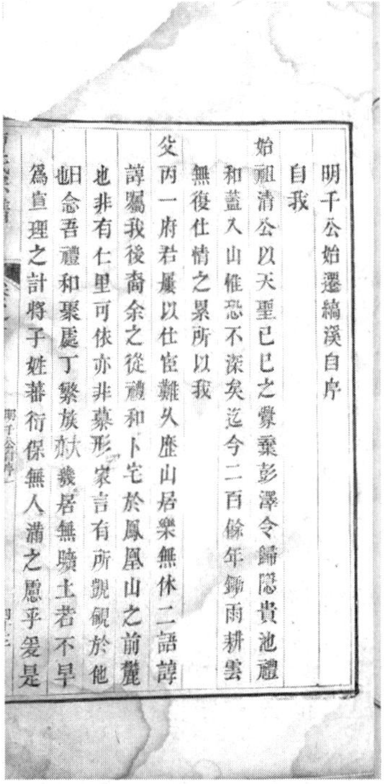
明千公始遷縞溪自序
自我
始祖清公以天聖己巳之歲棄彭澤令歸隱貴池禮
和蓋入山惟恐不深矣迄今二百餘年鋤雨耕雲
無復仕情之累所以我
父丙一府君屢以仕宦難久歷山居樂無休二語諄
諄囑我後裔余之從禮和卜宅於鳳凰山之前麓
也非有仁里可依亦非慕形家言有所覬覦於他
廻念吾禮和聚處丁繁族大亦幾居無曠土者不早
為直理之計將子姓蕃衍保無人滿之患乎爰是

图2-1　缟溪曹《礼和曹氏宗谱》

除了上述刘、姚、汪、章、柯几个大姓，散居池州各地的大宗名族还有缟溪[①]曹、东山[②]韩、东山吴等。曹氏于北宋天圣年间迁居今池州市贵池区棠溪镇曹村，始迁祖为曹清，“弃彭泽令归隐贵池礼和”，传十世至曹明千时，“念吾礼和聚处，丁繁族大，亦几居无旷土”[③]，遂迁居缟溪，为缟溪曹村始迁祖（图2-1）。康熙年间，该族曹曰瑛举博学鸿词科官至翰林待诏，曹曰玮举武科状元官至陕西兴汉总兵。韩姓一族迁自徽州休宁，南宋末有名千十五公者商游于池，“见《秋浦志》载，魁山宝光夜见，意必天池清淑之气磅礴。犹积其间，登而览之，穷谷堪严，草木丛茂，泉甘土肥，遂家居焉”[④]，为东山韩姓始迁祖，“其后派衍椒绵，散处各乡间，如元三保之象山、南塘、西坡，西一保之乐岭等村”[⑤]。与韩村相距仅千米的吴姓村落，始迁祖吴仕兴于明初迁入。但吴姓迁池几乎与韩姓同期，南宋末有吴庆四、吴尚一、吴小四三人自徽州歙县溪南迁来秋浦，世居梓溪[⑥]。明代以后迁徙频繁，其中“小四公一派传至四世，仕兴公迁虎溪”[⑦]，虎溪即今之东山村。

---

① 今白洋河的上游，因溪水缟洁，故名缟溪。

② 今池州市贵池区棠溪镇境内，又名魁山，山势呈环形，山谷盆地开阔。

③ [清]佚名：《礼和曹氏宗谱》卷首《明千公始迁缟溪自序》，清乾隆二十九年（1764年）重修本，安徽贵池刘街社区曹氏族人藏。

④ [清]佚名：《韩氏宗谱》卷一《韩氏重修宗谱叙》，清光绪七年（1881年）刻本，安徽贵池东山村韩氏族人藏。

⑤ [清]佚名：《韩氏宗谱》卷一《韩氏重修宗谱叙》，清光绪七年（1881年）刻本，安徽贵池东山村韩氏族人藏。

⑥ 今池州市石台县小河镇梓溪村。

⑦ [清]佚名：《秋浦吴氏宗谱》卷首《吴氏重修总谱序》，清光绪十三年（1887年）刻本，安徽贵池东山村吴氏族人藏。

上述诸姓分散于贵池、青阳、石台各地，其中分布于九华山北麓山区的各族姓历史上盛演傩戏。除上述诸姓外，池州尚有一大族与众不同，即相传为匈奴人之后的南溪[①]金氏。据《建德南溪金氏家乘》载，金氏自徽州迁徙而来，得姓始祖金日磾系南匈奴休屠王子，归降西汉后，被汉武帝赐姓“金”，官拜侍中，封佗侯，其四十五世孙金廷烈于唐末“举进士不第，三年后再举，授江宁令。考绩迁徽州通判，因宦家黄墩”[②]。金廷烈之曾孙金侨，因“避黄巢乱，由徽之黄墩迁建之南溪”[③]。金侨之玄孙金庆节“值五代之乱，由南溪徙居鹰鱼坑”[④]，传十世至金省二复回迁南溪故里，为南溪金氏一世祖。再传三代至金宣一，时值“元末兵乱，集众保乡里”[⑤]，使“地方赖以安靖”[⑥]，是为南溪金氏在地方崭露头角之始。其弟金宣六“由南溪徙居十四都，是为伯罗坵湖景潭之始祖也”[⑦]。金宣一之孙金璧，系南溪金氏六世祖，“字仲谦，行艳一，生于元至正丙午年六月初七日……（明永乐年间）公奉诏训农东鲁，授兖州府教授，阶登仕郎。继累世之后，因而名其里曰‘大成’，其所望于后者深远矣。自是而南溪子姓振振，皆公德厚所致也”[⑧]。金璧为南溪金氏首位出任公职的族人，且首度称其故里为“大成”村。所以，族谱盛誉“金公仲谦讳璧，乃余族之门楣也”[⑨]。金璧先后娶妻三房，生子四人，即金声、金玉、金贵、金振，以行辈分别称为揆一、揆二、揆三、揆五，加之金宣六之曾孙

① 今池州市东至县花园乡南溪村。

② [清]佚名:《建德南溪金氏家乘》卷首《源流》,清宣统三年(1911年)刊本,安徽东至金家村金氏族人藏。

③ [清]佚名:《建德南溪金氏家乘》卷首《源流》,清宣统三年(1911年)刊本,安徽东至金家村金氏族人藏。

④ [清]佚名:《建德南溪金氏家乘》卷首《源流》,清宣统三年(1911年)刊本,安徽东至金家村金氏族人藏。

⑤ [清]张赞巽、张翊六修,周学铭纂:宣统《建德县志》卷十五《人物志》,《中国地方志集成·安徽府县志辑》(第63册),江苏古籍出版社1998年版,第404页。

⑥ [清]佚名:《建德南溪金氏家乘》卷一《世系集》,清宣统三年(1911年)刊本,安徽东至金家村金氏族人藏。

⑦ [清]佚名:《建德南溪金氏家乘》卷一《世系集》,清宣统三年(1911年)刊本,安徽东至金家村金氏族人藏。

⑧ [清]佚名:《建德南溪金氏家乘》卷一《世系集》,清宣统三年(1911年)刊本,安徽东至金家村金氏族人藏。

⑨ [清]佚名:《建德南溪金氏家乘》卷四《南溪仲谦金公援志传》,清宣统三年(1911年)刊本,安徽东至金家村金氏族人藏。

揆四、揆六，共计六“揆”。南溪金氏自金省二回迁，干分两支，子嗣繁衍至此又分成六派，历数百年赓续，南溪金氏人丁从此繁衍益盛，人文渐起，终成邑之大族。

第二节　宗族制度的建立与完善

学界大体认同以族产、族谱、宗祠为核心内容的明清宗族制度是从宋代开始登上历史舞台的，但直到明中叶才得以强化[①]，尤其嘉靖十五年（1536年）“明代家庙祭祖礼制的改革，对宗族普遍化（民众化）提供了契机……结果导致了民间大建宗祠祭祀始祖的热潮，宗族组织迅速发展”[②]。常建华还以休宁范氏宗族为例，从官府控制角度展开研究，认为“休宁范氏宗族形成的历史，在宋元时代已经显示出来，主要活动有修谱、维护祖先墓地与墓祭。进入明代……从嘉靖到万历，徽州宗族由于官方意识形态与社会控制进一步深入基层社会，在绅士的倡导下，掀起了宗族建设的热潮”[③]。一言概之，至迟到明代中叶后，徽州已形成了宗族制度严密的宗族社会，“任何人群都必须置于宗族所形成的社会网络中”[④]。不独徽州，宁国、池州二府亦然，同属族产、族谱、宗祠等核心要素齐备的宗族社会。

上述内容仅是高度的概括。为叙述清楚明清时期皖南宗族社会的形成与发展概况，在前述族姓的迁入与繁衍的基础上，我们以宗族制度为视角，从宗祠与谱系的建立（即族必有祠、祠必有谱）、宗法制度的完备（即族规、家训、族田、祠产等）两方面进行梳理。

一、族必有祠、祠必有谱

明中叶以降，商品经济的繁荣和资本主义生产关系萌芽的产生，对宗

① 唐力行：《唐力行徽学研究论稿》，商务印书馆2014年版，第375页。

② 常建华：《宗族志》，上海人民出版社1998年版，第45—46页。

③ 常建华：《习俗与教化：徽州宗族组织的形成——以休宁范氏为中心》，文载南开大学中国社会史研究中心编《新世纪南开社会史文集》，天津人民出版社2010年版，第183页。

④ 王振忠：《明清以来徽州村落社会史研究：以新发现的民间珍稀文献为中心》，上海人民出版社2011年版，第4页。

族产生了一定的冲击。为了巩固宗法制度和宗族群体，强宗大族多采取以建造祠堂、编纂族谱为主的措施，以强化宗族建设。祠堂对宗族组织建立与发展的作用主要体现在四个方面：一是强化宗法思想和宗族观念；二是缓和宗族内部矛盾，加强宗族团结；三是强化宗族管理，维护宗族组织；四是巩固宗族统治和宗族制度。

皖南地区历史上及现存祠堂数量最多、兴建时间最早的府是徽州府。据历史文献记载，早在宋元时期，徽州府休宁县古林黄氏、率口程氏、臧溪汪氏，婺源县考川明经胡氏、清华胡氏、桂岩詹氏、大畈汪氏，歙县江村江氏等宗族均先后建有祠堂，但属个别现象，尚未形成一种社会风气和社会现象。明嘉靖年间，由于受到"大礼议"事件的影响，民间礼制发生了重大变化，宗族普遍建造祠堂以尊祖敬宗，其时，歙县人、兵部右侍郎鲍象贤很有感慨地说："若夫缘尊祖之心，起从宜之礼，隆报本之仁，倡归厚之义，则近世宗祠之立亦有取焉。"[①]此"近世"应该指的是明代，最迟是明中叶，其后徽州宗族兴起了大兴土木建造祠堂的热潮。赵华富先生曾据相关谱牒、方志资料，将徽州宗族早期兴建的宗族祠堂作了统计（见表2-1）。

表2-1　宋元明时期徽州宗族祠堂举例[②]

序号	建造年代	祠堂名称	宗族名称	祠堂地址
1	宋代	古林黄氏宗祠	古林黄氏	休宁县古林
2	宋代	率口程氏宗祠	率口程氏	休宁县率口
3	宋代	臧溪汪氏宗祠	臧溪汪氏	休宁县臧溪
4	元至大年间	明经祠	考川明经胡氏	婺源县考川
5	元泰定元年（1324年）	清华胡氏家庙	清华胡氏	婺源县清华
6	元代	戴氏宗祠	桂岩戴氏	婺源县桂岩
7	元末	知本堂	大畈汪氏	婺源县大畈
8	元末	赉成堂	江村江氏	歙县江村
9	明成化年间	叙秩堂	南屏叶氏	黟县南屏村

① [清]黄世恕等纂修：《新安黄氏大宗谱》卷二《古林黄氏宗祠碑记》，清乾隆十七年(1752年)刻本，中国国家图书馆藏。

② 赵华富：《徽州宗族研究》，安徽大学出版社2016年版，第124—126页。

续　表

序号	建造年代	祠堂名称	宗族名称	祠堂地址
10	明弘治二年（1489年）	思诚堂	潭渡黄氏	歙县潭渡村
11	明弘治十一年（1498年）	罗氏家庙	呈坎前罗氏	歙县呈坎村
12	明弘治十一年（1498年）	罗氏文献家庙	呈坎后罗氏	歙县呈坎村
13	明弘治年间	奎光堂	南屏叶氏	黟县南屏村
14	明正德以前	龙川胡氏宗祠	龙川胡氏	绩溪县坑口
15	明正德十四年（1519年）	惇叙祠	西溪南吴氏	歙县西溪南
16	明正德年间	许氏宗祠	东门许氏	歙县城东门
17	明嘉靖二十一年（1542年）	张氏宗祠	绍村张氏	歙县绍村
18	明嘉靖二十一年（1542年）	贞靖罗东舒先生祠	呈坎前罗氏	歙县呈坎村
19	明嘉靖二十一年（1542年）	横槎黄氏祠堂	横槎黄氏	婺源县横槎
20	明嘉靖二十四年（1545年）以前	程氏宗祠	善和程氏	祁门善和里
21	明嘉靖二十四年（1545年）以前	仁山程氏支祠	善和程氏	祁门善和里
22	明嘉靖年间	万四公支祠	棠樾鲍氏	歙县棠樾村
23	明嘉靖年间	吴氏宗祠	吴田吴氏	休宁县吴田
24	明嘉靖年间	汪氏宗祠	稠墅汪氏	歙县稠墅
25	明嘉靖年间	著存堂	新馆鲍氏	歙县新馆
26	明嘉靖年间	周氏宗祠	城西周氏	绩溪县城内
27	明嘉靖年间	蒋氏祠堂	白塔蒋氏	祁门县白塔
28	明中期	詹氏宗祠	庆源詹氏	婺源县庆源
29	明中期	叶氏宗祠	南街叶氏	休宁县南街
30	明中期	许氏宗祠	涧洲许氏	绩溪县涧洲
31	明中期	孙氏宗祠	古筑孙氏	黟县古筑
32	明万历十三年（1585年）	潘氏宗祠	大阜潘氏	歙县大阜
33	明万历三十三年（1605年）	项氏宗祠	桂溪项氏	歙县桂溪

续 表

序号	建造年代	祠堂名称	宗族名称	祠堂地址
34	明万历三十五年（1607年）	肇飘堂	查氏	休宁县
35	明万历四十三年（1615年）	郑氏宗祠	郑村郑氏	歙县郑村
36	明万历年间	舒余庆堂	屏山舒氏	黟县屏山村
37	明万历年间	叙伦堂	石潭吴氏	歙县石潭村
38	明万历年间	程氏宗祠	临溪程氏	歙县临溪村
39	明万历年间	吴氏大宗祠	西溪南吴氏	歙县西溪南
40	明万历年间	明经胡氏宗祠	上川明经胡氏	绩溪县上庄
41	明嘉、万年间	敦本祠	西溪南吴氏	歙县西溪南
42	明嘉、万年间	四门祠	西溪南吴氏	歙县西溪南
43	明天启六年（1626年）	朱氏宗祠	月潭朱氏	休宁县月潭
44	明崇祯元年（1628年）	思睦祠	西溪南吴氏	歙县西溪南
45	明崇祯年间	敬爱堂	西递明经胡氏	黟县西递村
46	明代	盘川王氏宗祠	盘川王氏	绩溪县盘川
47	明代	汪氏宗祠	凤砂汪氏	婺源县凤砂

从表2-1观之，自宋至明正德的数百年间，徽州宗族兴建的宗祠仅有16座，但自明嘉靖二十一年（1542年）至崇祯年间，徽州宗族兴建的宗祠有31座，近乎之前的两倍，可以说宗祠作为尊祖敬宗、协调族内事务的场所以及维系宗族团结的纽带，在徽州宗族社会里受到极大的重视。毗邻的宁国府亦然，李甜曾著长文分析，认为“传统时期的徽州府和宁国府同属宗族社会，著姓大族比比皆是，宗族之间交往密切，社会结构呈现高度的相似性”[①]。清代儒林宿望泾县学者朱珔说：“我宣歙间，每大姓皆有祠堂。”[②]康熙年间的太平知县陈九升也认为：“宣歙俗最重祠堂，宗祠外多建

① 李甜：《“唇齿相依”：传统时期宁国府与徽州府的地域关系》，转引自卞利主编《徽学》（第九卷），合肥工业大学出版社2015年版，第87页。

② ［清］朱珔：《小万卷斋全集·文稿》卷十《云间姜氏支谱序》，清光绪十一年（1885年）刊本。

支祠，往往合支而构。”[①]祖籍宣城的南京人梅曾亮发现：“徽宁之俗，尤于宗祠为兢兢。”[②]道光年间，太平人项文涛也说：“宣歙俗最重祠堂，往往合宗而构。”[③]“宣歙俗尚祠堂，宗祠外多建支祠，祀其分派之祖。”[④]不独徽、宁二府的宗族重视建祠，相邻的池州宗族在明代“大礼议”事件之后也急于建祠，如建德南溪金氏宗族已按捺不住建祠祀祖的欲望，其谱载：

> 吾族于邑中，号称诗礼，自先世至今，数百年衣冠豪贤不乏，而独未有祠。隆庆丁卯，诸宗老恻然悯焉，属（按：嘱）子弟告之意，且为料理木石工匠之费，择日起事而又属（按：嘱）余数人分视董治之，盖三年而堂宇榱栋屹然告成。余惟祠所由建以兴礼也，礼所由兴以积裕也。凡我诸宗老所为倦倦集事者，岂不欲家礼宗教渐次修举，庶几彬彬揖让以比于名宗巨族为有光先世哉。诸宗老之义勤矣。[⑤]

从上述谱文来看，建德金氏急于建祠的心情跃然纸上，他们举族合力，三年告竣，祠曰“大成”，规制宏伟，迄今依然矗立在村头高地，俯视着整个村落。总之，包括宗祠和支祠在内的祠堂，具备宗族精神象征的职能，在徽、宁、池三府得到高度重视。祖先坟茔也因此得以保存完整，“新安、宛陵著姓多聚处，坟茔祠宇，累朝弗替”[⑥]。

此外，谱牒亦是聚族而居的重要文化载体，纂修谱牒以达敬宗睦族之效亦是宗族建设之要事。宁国县名士周赟给毗邻的绩溪某族谱牒题字，对两地的修谱文化表示认可：“宣歙大族，聚族而居，类皆冠山带水，灵淑所

① ［民国］陈仁梅等纂修：《仙源陈氏族谱》卷四十一《黄峰西二陈氏族谱文集》，民国九年（1920年）木活字本，上海图书馆藏。

② ［民国］崔涛编：《仙源崔氏惇叙堂支谱》卷十《崔氏义学记》，民国十三年（1924年）木活字本，上海图书馆藏。

③ ［清］项哲人等纂修：《仙源东溪项氏重修族谱》卷二十五《贰尹项君海山小传》，清光绪十一年（1885年）木活字本，上海图书馆藏。

④ ［清］项哲人等纂修：《仙源东溪项氏重修族谱》卷二十五《上舍际云公传》，清光绪十一年（1885年）木活字本，上海图书馆藏。

⑤ ［清］佚名：《建德南溪金氏家承》卷七《南溪建祠银纪》，清宣统三年（1911年）刊本，安徽东至金家村金氏族人藏。

⑥ ［清］朱珔：《小万卷斋全集·文稿》卷十《同族六甲支谱序》，清光绪十一年（1885年）刊本。

钟，故巨族莫不有谱，即莫不有十景诗焉。”[①]宗族确立的重要标志是建有宗族的祠堂以及拥有完整的谱牒，祠堂是较为直观的形式，而谱牒则在其中承担着精神维系的作用。谱牒记载了宗族祖先信息、祖墓的相关资料，并记录宗族世系，从而为宗族建立祠堂、保护祖墓及明确世系昭穆提供了依据，最终为宗族的形成提供了重要的家族史料依据，成为宗族形成和巩固不可或缺的要件。反之，宗族的发展又为家谱的编修提供了条件。譬如宗族的形成、壮大，使宗谱编修不仅成为一种需要，而且成为一种可能；宗族的发展为修谱活动提供了大量的人才和经费。

魏晋以降，为了九品中正制的需要，国家设有谱局，并置谱学官。然自唐中叶以后，庶族地主渐渐取代世族地主，获得统治地位。为了适应这一社会变化，唐宋之际，谱牒的纂修、管理、功能和编纂宗旨均发生重大变化，“家自为谱”的宗族谱牒制度逐渐兴起，并成为占据主导地位的谱牒编纂、管理制度。皖南地区的修谱活动，早在宋元时期的徽州地区就开始活跃起来。据赵华富先生统计，今存宋元时期的徽州谱牒有14种（见表2–2）。

表2–2　宋元时期徽州主要谱牒一览[②]

时代	编纂者	谱名	卷数	册数	版本
宋	方杜森	汉歙丹阳河南方氏衍庆统宗图谱	1	1	明刻本
	吴浩	休宁商山吴氏重修族谱	2	1	[明]吴明庶、吴士彦等续集，崇祯十六年(1643年)家刻本
	程祁	婺源溪源程氏势公支谱	7	4	[明]程项续，程时化校正，嘉靖本影抄
	罗颖等	歙县柏林罗氏族志	1	1	抄本
宋	黄天衢	祁门左田黄氏宗派图	—	1	明末清初刻本
	程祁	皖绩程里程叙伦堂世谱	—	1	清抄本

① [清]许文源等纂修：《绩溪南关许余氏惇叙堂宗谱》卷十《十景诗》，清光绪十五年(1889年)刻本，安徽师范大学家谱中心藏(复印件)。

② 赵华富：《徽州宗族研究》，安徽大学出版社2016年版，第187—188页。

续 表

时代	编纂者	谱名	卷数	册数	版本
元	詹晟等	婺源庆源詹氏族谱	—	1	明初抄本
	汪垚	新安汪氏庆源宗谱	—	1	元抄本
	汪松寿	徽州汪氏渊源录	10	1	明正德十三年(1518年)重修本
	—	新安胡氏历代报功图	1	—	元刻本
	汪云龙	新安汪氏族谱	—	1	元刻本
	汪炤	新安旌城汪氏家录	7	1	元泰定元年(1324年)刻本
	陈栎	休宁陈氏谱略	—	—	《四库全书》本
	—	新安汪氏族谱	—	1	元刻本

迨至明清时期，民间编修族谱的活动非常普及，族谱存世数量之多，可谓汗牛充栋，且已广为学界发掘与研究。卞利曾根据《中国古籍善本书目》《中国家谱综合目录》和《上海图书馆馆藏家谱提要》，以及国内各大图书馆的藏书目录，粗略地对徽州族谱的存世数量进行了统计，认为大约有1433种之多，其中元代族谱6种、明代457种、清代731种、民国221种、时间不详18种，并猜测如果加上收藏于民间、尚未系统普查收录的各种族谱，那么徽州族谱的总量应该不会低于2500种[①]。

李甜在《明清宁国府区域格局与社会变迁》一书中统计出明清民国时期宁国府存世谱牒约166部，其中明代13部、清代98部、民国55部，并指出宁国府存世谱牒以旌德、泾县和太平等南部县域居多，北部的南陵由于民国谱牒较多而显得突出。而就谱牒的纂修时间而言，乾隆、光绪和民国年间是三个高峰期，其中乾隆谱高度集中于旌德，光绪谱和民国谱的分布则较为均匀，与之对应的是明末清初、咸同年间、清末民初三个低谷期[②]。宁国府存世明清时期家谱名录如表2-3所示。

① 卞利:《明清以来徽州社会经济与文化研究》,安徽大学出版社2017年版,第300页。

② 李甜:《明清宁国府区域格局与社会变迁》,复旦大学出版社2016年版,第25页。

表2-3　宁国府存世明清时期谱牒情况统计

县名	时代	编纂者	谱名	版本
宣城	清	樊士林等	宣邑昭义莘潭樊氏宗谱	同治十年(1871年)木活字本
		罗宗颜等	安徽宣城罗氏宗谱	光绪十三年(1887年)本
		—	宛陵黄氏宗谱	光绪十四年(1888年)刻本
		陶湘等	姑山陶氏宗谱	光绪十八年(1892年)木活字本
		周浩	周氏族谱	光绪二十一年(1895年)木活字本
		鲍云彩等	鲍氏宗谱	光绪二十一年(1895年)木活字本
		林及鹍	宛东林氏宗谱	光绪三十年(1904年)木活字本
		王明田等	直溪王氏宗谱	光绪三十四年(1908年)木活字本
		梅朝宗等	宛陵宦林梅氏宗谱	宣统二年(1910年)木活字本
		梅盐等	宛陵梅氏宗谱	宣统二年(1910年)刊本
南陵	明	程文绣	春谷蒲城桂氏宗谱	万历十七年(1589年)刻本
	清	张孝轼等	张氏宗谱	乾隆三十九年(1774年)木活字本
		徐作霖等	南陵工山徐氏宗谱	同治十二年(1873年)刻本
		葛承元等	春谷葛氏宗谱	光绪四年(1878年)木活字本
		沈桂芳	环溪沈氏宗谱	光绪六年(1880年)木活字本
		王继善等	春谷东溪王氏续修宗谱	光绪十一年(1885年)木活字本
		陈金曜	春谷陈氏宗谱	光绪十四年(1888年)木活字本
		李毓英等	李氏重修宗谱	光绪十四年(1888年)木活字本
		奚诚心等	春谷奚氏宗谱	光绪二十　年(1895年)木活字本
		戴时明等	春谷戴氏宗谱	光绪三十一年(1905年)木活字本
泾县	明	舒应鸾等	安徽泾县京兆舒氏统宗谱	成化九年(1473年)木刻活字印本
		朱爵	泾川朱氏宗谱	嘉靖间刻本
		吴范道	泾川吴氏统宗族谱	万历七年(1579年)刻本
		吴乞和等	泾川吴氏统宗族谱	万历八年(1580年)刻本
		方克成等	胡氏宗谱	万历三十四年(1606年)刻本
		查铎、查绛	泾川查氏族谱世系	明代刻本
	清	王一蕃	安吴王氏世谱	康熙二年(1663年)木活字本
		朱润	泾川朱氏宗谱	乾隆三十年(1765年)刻本
		翟永超	泾川水东翟氏支谱	乾隆四十一年(1776年)刻本
		倪友先	新紫山倪氏七甲支谱	乾隆五十三年(1788年)刻本

续　表

县名	时代	编纂者	谱名	版本
泾县	清	后继贤等	泾川后氏宗谱	嘉庆十四年(1809年)刻本
		朱缝	张香都朱氏支谱	道光五年(1825年)刻本
		朱武种等	张香都七甲朱氏支谱	道光六年(1826年)刻本
		唐际虞等	泾川北亭都一甲唐氏续修宗谱	道光七年(1827年)木活字本
		翟台	泾川水东翟氏宗谱	咸丰七年(1857年)泥活字印本
		徐作舟等	泾川徐氏宗谱	同治十三年(1874年)木活字本
		潘维泰等	荥阳潘氏统宗谱	光绪十一年(1885年)木活字本
		左骏章等	泾川左氏重修宗谱	光绪十二年(1886年)木活字本
		王承波等	檀岭王氏宗谱	光绪二十年(1894年)木活字本
		曹定邦	平阳曹氏宗谱	光绪二十年(1894年)木活字本
		胡大濩等	泾川西阳胡氏家乘	光绪二十二年(1896年)仁本堂木活字本
		朱益斋等	泾川朱氏支谱	光绪二十八年(1902年)木活字本
		朱彝	张香都朱氏续修支谱	光绪三十二年(1906年)刻本
		查乙燃	泾川查氏支谱	光绪三十四年(1908年)刊本
		汪源总	泾县汪氏宗谱	宣统元年(1909年)中保派木活字本
		—	吴氏家谱系图	清钞本
		—	泾县吴氏宗谱	清钞本
宁国	清	张班、张虎	众浔张氏宗谱	康熙三十四年(1695年)刻本
		汪国桢	汪氏宗谱	雍正八年(1730年)刻本
		—	屠氏宗谱	雍正间刻本
		张守献等	众浔张氏宗谱	乾隆二十四年(1759年)刻本
		汪仲彩等	汪氏续修宗谱	乾隆四十六年(1781年)刻本
		—	殷氏重修宗谱	乾隆间古宣尤印绶伯甫刻本
		张日枢	众浔张氏宗谱	道光八年(1828年)刻本
		程绍伊	后塔杨氏宗谱	光绪十七年(1891年)木活字本
		陈廷谟	义门陈氏宗谱	光绪三十四年(1908年)木活字本
		陶明烯等	竹溪陶氏宗谱	宣统二年(1910年)木活字本

续　表

县名	时代	编纂者	谱名	版本
旌德	明	朱真兴	旌川西溪朱氏家谱	正德十三年(1518年)刻本
		—	水北孙氏宗谱	万历四十七年(1619年)木活字本
		—	芮氏宗谱	万历间刻本
	清	汪钟斗等	汪氏续修宗谱	康熙二十六年(1687年)木活字本
		方表等	旌德方氏统修宗谱	康熙三十七年(1698年)刻本
		张日灿等	旌阳张氏续修宗谱	康熙五十七年(1718年)刻本
		张尚煊等	旌阳张氏续修宗谱	康熙五十九年(1720年)刻本
		严大欲等	严氏宗谱	乾隆三年(1738年)刻本
		吴有恒	旌阳吴氏宗谱	乾隆十四年(1749年)刻本
		刘显等	彭城刘氏宛旌礼村世谱	乾隆二十二年(1757年)刻本
		李本直等	旌阳李氏宗谱	乾隆二十三年(1758年)刻本
		胡元鏊等	南坦水西下怡胡氏合谱	乾隆二十六年(1761年)刻本
		汪锦云等	汪氏义门世谱	乾隆三十六年(1771年)木活字本
		饶玉清	淳源饶氏重修族谱	乾隆三十九年(1774年)刻本
		黄宝	戴村石山黄氏族谱	乾隆四十一年(1776年)钞本
		汪承烈 程英	旌阳程氏宗谱	乾隆四十五年(1780年)刊本
		—	任氏宗谱	乾隆四十七年(1782年)刻本
		汪朗山	义门汪氏校正世谱	乾隆四十八年(1783年)木活字本
		李世兆等	李氏宗谱	乾隆四十九年(1784年)刻本
		朱氏萃涣堂 统修	旌阳朱氏宗谱	乾隆五十一年(1786年)刻本
		郭钟灵等	凫溪郭氏族谱	乾隆五十二年(1787年)刻本
		—	旌阳许冲张氏续修宗谱	乾隆间刻本
		饶士麟等	旌阳饶氏宗谱	嘉庆十二年(1807年)刻本
		王大灼等	王氏续修族谱	嘉庆二十四年(1819年)刻本
		王长清等	东阳王氏三修宗谱	嘉庆间刊本
		黄圣伟	续修旌北黄氏宗谱	道光三年(1823年)刊本
		金众等	金氏续修宗谱	道光九年(1829年)木活字本
		—	宗氏世谱	道光二十六年(1846年)刻本
		严邦铸等	续修严氏统宗世谱	道光二十九年(1849年)刻本

续 表

县名	时代	编纂者	谱名	版本
旌德	清	王祚浩等	三溪王氏续修支谱	咸丰八年(1858年)抄本
		章自秋等	章氏重修宗谱	光绪十三年(1887年)木活字本
		李闰法等	旌阳李氏宗谱	光绪十三年(1887年)木活字本
		周蓉 喻少彬	仕川喻氏宗谱	光绪十五年(1889年)木活字本
		刘纯洪	板桥姚氏宗谱	光绪十五年(1889年)活字本
		方作霖等	旌阳华坦方氏宗谱	光绪二十六年(1900年)木活字本
		张庆彬等	旌阳张氏统修宗谱	光绪二十六年(1900年)木活字本
		刘鸿儒等	彭城刘氏宛旌礼村世谱	光绪三十年(1904年)木活字本
		王润芝等	三溪王氏续修宗谱	光绪三十年(1904年)木活字本
		吴森友	旌阳吴氏宗谱	光绪三十三年(1907年)刊本
		戴国忠等	礼村戴氏统宗谱	光绪三十四年(1908年)木活字本
		朱元保	旌阳朱氏关分支谱	宣统元年(1909年)木活字本
太平	明	杜必蒙等	仙源杜氏宗谱	万历六年(1578年)刻本
		崔弘庵等 程文绣	太邑崔氏宗谱	万历十六年(1588年)刻本
	清	叶仲柱等	叶氏宗谱	康熙十六年(1677年)刻本
			眉派苏氏族谱	乾隆二十八年(1763年)刻本
		李垣等	李氏家乘	道光元年(1821年)刻本
		项哲人等	仙源东溪项氏重修族谱	光绪十一年(1885年)木活字本
		杜冠英等	仙源杜氏宗谱	光绪二十一年(1895年)木活字本
		汪立铭等	仙源岑村汪氏族谱	光绪二十二年(1896年)木活字本
		孙光楣等	岘阳孙氏族谱	光绪二十三年(1897年)木活字本
		赵璸等	太邑南市赵氏宗谱	光绪二十七年(1901年)活字印本
		刘秉桢等	起霞刘氏宗谱	光绪三十年(1904年)叙伦堂铅印本
		李嘉宾等	江南宁国府太平县馆田李氏宗谱	光绪三十一年(1905年)木活字本
		崔荣光	仙源崔氏支谱	宣统三年(1911年)木活字本

徐俊嵩在其硕士论文《从〈中国家谱总目〉看明清时期安徽地区的家谱》中通过对《中国家谱总目》的统计，发现明清时期池州府存世的家谱

有35部[1]，具体见表2-4。

表2-4　池州府明清时期存世谱牒情况统计[2]

时代	谱名	卷数
明	池阳义门竹溪方氏宗谱	二卷
	峡川柯氏族谱	不分卷
	秋浦霞湖姚氏宗谱	四卷
	曹氏宗谱	八卷
清	吴氏宗谱	八卷,首一卷,末一卷
	池阳秋浦金氏重修宗谱	十二卷
	龙坦赵氏宗谱	二十五卷
	南山刘氏宗谱	十五卷,首一卷
	南山刘氏宗谱	二十六卷,首三卷
	徐村柯氏宗谱	三卷
	高阳王氏宗谱	—
	柯氏宗谱	六卷
	临城柏氏宗谱	十二卷
	俞氏族谱	—
	毕氏族谱	—
	官礼陈氏宗谱	二十三卷,首二卷,末一卷
	官礼陈氏宗谱	十二卷,首一卷
	墩头曹氏纂修宗谱	八卷,首一卷,末一卷
	青阳张氏宗谱	—
	陵阳宁氏宗谱	三十六卷,首三卷,续补一卷,补遗一卷
	山南郑氏宗谱	八卷
	船溪方氏宗谱	十二卷
	檀氏家谱	不分卷
	汪氏宗谱	—
	平阳汪氏宗谱	二卷,首一卷

① 徐俊嵩:《从〈中国家谱总目〉看明清时期安徽地区的家谱》,安徽大学2012年硕士学位论文,第14页。

② 徐俊嵩:《从〈中国家谱总目〉看明清时期安徽地区的家谱》,安徽大学2012年硕士学位论文,第67—68页。

续　表

时代	谱名	卷数
清	建德县纸阮山周氏宗谱	十六卷
	安徽建德县纸阮山周氏宗谱	十六卷
	薛氏宗谱	二卷
	舒溪李氏宗谱	十二卷
	龙严沈氏宗谱	十一卷
	长林河城桂氏宗谱	十二卷
	唐氏宗谱	六卷
	广阳董氏宗谱	四卷
	大芦岭杨氏宗谱	六卷

徐俊嵩仅是从《中国家谱总目》整理出池州明清时期的家谱，实际上民间存世的明清家谱远不止这些，笔者在实地调研的过程中接触到不少。如前述池州族姓的迁入与繁衍，除了姚姓、章姓、柯姓族谱外，笔者所接触到的家谱皆是珍藏于族人家里的清代谱。现今池州南部山区的族姓村落除了少数异姓掺入外，依然保持着同姓团聚的传统格局，部分祠宇因历史原因拆毁或坍塌外，多数仍然矗立在村落里，无言地叙述着家族历史上曾经的辉煌。

二、宗法制度的完备

明中叶以降，由于受到商品经济繁荣发展的影响，宗族社会普遍出现"风俗浇漓"[①]的现象。为了巩固宗族统治和促进宗族兴旺发达，以族长为核心的房长、文会统治者纷纷制定族规家法，甚至有家训传世。其制定方式不一，或由家长（族长）制定，或由族人共同订立，有时也会聘请族外之人订立。这些族规家法大都保存在家谱中，涉及伦理道德和生活行为等方面的规范及对触犯族规家法的惩处。

绩溪《明经胡氏龙井派祠规》开宗明义就是"训忠""训孝""表节""重义"。婺源《龙池王氏宗谱》卷首《家法·庭训》八则："孝""悌""忠""信""礼""义""廉""耻"。大多数族规家训除了有为臣要忠、邻里要睦等规定以外，更为重要的就是对族人的行为规范作了具体的规定。譬

① 徐国利，林家虎主编:《徽学》，安徽文艺出版社2012年版，第64页。

如“孝顺”是宗族社会特别重视的族人品行，该方面的规定尤详。歙县方氏宗族在《家训》中规定：

人子于父母，不得不愉色婉容，以欢其情；承颜顺意，以适其志；或其惑于宠嬖，厚于庶孽，而情有不均，为之子者，但当逆来顺受而已，不敢于之较也。……古人于父母之所爱者亦爱之，父母之所恶者亦恶之，正为此耳。[①]

绩溪《明经胡氏龙井派祠规》“训孝条”记载曰：

众之本教曰孝，其行曰能养。其养必兼之能敬，而将之以礼，始无愧为完人，乃得称为孝子。啜菽饮水，但求能尽其欢；夏清冬温，又在不违其节，而且丧祭有礼，庐墓不忘。有此仁孝子孙，生则颁胙，殁给配享，仍为公呈，请旌以教孝也。[②]

族规家法对不孝顺父母的宗族子弟，都有严厉的惩罚。绩溪上川明经胡氏宗族在族谱中规定：“凡派下子孙，有不孝于其父母、祖父母者革出，毋许入祠。”[③]反之，对于孝子贤孙则采取殁给配享、族谱列传、公呈请旌等三大措施。

“节行”是宗族社会对女性的桎梏，该方面的规条亦多。如休宁《茗洲吴氏家典》规定：

妇人必须安详恭敬，奉舅姑以孝，事丈夫以礼，待娣姒以和。无故不出中门，夜行以烛，无烛则止。如其淫狎，即宜屏放。若有妬（按：妒）忌长舌者，姑诲之，诲之不悛，则出之。[④]

① 歙县《方氏族谱》卷七，转引自赵华富《徽州宗族研究》，安徽大学出版社2016年版，第339页。关于徽州宗法制度，赵华富先生在该著第六章“徽州宗族族规家法”有详尽的研究，本部分内容在借鉴其成果的基础上撰成。

② 卞利主编：《明清徽州族规家法选编》，黄山书社2014年版，第363页。

③ [清]胡祥木等纂修：《上川明经胡氏宗谱》，清宣统三年（1911年）木活字本，中国历史博物馆藏。

④ [清]吴翟辑撰，刘梦芙点校：《茗洲吴氏家典》卷一《家规八十条》，黄山书社2006年版，第21页。

如果夫婿夭亡，则要求女性从一而终，苦志贞守。休宁宣仁王氏宗族的宗规规定，妇女“不幸寡居，则丹心铁石，白首冰霜”①。

“礼”是关于社会行为的法则、规范、仪式的规定。婺源《龙池王氏宗谱》关于“礼”的规定：“人之有礼，犹物之有规矩，非规矩不能成物，非礼何以成人？故凡一身之中，动息作止，慎毋以细行忽之。”②休宁宣仁王氏宗族的宗规和茗洲吴氏宗族的家规都对冠、婚、丧、祭四礼做了详细的规定。

总之，明清时期皖南宗族皆制定了严密的族规法条，除了上述的有关族人的品行规范外，还有祠堂与祠祭、祖墓与墓祭、族产与田租、学校与科举等规定，元旦团拜、元宵庆典、迎神赛会等规定，勤俭节约、扶孤济贫、救灾恤患、冠婚丧祭等规定，禁止斗殴、赌博、游闲、迷信等规定，表彰忠孝节义、反对健讼械斗等规定。宗族子弟如违反以上族规，将按照差别受到相应的惩罚。惩罚大约分为七种，即斥责训诫、屈膝罚跪、祠堂笞杖、经济制裁、革出祠堂、呈公究治、以不孝论等。这些缜密的族规家法条文之规定及实施，无疑是宗族权力膨胀的结果，也是宗族社会发展日臻成熟的表现。

为了保障和维护宗族的发展，皖南著姓一般都拥有一定数量的公田，且名目繁多，有族田、祠田、祭田、墓田、义田、学田、右文田、公田、社田、会田、众存田等。这些不同名称的田地，既相互区别，有的又相互包含。有的归宗族公共所有，有的归宗族一支一房所有，有的归部分支丁共有，我们总称之为公田，归纳起来可分为三类：一是祭田类，田租主要用于祭祀；二是义田类，田租主要用于宗族的公益事业；三是学田类，田租主要用于文教事业。其来源渠道大体有四：一是货币购买；二是子弟捐献；三是众存族产；四是进主祀田。这些公田族产又以宗祠占有、支祠占有、族丁众存三种形式存在。下面以徽州祭田为例，管窥皖南宗族在这方面的建设情况。

皖南山区本就山多田少，但宗族皆重视祭田的添置。明中叶以降，随着民间祭祖礼制的改革，出现大兴祠堂建设和祭祖活动的热潮，每每举行

① 休宁《宣仁王氏族谱》，转引自周晓光《新安理学》，安徽人民出版社2005年版，第248页。

② 卞利主编：《明清徽州族规家法选编》，黄山书社2014年版，第103页。

祭祖盛典，所需大量的物力、财力主要来自地租收入。因而，祭田被列为宗族首先考虑的大事，富室大户也积极捐赠。赵华富先生曾据徽州方志、谱牒和契约文书资料，制作了《徽州宗族祭田举例表》[①]，概括了宋元明清时期徽州祭田状况。笔者依据该表将明清时期徽州宗族祭田情况摘录出来制成表2–5，以窥其概。

表2–5　明清时期徽州宗族祭田情况统计

年代	地区	宗族	捐输人	名称	面积
明	休宁	泰塘程氏	—	庙田	60余亩
	歙县	东门许氏	许朴庵	祀田	12亩
			许禾	祭田	70亩
			许殷	祭田	—
		丰南吴氏	吴翔凤、吴允龄	墓田	3.46亩
			吴迪哲	祀田	—
		江村江氏	江若清	祀田	—
		托山程氏	程世业	祭田	—
		—	程懋绩	祠田	30亩
	祁门	胡村胡氏	胡天禄、胡徵献	—	330亩
		善和程氏	程新春等	—	320亩
清	歙县	江村江氏	江承柄	祭田	1000余亩
			江振鸿	祀田	千余亩
			江承东	祭田	—
			江必达	祀田	—
			江裕瑸	祀田	—
		棠樾鲍氏	鲍志道	祭田	150亩
		潭渡黄氏	黄天寿	祭田	170亩
		富堨汪氏	汪士暹	墓田	—
		坤沙胡氏	胡良权	祀田	—
		坑口项氏	项光诰	祀产	—
		丰南吴氏	吴寰	祀田	—
		沙溪凌氏	凌彝珮	祀田	—
		双溪凌氏	凌和贵	祀产	—
		长林吴氏	吴自亮	祭田	—

① 赵华富：《徽州宗族研究》，安徽大学出版社2016年版，第271—274页。

续　表

年代	地区	宗族	捐输人	名称	面积
清	歙县	邑城程氏	程光国	祀田	—
		渔梁巴氏	巴源立	祀产	—
		项村郑氏	郑延佐	祀田	—
		呈狮范氏	范信	祀田	—
		郑村郑氏	郑秀圃	祀田	—
		洪源王氏	王恒镇	祭田	—
		王宅王氏	王一标	祀田	—
		江村程氏	程文萼	祀产	—
		蜀源鲍氏	鲍光旬	祀田	—
	黟县	艾坑余氏	余延椿	祭田	1026砠
	休宁	茗洲吴氏	吴任廙等	祭田	—
		竹林汪氏	汪丕	祠田	300余亩
	祁门	石坑张氏	张启勋	祭田	数百亩
	婺源	江湾江氏	江祚锡	祭田	400亩
				祠田	数十亩
		庆源詹氏	詹德章	祠田	百余亩

从表2-5来看，除了歙县江村江氏祭田数达千亩外，余皆不过百余亩，少者甚至数亩。但少者并非宗族力弱，可能是其所处的区位无余田可置使然，如贵池大姓“元四章”宗祠“秩序堂”，清嘉庆十四年（1809年）三月，裔孙章绪昇捐“弓田九亩四分，弓地四亩二分……以为永远祭业”，合计仅十三亩六分，此事被刻石立碑镶嵌于“秩序堂”墙壁上，碑名《捐田碑记》①（图2-2）。

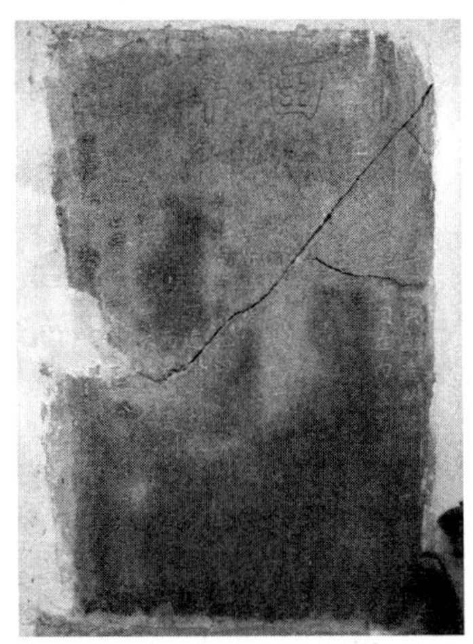

图2-2　元四章祠堂《捐田碑记》

综上来看，明清时期皖南宗族的制度性建设可谓相当成熟，出现了祠宇遍布、谱系不紊、族规严密、宗法完备之盛况。制度性

① 此碑在“文革”期间被拆卸用于垫路，故受损破裂，今复嵌于祠堂墙壁原位。

的建设既是宗族形成与发展的需要，也是宗族有序发展，进一步壮大的保障。在这种“需要”与“保障”的双重力度下，徽、宁、池三府的宗族社会发展日臻成熟，著姓大族比比皆是，宗族之间交往密切，婚姻圈环环相扣，社会结构呈现高度的相似性。“徽宁二郡，聚族而居，支分派衍，尤多著姓”①。泾县人赵青黎给绩溪胡氏谱牒作序称：“吾徽宁多聚族居，犹有古遗风。”②徽、宁二府聚族而居的聚落形态，一直蔓延至毗邻的池州府境内，康熙年间进士潘永洛，描述了池州的宗族形态：“每逾一岭，进一溪，其中烟火万家，鸡犬相闻者，皆巨族大家之所居止。一族所聚，动辄数里或十数里，即在城市中者亦各占一区，无异姓杂处。”③虽然宗族发展壮大，强宗大族众多，但皖南山多田少的客观自然条件并未随着宗族的发展壮大而改变，相反随着族众的繁衍、宗族的发展，人地矛盾愈发突出，以致出现族人捐输祭田少至几亩的现象。既然人地矛盾突出，族人只得求学致仕，或寄命于商，于是在皖南宗族社会里，重文重教的风气愈益浓烈，诸多饱学之士科场折桂仕宦留名，未入仕者也因其文化素养较高，在其他方面去创新创造，推动皖南宗族社会的文教与文化事业出现了繁荣的局面。

① [清]方作霖等纂修:《旌阳华坦方氏宗谱》卷首《赵希珍序》,清光绪二十六年(1900年)木活字本,上海图书馆藏。

② [清]赵青藜:《漱芳居文钞二集》卷三《上川胡氏谱序》,清乾隆年间刻本。

③ [清]桂滋华纂修:《长林河城桂氏宗谱》卷一《陵阳桂氏重修族谱叙》,清光绪二十一年(1895年)木活字本,上海图书馆藏。

第三章　明清时期皖南宗族与教育文化

明清时期，国家十分重视教育。明代建立之初就强调“惟治国以教化为先，教化以学校为本”[①]，“学校养贤育材之所”[②]。全国各地的府、州、县分别设立府学、州学、县学等。清承明制，史载：“有清学校，向沿明制”[③]，“各学教官，府设教授，州设学正，县设教谕，各一，皆设训导佐之”[④]。在国家的大力倡导下，全国各地开始大肆兴建各类教育机构，形成了中央和地方两个层次的教育系统。地方教育系统则分成官学和私学两种，官学为府学、州学、县学，私学是位于乡下的社学和义学等，其中各地创办的书院一定程度上起到了学校的补充作用。可以说，学校和书院共同成为影响明清时期各地举业以及地方文化发展的重要因素。皖南宗族在此方面的情况如何，本章予以分析。有学者研究指出，所谓教育文化，是一个民族或一个群体教育活动的类化物，是一个民族文化大系统的子系统之一。它本质上是心理的、观念的、精神的，但通过各种载体形式表现出来，这些载体大体上有四类，即实物载体、言行载体、文字载体和文艺载体[⑤]。这些载体在明清时期的皖南宗族社会里俯首可拾。皖南宗族重教的风气是一种精神或者说是心理、观念层面的文化，这种风气正是通过书院学舍、族众言行或谱牒、方志等载体反映出来。学舍建筑虽是物质性的文化形态，一些保存下来的建筑也成为物质性的文化遗产，但本书研究并不将之纳入

① [清]张廷玉等撰:《明史》卷六十九《选举一》,中华书局1974年版,第1686页。

② [明]何栋如撰:《皇祖四大法》卷三《法治》,明万历四十二年(1614年)刻本。

③ [民国]赵尔巽等撰:《清史稿》卷一零六《志八十一》,中华书局1976年版,第3099页。

④ [民国]赵尔巽等撰:《清史稿》卷一零六《志八十一》,中华书局1976年版,第3115页。

⑤ 陈卫:《中国教育文化初探》,南京师范大学1993年博士学位论文,转引自杜时忠《我国教育文化学研究的回顾与前瞻》,《江苏教育学院学报》(社会科学版)1998年第3期。

后文的皖南宗族与物质文化的关系章节里分析，因为它是反映教育文化的实物载体。这些物质、精神层面的文化可以独自构成一个文化系统，我们统称之为教育文化。

第一节 皖南教育概况

一、皖南教育的类型

明清时期皖南宗族极为重视教育，并积极响应和支持国家的文教事业，使皖南教育文化尤为兴盛，呈现出官民结合、形式多样、机构众多等特点。明清时期皖南教育主要有以下几类。

（一）府县官学教育

明初全国各地大兴学校，如“明洪武二年，诏府、州、县皆立学，府学四十人，州学三十人，县学二十人，日给廪膳，仍免其家差役一丁”[①]。清代地方官学的设置也基本沿袭明制，少有变动。因此，在这种规制下，明代皖南地区积极兴办官学。据《安徽教育史》统计，有明一代，皖南的徽、宁、池三府及辖县设立官学共有21处[②]。具体如下。

徽州府境内设立官学7处：徽州府学、歙县县学、休宁县学、祁门县学、黟县县学、婺源县学、绩溪县学。

宁国府境内设立官学7处：宁国府学、宣城县学、泾县县学、南陵县学、宁国县学、旌德县学、太平县学。

池州府境内设立官学7处：池州府学、贵池县学、青阳县学、铜陵县学、石埭县学、建德县学、东流县学。

皖南的官学自明初建立后发展极为迅速，各地府学及县学不断得以重建和扩建，呈现出一片稳定繁荣的景象。李琳琦依据道光《徽州府志》统计，“从明洪武初年至清嘉庆年间，徽州府学较大规模的重建和扩建约有20次、歙

① [清]沈葆桢等修，何绍基等纂：光绪《重修安徽通志》卷八十六《学校志》，清光绪四年（1878年）刻本。

② 陈贤忠，程艺主编：《安徽教育史》（上），安徽教育出版社2006年版，第321—322页。

县学19次、休宁县学45次、婺源县学47次、祁门县学24次、黟县学19次、绩溪县学27次”[①]。再如池州府，据乾隆《池州府志》记载，从洪武三年（1370年）至乾隆四十年（1775年）间，池州府学重建和扩建约有20次，可见明清两代皖南各地官学的发展还是相当可观的。官学的设立大都是由知府、知县等倡导和组织实施的，地方官员在官学的创办过程中发挥着领头、倡导及监督实施的作用。如隆庆元年（1567年），池州府知府尹士龙“以旧学基地□□形势无据，从毓秀门移建今址”[②]。成化间，宁国府知府沈性“尤加意学校，尝引诸生十数辈，亲为课督，多所造就”[③]，成化十八年（1482年），提学御史娄谦“见其（府学）损坏檄郡守王哲等重修”，于是“郡之守贰莫不鼓舞振作，庀材鸠工，以后为戒，而奔走执役之人，亦皆晨夜展力，不以倦告。不数月而徽学大治，且为南畿诸学之冠”[④]。

皖南各地官学之所以能够大规模地重建与发展，其中一个最主要的原因是学校有较稳定的经费来源，除了国家拨付外，还有各地的士绅与宗族的积极捐输。如宁国府学“乃旌有太学生汪君观澜与其弟镜，侄玉堂、任重等，遵父祖永年遗命，四分公捐，率子弟任其事”[⑤]。旌德县学大殿渐倾毁，“教谕……正苦于财力之无所出也，华坦郡庠生方讳璧者，性最孝义，慨然出资，独立任修……重修大成殿及两庑……即于是年九月兴工，越明年十月竣工，共糜白金一千三百两，丹楹刻桷，焕然一新”[⑥]。又如祁门县学，“岁修分任于各乡，经费每筹于巨室，规模整肃，气象峥嵘”[⑦]，嘉庆十九年（1814年），

---

① 李琳琦：《徽州教育》，安徽人民出版社2005年版，第56页。

② [清]张士范纂修：乾隆《池州府志》卷十六《学校志》，《中国地方志集成·安徽府县志辑》（第59册），江苏古籍出版社1998年版，第255页。

③ [明]黎晨修，李默纂：嘉靖《宁国府志》卷八《人文纪上》，明嘉靖十五年（1536年）刻本。

④ [清]沈葆桢等修，何绍基等纂：光绪《重修安徽通志》卷八十八《学校志》，清光绪四年（1878年）刻本。

⑤ [清]陈柄德修，赵良澍纂：嘉庆《旌德县志》卷九《艺文记》，《中国地方志集成·安徽府县志辑》（第53册），江苏古籍出版社1998年版，第321页。

⑥ [清]陈柄德修，赵良澍纂：嘉庆《旌德县志》卷九《艺文记》，《中国地方志集成·安徽府县志辑》（第53册），江苏古籍出版社1998年版，第319页。

⑦ [清]周溶修，汪韵珊纂：同治《祁门县志》卷十七《学校志》，《中国地方志集成·安徽府县志辑》（第55册），江苏古籍出版社1998年版，第159页。

"城乡绅士捐资重建儒学头门"[①]。再如，池州府学，乾隆年间"有铜陵职贡李应芳独备殿瓦鳌脊，铜陵职贡章培义独新大成门及金声、玉振两门，又出洲田百亩为岁修费"[②]。正是地方政府与各地宗族乡绅对官学的重视，并给予极大的支持与鼓励，才使得皖南的官学在明清时期得以迅速发展。

（二）书院教育

书院教育形成于唐、五代时期，经过宋、元的发展，至明清时期达到鼎盛状态。在长达一千多年的历史中，书院作为中国古代独立于官学之外的一种特有的教育机构，对科举人才的培养起到了很大的作用，一定程度上弥补了学校教育的不足。明清时期皖南的书院教育也十分兴盛，对当地文化教育的影响非常大。为了更直观、细致地了解皖南书院发展情况，我们按照府县分别加以阐述。需要说明的是，一些教育机构虽冠名书屋、书堂、精舍等，但其性质类同于书院，我们一并纳入统计中。

其一，徽州府书院。宋元时期，徽州府书院已较发达。据统计，"这一时期徽州共有书院42所，其中宋代所建者18所，元代所建者24所"[③]。明清时期，徽州府书院发展尤为繁盛，《两淮盐政全德记》在论及徽州府歙县书院的建设情况时说：

> 歙在山谷间，垦田盖寡，处者以学，行者以商，学之地自府县学外，多聚于书院。书院凡数十，以紫阳为大；商之地海内无不至，以业盐于两淮为著，其大较也。[④]

关于明清时期徽州府创建与重建的书院，具体数目有多少，目前学术界由于依据的史料不同以及取舍的标准和原则不一，所以统计出的数据不

① ［清］周溶修，汪韵珊纂：同治《祁门县志》卷十七《学校志》，《中国地方志集成·安徽府县志辑》（第55册），江苏古籍出版社1998年版，第159页。

② ［清］张士范纂修：乾隆《池州府志》卷十六《学校志》，《中国地方志集成·安徽府县志辑》（第59册），江苏古籍出版社1998年版，第255页。

③ 汪良发：《徽州文化十二讲》，合肥工业大学出版社2008年版，第148页。

④ ［清］马步蟾纂修：道光《徽州府志》卷三《营建志》，《中国地方志集成·安徽府县志辑》（第48册），江苏古籍出版社1998年版，第221页。

一。笔者根据光绪《重修安徽通志》[①]《安徽省志·教育志》[②]以及各地府县志等资料，同时参考了目前学术界关于此方面研究的成果[③]，对明清时期徽州府创建与重建的书院作了进一步的统计，共有书院161所。其中明代73所，清代88所。具体表3-1、3-2所示。

表3-1 明代徽州府创建与重建书院情况一览

县名	书院名称	创建与重建时间
歙县	紫阳书院(重修)	淳祐六年(1246年)郡守始建,洪武初邑人重建,正德知府创建,嘉靖、万历年间均重修
	枫林书院	元末明初建
	斗山书院	嘉靖十年(1531年)知府修葺,万历年间改为书院
	南山书院	嘉靖年间创建
	崇正书院	嘉靖十年(1531年)创建
	崇文(崇本)书院	万历年间建
	天都书院	崇祯十六年(1643年)建
	道存书院	明代建
	北园书院	明初建
	白云书院	明初建
	凤池书院	明初建
婺源	天衢书院	明翰林詹建,同治五年(1866年)詹姓重建
	桂岩书院	明初建
	明经书院(重建)	元代时里人建,成化、万历年间重建
	富教堂	明末建
	闻山书院	元至正年间建
	东湖精舍	嘉靖年间建
	霞源书院	明中叶建

① [清]沈葆桢等修,何绍基等纂:光绪《重修安徽通志》卷九十二《学校志》,清光绪四年(1878年)刻本。

② 安徽省地方志编纂委员会编:《安徽省志·教育志》,方志出版社1997年版。

③ 目前,关于此方面研究的主要成果有白新良《中国古代书院发展史》(天津大学出版社1995年版);李琳琦,张晓婧《明代安徽书院的数量、分布特征及其原因分析》[《华东师范大学学报》(教育科学版)2006年第4期];张晓婧《清代安徽书院研究》(安徽师范大学2014年博士学位论文)等。本书在后续的宁国府、池州府书院统计过程中,也参考了他们的研究成果。

续 表

县名	书院名称	创建与重建时间
婺源	福山书院	嘉靖年间建,万历三十六年(1608年)重建
	虹东精舍	嘉靖四十二年(1563年)建
	中心精舍	嘉靖年间建
	紫阳书院	元至元二十四年(1287年)知州创建,元代时再建,嘉靖九年(1530年)知县改建,万历四十三年(1615年)知县重修
	世贤书院	嘉靖年间建
	尊罗书院	嘉靖年间建
	明德书院	明末建
	山雾书院	明中叶建
	正经堂	明末建
休宁	李溪(率溪)书院	成化五年(1469年)建
	天泉书院	嘉靖年间建
	还古书院	万历二十年(1592年)知县建,崇祯元年(1628年)重修
	海阳(瞻云)书院	崇祯八年(1635年)知县创建
	心远楼	明初建
	柳溪书院	成化年间建
	新溪书院	明初建
	明善书院	万历年间建
祁门	东山(环谷)书院	正德末知县建,嘉靖九年(1530年)知县重建
	东野书院	明初建
	窦山书院	明成化年间创建
	李源书院	弘治年间建
	钟山书堂	景泰七年(1456年)建
	南山书堂	明代建
	西山书屋	明代建
	蛟潭书院	明代建
	梅椿书院	不详
	白石讲堂	不详
	少潭书院	嘉靖年间建

续 表

县名	书院名称	创建与重建时间
祁门	神交精舍	嘉靖三十一年(1552年)建
	石龙精舍	嘉靖年间建
	曙戒山房	不详
黟县	碧阳书院	嘉靖四十二年(1563年)知县建,崇祯年间重建
	南山文会	不详
	中天书院	嘉靖年间建
	林历书院	不详,天启间毁
	南屏书院	明代建
	桃源书院	天启二年(1622年)建
	集成书院	明末清初建
绩溪	龙峰书院	洪武九年(1376年)建
	云庄书堂(重建)	宋皇祐末建,明代重建
	翚阳书院	弘治初建
	颖溪书院	嘉靖年间知县建
	梅林书堂	明代建
	东园书院	明初参政胡有明建,邑课一族子弟
	谦和(谦如、蜀川)书院	崇祯年间建
	浣溪书屋	明代建
	怀竹书屋	明代建
	慕川书屋	明代建
	光霁书屋	明代建
	石泉书屋	明代建
	云阶书屋	明代建
	梅涧草堂	不详
	考溪书屋	不详
	石丈斋	万历年间建
	鹿苹书馆	万历四年(1576年)建

表3-2　清代徽州府创建与重建书院情况一览

县名	书院名称	创建与重建时间
歙县	紫阳书院(重建)	顺治年间知府重修,同治年间修整
	古紫阳书院	乾隆五十五年(1790年)户部尚书曹文植,歙绅鲍志道、程光国等倡建书院于县学后
	斗山书院(重建)	顺治年间毁,康熙九年(1670年)知府重建,今废
	天都书院(重建)	崇祯十六年(1643年)知府与贡生吴经邦倡建,康熙十二年(1673年)知府重建
	南山书院(修复)	嘉靖年间唐皋、郑佐建,康熙二十一年(1682年)里人重建
	松鳞别墅	康熙年间建
	凤池书院	不详
	见山书院	不详
	三峰精舍(白云书院)	不详
	问政书院	乾隆三十五年(1770年)知县倡,附贡生程光国等斥资改建,咸同兵毁
	阜山文会	不详
	岩溪书院	嘉庆十九年(1814年)建
	秘阁书院	不详
	飞布书院	乾隆初建,江村人江允升捐建
	岑山书院	不详
	梯云书院	清初建
	竹山书院	乾隆二十年(1755年)里人曹翰屏建
	东文会所	不详
	见山庵	不详
	师山书院(重建)	元建,光绪三十三年(1907年)改为师山小学堂。郑玉及门人鲍元康等建
	崇正书院(重建)	嘉靖年间知府建,清存,光绪三十二年(1906年)改为崇正小学堂
	道存书院(重建)	明建,乾隆年间附生叶之堪等重建
	西畴书院(重建)	宋末建,元存,嘉庆八年(1803年)盐商鲍漱芳重建
	枫林书院	不详
	崇本书院	不详
	友陶书院	不详

续　表

县名	书院名称	创建与重建时间
婺源	紫阳书院(修复)	康熙三十六年(1697年)知县重建,乾隆二十一年(1756年)知县重建,嘉庆九年(1804年)知县集邑绅捐资新建,同治五年(1866年)重建
	霞源书院	不详
	世贤书院	乾隆年间建
	心远书院(重建)	南宋建,里人建为书院后废,清乾隆年间俞瑞蘭率族重建
	尊罗书院	乾隆年间建
	龙川书院	乾隆年间建
	双贤书院	乾隆年间建
	明德书院	乾隆年间建
	山雾书院	乾隆年间建
	桂林书院	乾隆年间建
	道川书院	乾隆年间建
	藻潭书院	乾隆年间建
	山屋书院	乾隆年间建
	词源书院	乾隆年间建
	二峰书院	乾隆年间建
	双杉书院	清初建,乾隆三十八年(1773年)、四十年(1775年)扩建。(贡生王廷鉴建)
	骐阳书院	乾隆年间建
	开文书院	道光二十七年(1847年)延村、西冲、读屋泉、思溪、汪村合建
	太白精舍	清初潘氏合族建
	教忠书院	咸丰九年(1859年)建
	崇报书院	同治二年(1863年)建
	青云书院	不详
	万山书院(重建)	宋代建,清存(程传宸建)
	明经书院(重建)	元初建,元末毁,成化、万历十二年(1584年)重建,康熙五十三年(1714年)移建凤山东麓(婺人胡浣建)

续　表

县名	书院名称	创建与重建时间
婺源	福山书院(重建)	嘉靖年间建,乾隆三十六年(1771年)、同治三年(1864年)重建(湛若水门人建)
	富教堂(重建)	明末余懋衡讲学处,清初重建
	蒋公书院	康熙年间建
	湖山书院	道光十三年(1833年)建
	西乡书院	道光年间里人臧聪建
	玉林书院	咸丰年间里人项儒珍为乡子弟肄业建
	天衢书院	道光年间建
	水口精舍	光绪初里人张文明建
	碧山精舍	清末里人石世涛复建
	翀峰精舍	清末里人戴旸创修
休宁	还古书院(重建)	顺治十年(1653年)邑人捐资重修,康熙年间知县复建,三十九邑人捐修,乾隆、嘉庆年间邑人捐修
	海阳(瞻云)书院(重建)	康熙二十九年(1690年)知县重建,乾隆十六年(1751年)知县倡输建,嘉庆十二年(1807年)合邑输资建,同治五年(1866年)知县改建
	练江精舍	康熙四十四年(1705年)率口人程瑞祊建
	花山精舍	同治四年(1865年)建
	集贤馆	不详
	率溪书院(重建)	成化五年(1469年)建,咸丰后改为程氏宗祠(程希创建,为程氏家塾)
	天泉书院	嘉靖年间建,道光后遭兵毁
祁门	东山书院(重建)	正德年间知县建,嘉靖九年(1530年)知县重建,更名为环谷,万历四十四年(1616年)重建,仍名为东山,咸丰初兵毁,同治二年(1863年)知县重建
黟县	霭门书屋(义学)	嘉庆九年(1804年)一都众姓公建伟子弟肄业之所
	云门书屋	道光年间建
	双溪书院	清代建
	延庆书院	不详
	西园书屋	道光年间建
	南湖书院	嘉庆十九年(1814年)建

续　表

县名	书院名称	创建与重建时间
黟县	碧阳书院	乾隆年间知县移建，嘉庆十三年(1808年)知县改建，道光二十二年(1842年)邑绅胡之熙重建
	松云书院	乾隆年间建，咸丰后倾塌
	莲塘精舍	清末邑人胡作霖建
	集成书院(重建)	元至正十一年(1351年)，清初重建，道光年间毁(黄村黄真元建，以教族中子弟，清初黄志廉率族重建)
绩溪	敬业(峒公)书院	顺治九年(1652年)知县建，乾隆二年(1737年)知县更名为敬业
	二峨书院	顺治十五年(1658年)邑人为知县建，雍正九年(1731年)改为顺导署
	濂溪书院	道光二十三年(1843年)邑人周姓公建
	汤公书院	乾隆三年(1738年)建，民国二年(1913年)改为教育局办公室
	桂枝书院	民国初年，宅坦里人胡道荣捐议重建
	东山书院	道光八年(1828年)建
	颍滨书院	嘉靖年间知县建，嘉庆仅存屋以楹
	萃升文会	乾隆年间建，嘉庆三年(1798年)开垦书田为经费(曹姓合族公建)
	太平山房	不详
	东园书院(重建)	明参政胡有明建，以课一族子弟，后胡有明裔孙与族人重建

徽州是程朱阙里，尤为重教，表3-1、3-2中书院数量之多很好地印证了这一点。徽州书院大多以朱子之学作为主要学习内容，并依照朱熹白鹿书院学规，采取自学钻研、集中讲学的方式办学，形成了明清时期徽州学术风气炽盛、贤才辈出的现象。

其二，宁国府书院。据我们统计，明清时期宁国府创建与重建的书院共有53所，其中明代18所，清代35所。具体如表3-3、3-4所示。

表 3-3　明代宁国府创建与重建书院情况一览

府名	书院名称	创建与重建时间
宣城	宛陵精舍	嘉靖四十三年(1564年)知县建
	志学书院	嘉靖四十三年(1564年)知府、推官建,万历年间重建
	敬亭(待学、正学)书院	万历十七年(1589年)知府建,万历二十六年(1598年)知县重修,崇祯年间知府倡捐重修
	谢侯书院	崇祯八年(1635年)建,又名明德书院
	凤山书院	正德年间建
	同仁会馆	万历年间建
泾县	水西书院	嘉靖三十一年(1552年)知府建,万历年间重建
	云龙书院	嘉靖年间建
	喻义书院	隆庆元年建
	正蒙书舍	隆庆年间建
	龙溪书舍	万历年间建
	赤麓书院	万历年间建
	兰山书院	万历年间建
	考溪书屋	不详
宁国	西津(凤山、明德、开文)书院	正德中知县建,嘉靖、万历年间知县重修
太平	天都(文峰、仙源)书院	嘉靖中知县建,万历五年(1577年)重建,明末复圮
南陵	籍山书院	万历十三年(1585年)知县建
旌德	太学(储英)书院	明代监生姚天泽等建

表 3-4　清代宁国府创建与重建书院情况一览

县名	书院名称	创建与重建时间
宣城	敬亭(待学、正学)书院(重建)	康熙十一年(1672年)训导重建,康熙五十一年(1712年)知府更新,雍正五年(1727年)知府重修,乾隆年间多次重修
	南湖书院	乾隆年间建
泾县	水西书院(重建)	顺治初知县重建,康熙十六年(1677年)知县增置馆舍,雍正元年(1723年)邑人贡生重修,乾隆十九年(1754年)、三十一年(1766年)知县重建
	云龙书院(重建)	嘉靖年间建,后废,邑人贡生重建,乾隆三十七年(1772年)知县倡捐率邑人捐输重建

续 表

县名	书院名称	创建与重建时间
泾县	紫山书院	康熙年间建
	三乐书院(义学)	雍正初知县创建,雍正九年(1731年)重修改为义学,嘉庆年间邑贡生朱圣重建
	云山书屋	乾隆二十年(1755年)陈氏合族共建
	梅溪书屋	嘉庆年间监生建
	龙山书院	嘉庆年间建
	济阳书塾	不详
	梯云书舍	不详
	栈岭书屋	不详
	玩易书屋	不详
	奎曜堂书屋	不详
	溪南书屋	不详
	培凤阁书屋	不详
	桥东书塾	不详
	葵轩书屋	不详
	环山书屋	不详
	泾川书院	道光十一年(1831年)知县建
	狮山书院	道光年间建
	峨岱书院	宋进士文澄源、文洪源建,后废,乾隆二十三年(1758年)文氏后裔重建
	龙溪书舍	明万历汪淳祐建,乾隆四十年(1775年)重修
	震山书院	乾隆二十五年(1760年)乡人查思道等倡建
	书润堂	嘉庆十五年(1810年)监生陈之才独立捐银建,并置庄田八十余亩为膏火之资
	柳溪家塾	嘉庆十六年(1811年)王氏合族共建
	三隅书院	同治四年(1865年)邑人左、郑两姓建
宁国	西津书院	康熙十六年(1677年)知县重建,咸丰十年(1860年)兵毁,同治四年(1865年)知县兴复,九年(1870年)增田收租为膏火
太平	天都书院(重建)	顺治八年(1651年)知县重建,乾隆二十七年(1762年)知县倡捐新建,道光五年(1825年)邑绅士倡捐新建,咸丰毁,同治八年(1869年)重修
	翠螺书院	不详

续　表

县名	书院名称	创建与重建时间
南陵	籍山书院（重建）	万历十三年（1585年）知县建，康熙八年（1669年）知县重建
	春谷书院	乾隆四十八年（1783年）知县周学元劝谕各乡绅士捐资就察院故址建，咸丰十年（1860年）毁，光绪十六年（1890年）知县劝谕各乡绅士捐资重建
旌德	太学（储英）书院（修复）	明监生姚天泽等建，康熙三十五年（1696年）贡监生重建，改为储英书院
	旌阳（凫山）书院	乾隆二年（1737年）知县以兵备道旧为之，道光十六年（1836年）邑绅朱琳捐修
	毓文书院	嘉庆年间建

其三，池州府书院。池州府是安徽较早建有书院，也是书院较为发达的地区之一。池州的书院大致兴起于南宋，明清时期是其快速发展、兴盛时期。据史料记载，明以前池州已有两所很有名的书院，分别是八桂书院和齐山书院。八桂书院极有可能建于宋淳熙戊申年（1188年），齐山书院应建于南宋理宗时期①。我们根据乾隆《池州府志》②、光绪《贵池县志》③以及各地县志等资料，同时参考了目前学术界关于此方面研究的成果④，统计出池州府在明清两代创建、重建书院57所，其中明代36所，清代21所，具体如表3-5、3-6所示：

表3-5　明代池州府创建与重建书院情况一览

县名	书院名称	创建与重建时间
贵池	绣春书院	正德十年（1515年）知府建
	翠微书院	正德十四年（1519年）知县建
	齐山书院（重修）	南宋理宗时修建，正德九年（1514年）知府重建

① 阳光宁：《池州书院的历史文化考述》，《池州学院学报》2010年第1期。

② ［清］张士范纂修：乾隆《池州府志》卷十六《学校志》，《中国地方志集成·安徽府县志辑》（第59册），江苏古籍出版社1998年版。

③ ［清］陆延龄修，桂迓衡等纂：光绪《贵池县志》，《中国地方志集成·安徽府县志辑》（第61册），江苏古籍出版社1998版。

④ 目前，关于此方面研究的主要成果有谭甲文，凌玮《古代池州书院的发展及其对池州地区教育文化的影响》（《池州学院学报》2007年第6期）；阳光宁《池州书院的历史文化考述》（《池州学院学报》2010年第1期）；阳光宁《池州古代书院考遗》（《池州学院学报》2012年第2期）。

续 表

县名	书院名称	创建与重建时间
贵池	会华书院	嘉靖十四年(1535年)知府建
	储才(五经,实学)书院	嘉靖二十年(1541年)知府建,隆庆年间知府改名为实学书院、万历十六年(1588年)知府易名储才书院
	李白书堂	不详,嘉靖年间已废
	文林书院	明邑人鳌、知县陈桂建
	凤岑书院	七品散官陈布懂建,明尚书郑三俊书其额曰"静观堂"
青阳	闳肃书堂(重修)	(南)宋文华阁待制程九万之子程槐读书处,天顺年间,槐孙程懋重建
	李白书堂	成化年间建
	九华书院(重修)	即清隐祠堂,宋处士陈岩建,明正德五年(1510年),岩六世孙陈九畴请建祠于邑城。万历七年(1579年),其后人重修
	阳明书院	嘉靖七年(1528年)知县建
	甘泉书院	嘉靖七年(1528年)知府建
	凤台精舍	嘉靖十四年(1535年)青阳县同知任柱建
	饮所精舍	隆庆四年(1570年)副宪罗赐祥建
	南台精舍	万历初兵部给事中吴文梓建
	蓉城(临城)书院	万历四年(1576年)知县建
	东壁书院	万历十二年(1584年)石埭毕以范建
	天柱书堂	泰昌元年(1620年)学者施达建
	柱明精舍	天启三年(1623年)方伯、王一桢建
	云波书院	不详
	杜荀鹤书堂	旧为临城地。唐杜荀鹤曾与顾云、殷文圭等同读书于此。明代建有书堂,湮没无考
	玉华书院	不详
东流	喻义书院	万历年间知县建
石埭	紫潭书院	成化二十三年(1487年)进士吴必显建
	广阳(长林)书院	旧系社学,嘉靖二十年(1541年)知府改建
	李白读书堂	不详,嘉靖年间已废
	丁公书院	嘉靖十八年(1539年)丁埕建

续　表

县名	书院名称	创建与重建时间
石埭	陵阳书院	万历年间毕以范创建
	鸣凤书院	不详
铜陵	李白书堂	唐李白自建，弘治邑民袁思琼重建
	紫阳书院	不详，明末毁于兵
建德	五经书院	不详
	兰台书院	万历年间知县建
	尧封书屋	宋时建，后废，明柯暹重建
	玉峰书院	不详

表3-6　清代池州府创建与重建书院情况一览

县名	书院名称	创建与重建时间
贵池	池阳书院	康熙二十三年（1684年）知府建
	迴澜书院	康熙三十二年（1693年）知府建
	秀山书院	康熙年间知府建，乾隆、嘉庆、道光、同治年间均有修葺和增加经费
	三元书院	即黄侍中祠，明隆庆间，太守钟穀倡建祠于墓前。康熙初喻成龙守池时重修，岁久又倾。乡人苏国元等倡率其乡捐至二千金，于其地扩大，东拓地营屋九间，做讲堂，左右斋房各四间，名曰“三元书院”。道光二年（1822年），其乡人公捐修葺之
	巩畴讲堂	不详，光绪年间废
青阳	临城书院（重建）	乾隆二十五年（1760年）知县移建，乾隆十八年（1753年）邑监生江自珊捐建义学，又输田输银生息以供膏火，乾隆三十二年（1767年）知县以义学与书院合焉
	李白书堂（重建）	明建，咸丰兵毁，同治十三年（1874年）吴耿忠倡建
	寻乐书舍	不详
东流	太白书楼	不详，原名太白书堂，雍正元年（1723年）改建为太白书楼
	天然书院	乾隆十年（1745年）知县倡建，邑绅周鹏飞祖母陈氏出资建，并捐田租，乾隆十九年（1754年）增地
	菊江书院	乾隆十二年（1747年）知县建，乾隆二十三年（1758年）移建今址，嘉庆四年（1799年）知县增建，光绪二十九年（1903年）全县耆绅集议，添建房屋数幢改为菊江学堂

续 表

县名	书院名称	创建与重建时间
东流	秀峰书院	乾隆四十二年(1671年)邑绅金城创建
	毓秀书院	不详
石埭	陵阳书院(重修)	明建,康熙十年(1761年)邑令姚子庄重修,乾隆二年(1737年)知县、乾隆三十八年(1773年)邑人倡议重修,更名为广阳书院。光绪二十七年(1901年)知县林炜锟改广阳书院为致材学堂,光绪三十一年(1905年)改为师范讲习所
	广阳(长林)书院(重建)	明建,康熙十一年(1672年)知县复建,乾隆二年(1737年)知县重葺,乾隆三十六年(1771年)邑人劝输增修
	紫潭书院(重建)	明建,顺治九年(1652年)知县重修
铜陵	紫阳书院(重修)	明建,顺治九年(1652年)知县重修,后废
	五松书院	乾隆五年(1740年)知县兴举义学,邑人章云达捐资建学舍
建德	玉峰书院	乾隆年间重建
	兰台书院(重修)	明万历年间建,清存,咸丰三年(1853年)毁
	研经书院	同治六年(1867年)知县建

从以上几个表格“创建及重修时间”栏中所载的主创者的身份资料来看，皖南书院可分为官办、民办以及官民合办三种类型。一部分书院是在地方知府和知县的倡导、牵头以及出资的情况下建成，可以说地方政府在书院的建设中起到了很大的作用。但更多的则属于民办书院。明清时期，皖南是宗法制度最为强固的地区，地方宗族大力支持创办书院，主要是为宗族自身服务，有的书院专收族中子弟，使子孙得以教化。如表3–1、3–4中，明代绩溪的东园书院，由明初参政胡有明建立，后胡有明裔孙与族人重建，课一族子弟；清代泾县的云山书屋，乾隆二十年（1755年）由陈氏合族共建。也有的书院是官民合办的，此类书院主要是在地方政府倡导下，由宗族或富商等出资捐修而成。如表3–6中，清代铜陵的五松书院，乾隆五年（1740年）知县兴举义学，邑人章云达捐资建学舍；清代东流的天然书院，乾隆十年（1745年）知县倡建，邑绅周鹏飞祖母陈氏出资建立，并捐田租。歙县的紫阳书院多次修建则是在知县的倡导下，集邑绅捐资而建成。

为了对明清时期皖南徽、宁、池三府及其辖县所创建的书院有一个更加直观清晰的认识，我们将各地创建与重建的书院做了一个表格进行统计，具体如表3–7所示。

表3-7　明清时期皖南徽、宁、池三府各县创建与重建书院数量统计

府	县	明代数量	清代数量	总计
徽州府	歙县	11	26	37
	婺源	16	34	50
	休宁	8	7	15
	祁门	14	1	15
	绩溪	17	10	27
	黟县	7	10	17
宁国府	宣城	6	2	8
	泾县	8	25	33
	宁国	1	1	2
	太平	1	2	3
	南陵	1	2	3
	旌德	1	3	4
池州府	贵池	8	5	13
	青阳	15	3	18
	东流	1	5	6
	石埭	6	3	9
	铜陵	2	2	4
	建德	4	3	7
总计	—	127	144	271

从表3-7可知，明清时期皖南各地创建与重建的书院共有271所，其中明代127所，清代144所。若按府而论，明清时期皖南各府创建书院数目依次为徽州府161所，池州府57所，宁国府53所。无论是明代还是清代，徽州府都雄踞首位，遥遥领先。明清两代，徽州府创建的书院数约占皖南徽、宁、池三府书院总数的59.4%，而池州府、宁国府分别为21.0%、19.6%。显然，明清时期皖南书院的分布极其不均衡，主要集中在徽州府。

（三）社学、私塾及义学教育

其一，社学教育。社学起于元代，兴盛于明代，至清代有所衰落。明初，朱元璋谕旨中书省，要求“宜令有司更置社学，延师以教民间子弟”[①]。洪武十三年（1380年）一度废止，洪武十六年（1383年）又诏郡县复设社学。弘治十七年（1504年），孝宗皇帝又诏令“各府、州、县建立社学，选择明（按：名）师，民间幼童十五以下者送入读书，讲习冠、婚、丧、祭之礼”[②]。清初沿袭明制，继续倡办社学，但至乾隆年间，社学有所衰落，基本上由义学所取代，正如乾隆《池州府志》记载：“今之义学即明之社学。”[③]

社学在明清时期的皖南各地都有设置，徽州府在元代，以乡里每50户为一社，每社设义学一所；明洪武八年（1375年），徽州六邑有社学462所；清康熙时，徽州社学发展到562所[④]。宁国府也十分重视社学的兴建，如嘉靖《宁国县志》记载：

> 学校之设，既群国之俊彦而甄陶之矣。然菁莪乐育之地，所以广师儒之讲习，童蒙之厘正，又不能无赖于院、社者，是院、社所以济其学校之不及也。是故观于院、社之兴废，可以卜教化之隆替，人才之盛衰矣。宁之先无院，兴院自近岁。有社……正德间，知县王时正建，正堂三间，匾曰：“养正”，知事胡子亚曾增而新之，后改为社学。[⑤]

社学一般由政府倡导而兴建，其一部分经费由政府负担，更多的则是依靠各乡族的捐助。因此，社学从形式上看是官办，实则是官民结合的办学机构。社学作为地方上普遍设立的初级形态的私学，主要是对儿童进行识字和基本伦理道德规范教育。其教学内容“以《百家姓》、《千字文》为首，继以经史历算之属”[⑥]。教学方式与私塾相当，教学管理比较松散。然

① [明]何栋如撰:《皇祖四大法》卷五《治法》,明万历四十二年(1614年)刻本。

② [清]张廷玉等撰:《明史》卷六十九《选举志一》,中华书局1974年版,第1690页。

③ [清]张士范纂修:乾隆《池州府志》卷十七《书院志》,《中国地方志集成·安徽府县志辑》(第59册),江苏古籍出版社1998年版,第291页。

④ 刘伯山:《全面观照中国后期封建社会的徽州文化》,《探索与争鸣》1997年第11期。

⑤ [明]范镐纂修:嘉靖《宁国县志》卷三《学校类》,明嘉靖二十八年(1549年)刻本。

⑥ 陈贤忠,程艺主编:《安徽教育史》(上),安徽教育出版社2006年版,第368—369页。

不可否认，社学在明清时期对地方文化教育的普及与发展起到了一定的促进作用。

其二，私塾教育。私塾又称塾学、塾馆、书塾，是中国古代地方上一种最为基础，也最有影响的启蒙教育形式。私塾教育在明清时期的皖南极为繁荣，如休宁县“自宋以来，县内私塾林立，遍布城乡，故有‘十户之村，不废诵读’之誉”[①]。

皖南私塾形式多样，从创办主体来看，有宗族创办的以延师专门教授本族内子弟的族塾，如祁门郑华邦“在族，兴立塾学，嘉惠寒儒，永垂为例”[②]；有延师择址建馆课一村子弟的村塾，如婺源张伯熉“倡输数百金建宗祠、书塾”[③]；有富家延师来家教授子弟的家塾；有塾师举办的，在塾师自家中或借助祠堂、庙宇、他人房屋等设馆教授生徒的私塾；等等。从教学内容和学习程度上来看，私塾又可分为以儿童识字和基本伦理教育为主的初级蒙学教育和以教授经义、时文，应试科举为目标的较高一级的教育。

明清时期皖南地区各类私塾大量设立，主要是因为宗族的参与，而宗族的参与为了满足子弟读书识字、应试科举、光宗耀祖的需要，以及传播孝悌仁义等封建伦常礼仪，以期维护宗族内部的团结和秩序。如休宁《茗洲吴氏家典》中记载：

> 族中子弟有器宇不凡、资禀聪慧而无力从师者，当收而教之，或附之家塾、或助以膏火。培植得一个两个好人，作将来楷模，此是族党之望，实祖宗之光，其关系匪小。[④]

正是这些族塾的设立培养了一大批学子，这些学子再通过科举考试获得了功名和官位，此既为家族扬名，又使宗族获得了更大的利益。

其三，义学教育。义学，又称义塾、义馆，是一种特殊性质的学校，

---

① 休宁县地方志编纂委员会编：《休宁县志》，安徽教育出版社1990年版，第423页。

② [清]周溶修，汪韵珊纂：同治《祁门县志》卷三十《人物志八》，《中国地方志集成·安徽府县志辑》（第55册），江苏古籍出版社1998年版，第344页。

③ [清]吴鹗修，汪正元纂：光绪《婺源县志》卷三十四《人物十》，清光绪九年（1883年）刻本。

④ [清]吴翟辑撰，刘梦芙点校：《茗洲吴氏家典》卷一《家规八十条》，黄山书社2006年版，第18页。

是专为孤寒子弟而设立的教育机构，一般免缴学费，而且还为贫寒子弟提供膏火之费。明清时期皖南各地都设有义学，主要有官办和民办两种形式。民办义学的设置一般由地方上乐施好善者和家境比较富裕的士绅置屋、买田、捐资创办，或者由宗族出资创办。

私人创办的义学在明清时期的皖南蔚然成风，遍布城乡各地。如婺源商人程世杰“念远祖本中曾建遗安义塾，置租五百亩。久废，杰独立重建，岁以平粜所入延师，使合族子弟入学，并给考费”[①]；婺源人程耀廷“倡兴义学，输田若干亩”[②]；休宁县商山人吴继良“尝构义屋数百楹，买义田百亩，建明善书院，设义塾”[③]；黟县人汪延兴“尝捐白金三百，立义学”[④]。

皖南一些宗族在地方上也积极创办义学，专门教授族内贫寒子弟，尽量使族中子弟都能受到教育。如黟县义学“在一都大宽段，名蔼门书屋，嘉庆九年一都众姓公建为子弟肄业之所”[⑤]。歙县盐商世家、潭渡孝里黄氏宗族“设义学，以教宗党贫乏子弟”[⑥]。宁国府三溪田氏“推一邑翘楚，而父兄之教，子弟之率，固已加意励学，乃特出众资，于宗祠傍构立义塾”[⑦]。

此外，皖南也存在官办义学，其主要是地方官员以公款或地租收入等资金而设立的。据道光《徽州府志》记载，黟县，“康熙二十二年于迎霭门外建义学，先是城南有义学，至是移建焉”[⑧]，绩溪县，“康熙五十二年，

---

① [清]吴鹗修，汪正元纂：光绪《婺源县志》卷三十三《人物十》，清光绪九年（1883年）刻本。

② [清]吴鹗修，汪正元纂：光绪《婺源县志》卷三十五《人物十》，清光绪九年（1883年）刻本。

③ [清]丁廷楗、卢询修，赵吉士等纂：康熙《徽州府志》卷十五《人物志四》，黄山书社2010年影印版，第59页。

④ [清]吴甸华修，程汝翼、俞正燮纂：嘉庆《黟县志》卷七《人物》，《中国地方志集成·安徽府县志辑》（第56册），江苏古籍出版社1998年版，第229页。

⑤ 陈贤忠，程艺：《安徽教育史》（上），安徽教育出版社2005年版，第369页。

⑥ [清]黄臣槐等纂修：《潭渡孝里黄氏族谱》卷四《潭渡孝里黄氏家训》，清雍正九年（1731年）刻本，安徽省图书馆藏。

⑦ [清]赵良澍纂，陈柄德修：嘉庆《旌德县志》卷九《艺文记》，《中国地方志集成·安徽府县志辑》（第53册），江苏古籍出版社1998年版，第326页。

⑧ [清]马步蟾纂修：道光《徽州府志》卷三《营建志》，《中国地方志集成·安徽府县志辑》（第48册），江苏古籍出版社1998年版，第243页。

知县雷恒建设于城西，至雍正间知县王启源犹奉行，未废”[①]；歙县，“清初设有义学三，城内一，南乡一，北乡一，岁给膏火银三十六两，敦请义学师，酒席银二两九钱八分三厘”[②]。

除此之外，明清时期皖南还设有不少乡约、文会等组织，一定程度上也都具有教育、教化的功能。总之，明清时期皖南的教育机构众多，它们共同促进了皖南文教事业的发展与繁荣。

二、皖南教育发达的原因

从上述教育的类型来看，明清时期皖南地区文化教育十分昌盛。究其原因，一是官府积极落实、践行国家的教育政策，二是宗族的高度重视并积极参与。官府的积极有为自不待言，这也是其职责所在；皖南宗族的高度重视并积极参与，将在本章第二节专文阐述。除却官府、宗族的两大因素外，还有其他因素也不应忽视，如地理环境的影响，传统儒家文化的熏陶，徽宁商帮经济上的支持，等等，在此略加析论。

（一）地理环境的影响

皖南由山区和沿江平原组成，以山区丘陵为主，地形崎岖不平，且土壤贫瘠，不宜大面积开垦，种植农作物。正如弘治《徽州府志》所载：“本府万山中，不可舟车。田地少，户口多，土产微，贡赋薄。”[③]加上恶劣的自然条件，“田高亢易枯，十日不雨则仰天呼；骤雨山涨暴，粪壤之苗又就颓靡”[④]，造成了徽州“地瘠其民贫，其田赋所入不足供十之一”[⑤]。明清时期，尤其清康熙年间“盛世滋生人丁，永不加赋”及雍正年间“摊丁入

① [清]马步蟾纂修：道光《徽州府志》卷三《营建志》，《中国地方志集成·安徽府县志辑》（第48册），江苏古籍出版社1998年版，第247页。

② [清]马步蟾纂修：道光《徽州府志》卷三《营建志》，《中国地方志集成·安徽府县志辑》（第48册），江苏古籍出版社1998年版，第223页。

③ [明]彭泽修，汪舜民纂：弘治《徽州府志》卷二《食货一》，明弘治十五年（1502年）刻本。

④ 张海鹏，王廷元：《明清徽商资料选编》，黄山书社1985年版，第27页。

⑤ [清]马步蟾纂修：道光《徽州府志》卷一《舆地志》，《中国地方志集成·安徽府县志辑》（第48册），江苏古籍出版社1998年版，第65页。

亩”等政策的推行，导致人口暴涨，然皖南可耕种的土地本就十分有限，人口急速增长则造成了“生齿日繁，生计日隘”①的现象。

为摆脱人多地少的困境，解决人地矛盾尖锐的问题，皖南各地民众纷纷将通过科举入仕的方式作为谋生的手段，来寻求生存与发展的空间。可以说，科举入仕是他们的第一选择，也是在儒家思想盛行的传统社会里绝大部分人所选的一条较为体面的出路。但是，我们也应看到，以科举进入仕途的毕竟只是极少数，而绝大部分皖南士子在科场失利后，往往弃儒从商，依靠外出经商以获得商业利润的方式解决其生存问题。他们小小年纪不得不背井离乡，外出讨生活，正如在徽州各地流传很久的一首民谣：“前世不修，生在徽州，十三四岁，往外一丢。”此民谣反映了当时皖南民众在面对生存困境时选择经商的无奈。所以，万历《歙志》言，徽州人经商为贾，是受时代、形势和人情之逼迫使然，也就是说，不外出经商，便难以生存。所谓“人人皆欲有生，人人不可无贾矣”②，徽州由此产生了“以贾为生，不贾则无生”的谚语。显然，这种恶劣的、充满竞争的生存环境，是影响甚至决定皖南宗族普遍重视教育的一个最为直接的因素。

然而，皖南山区这种较为封闭、出行不便、信息闭塞的环境，也有其好的一面。一方面，其内有九华山、黄山和天目山等山脉，形成了一道天然的安全屏障，不受外界干扰，为当地人提供了一个相对安全的环境，也因之，历史上皖南多次成为中原世家大族躲避战乱的理想之地。另一方面，皖南境内风景秀丽，气温适宜，雨量适中，风清气爽，山清水秀，这种清静舒适的自然环境，可以陶冶人的情操，净化人的心灵，提升人的精神境界，是文人雅士学习和讲学的理想之地。无疑，皖南这种优美的山林胜地为生徒们提供了有利的学习环境，为皖南文化与教育的发展提供了不可多得的自然条件。

（二）传统儒家文化的熏陶

皖南山区因其独特的自然地理环境，历史上成为中原世家大族躲避战

① ［清］马步蟾纂修：道光《徽州府志》卷二《舆地志》，《中国地方志集成·安徽府县志辑》（第48册），江苏古籍出版社1998年版，第162页。

② ［明］张涛修，谢陛纂，张艳红、王经一点校：《歙志》卷十《货殖》，黄山书社2014年版，第425页。

乱的理想迁居之地。自汉以来，因北方战乱频繁，中原地区的世家大族曾三次大规模南迁至此，并在明清时期得到发展并繁荣，皖南也逐渐形成了聚族而居的局面。

南迁的世家大族不仅带来了北方先进的生产工具与技术，使皖南得到迅速的开发，极大地促进了当地经济的发展，而且迁居于皖南的世家大族大多是名门望族，接受过儒家思想文化的良好教育并且深受其影响，普遍尊崇儒家文化。随着他们的迁入，传统儒家文化也一并被带入迁居地，并传播至皖南的社会，促进了皖南地区文化教育的繁荣兴盛。皖南也逐渐形成了“好儒”的文化氛围，这也是皖南宗族重视文化教育的思想根源所在。

一方面，这些世家大族虽迁居于皖南，但他们避难并不避世，不甘心退出政治舞台，总想伺机而出，即便自身没有机会，也寄希望于后代，通过“儒”而“仕”；另一方面，聚族而居的皖南大姓望族为继续保持和巩固自身的强势，拓展自己的发展空间，开始以科举考试的方式跻身仕途。因此，他们十分重视家族中子弟的教育。正是因为他们的重视、参与与影响，带动了皖南教育的改变，皖南的社会风尚由过去的尚武开始向重教崇文转变，出现了“尚武之风显于梁陈，右文之习振于唐宋”[①]的现象。

（三）徽宁商帮经济上的支持

明清时期皖南文化教育发达，各种类型的教育机构众多，尤其是各地书院大量创建，其中最主要的原因在于徽宁商帮的精神追求及其财力上的支撑，尤其是徽商，其自明代中叶起到清代中期，纵横中国商界几百年，为各大商帮之首。徽商在经商之前，基本上从小就受过良好的儒家文化熏陶，接受过正规的官学或私学的严格教育。虽因生存所迫等原因，他们不得不弃儒服贾，但由于受过良好的教育，他们将儒家的仁、义、礼、智、信等做人之道很好地运用到经商之中，兼之善于捕捉商机和不折不挠的商贾进取精神，使得徽商很快发展壮大，取得巨额利润。但这并非是徽州商人最理想的追求，他们经商只是为了改变自己经济上的贫困状态，如有的商人在弃儒服贾之后，依然是“商儒兼顾”，即所谓“贾而儒者也”。他们

① ［民国］石国柱、楼文钊修，许承尧纂：民国《歙县志》卷一《舆地志》，《中国地方志集成·安徽府县志辑》（第51册），江苏古籍出版社1998年版，第39页。

通过经商谋利，有了一定的财富积累之后更加重视教育，竭力供其子弟读书，使子孙业儒入仕，以期由此显亲扬名，此则是他们最高的精神追求。在这样的价值观念下，明清时期徽商大多热衷于家乡的教育事业，投资家乡教育事业的事例比比皆是。据统计，清代捐资歙县紫阳书院的商人有：雍正三年（1725年）程建修缮号舍；乾隆十三年（1748年）徐士修增建号舍，捐银12000两以赡学生；乾隆五十四年（1789年）项琥捐银1200两修建书院前后祠宇；乾隆五十九年（1794年）鲍志道捐银3000两。此后，又有西递明经胡氏宗族的绅商胡尚熷、胡元熙、胡积成诸人捐银5000两。整个乾隆年间，徽商对“紫阳书院”先后捐银达到26200两。又如歙县问政书院的扩建过程中，歙商程光国“倡同邑业鹾于浙之鲍清等捐输广厦十余间于问政山麓，以为诸生肄业之地”[①]。而其他的一些中小商人在“创设族塾”“建造书屋”“筑建精舍”中，也多乐于捐资以期发展当地教育。

宁国府地理位置与徽州府相邻，深受徽州经商文化的影响，至明代嘉靖、万历时期，宁国人结伙外出经商已经蔚然成风。清代宁国商人常与徽州商人结为集团活动，形成了一个地域性商帮，人称“徽宁商帮”。此外，宁国府府治所在的宣城县，境内交通便利，向来是商贾云集之处，盐艘鳞集，商贩辐辏，商业贸易繁荣；其境内的泾县，明清以来商业发展也很快，“纸，宣、宁、泾、太皆能制造，故名宣纸，而泾人所制尤工”[②]。这些使宁国府成为皖南另一重要经济发达地区，为其地书院的发展奠定了良好的经济基础。从前文表3-3和表3-4宁国府书院设置中，我们可以看出，泾县和旌德两县书院的数量明显高于宁国府境内其他县，尤其是泾县的书院数在宁国府境内占据第一，这很大程度上要归结于宁国商人的支持，因为所谓的宁国商人则主要是指泾县和旌德两县的商人。事实上宁国商人捐建书院的例子很多，如乾隆年间泾县商人查思道投巨资创设的震山书院，道光年间旌德商人谭子文独资创建的毓文书院，等等。

可以说，皖南的徽宁商帮作为一支重要的力量推动着皖南的教育发展，

① ［民国］石国柱、楼文钊修，许承尧纂：民国《歙县志》卷十五《艺文志》，《中国地方志集成·安徽府县志辑》（第51册），江苏古籍出版社1998年版，第644页。

② ［清］鲁铨等修，洪亮吉等纂：嘉庆《宁国府志》卷十八《食货志》，《中国地方志集成·安徽府县志辑》（第43册），江苏古籍出版社1998年版，第579页。

前文表3–1至表3–7中所列各地书院的数据很好地诠释了这个问题。池州府历史上虽未出现商人群体，但宗族重教之风并不逊于徽、宁的宗族，这也是池州府出现大量的名称上虽不称为书院，但实则有教育功能的其他教学机构的原因。当然，商业经济发展水平的不平衡，使皖南各地的经济基础有了强弱之别，这种强弱之别，也是导致皖南各地的教育和科举发展程度不同的一个重要因素。

第二节　皖南宗族与文教事业

明清时期皖南是一个典型的宗族社会，宗族普遍重视文教事业。一方面，宗族制定了大量的族规家训，并收录于族谱中，从思想上、制度上强化宗族子弟的教育理念。如明万历歙县《歙西岩镇百忍程氏本宗信谱》中对程氏宗族立约规范子孙教育进行了详细记录（图3–1）：

> 宗族之大，子孙贤也；子孙之贤，能读书也。……先孝长公尝为文示后人曰："吾之子若孙须学问，须修谱牒。比见位高金多者，至疏族以陵，吾不愿汝曹为也。三世不学问，不仕宦，不修谱，即流为小人。"呜呼！前人明训如此，凡我族属，宁惜以一经教子？①

图3–1　《歙西岩镇百忍程氏本宗信谱》

另一方面，宗族还在财力上对族内学子进行大力扶持，如光绪绩溪《梁安高氏宗谱》卷十一《文会贴例》规定：

> 孤子读书已作文者，每年贴笔墨钱一两；文会每年会课或由本族前辈出题阅卷，或请他姓饱学，由首事预备师生茶饭酒席，

① ［明］程弘宾纂修：《歙西岩镇百忍程氏本宗信谱》卷十一《族约篇第九》，明万历十八年（1590年）刻本，中国国家图书馆藏。

取超等者给膏火钱八百文，一等四百文；文童县试贴钱四百文，覆试一场贴钱二百文；府试贴钱六百文，覆试一场贴钱二百文；院试贴钱六百文；生员考优拔贡贴银四两；生员下科贴银四两；举人会试贴银十两；进士殿试贴银十两。①

高氏宗族根据子弟平时的学习表现以及科考的等级给予相应资助，可谓起到了支持与激励的双重效果。对科考及第者，宗族的奖励更重，如绩溪《梁安城西周氏宗谱》载："三年所余酌存数金，备送中举盘费，仍照入闱者多寡分送。中举每人送银八两，中进士及鼎甲、翰林、拔贡、上京朝考者，俱照中举例分送。逢恩科，若公匣无余积，动支三年所余，两科分给。"②

从上述简要摘录的谱牒文献记载来看，明清时期皖南宗族对文教事业的高度重视并采取积极的举措，是促进皖南教育文化发达及皖南文风昌盛的重要因素之一。何故皖南宗族如此高度重视文教事业，这是我们首先要分析的问题。

一、宗族重视教育的原因

历史上的宗族是基层社会组织，宗族能否兴旺发达关涉该族的社会地位和对社会资源的占有与利用，而宗族兴旺发达的关键在于族人能否亢宗兴族，稳固宗族根基。可以说"人"是最基本的也是最关键的因素，究之明清时期的皖南宗族亦然。我们从这一点切入，可以探知明清时期皖南宗族重教的原因大体如下。

（一）培养人才仕进以期强大宗族

皖南宗族之始祖大都是因躲避北方的战乱或仕宦于皖南羡其山水佳境而迁入的中原簪缨望族之后裔，他们不仅在迁居地生息繁衍，也将包含宗

① ［清］高富浩纂修：《梁安高氏宗谱》卷十一《文会贴例》，清光绪三年（1877年）木活字本，安徽大学徽学研究中心藏。

② ［清］周之屏等纂修：《梁安城西周氏宗谱》卷二十《文会》，清光绪三十一年（1905年）敬爱堂木活字本，安徽师范大学家谱中心藏（复印件）。

法文化在内的中原文化移植皖南，至明清时期形成聚族而居、昭穆有序的宗族社会，而且深知要在乡里维持自己的社会地位，仅靠经济上的优势是难以支撑和使其长久的，更重要的是要确立宗族在政治上和学术上的地位与威望。所以，在这种强烈的不坠门望的上进精神支配下，世家大族必须走读书仕进、科甲起家之路。一些小姓弱族，要想在地方宗族之林里取得一席之地，获得生存的空间，并且具有一定竞争力，家族人才的培养就是其增强实力、争夺话语权的一种方式。因此，在明清时期的皖南，宗族普遍重视教育，将宗族子弟的教育与家庭、宗族的兴衰和荣辱联系在一起，把培养子孙读书以考取功名、光宗耀祖当成是家庭兴旺、宗族强盛的最好的方式。诚如王世华先生所总结："读书，已成为徽州人的终极关怀。"[①]为此，各宗族采取多种措施加强对子弟的教育。如明代崇祯《休宁叶氏族谱》卷九《保世·家规》中"豫蒙养以兴家"条云："吾族中父兄须知，子弟之当教；又须知，教法之当正；又须知，养正之当豫。蒙养既端，则子弟成立，而家未有不兴矣。故欲兴家者，不可不欲蒙养。"[②]从家规中可见，叶氏宗族将读书看作子弟成才的必经之路，认为子弟成人成才，则家庭"未有不兴"的。清光绪《绩溪东关冯氏家谱》卷首《祖训》中有"兴文教"的条规："子孙才，族将大。族中果有可期造就之子弟，其父兄即课之读书。……一族之中，文教大兴，便是兴旺气象。"[③]冯氏在家谱中专门列出"兴文教"的祖训，可见冯氏宗族极为重视家族子弟的教育，将"兴文教"看成是宗族兴旺、强大的象征。

再如南陵《环溪沈氏宗谱》卷末《家规》中"课子孙"条载："传曰子孙贤，族将大，又曰子孙愚兮，礼仪疏，是子孙贤愚所系甚重，为祖父者，察其禀资聪雅，必择明师益友讲先圣之学，习举子之业，使文与行并进，上之可以为名儒，次之可以取科第，光祖宗，荣父母妻子，族之所由大也。"[④]沈氏宗族从族中子弟中挑选禀资聪雅之士，择明师益友进行"习举子之业"的专门教育，将名儒、科第视为"光祖宗，族之大"的首选之路。

① 王世华，夏建圩：《徽商：人才培养的催化剂》，《安徽史学》2013年第2期。

② 卞利主编：《明清徽州族规家法选编》，黄山书社2014年版，第128页。

③ 卞利主编：《明清徽州族规家法选编》，黄山书社2014年版，第75页。

④ ［民国］沈葆祺纂修：《环溪沈氏宗谱》卷末《家规》，民国十五年（1926年）刊本，上海图书馆藏。

又如《茗洲吴氏家典》卷一《家规八十条》中规定："族中子弟有器宇不凡、资禀聪慧而无力从师者，当收而教之，或附之家塾，或助以膏火。培植得一个两个好人，作将来模楷，此是族党之望，实祖宗之光，其关系匪小。"[①]

综上可见，皖南宗族普遍将科举入仕看成是光宗耀祖、确保宗族地位的重要因素，仕宦之家也视其为保持家业不坠、仕途不绝、富贵长久的最为有效的途径，因此，他们非常重视宗族的教育活动。

（二）培育礼义德行以保宗族行稳致远

皖南宗族一再告诫其子孙："读书非徒以取科名，当知作（按：做）人为本。"[②]这里强调了教育在培养人的德行中的重要作用。在中国传统文化中，德行是宗族兴旺的重要基础。

隐龙方氏宗族规定："凡人皆宜读书，不必习举业，然后读书。未知养亲者，诵蓼莪而生感；未知事君者，读金縢而效命；骄奢者习礼而容志敛；鄙吝者玩易而私欲捐；悍暴者学乐而意气平；怯懦者观春秋而节义立。穷经足以致用，可见人皆宜读书。"[③]方氏宗族强调宗族子弟都应读书，认为只有读书方能掌握知养亲、知事君、知礼仪等做人所需的基本德行。同样，旌阳张氏宗族也重视族人礼节的教养培育，强调教子弟须择名儒，以使"即资质庸下，退业商贾、农工，亦能知礼仪、明大体，不致流为市井浮嚣、山野犷悍"[④]。

这种重视礼仪、品行培育的教育，南陵环溪沈氏宗族尤为重视，他们认为自孩童之际就应抓起，其族谱《家规》中"端蒙养"条规定得更加详细，兹录如下：

---

① ［清］吴翟辑撰，刘梦芙点校：《茗洲吴氏家典》卷一《家规八十条》，黄山书社2006年版，第18页。

② ［民国］吴克俊、许复修，程寿保、舒斯笏纂：《黟县四志》卷一四《杂志》，《中国地方志集成·安徽府县志辑》（第58册），江苏古籍出版社1998年版，第300页。

③ ［民国］方镛纂修：《隐龙方氏宗谱》卷一《家规》，民国十年（1921年）木活字本，上海图书馆藏。

④ ［清］张尚煊纂修：《旌阳张氏续修宗谱》卷一《家规》，清康熙五十九年（1720年）刻本，上海图书馆藏。

端蒙养

古人胎教不可望矣，蒙养不可不慎也。能言之际，母常讽示引教之。教他莫顽戏，莫爱财，养其节也；教他莫伤生，莫折枝，养其爱也；教其食用行坐必后长者，养其让也；教其孝弟忠信、礼义廉耻，养其心也；教以洒扫、应对、进退，养其身也；教以诗章歌咏，养其性情也。稍长则出，就师傅正字义、辨音声、明古道、精笔法，而威仪以正，言语以慎，傲惰以消，读《孝经》《小学》诸书，庶几少成，若天性习惯，若自然也，而大人之本立矣。①

沈氏宗族希望通过蒙养所教，使其宗族子弟自幼即能懂得节、爱、让、心、身、性情等做人的礼节，以此作为立人之本。此外，在其族谱《家规》“课子孙”条中亦强调：

子孙贤愚所系甚重……聪雅，必择明师益友讲先圣之学，习举子之业，使文与行并进……如果愚鲁难教，亦未可遽弃，必延塾师授以小学句读及讲解古今故事，一切孝友睦姻任恤之谊，礼义廉耻之妨，久之可以敦本质，消粗鄙，自然遇亲知爱，遇长知敬，立身行己，动循规矩，终不失为故家风味，则贤愚皆受其益，子孙各得其愿，要皆本于祖父教训所致。②

可见族中子弟，无论少长、贤愚，沈氏宗族都极为重视其礼仪德行的培养，以保宗族能行稳致远。而优良品行培育的关键在于教育，这是皖南宗族重教的另一原因，此类重视品德教育的规定，各宗族皆有，且作为族规家训收录于谱牒中。如池州仙源杜氏在其宗谱中立有《家训十条》，分别为明臣道、孝父母、和兄弟、宜室家、敬师友、教子弟、睦宗族、定恒业、

① ［民国］沈葆祺纂修：《环溪沈氏宗谱》卷末《家规》，民国十五年（1926年）刊本，上海图书馆藏。

② ［民国］沈葆祺纂修：《环溪沈氏宗谱》卷末《家规》，民国十五年（1926年）刊本，上海图书馆藏。

尚勤俭、戒斗讼[①]，显然，这些族规家训也是强调要注重族内子弟德行的培养。

（三）实施职业教育以固宗族生命肌体

然而，人各有志，资质有异，并不是每个宗族子弟都适合也都能通过科举走上仕途之路。相反，皖南宗族普遍认为："士农工商皆为恒业"，"正业为士农工商"。如池州《仙源杜氏宗谱》在家训中规定："人无一定之业则无以生，故士农工商皆恒业也。"杜氏宗族认为，"下此质性鲁钝，竭力耕田"，至少可以"自食其力，此生理之最上者"，"其次或商贾，或工匠，皆可为仰事俯畜之资。他如医道一类，亦是仁术，但要精通，不可造次取庸医杀人之罪"[②]。

绩溪梁安高氏宗族认为，虽读书不望成名，但可使其知礼义，不至于胡作非为。其族谱中曰："四民皆是正业，然不读书则不知礼义，故凡为农、为工，皆当读书。虽不望成名，亦使粗知礼义，不至为非。至于子弟佳者，则为之读书，使家贫无力，宗族宜加意培植。盖族内有读书人，则能明伦理、厚风俗，光前而裕后，其关系非浅，又不但科第仕宦为宗族光已也。"[③]

南陵《环溪沈氏宗谱》中亦有规定："戒荒职业。士庶家朴者缘南亩，秀者业诗书，皆本务也。然或田不足耕，资不能读，亦必如邓禹之子，各占一艺，盖工商之属。虽云：末务实佐士农之所不逮，而本末相资，总以人有定业，即有定志，可以安生理全性命，否则荡废闲游，而匪僻之行作矣。兹议：凡有子弟之游惰无正业者，即加诘责，并坐其父兄纵容之罪。"[④]显然，沈氏认为本末相资，则可以定业，进而可以安生理全性命。

又如茗洲吴氏宗族规定："族中子弟不能读书，又无田可耕，势不得不

---

① [清]杜冠英等纂修:《仙源杜氏宗谱》卷首《家训十条》,清光绪二十一年(1895年)木活字本,上海图书馆藏。

② [清]杜冠英等纂修:《仙源杜氏宗谱》卷首《家训十条》,清光绪二十一年(1895年)木活字本,上海图书馆藏。

③ 卞利主编:《明清徽州族规家法选编》,黄山书社2014年版,第70页。

④ [清]沈桂芳纂修:《环溪沈氏宗谱》卷末《家规》,清光绪六年(1880年)木活字本,上海图书馆藏。

从事商贾。族众或提携之，或从它亲友处推荐之，令有恒业，可以糊口，勿使游手好闲，致生祸患。……子孙自六岁入小学，十岁出就外傅，十五岁加冠入大学。当聘致明师训饬，必以孝悌忠信为主，期底于道。若资性愚蒙，业无所就，令习治生理财。”[①]。

从以上材料中我们可以看出，皖南宗族普遍拥有“四民平等”的职业观念，认为“四民职业立身，成家之本”，从而普遍重视宗族子弟的职业教育，教子弟习治生理财之道，这样不仅可以解决自身的生存问题，也有助于实现“业儒商贾事农，皆实亢宗之标”的总目标。

二、宗族重视教育的主要方式

明清时期，皖南宗族为了保证宗族在地方上的势力及其长久之发展，高度重视文教事业，通过多种方式加强对宗族子弟的培养。主要有以下几种。

（一）输资兴办教育机构

皖南宗族重视教育，首先体现在宗族兴办各类教育机构上，宗族创办的书院、文会、私塾、书屋等有数百所，在明清时期的皖南处处可见。据文献记载。

> 自井邑田野，以至于远山深谷，居民之处，莫不有学有师，有书史之藏。[②]
>
> 一村一家，亦各有书屋。书屋者，即古所谓“家塾”也。族师掌之，尤为子弟讲习养心之地。学业之造成，人文之聿起，皆由此始。[③]

皖南地区的教育机构，除了具有官办性质的府学、县学由官府主导之

① [清]吴翟辑撰，刘梦芙点校：《茗洲吴氏家典》卷一《家规八十条》，黄山书社2006年版，第18—20页。

② [清]何应松修，方崇鼎纂：道光《休宁县志》卷一《疆域》，《中国地方志集成·安徽府县志辑》（第52册），江苏古籍出版社1998年版，第42页。

③《董氏家谱·凤游山书屋记》，转引自赵华富《徽州宗族研究》，安徽大学出版社2016年版，第391页。

外，其他的各类大大小小教育机构的创建，皆与宗族有着莫大的关系。

其一，设立族塾。族塾一般都是由宗族创办或宗族经商致富子弟捐输而兴办，主要有两种途径。

一种是由宗族直接输资或者宗族的富商名人个人捐资兴建。明清时期，许多皖南宗族直接从公产中输资兴建族塾，直到清末，皖南许多宗族仍沿袭着这一优良传统。清光绪三十三年（1907年），歙县建立“私立启悟两等小学堂”，“款由唐氏祀产内补助”[①]；宣统元年（1909年），歙县又建“私立潆溪两等小学堂”，“以项姓祀产义仓产收入为经费”[②]。还有一些宗族富商以个人名义建族学，如乾隆末年黟县胡氏族裔胡学梓建族学“万印轩”，“作为读经习文、修身养性和宗族子弟肄业之所”[③]；胡丙培“以十金修石山至西递路，五百金助建凤凰桥，又移建学宫，岁饥捐赈，多襄义举”[④]。建德人徐之雍，“恤贫收族，独捐百余金，田二十石，建家塾，以教子弟”[⑤]。

另一种途径是族人直接捐田亩，或者是输资置买学田，通过学田生息的方式来兴办族塾，以期为族塾提供长期稳定的经济来源。如休宁古林黄氏宗族“置学田为膏火”[⑥]；青阳人江锟“捐田立江氏义塾，延师训族子，贫者多赖以就学”[⑦]；建德人郑王达“建家塾置学田……以笃行称于乡”[⑧]；泾县人潘尚伦“临卒，遗命建宗祠，助祭田费三千金，妻胡氏复承夫意，出三千金，建立义仓，右设廒，左置馆，延师训族生徒，给田百亩为之

① ［民国］石国柱、楼文钊修，许承尧纂：《歙县志》卷二《营建志》，《中国地方志集成·安徽府县志》（第51册），江苏古籍出版社1998年版，第58页。

② ［民国］石国柱、楼文钊修，许承尧纂：《歙县志》卷二《营建志》，《中国地方志集成·安徽府县志》（第51册），江苏古籍出版社1998年版，第59页。

③ 赵华富：《典商巨子胡学梓》，《合肥学院学报》（社会科学版）2010年第4期。

④ ［清］吴甸华修，程汝翼、俞正燮纂：嘉庆《黟县志》卷七《人物》，《中国地方志集成·安徽府县志辑》（第56册），江苏古籍出版社1998年版，第225页。

⑤ ［清］张士范纂修：乾隆《池州府志》卷五十一《列传十三》，《中国地方志集成·安徽府县志辑》（第59册），江苏古籍出版社1998年版，第664页。

⑥ 张海鹏，王廷元：《明清徽商资料选编》，黄山书社1985年版，第163页。

⑦ ［清］张士范纂修：乾隆《池州府志》卷五十一《列传十三》，《中国地方志集成·安徽府县志辑》（第59册），江苏古籍出版社1998年版，第651页。

⑧ ［清］张士范纂修：乾隆《池州府志》卷五十一《列传十三》，《中国地方志集成·安徽府县志辑》（第59册），江苏古籍出版社1998年版，第665页。

资”[①]。太平馆田李氏宗族，在族内专门设社仓和义学，“置田亩为士子会文膏火资；醉翁家塾，体仁堂地基，光绪二十八年子樵、子渔建，为士子讲学地”[②]。

其二，创建宗族书院。书院是私人或官府创办的讲学肄业之所。明清时期，皖南地区所谓“书院……所在多有”[③]，其中相当一部分是由宗族合力举办的。如婺源明经书院由考川胡氏合族重建，婺源太白精舍由“潘氏合族建，置义田百亩，以资来学”[④]。另一部分则由族中富室个人或官僚捐资兴建。如休宁率溪书院为“程希建为程氏家塾”[⑤]；明初，祁门程景华创建窦山书院，“筑室贮书数千卷，延经师以教”[⑥]；绩溪涧洲许万三创建万春书院，明嘉靖年间，许钥“尝与侄时涧捐资修复”[⑦]；“虹东书院，因坐落于县城虹井东侧而得名，嘉靖四十二年（1563）由郡守胡孝与知县张木贾草创，县丞胡邦耀及邑绅游震得买地捐资，建成后的书院，重层八楹，上辟讲堂，下列斋室，墙围四周”[⑧]；休宁的吴继良“构义屋数百楹，买义田百亩”[⑨]，建明善书院；婺源的王廷鉴独建双杉书院，并捐腴田70亩“以赡族中读书会课膏火考费”[⑩]；同邑的张文明“首捐数千金”[⑪]，重造水口精舍等；黟县南屏叶氏“华年公于宅西构造书屋二十余间，为子弟读书之

① [清]李德淦、周鹤立修，洪亮吉纂：嘉庆《泾县志》卷十九《人物》，《中国地方志集成·安徽府县志辑》（第46册），江苏古籍出版社1998年版，第394页。

② [清]李志洙等纂：《馆田李氏宗谱》卷二十二《社仓》，清光绪二十七年（1901年）刻本，天津大学图书馆藏。

③ [清]赵吉士辑撰，周晓光、刘道胜点校：《寄园寄所寄》卷十一《泛叶寄》，黄山书社2008年版，第856页。

④ [清]马步蟾纂修：道光《徽州府志》卷三《营建志》，《中国地方志集成·安徽府县志辑》（第48册），江苏古籍出版社1998年版，第236页。

⑤ [清]马步蟾纂修：道光《徽州府志》卷三《营建志》，《中国地方志集成·安徽府县志辑》（第48册），江苏古籍出版社1998年版，第229页。

⑥ 周绍泉，赵亚光：《窦山公家议校注》，黄山书社1993年版，第9—10页。

⑦ [明]戴廷明、程尚宽等撰，朱万曙等校点：《新安名族志》，黄山书社2007年版，第482页。

⑧ 陈瑞，方英：《徽州古书院》，辽宁人民出版社2002年版，第127页。

⑨ [清]廖腾煃修：康熙《休宁县志》卷六《笃行》，清康熙三十二年（1693年）刻本。

⑩ [民国]葛韵芬等修，峰青纂：民国《重修婺源县志》卷七《建置》，民国十七年（1928年）刻本。

⑪ [清]吴鹗修，汪正元纂：光绪《婺源县志》卷三十四《人物十》，清光绪九年（1883年）刻本。

所”[①]；歙县雄村的曹振镛“以俸禄千金寄归文会书院，以益族中公用”[②]。类似的记载在徽州方志、谱牒中可谓俯拾可得。

同样，在池州府及宁国府，此种现象也极为常见。如铜陵人章云达“平生乐善，建五松书院”[③]；石埭人苏宗洛“子士王克承父志，捐田十亩为长林书院膏火”[④]；东流人周士信“其妇陈氏承夫志，慨然独任并创建天然书院，置田亩以资膏火”[⑤]。

宗族兴学重教，捐资创建书院，为皖南书院的兴盛作出了重大的贡献。书院创办者之所以如此兴学，大多是出于为宗族培养人才，以达“亢宗兴族”之目的。如表3-1中，绩溪的东园书院，明参政胡有明建，后胡有明裔孙与族人重建，都用以课一族子弟；嘉庆《黟县南屏叶氏族谱》记载，“乾隆五十六年，华年公于宅西构造书屋二十余间，为子弟读书之所”[⑥]；旌德济阳江氏的江逢宫“性嗜读书，与堂叔合建书塾，延名师课族子弟”[⑦]；旌德隐龙方氏宗族为培植子弟起见，在族中创设龙山书院，规定凡幼童年七岁者，其父兄需将其送至学校，年终由教习会同族长进行课业考察，以别勤惰。此类记载在皖南的谱牒文献里屡见不鲜，旨在光大宗族。

其三，组织文会。文会多系文人聚会之场所，随着科举的盛行，文会逐渐成为科举士子聚会研学之地。而在明清时期的皖南各地文会组织广泛存在，尤其是徽州的文会发展更为兴盛，几乎每一县、乡都建有类似的组

---

① [清]叶有广等纂修:《黟县南屏叶氏族谱》卷一《书馆》,清嘉庆十七年(1812年)木活字本,中国国家图书馆藏。

② [清]曹恩滢:《曹振镛行述》,清道光年间刻本,转引自张欣《曹振镛道光朝政绩略论考》,《哈尔滨学院学报》2018年第7期。

③ [清]张士范纂修:乾隆《池州府志》卷五十一《列传十三》,《中国地方志集成·安徽府县志辑》(第59册),江苏古籍出版社1998年版,第659页。

④ [清]张士范纂修:乾隆《池州府志》卷五十一《列传十三》,《中国地方志集成·安徽府县志辑》(第59册),江苏古籍出版社1998年版,第662页。

⑤ [清]张士范纂修:乾隆《池州府志》卷五十一《列传十三》,《中国地方志集成·安徽府县志辑》(第59册),江苏古籍出版社1998年版,第666页。

⑥ [清]叶有广等纂修:《黟县南屏叶氏族谱》卷一《书馆》,清嘉庆十七年(1812年)木活字本,中国国家图书馆藏。

⑦ [民国]江志伊重修:旌德《济阳江氏金鳌派宗谱》第十九册《逢宫公传》,民国十五年(1926年)石印本,上海图书馆藏。

织。有学者统计明清徽州府所属六县文会设置约有31例[①]，实际可能远远不止这个数目，可谓“乡村多有斯文之会”[②]，“各村自为文会”[③]。究其原因，其中最主要的还是得益于宗族及其士绅的积极捐助。如歙县的聚星文社，“肇自万历癸未，则程中宪、江大中丞二公共创之，以兴起斯文者也”[④]；歙县的阜山文会，在乾隆年间由潘宗硕倡族同建；乾隆婺源的双杉文会是由本县人王廷鉴输租建立的，而且“每会文给奖生童，院试、乡会试及选举赴任，量远近馈贶”[⑤]；康熙休宁率口人程子谦，“捐资置文萃会，以给族之应举者”[⑥]；黟县南屏叶氏宗族，“（乾隆）四十六年复兴文会，每月会文，历久不懈”[⑦]。

池州府文会组织也广泛存在。如池州南溪金氏宗族在明万历年间斥资修建文昌阁，“使子孙世世蒙诗书之泽”[⑧]。清乾隆十四年（1749年）又设培元会，由金作韶牵头，联合金廷章、金持敬等八位族人，“劝阖设会，名曰培元”[⑨]，作为培养宗族子弟的场所。另外，金氏宗族规定，每月两会，每会一天，督促宗族子弟“凡读书者承兹培养，务各刻苦研练，纸窗篝火，旦夕揣摩，遇大小试，定期拔帜先登，勿负祖宗并合族至意”[⑩]。此外，据

① 刘道胜:《明清徽州乡村文会与地方社会——以〈鼎元文会同志录〉为中心》,《中国史研究》2017年第4期。

② [民国]吴克俊、许复修,程寿保、舒斯笏纂:民国《黟县四志》卷三《风俗》,《中国地方志集成·安徽府县志辑》(第58册),江苏古籍出版社1998年版,第27页。

③ [民国]许承尧撰,李明回等校点:《歙事闲谭》卷十八《歙风俗礼教考》,黄山书社2001年版,第602页。

④ [清]江登云辑,江绍莲续编,康健校注:《橙阳散志》卷十二《艺文志三》,安徽师范大学出版社2018年版,第217页。

⑤ [清]马步蟾纂修:道光《徽州府志》卷十二《人物志》,《中国地方志集成·安徽府县志辑》(第49册),江苏古籍出版社1998年版,第527页。

⑥ [清]马步蟾纂修:道光《徽州府志》卷十二《人物志》,《中国地方志集成·安徽府县志辑》(第50册),江苏古籍出版社1998年版,第33页。

⑦ [清]叶有广等纂修:《黟县南屏叶氏族谱》卷一《书馆》,清嘉庆十七年(1812年)刻本,中国国家图书馆藏。

⑧ [清]佚名:《建德南溪金氏家乘》卷七,清宣统三年(1911年)刊本,安徽东至金家村金氏族人藏。

⑨ [清]佚名:《建德南溪金氏家乘》卷六,清宣统三年(1911年)刊本,安徽东至金家村金氏族人藏。

⑩ [清]佚名:《建德南溪金氏家乘》卷一,清宣统三年(1911年)刊本,安徽东至金家村金氏族人藏。

池州《仙源杜氏宗谱》记载，仙源杜氏宗族中文会宜兴，“吾族村里向有玉霏堂、联元堂、同升堂，村外向有启元堂，今又新增振文堂”[①]，以此数公堂作为培养人才之用。

旌德济阳江氏金鳌派宗谱中亦可见多处关于族人创建书塾和文会的记载，如江逢宫“倡捐善志文会膏火资斧，士子德之”[②]；江诏昇重诗书，与人合创孝友堂文会，以劝后进。隐龙方氏宗族不仅建有龙山书院，还设有文会组织，“村有文会，自乾隆四十年兴起以后，应试有资，文风渐盛，尤望敦品励学，以图上进，庶士气得伸焉”[③]。

此外，为保障宗族文会的运行，一些宗族还在文会会规中规定，以后会友遇到喜事，均需交纳一定数量的喜银和俸金，从而使其能够长期发挥作用。如池州仙源杜氏宗族“将公堂择人经理，每岁按月会课勿懈……族中之出仕者及商贾有力者，当随时量力捐输，以充其用”[④]。

综上可见，皖南宗族输资兴建各类形式的教育机构，为子弟提供了形式多样的学习场所，为培养宗族人才提供了重要的外在保障。

（二）慎择良师、严格考核

皖南宗族普遍认识到除了兴建教育机构外，还必须择良师对宗族弟子加以教育，认为教师在宗族教育中发挥着重要的作用，所以在教育过程中对教师的选择尤其重视。

婺源武口王氏宗族在其宗规中指出：“天下之本在国，国之本在家，家之本在身。格物致知，诚意正心，皆所以修身也。《易》曰：‘蒙以养正，圣功也。’家学之师，必择严毅方正可为师法者教。苟非其人，则童蒙何以

① ［清］杜冠英纂修：《仙源杜氏宗谱》卷首《家政十四条》，清光绪二十一年（1895年）木活字本，上海图书馆藏。

② ［民国］江志伊重修：《济阳江氏金鳌派宗谱》第十九册《逢宫公传》，民国十五年（1926年）石印本，上海图书馆藏。

③ ［民国］方镛纂修：《隐龙方氏宗谱》卷一《家规》，民国十年（1921年）木活字本，上海图书馆藏。

④ ［清］杜冠英纂修：《仙源杜氏宗谱》卷首《家政十四条》，清光绪二十一年（1895年）木活字本，上海图书馆藏。

养正哉。”①

同样，荥阳茂林潘氏宗族也认为童稚教育不当则会误其终生，其族谱中有关于蒙养的规定：“易曰：‘蒙以养正，圣功也。’所谓养正者，教之以正性也。家塾之师，必择明于道术、端严可为师法者为之。苟非其人，则童稚之学以先入之言为主，教之不正，适为终身之误。若曰童稚无知，不必求择明师，此不知教者也。”②

绩溪《西关章氏族谱》中还特载族人所作《师说》一篇，详细论述了“良师”和“庸师”的区别及其对童蒙的不同影响，并说“子弟坏于父兄之不教者十之二三，而坏于先生之贻误者十之八九”③，以加强族人择良师的意识。

正因为教师在整个教育教学过程中的作用如此重要，皖南宗族多将择良师以教子弟的训条纳入族规家法以期后世遵循。如旌阳张氏宗谱在其《家规》中强调：“教子弟须择名儒，欲致名儒必尽礼敬，然后教有规矩，学有原本。”④婺源《武口王氏统宗谱》中记载：“《易》曰：‘启蒙教育能教育端正品质，此乃之圣事’。族塾之师，必要选择严格刚正之人，方可被录用从事师也。”⑤又如婺源三田李氏宗族规定：“每岁塾师务请德行醇厚、学问赅博之士以为之，庶使子弟有所观感而兴起。子弟谒见塾师，其仪度悉依《文公家礼》。”⑥

休宁《古林黄氏重修族谱》亦在祠规中专设“隆师傅”一条，教导族人“天生蒸民，作之君以镇抚之，即作之师以训迪之，所以觉世牖民而使之就范也。故建官分职，首重太师，兼立保傅，自有深意。自后世师道不

① [明]王鸿纂修:《武口王氏统宗谱》卷首《宗规》,明天启三年(1623年)刻本,中国国家图书馆藏。

② [明]佚名:《荥阳茂林潘氏重修统宗谱》卷一《荥阳潘氏家教条目》,明万历六年(1578年)刻本,上海图书馆藏。

③ [清]章维烈纂修:《绩溪西关章氏族谱》卷三六《师说》,清道光二十九年(1849年)刻本,中国国家图书馆藏。

④ [清]张尚煊纂修:《旌阳张氏续修宗谱》卷一《家规》,清康熙五十九年(1720年)刻本,上海图书馆藏。

⑤ [明]王鸿纂修:《武口王氏统宗谱》卷首《宗规》,明天启三年(1623年)刻本,中国国家图书馆藏。

⑥ [清]李廷益,李向荣修:《三田李氏宗谱》卷末《家法》,清光绪十一年(1885年)木活字本,中国国家图书馆藏。

尊，而人始无所忌惮，欲使之端品行而励廉隅，岂可得哉。人无论贵贱、质无论智愚，皆当择师傅以为之训迪，俾知入事父兄、出事长上，庶有造有德，相与有成，不得姑息养骄，贻悔日后”[①]。

从以上几则材料中可以看出，在延请教师时，宗族尤为看重的是教师的品行德性，次之才是学问。

皖南宗族为了子弟的教育积极兴办族塾、书院和书舍，并精心择选良师，为宗族子弟的学习创造了良好的外在环境，可谓用心良苦。然而，教育的成效主要还是取决于学生本身的内在因素。因此，宗族对子弟学习的具体内容作了相应的要求，对他们学习的效果也制定了严格的考核制度，力图督子勤学，不使其懈怠。

其一，在学习内容上，宗族提出了明确的要求，如旌德济阳江氏的《蒙规》：

> 家之兴，由子弟多贤。子弟贤，由于蒙养。蒙以养正，岂曰保家，亦以作圣也。童蒙以养心为本，心正则聪明。故能正其心，虽愚必明，虽塞必聪。不能正其心，虽明必愚，虽聪必塞。正心之极，聪明天出。士而贤，贤而圣，虽不愚，亦可为善士。曰养心有要乎？曰有。其目在下，头容直，毋倾听，毋侧视。
>
> 尊师：童子始能言能行，遇有大宾盛服至者，教之出揖暂立左右，语之曰："此先生也，能教人守礼，可敬也。"由幼稚即启发其严畏之心，适入小学，先礼服揖为师者，然后诸生肃揖。言动视听、容貌气色，为师者敦切晓诲，使之勉勉循循，动由矩度，此严恭谨畏之所由起，而动容周旋中礼之基也。
>
> 诵读：凡训蒙童，始教之口诵，次教之认字，次教之意识。口诵则教之遍数，使勤勉精熟。认字则教之先其易者，如先认一字、人字，次认二字、天字之类。意识则就其所知者启之，如孝以事亲、弟以事长之类。行步拱揖，皆有至理，起居会息，天命流行，孔子之申申夭夭，周旋中礼，只在日用常行之间而已。初

① ［清］黄凝道修：《休宁古林黄氏重修族谱》卷首下《祠规十六条》，清乾隆十八年（1753年）刻本，上海图书馆藏。

学便须告之曰：即此便是圣贤工夫。使之心思意识日长月化，强其所未识，优游渐渍，虽愚必明。

咏歌：凡童子十岁以上，每日寅卯时诵书，辰巳时习字歌诗，未酉时诵书歌诗。五人一班，歌诗三章，具歌正雅，正风，余具端坐肃听。

字画：凡童子习字，不论工拙，须正容端坐，直笔楷书。一竖可以觇人之立身，勿偏勿倚；一画可以觇人之处事，勿弯勿斜；一撇捺如人之举，一踢挑如人之举足，均须庄重一点。如乌获之置万钧疏密，毫发不可易一，绕缴如常山蛇势，宽缓整肃而有壮气。以此习字，便是存心。工夫字画劲弱，由人手熟神会，不可勉强取效。明道云：非欲字好，即此是学。①

从上述内容可以看出，宗族内部非常重视幼儿的启蒙教育，不惜在族谱中设大量篇幅，从读书、尊师、习字、作画等多方面对宗族子弟的学习内容做出明确要求，并根据不同的年龄，提出了相应的具体的阅读内容，甚至有些家族还帮助族中子弟制订了明确的学习与成长计划。

婺源三田李氏宗族规定："训子孙。子弟年上五岁，当教以爱敬，及语默、方数之道；六岁则教以长幼进退之礼，朔望令随长者同谒祀堂，使之观察祭祀礼节；七岁入小学；十二岁就外傅；十五岁入大学，聘延名师，训以经书子史之文、孝弟忠信之行，务期本末兼该，底于有成。"②

南陵《环溪沈氏宗谱》卷末《家规》中专门列了一条"课子孙"的规定：

为祖父者，察其禀资聪雅，必择明师益友讲先圣之学，习举子之业。使文与行并进，上可以为名儒，次之可以取科第光祖宗荣父母妻子，族之所由大也。如果愚鲁难教，亦未可遽弃，必延塾师授以小学句读及讲解古今故事，一切孝友睦姻任恤之谊，礼

① 旌德《济阳江氏统谱》卷一《蒙规》，转引自曹天生主编《徽商文化》，合肥工业大学出版社2017年版，第34页。

② [清]李廷益，李向荣纂修：婺源《三田李氏宗谱》卷末《家法》，清光绪十一年(1885年)木活字本，中国国家图书馆藏。

义廉耻之妨，久之可以敦本质，消粗鄙，自然遇亲知爱，遇长知敬，立身行己，动循规矩，终不失为故家风味，则贤愚皆受其益，子孙各得其愿，要皆本于祖父教训所致。故曰："养不教父子过"，为祖父者切宜留意焉。[①]

由此可见，南陵环溪沈氏宗族根据子孙禀资聪雅、愚鲁的不同，因材施教，使子孙不论贤愚，都各得其愿。

其二，在学习的效果上，宗族也制定了严格的考核制度。如绩溪《明经胡氏龙井派宗谱》中就有具体的规定："凡攻举子业者，岁四仲月，请齐集会馆会课，祠内支持供给。赴会无文者，罚银二钱；当日不交卷者，罚银一钱，祠内托人批阅。其学成名立者，赏入泮贺银一两，补禀贺银一两，出贡贺银五两，登科贺银五十两，仍为建竖旗匾，甲第以上加倍。"[②]黟县《环山余氏宗谱》中规定："但凡家中男子达十六岁行弱冠之礼时，必须能谙记《四书》《五经》中的一经即可，须明白为人处世之品行才允许行弱冠之礼，否则直到二十一岁才可行礼。家中若有弟达十六岁且知晓为人品行即可先行冠李，让其愧疚。"[③]

除上述宗谱中的硬性规定外，皖南宗族内各个家庭也力图督子勤学，不使懈怠。如歙县棠樾鲍氏宗族内的家长对小孩的学习要求极为严格，族人鲍仪凤，"子束发受书"，即"课其子诵读甚严"，其妻亦与之配合，每晚呼子"使背诵日所读书，寒暑无间"[④]。鲍同英"常杜门督诸子课，咿唔弦诵之声达旦不休"[⑤]。

在皖南宗族用心择选良师、严格考核以及家长的督促下，皖南地区培育出了一大批崇尚儒家思想的名儒，为国家输送了大量科举人才以及社会

① [民国]沈葆祺纂修:《环溪沈氏宗谱》卷末《家规》,民国十五年(1926年)刊本,上海图书馆藏。

② [民国]胡宝铎,胡宜铎纂修:绩溪《明经胡氏龙井派宗谱》卷首《祠规》,民国十年(1921年)木活字本,安徽大学徽学研究中心藏。

③ [民国]余攀荣等纂修:《环山余氏宗谱》卷之一《家规》,民国六年(1917年)木活字本,安徽省博物馆藏。

④ [清]鲍琮纂修:《棠樾鲍氏宣忠堂支谱》卷六《世系》,清嘉庆十年(1805年)刻本,安徽省图书馆藏。

⑤ [清]鲍琮纂修:《棠樾鲍氏宣忠堂支谱》卷二十一《明处士鲍君惟念传》,清嘉庆十年(1805年)刻本,安徽省图书馆藏。

需要的各类人才，使皖南成为文风昌盛之地。

（三）资助、奖励子弟学业

皖南宗族除了投资办学校、择选良师、严格考核外，还积极通过其他途径助学，如物质上资助、奖励，精神上鼓励等。

1.捐资助学

首先，族规家法中强调捐资助学的重要性。如《旌阳张氏续修宗谱》卷一《家规》中就有设义学的规定："教子弟重师长，已有条约矣！然合族贫富不等，有欲从师而不能者，使伥伥无所知识，欲责以孝弟礼义，其将焉能！况又有美质，艰于资用，半途中废者，深为可惜。后当设为义学，延师傅，购书籍，筑馆舍，使人人得以向学，庶一族无不通书之人，且无美材中弃之叹矣！"①绩溪南关许氏在族谱中规定："族中子弟读书三五年，如果天资高妙与天资平等而志大心专者，其家贫无力，则祠董于祀租每年拨助学资。如祀租无余，则于上户亲房劝其扶助，中举则偿其本。"②歙县许氏宗族家谱中规定："今后凡遇族人子弟肄习举业，其聪明俊伟而迫于贫者，厚加作兴，始于五服之亲。以至于人之殷富者，每月给以灯油、笔札之类，量力而助之，委曲以处之；族人斯文又从而诱掖奖劝之，庶其人之有成，亦且有光于祖也。"③

宗族通过族规家法的形式强调宗族子弟读书的重要性，倡导宗族成员积极兴建学校，鼓励族内家境殷富者支持族内家境贫寒者读书，使其顺利完成学业。族规家法中有关助学的规定是从思想上对族人的助学观念加以强化，希冀族人将其践行到具体的实践中去。族人长期在这样的观念熏陶下积极扶持族内子弟读书，如婺源人方龙藻，"尝念里中教读无资，首捐洋五百余元，与胞伯、从兄及同志佽助创建义学，并置田租，培植寒畯，为

① [清]张尚煊纂修:《旌阳张氏续修宗谱》卷一《家规》,清康熙五十九年(1720年)刻本,上海图书馆藏。

② [清]许文源等纂修:《绩溪南关惇叙堂宗谱》卷八《惇叙堂家政》,清光绪十五年(1889年)木活字本,安徽师范大学家谱中心藏(复印件)。

③ [清]许登瀛纂修:《重修古歙东门许氏宗谱》卷八《许氏家规》,清乾隆十年(1745年)刻本,安徽师范大学家谱中心藏。

久远计"[①]。

其次，置学田助学。一般宗族都设有族产，族产的用途比较广泛，其中的学田租息主要用于救济族人子弟的学习和科举考试等。如《梁安城西周氏宗谱》卷二十《文会》中明确记载，学田"三年所余酌存数金，备送中举盘费，仍照入闱者多寡分送。中举每人送银八两，中进士及鼎甲、翰林、拔贡上京朝考者，俱照中举例分送。逢恩科，若公匣无余积，动支三年所余，两科分给"[②]。石埭人苏廷鹗，"继先人志作学田，母命继孙文辂捐租六十石于学"[③]。太平馆田李氏宗族在族内专门设社仓和义学，"立批置田亩为士子会文膏火资；醉翁家塾，光绪二十八年子樵、子渔建，为士子讲学地"[④]。池州仙源杜氏"将公堂[⑤]择人经理，每岁按月会课勿懈，大小考试酌给川费"[⑥]。这种通过置学田并用其租息来资助族内子弟学习的举措，在明清时期的皖南宗族社会里是一种较为普遍的现象。

最后，族人的直接捐助。除了宗族置学田助学外，明清时期皖南宗族族人直接捐资助学的事例也比比皆是，他们的善行义举多留存于谱牒方志文献里。如旌德济阳人江如川经商致富后，认为"其乡省试距数百里，士子恒以经费维艰，辄行裹足，先生则首输千金存公生息，以助资脯"[⑦]。江逢宫"倡捐善志文会膏火资斧，士子德之"[⑧]。青阳人曹绳祖"成就来学助

① [清]吴鹗修，汪正元纂：光绪《婺源县志》卷三十五《人物十》，清光绪九年(1883年)刻本。

② [清]周之屏等纂修：《梁安城西周氏宗谱》卷二十《文会》，清光绪三十一年(1905年)敬爱堂木活字本，安徽师范大学家谱中心藏(复印件)。

③ [清]张士范纂修：乾隆《池州府志》卷五十一《列传十三》，《中国地方志集成·安徽府县志辑》(第59册)，江苏古籍出版社1998年版，第662页。

④ [清]李志洙等纂：《馆田李氏宗谱》卷二十二《社仓》，清光绪二十七年(1901年)刻本，天津师范大学图书馆藏。

⑤ 即祠田，池州方言谓之"公堂"。

⑥ [清]杜冠英等纂修：《仙源杜氏宗谱》卷首《家政十四条》，清光绪二十一年(1895年)木活字本，上海图书馆藏。

⑦ [民国]江志伊重修：《济阳江氏金鳌派宗谱》第二十册《如川公七旬寿序》，民国十五年(1926年)石印本，上海图书馆藏。

⑧ [民国]江志伊重修：《济阳江氏金鳌派宗谱》第十九册《逢宫公传》，民国十五年(1926年)石印本，上海图书馆藏。

寒士膏火”[①]。石埭人陈大怀次子士元“亦敦行好义，济助贫乏，捐租为经费，励族子读书”[②]。歙县雄村的曹振镛以同族之应试金陵与公车北上旅费维艰，而孀居人众，尤苦食贫困，“以俸禄千金寄归文会书院，以益族中公用”[③]。正是由于族人的大力资助，使得皖南大多数人有了读书向学的机会，成就了一批批读书人科举及第的梦想，也给本宗族带来了无上荣耀。

2.物质奖励

除了直接资助贫困向学者之外，还对族中子弟予以褒奖、激励，这也是皖南宗族重视教育与培养人才的一个重要举措。皖南宗族为了促进子弟学习，对族中一些资质聪颖、家境贫寒、学习认真且刻苦的子弟予以物质上的褒奖，或者为其提供膏火之费。如歙县潭渡黄氏宗族规定：“子姓十五岁以上资质颖敏苦志读书者，众加奖劝，量佐其笔札膏火之费。另设义学，以教宗党贫乏子弟。”[④]绩溪梁安高氏宗族规定：

> 孤子读书已作文者，每年贴笔墨钱一两；文会每年会课或由本族前辈出题阅卷，或请他姓饱学，由首事预备师生茶饭酒席，取超等者给膏火钱八百文，特等六百文，一等四百文；文童县试贴钱四百文，覆试一场贴钱二百文；府试贴钱六百文，覆试一场贴钱二百文；院试贴钱六百文；生员考优、拔贡贴银四两；生员下科贴银四两；举人会试贴银十两；进士殿试贴银十两。[⑤]

泾县汪氏宗族在家规中对宗族子弟的学习也设有“明奖励”条规：

> 族中之人，有读书上达者，增光祖宗，启佑后人，可无奖而

① [清]张士范纂修：乾隆《池州府志》卷五十一《列传十三》，《中国地方志集成·安徽府县志辑》(第59册)，江苏古籍出版社1998年版，第656页。

② [清]张士范纂修：乾隆《池州府志》卷五十一《列传十三》，《中国地方志集成·安徽府县志辑》(第59册)，江苏古籍出版社1998年版，第661页。

③ [清]曹恩滢：《曹振镛行述》，清道光年间刻本，转引自张欣《曹振镛道光朝政绩略论考》，《哈尔滨学院学报》2018年第7期。

④ [清]黄臣槐等纂修：《潭渡孝里黄氏族谱》卷四《潭渡孝里黄氏家训》，清雍正九年(1731年)刻本，安徽省图书馆藏。

⑤ [清]高富浩纂修：《梁安高氏宗谱》卷十一《文会贴例》，清光绪三年(1877年)木活字本，安徽大学徽学研究中心藏。

励之乎？凡遇进学廪试科贡者，族众先期告于族尊户长，至期，斋肃盛服，或用三牲酒果，或用羊豕素馐，谒告祠堂，族长奉祖宗之命赐奖进学，试廪用绫红一匹、花一对、银一两，鼓乐导出；贡士、举人用□红一匹、银花一对、银二两，鼓乐导出。[①]

绩溪《明经胡氏龙井派宗谱》中规定：

凡攻举子业者，岁四仲月，请齐集会馆会课，祠内支持供给。赴会无文者，罚银二钱；当日不交卷者，罚一钱，祠内托人批阅。其学成名立者，赏入泮贺银一两，补廪贺银一两，出贡贺银五两，登科贺银五十两，仍为建竖旗匾，甲第以上加倍。至若省试，盘费颇繁，贫士或艰于资斧，每当宾兴之年，各名给元银二两，仍设酌为钱荣行。有科举者，全给；录遗者，先给一半，俟入棘然后补足。会试者，每人给盘费十两。为父兄者，幸有可造子弟，毋令轻易废弃。盖四民之中，士居其首，读书立身，胜于他务也。[②]

胡氏宗族不仅对答出的会课者进行奖励，而且对未答出者实行惩罚，用此种方式激励宗族子弟向学。

3. 精神鼓励

皖南宗族对族中子弟学有成就者，不仅给予物质上的奖励，还给予精神上的鼓励。如绩溪明经胡氏宗族规定："登科，贺银五十两，仍为建竖旗匾，甲等以上加倍。"[③]绩溪梁安城西周氏宗族对考中进士者，在祠堂内挂匾进行彰扬，"祠内挂匾，非科甲不得滥挂。科名挂下堂两廊，甲第挂中堂

① ［清］汪源等撰：《泾县汪氏宗谱》卷二《家规》，清宣统元年（1909年）刊本，上海图书馆藏。

② ［清］胡宝铎，胡宜铎纂修：《明经胡氏龙井派宗谱》卷首《祠规》，民国十年（1921年）木活字本，安徽大学徽学研究中心藏。

③ ［清］胡宝铎，胡宜铎纂修：《明经胡氏龙井派宗谱》卷首《祠规》，民国十年（1921年）木活字本，安徽大学徽学研究中心藏。

边间，中间正梁，非鼎甲及出仕开府以上者不得挂”[①]。此举可谓是对科考及第者的一种极高的荣誉褒奖，也是对正在苦读立志科考的宗族子弟的一种精神鼓励和鞭策。周氏还规定，如果中举，贺资另出，“中举祭祖，宗祠定于公匣内送戏一台，阖族具贺，各出分资”[②]。

除此之外，还有一项特别的奖励，皖南宗族祠堂祭祀的最后一道程序是接受祖先赐福的颁胙仪式，在颁胙过程中，宗族会按照族人身份及功名的大小来确定颁胙多少。如绩溪《仁里程敬爱堂世系谱》中规定：

> 礼生胙桌席：正月十三宗子陪祭一斤，九月十五宗子主祭二斤，新生读祝二斤，新生写祝版神主谱丁谱二斤，生监一斤，例贡及捐职一斤，廪生恩拔优岁副贡二斤，举人三斤，解元四斤，进士五斤，会员六斤，翰林八斤，鼎甲十斤，至出仕者只照品级给胙。[③]

颁胙仪式在明清时期的皖南宗族里普遍存在，在族人看来，受胙是一种莫大的荣耀，但受胙的多少并非均分，而是依据受胙人的身份确定。从上述材料来看，考取功名者受胙远比一般族人多，体现了皖南宗族对功名的向往和尊崇。

总之，明清时期的皖南宗族通过上述途径和举措，激发宗族子弟学习的积极性，不仅提高了族人整体的文化素养，而且培养了一大批高素质的人才。

（四）治生理财，重视职业教育

在“四民平等”的职业观念下，皖南宗族在教育活动中注意因材施教，并积极加强对宗族子弟的职业思想教育和职业技能培训。如池州《仙源杜氏宗谱》中规定：

① [清]周之屏等纂修：《梁安城西周氏宗谱》卷首《祠规》，清光绪三十一年（1905年）敬爱堂木活字本，安徽师范大学家谱中心藏（复印本）。

② [清]周之屏等纂修：《梁安城西周氏宗谱》卷首《祠规》，清光绪三十一年（1905年）敬爱堂木活字本，安徽师范大学家谱中心藏（复印本）。

③ [清]程绍部等纂修：《绩溪仁里程敬爱堂世系谱》卷三《礼生胙桌席》，清道光九年（1829年）刻本，中国国家图书馆藏。

凡为父兄者，须量子弟材质之高下、身体之强弱各治一业，不可听其游惰陷入下流。如天资明敏专志读书足以显亲荣祖者，一族不可多得。下此质性鲁钝，竭力耕田，自食其力，此生理之最上者。其次或商贾，或工匠，皆可为仰事俯畜之资。他如医道一类，亦是仁术，但要精通，不可造次取庸医杀人之罪。[①]

歙县《蔚川胡氏家谱》中规定：

所谓四民，职业也。为父兄者各因其材，慎择师友，毋从匪彝。为弟子者，务宜专精其业，重望成名。倘职业不习，四民无与，好游荡，交匪类，败家声，是父兄之教不先，而子弟之率不谨也。初则戒惩，再则削逐。[②]

绩溪《梁安高氏宗谱》中记载：

守正业。人家子弟无论贫富智愚，皆不可无业，无业便是废人。又不可不守正业，不守正业便是莠民。正业不外士农工商，因材而笃，皆可成家立业，安可自甘污贱为娼优隶卒以玷辱门庭，至于医卜星相，虽非邪术，亦不可轻学，盖其术不精，因而误人惑人，则亦非正道矣。

兴文教。四民皆是正业，然不读书则不知礼义，故凡为农、为工皆当读书，虽不望成名，亦使粗知礼义，不至为非。至于子弟佳者，则为之读书。使家贫无力，宗族宜加意培植。盖族内有读书人则能明伦理、厚风俗、光前而裕后，其关系非浅，又不但科第仕宦为宗族光已也。[③]

南陵《环溪沈氏宗谱》中亦有规定：

---

① [清]杜冠英等纂修：《仙源杜氏宗谱》卷首《家训十条》，清光绪二十一年（1895年）木活字本，上海图书馆藏。

② [民国]胡忠晖纂修：《蔚川胡氏家谱》卷二《规条》，民国四年（1915年）线装活字本，上海图书馆藏。

③ [清]高富浩纂修：《梁安高氏宗谱》卷十一《高氏祖训十条》，清光绪三年（1877年）木活字本，安徽大学徽学研究中心藏。

戒荒职业。士庶家朴者缘南亩，秀者业诗书，皆本务也，然或田不足耕，资不能读，亦必如邓禹之子，各占一艺，盖工商之属。虽云：末务实佐士农之所不逮，而本末相资，总以人有定业，乡有定志，可以安生理全性命，否则荡废间游，而匪僻之行作也，兹议，凡有子弟之游惰无正业者，即加诘责，并坐其父兄纵容之辟。①

又如茗洲吴氏宗族规定：

族中子弟不能读书，又无田可耕，势不得不从事商贾。族众或提携之，或从他亲友处推荐之，令有恒业，可以糊口，勿使游手好闲致生祸患。

子孙自六岁入小学，十岁出就外傅，十五岁加冠入大学。当聘致明师训饬，必以孝悌忠信为主，期底于道。若资性愚蒙，业无所就，令习治生理财。②

从以上材料可以看出，皖南宗族大都根据宗族子弟天资的高低、身体的强弱等条件，慎择师友，进行对等教育。在他们看来，士农工商皆是正业，天资明敏者专志读书为第一要务，余也宜加强职业教育，无论力田、商贾，还是习艺，皆需专精其业，重望成名。在这种农商皆本、治生理财的职业思想的指导下，皖南宗族积极实施对族人的职业技能培训，达到了人尽其才的效果。关于徽州宗族的职业教育，王昌宜曾著专文分析，认为“明清徽州的职业培训在商业和农业两方面的成就尤其突出”。商业方面，“徽州人商业知识和商业技能的获得，主要来源于两大渠道，一是从族人、乡党、亲长或师傅的言传身教中获得；二是从有关商业书中获得……大多数徽州子弟在出门营商前，已接受了相当程度的商业知识和技能教育”；农业方面，“徽州人往往以宗族法的形式将某种成熟的生产管理方式固定下来……借助于族规家训的训诫和各项管理制度的制定，徽州宗族成功地将

① [民国]沈葆祺纂修:《环溪沈氏宗谱》卷末《家规》,民国十五年(1926年)刊本,上海图书馆藏。

② [清]吴翟辑撰,刘梦芙点校:《茗洲吴氏家典》卷一《家规八十条》,黄山书社2006年版,第18—20页。

农业生产经营管理知识和经验完整地传授给子弟……此外，徽州的刻书、医学、文房四宝制作等手工行业，也多以宗族血缘关系为纽带，依靠族人间的传、帮、带，递相传授”。[①]

第三节　皖南宗族重视教育的成效

明清时期皖南宗族重视文教事业，采取了多种途径培养人才。在宗族的极力倡导与大力支持下，出现了“十户之村，不废诵读”的局面，按时下的语境来说就是做到了教育的普及化（或曰大众化），也因之产生了显著的成效。主要表现在三个方面：重视科举精英教育为皖南宗族培养了大批科举人才；普及化教育使皖南宗族整体文化素质得以提高，出现了文风昌盛、学术繁荣之局面；治生理财的职业教育培养了傲视群雄的徽宁商帮，促进了皖南经济的发展。

一、科举折桂，人才众多

在传统社会中，人们普遍将科举取士作为最理想的人生目标。明清时期皖南宗族更是如此，为帮助宗族子弟实现理想，更是为了达到振兴宗族的目标，宗族普遍重视文教事业，尤为重视科举仕宦精英人才的培养，最终取得了傲人的成绩，为当时的朝廷培养了一大批科举人才。

以徽州为例，宋代中进士的人数，荷兰学者宋汉理和日本学者斯波义信曾作过具体统计：宋汉理据弘治《徽州府志》卷六《选举志》的记载，统计出宋代徽州有进士620人，分别为北宋188人，南宋432人[②]；斯波义信则据嘉靖《徽州府志》卷十三《选举志》的记载，统计出宋代徽州有进士624人[③]，徽州“迨圣宋则名臣辈出”[④]。

明清时期，皖南教育不断发展，进士及第人数更多，进士数量在全省

---

① 王昌宜:《明清徽州的职业教育》,《安徽大学学报》2006年第1期。

② [荷]宋汉理:《〈新安大族志〉与中国士绅阶层的发展(800—1600年)》,文载《江淮论坛》编辑部编《徽商研究论文集》,安徽人民出版社1985年版,第273—313页。

③ [日]斯波义信著,方健、何忠礼译:《宋代江南经济史研究》,江苏人民出版社2001年版,第380页。

④ [宋]罗愿撰:《〈新安志〉整理与研究》,黄山书社2008年版,第173页。

乃至全国都是靠前的。有学者对安徽的人才地理分布做了研究，其中对明清时期皖南进士的数量作了初步的统计与归纳，本书对皖南徽、宁、池三府进士人数的统计是依据张晓纪的统计改编的，具体如表3-8所示。

表3-8 明清时期皖南徽、宁、池三府进士人数统计[①]

府	明代数量/人	清代数量/人	明清总数/人	总数百分比
徽州府	410	315	725	62.3%
宁国府	151	176	327	28.1%
池州府	76	36	112	9.6%
合计	637	527	1164	100%

由表3-8可知，明清时期皖南徽、宁、池三府共产生进士1164人，其中明代产生的进士为637人，清代略有减少，为527人。而据《续修四库全书·重修安徽通志》中关于安徽进士的记载，统计出明代安徽共产生进士1354人，清代安徽共产生进士1308人。由此，我们可以得出徽、宁、池三府在明清时期产生的进士人数约占全省进士总人数的43.7%。区区三府之地却培育出了全省近一半的进士，足以证明清时期皖南宗族教育之成效显著。

若按府论，徽州府无论是在明代，还是在清代，进士人数都雄居首位；宁国府居第二；相比而言，池州府则少得可怜了，只占进士总数的一成还弱。若按县论，则又出现另一种情况：即府治所在地的附郭县进士人数高于他县，进士数量多者集中于山区的几个县，处于沿江平原的县属于非典型的宗族社区，进士人数屈指可数。为了更加直观细致地了解徽、宁、池三府辖县进士的情况，笔者在张晓纪统计的基础上制成表3-9。

表3-9 明清时期皖南徽、宁、池三府辖县进士人数统计[②]

府	辖县	明代数量/人	清代数量/人	总计/人
徽州府	歙县	180	145	325
	婺源	92	44	136
	休宁	62	89	151

① 张晓纪:《明清时期安徽人才地理分布研究——以政治、科举人才为例》,福建师范大学2009年硕士学位论文,第34、38页。

② 张晓纪:《明清时期安徽人才地理分布研究——以政治、科举人才为例》,福建师范大学2009年硕士学位论文,第34、38页。

续 表

府	辖县	明代数量/人	清代数量/人	总计/人
徽州府	祁门	46	10	56
	绩溪	17	17	34
	黟县	13	10	23
宁国府	宣城	64	38	102
	泾县	43	65	108
	宁国	9	6	15
	太平	14	21	35
	南陵	12	13	25
	旌德	9	33	42
池州府	贵池	24	8	32
	青阳	23	11	34
	东流	3	1	4
	石埭	6	5	11
	铜陵	4	6	10
	建德	16	5	21
总计	—	637	527	1164

由表3–9可知，皖南各县进士分布相当不均衡，而且极为集中。明代，进士人数排前几名的县依次是歙县、婺源、宣城、休宁、祁门和泾县，6县合计为487人，约占徽、宁、池三府进士总人数的76.5%。清代，进士人数排前几名的县依次是歙县、休宁、泾县、婺源、宣城和旌德，6县合计为414人，约占徽、宁、池三府进士总人数的78.6%。明清两代皖南的进士主要集中在上述几个县中，而这些县正是徽宁商帮的主要桑梓之地，不事商贾的池州府只能敬陪末座了。位处沿江平原和皖南山区地理划线以北的东流、铜陵、南陵、宁国等县明清两代进士数共54人，约占三府进士总人数的4.6%，而这些区域都是非典型的宗族社会。由此看来，宗族社会发展最为成熟的皖南山区科举仕宦者为多，与宗族重教重文，期待族人奋进兴宗的原始初衷是吻合的。

再以宗族个体论，重文重教使得皖南很多名门望族科甲联第。以宣城梅氏宗族为例，据该宗族族谱记载："宣之有梅，自远公始。至四世而中舍、学士二公崛起，五世而都官、殿丞、伯季，炳炳麟麟，递显宋室，遂为宣之望族焉。”①梅氏宗族鼎盛于宋，绵亘于元，显赫于明末清初，历经千年，人文蔚起，名流辈出。历史上宣城梅氏究竟有多少子孙科举扬名、位列官宦、笔墨垂世，难以详尽统计。笔者仅据现存的《宛陵宦林梅氏宗谱》②、《文峰梅氏宗谱》③、嘉庆《宁国府志》④以及光绪《宣城县志》⑤中有关梅氏人物的记载，对明清时期宣城梅氏宗族所培育出来的进士、举人等作一个粗略统计。为了方便查核，现将宣城梅氏宗族考取进士及举人名单具体列成表3-10、3-11。

表3-10 明清时期宣城梅氏进士名单一览

朝代	年代	姓名	进士类别	资料来源
明	洪武十七年(1384年)	梅奎源	文进士	《宛陵宦林梅氏宗谱》(章务望支谱)
	正德十二年(1517年)	梅鹗	文进士	嘉庆《宁国府志》卷二十九《人物志》
	正德年间	梅鹜	文进士	《文峰梅氏宗谱》
	嘉靖二十年(1541年)	梅守德	文进士	嘉庆《宁国府志》卷六《选举表》
	万历十一年(1583年)	梅鹍祚	文进士	嘉庆《宁国府志》卷六《选举表》
	万历十四年(1586年)	梅守峻	文进士	嘉庆《宁国府志》卷六《选举表》
	万历十七年(1589年)	梅守相	文进士	嘉庆《宁国府志》卷六《选举表》
	万历二十六年(1598年)	梅守和	文进士	嘉庆《宁国府志》卷六《选举表》
	不详	梅守极	文进士	光绪《宣城县志》卷十五《人物志》

① ［清］梅朝宗纂修:《宛陵宦林梅氏宗谱》卷首《梅氏前世系述略》,清宣统二年(1910年)木活字本,上海图书馆藏。

② ［清］梅朝宗纂修:《宛陵宦林梅氏宗谱》,清宣统二年(1910年)木活字本,上海图书馆藏。

③ ［清］梅孙有等纂修:《文峰梅氏宗谱》,清光绪十八年(1892年)敦睦堂活字印本,南京市图书馆藏。

④ ［清］鲁铨等修,洪亮吉等纂:嘉庆《宁国府志》,《中国地方志集成·安徽府县志辑》(第43册),江苏古籍出版社1998年版。

⑤ ［清］李应泰等修,章绶纂:光绪《宣城县志》,《中国地方志集成·安徽府县志辑》(第45册),江苏古籍出版社1998年版。

续　表

朝代	年代	姓名	进士类别	资料来源
明	崇祯十六年（1643年）	梅之栋	武进士	嘉庆《宁国府志》卷八《选举表》
	不详	梅克济	文进士	嘉庆《宁国府志》卷二十九《人物志》
	不详	梅象先	武进士	嘉庆《宁国府志》卷二十九《人物志》
	不详	梅守玉	文进士	《文峰梅氏宗谱》
清	顺治六年（1649年）	梅凤翔	武进士	嘉庆《宁国府志》卷八《选举表》
	康熙六年（1667年）	梅鋗	文进士	嘉庆《宁国府志》卷六《选举表》
	康熙五十四年（1715年）	梅珏成（钦赐）	文进士	嘉庆《宁国府志》卷六《选举表》
	乾隆七年（1742年）	梅予援	文进士	嘉庆《宁国府志》卷六《选举表》
	乾隆十七年（1752年）	梅理	文进士	嘉庆《宁国府志》卷六《选举表》
	乾隆二十二年（1757年）	梅立本（榜眼）	文进士	嘉庆《宁国府志》卷六《选举表》
	道光二年（1822年）	梅曾亮	文进士	《文峰梅氏宗谱》

表3-11　明清时期宣城梅氏举人名单一览①

朝代	年代	姓名	举人类别	资料来源
明	洪武十七年（1384年）	梅奎源	文举人	《宛陵宦林梅氏宗谱》（章务望支谱）
	正德二年（1507年）	梅鹗	文举人	嘉庆《宁国府志》卷六《选举表》
	正德八年（1513年）	梅骜	文举人	嘉庆《宁国府志》卷六《选举表》
	嘉靖十七年（1538年）	梅守德	文举人	嘉庆《宁国府志》卷六《选举表》
	嘉靖二十八年（1549年）	梅继勋	文举人	嘉庆《宁国府志》卷六《选举表》
	嘉靖三十年（1551年）	梅一科	文举人	嘉庆《宁国府志》卷六《选举表》

① 此表中的考取举人名单将已考取进士者也统计在内。

续 表

朝代	年代	姓名	举人类别	资料来源
明	隆庆四年（1570年）	梅守相	文举人	嘉庆《宁国府志》卷六《选举表》
	万历四年（1576年）	梅守极	文举人	嘉庆《宁国府志》卷六《选举表》
	万历七年（1579年）	梅士显	武举人	《文峰梅氏宗谱》
	万历十年（1582年）	梅守峻	文举人	嘉庆《宁国府志》卷六《选举表》
	万历十年（1582年）	梅历祚	文举人	嘉庆《宁国府志》卷六《选举表》
	万历十年（1582年）	梅鹍祚	文举人	嘉庆《宁国府志》卷六《选举表》
	万历十年（1582年）（副榜）	梅士承	文举人	《文峰梅氏宗谱》
	万历十三年（1585年）	梅守和	文举人	嘉庆《宁国府志》卷六《选举表》
	万历十三年（1585年）	梅绵祚	文举人	嘉庆《宁国府志》卷六《选举表》
	万历二十五年（1597年）	梅士学	文举人	嘉庆《宁国府志》卷六《选举表》
	万历三十四年（1606年）	梅敦伦	文举人	嘉庆《宁国府志》卷六《选举表》
	万历三十四年（1606年）	梅士龙	文举人	嘉庆《宁国府志》卷六《选举表》
	天启元年（1621年）（副榜）	梅文朗	文举人	《文峰梅氏宗谱》
	崇祯三年（1630年）	梅之煜	文举人	嘉庆《宁国府志》卷六《选举表》
	崇祯三年（1630年）	梅士治	文举人	嘉庆《宁国府志》卷六《选举表》
	崇祯六年（1633年）	梅士杰	文举人	嘉庆《宁国府志》卷六《选举表》
	崇祯九年（1636年）	梅士京	文举人	嘉庆《宁国府志》卷六《选举表》
	崇祯十一年（1638年）	梅文明	文举人	嘉庆《宁国府志》卷六《选举表》
	崇祯十二年（1639年）	梅合中	武举人	《文峰梅氏宗谱》

续 表

朝代	年代	姓名	举人类别	资料来源
明	崇祯十四年（1641年）	梅凤翔	武举人	《文峰梅氏宗谱》
	崇祯十五年（1642年）	梅先开	武举人	《文峰梅氏宗谱》
	不详	梅之栋	武举人	嘉庆《宁国府志》卷八《选举表》
	不详	梅克济	文举人	嘉庆《宁国府志》卷二十九《人物志》
	不详	梅象先	武举人	嘉庆《宁国府志》卷二十九《人物志》
	不详	梅守玉	文举人	《文峰梅氏宗谱》
清	不详	梅枝凤	文举人	光绪《宣城县志》卷十五《人物志》
	顺治十一年（1654年）	梅清	文举人	嘉庆《宁国府志》卷六《选举表》
	顺治十一年（1654年）	梅国珍	武举人	嘉庆《宁国府志》卷八《选举表》
	顺治十四年（1657年）	梅兆元	武举人	嘉庆《宁国府志》卷八《选举表》
	康熙二年（1663年）	梅万鹏	武举人	嘉庆《宁国府志》卷八《选举表》
	康熙二年（1663年）	梅一韩	武举人	嘉庆《宁国府志》卷八《选举表》
	康熙六年（1667年）	梅鋗	文举人	嘉庆《宁国府志》卷六《选举表》
	康熙十四年（1675年）	梅雄飞	武举人	嘉庆《宁国府志》卷八《选举表》
	康熙二十年（1681年）	梅庚	文举人	嘉庆《宁国府志》卷六《选举表》
	康熙二十年（1681年）（副榜）	梅梦绂	文举人	《文峰梅氏宗谱》
	康熙二十五年（1686年）	梅爕	武举人	嘉庆《宁国府志》卷八《选举表》
	康熙三十二年（1693年）	梅以燕	文举人	嘉庆《宁国府志》卷六《选举表》
	康熙三十五年（1696年）	梅琢成	文举人	嘉庆《宁国府志》卷六《选举表》
	康熙四十一年（1702年）	梅子魁	文举人	嘉庆《宁国府志》卷六《选举表》

续表

朝代	年代	姓名	举人类别	资料来源
清	康熙五十年（1711年）	梅玠	文举人	嘉庆《宁国府志》卷六《选举表》
	康熙五十二年（1713年）	梅珏成（钦赐）	文举人	嘉庆《宁国府志》卷六《选举表》
清	雍正二年（1724年）	梅裕长	文举人	嘉庆《宁国府志》卷六《选举表》
	乾隆元年（1736年）	梅理	文举人	嘉庆《宁国府志》卷六《选举表》
	乾隆六年（1741年）	梅予援	文举人	嘉庆《宁国府志》卷六《选举表》
	乾隆十五年（1750年）（副榜）	梅鈐	文举人	《文峰梅氏宗谱》
	乾隆十七年（1752年）	梅正邦（恩科）	文举人	嘉庆《宁国府志》卷六《选举表》
	乾隆十七年（1752年）	梅立本（恩科）	文举人	嘉庆《宁国府志》卷六《选举表》
	乾隆二十七年（1762年）	梅鈂	文举人	嘉庆《宁国府志》卷六《选举表》
	乾隆四十三年（1778年）	梅廷简	文举人	嘉庆《宁国府志》卷六《选举表》
	嘉庆五年（1800年）	梅冲	文举人	嘉庆《宁国府志》卷六《选举表》
	嘉庆十三年（1808年）	梅轸	文举人	嘉庆《宁国府志》卷六《选举表》
	道光元年（1821年）	梅曾亮	文举人	《文峰梅氏宗谱》
	道光四年（1824年）	梅芳	文举人	《文峰梅氏宗谱》
	光绪十四年（1888年）	梅萲	文举人	《文峰梅氏宗谱》
	不详	梅秀枝	武举人	《文峰梅氏宗谱》
	不详	梅枝南	文举人	光绪《宣城县志》卷十五《人物志》

根据表3-10和表3-11，我们可以得出明清时期宣城梅氏宗族考取的进士及举人的具体人数，如表3-12所示，这样更能直观地反映该宗族的科考情况。

表3-12　明清时期宣城梅氏进士、举人人数统计

朝代	文进士/人	武进士/人	文举人/人	武举人/人
明代	11	2	25	6
清代	6	1	24	7
总计	17	3	49	13

由表3-12可知，梅氏宗族在明清两代共培育出进士（包括文进士和武进士）20人，其中明代13人，清代7人；举人（包括文举人和武举人）62人，其中明代31人，清代31人。因本书考察的时间区间为明清时期，故笔者仅统计了梅氏宗族明清两代的进士及举人人数。其实，据现存的《宛陵宦林梅氏宗谱》、嘉庆《宁国府志》以及光绪《宣城县志》中的记载，笔者还发现了自梅氏宗族始祖梅远于五代时期定居宣城之始，到宋元之际，梅氏宗族就已产生进士13人，举人15人（包括已考取进士者），如名臣梅询以及以“宛陵体”开宋诗别体的梅尧臣等进士就产生于这一时期。此外，自北宋以来，梅氏宗族培育的贡士有91人，荐辟（朝廷特恩诏用）10人，通过各类考试及其他途径获得国学生、太学生、监生、庠生、增生、附生、廪生等各类科举功名的不下两千人。其中朝廷名臣9人，府、州、县知事37人，史、志入传者27人。梅氏宗族仅凭一族之力能够培育出如此可观的科举人才，着实不易。梅氏宗族除了科考成绩显著之外，据史料记载，梅氏族人在戏剧、文学、天文、数学、古文等方面的成就也非常惊人。如大学士张廷玉对梅氏家族的誉评：“上江人文之盛首宣城，宣之旧族首梅氏。匪特仕科名甲于遐迩，而文章经济理学名儒，自有宋以来，彬彬郁郁，绵亘辉映。”①

二、文风昌盛，学术繁荣

明清时期，皖南除了科举人才众多之外，教育的普及化（或曰大众化）在一定程度上大大提高了皖南宗族的整体文化素质，促成了学术繁荣局面

① [清]梅孙有等纂修:《文峰梅氏宗谱》卷首《重修梅氏宗谱序》,清光绪十八年(1892年)敦睦堂活字印本,上海图书馆藏。

的出现。

首先，明清时期皖南民众的识字率居全国之冠。据《清代教育与民众识字》一书估计，清代中国“拥有某种读写能力的男性约占30%至45%，而女性只占2%至10%”[①]。江南地区属全国的人文渊薮之地，其识字率应在这个估计数的上线。而宗族社会高度发展且尤重教育的皖南地区，其男女识字率可能要远远高于江南地区的平均数。这里以明清时期的徽州府为例，当时徽州地区男子的识字率应在70%～80%，且徽州女子从小也要接受识字、书写及妇德等方面的教育，其识字率也比其他地区高[②]。在徽州地区，明清时期不仅男子能文，许多徽州女子亦擅长作画、作诗，许承尧在《歙事闲谭》卷二《程氏诸闺秀诗》中记载了5位徽州程氏女诗人的事迹。更甚之，据《歙事闲谭》卷十八《江村闺秀》统计，明清时期仅歙县江村一个村就出现了8位名列史籍的女诗人。明清时期皖南民众识字率之高，从一个侧面反映了当时此地文风之浓厚。

其次，皖南教育的普及化，使当地形成了浓厚的文化根底，具体表现为明清时期皖南在学术、哲学、医学、绘画、雕刻、数学、戏曲等方面都极为繁盛。

区域学术的繁荣首先体现在区域学者的地理分布上。明清时期，皖南地区是安徽学者分布较为集中的区域。如文学家有宣城梅鼎，古文大家有宣城梅曾亮，理学家有宣城施闰章、婺源汪绂，考据学家有婺源江永、休宁戴震、歙县金榜、绩溪胡培翚、黟县俞正燮、当涂徐文靖，算术方面有宣城梅文鼎、歙县汪莱，等等。

1924年，梁启超先生在《近代学风之地理的分布》一文中指出：“皖南，今芜湖道，旧徽、池、宁国、广德、太平诸州府，群山所环，民风朴惇而廉劲，其学风坚实条理而长于断制，此其大较也。……皖南，故朱子产地也，自昔多学者。”[③]谈到皖南的学风，梁启超认为皖南民风淳朴而廉劲，学风坚实而长于断制，可见其对皖南学风的评价还是很高的，同时，他认为皖南是朱子之地，受朱子之学影响，所以学者众多。

① 刘永华：《清代民众识字问题的再认识》，《中国社会科学评价》2017年第2期。

② 李琳琦：《徽州教育》，安徽人民出版社2005年版，第229页。

③ 梁启超：《近代学风之地理的分布》，《清华学报》1924年第1期。

再次，明清时期皖南学术的繁荣还体现为文献繁多。这里以徽州府为例，据道光《徽州府志》卷十五《艺文志》统计，明代徽州人的著述有经162部、史185部、子337部、集514部，清代有经310部、史121部、子278部、集579部，明清［截至清道光七年（1827年）］两代著述总数为2486部。该志的著录尚不精确，至少道光七年（1827年）以后的徽人文献未能统计进去，总体的数量应该高于上述统计。胡益民先生历时八年搜集、整理资料，编著成《徽州文献综录》，“收录从唐宋至清末（少数放宽至民国）徽州籍人士以及与徽州有关的作者近六千名，书一万五千余种”[①]。区区一府著述就如此丰富，再兼之宁、池二府的著述数量，大概可以说明清时期皖南学人著述之多在全国应居前位。从宗族个体来看，宣城梅氏是典型代表。据《宛陵宣林梅氏宗谱》、嘉庆《宁国府志》和道光《宣城县志》统计，明清两代宣城梅氏宗族中149人共著述470部，其中，流行于世的各类著作有300余种，收入《四库全书》的就有20多种，可见梅氏族人著述之盛况。如以宗族内的个人著述而论，贵池南山刘氏家族刘瑞芬，以功入仕，勤于著述，一生著作颇为丰富，但由于几经动乱，其文集多有散佚，今存世的著作有《刘中丞奏稿》（四卷）、《西轺纪略》（一卷）、《养云山庄诗文集》（六卷）、《青山诗集》（六卷）等。其子刘世衍，科举入仕后，喜好编校整理刊印先哲遗著，现留存于世的考证、札记类著述有《南朝寺考》《双忽雷本事》及《曲谱》《曲品》等，书目文献类的著述有《贵池先哲遗书序目》《贵池先哲遗书待访书目》《聚学轩丛书总目》《贵池刘氏所刻书价目》《铁如意室金石目录》等，乡邦史实类的著述有《贵池沿革表》《吴应箕年谱》《刘城年谱》等，有关政论类的著述有《银价驳议》《圜法刍议》等[②]。皖南区域类似于宣城梅氏及贵池南山刘氏宗族子弟勤于著述的例子不胜枚举，此不赘述。

最后，明清时期皖南文风之昌盛，学术之繁荣，也表现为当地的普及化教育在提升宗族整体文化素质的基础上，促进了宗族子弟在其他方面也有着不俗的成就，现择要简述如下。

---

① 胡益民编著：《徽州文献综录》（上册），安徽教育出版社2014年版，第2页。

② 谈家胜，杨修菊：《安徽贵池南山刘氏宗族的文化贡献考察——兼论宗族社会与文化史的关联》，《合肥师范学院学报》2011年第4期。

哲学上，有新安理学和朴学，新安理学属程朱理学的一个重要分支，形成于南宋时期，初为研习传播朱子理学的一种地方性哲学流派，至明代达到鼎盛。这一时期皖南涌现出一大批理学大家，代表人物有朱升、郑玉、赵汸等。朴学上以休宁“八百年来思想界之一大革命”[①]的戴震为代表。可以说，皖南在哲学上的成就对12世纪以后的中国哲学史、思想史和学术史的发展都产生了重要影响。医学上，新安医学在中医药史上独成一个医学流派，可见其影响之大。“据史料考证、统计，自宋代至新中国建立前，徽州卓然成医家者819人，其中420人撰集汇编医籍约729种（大多为明清两朝）。医家之众，医籍之多”[②]。绘画上，主要有新安画派，开创者为明代休宁人程嘉燧，以明末清初“海阳四家”（江韬、查士标、孙逸、汪之瑞）的出现为其形成的标志，此四人被后世画坛称为“新安四家”。据姚翁望《安徽画家汇编》统计，明清以来仅徽州较有名的画家就有767人。此外，皖南还有宣城画派，亦称黄山画派，是中国画主要流派之一，以石涛、梅清以及梅庚三大画家为代表。皖南在明清时期形成的画派的绘画风格及艺术思想对后来整个中国的山水画都产生了极为深远的影响。雕刻方面，明清是皖南雕刻的鼎盛时期，有砚雕、墨雕、碑雕、竹雕等，最有名的是徽州三雕（砖雕、木雕、石雕），同时，也涌现出一批雕刻大家，这无疑促进了中国古建筑的发展。数学方面，有被称为“珠算之翘楚”的程大位，其代表作《算法统宗》全面叙述了数学的基本知识，尤其是详细介绍了珠算的各种方法和归除口诀，对中国古代筹算向珠算的转变起了决定性的作用。《算法统宗》还传播至域外并不断被翻刻和改编，对16世纪以后世界数学的发展起了积极的推动作用。除珠算的革新外，尤其值得一提的是宣城的梅氏家族，明清两代梅氏家族培育出不少中外闻名的数学大家，如梅文鼎、梅珏成、梅冲等，其中梅文鼎是清代著名的数学家和天文学家，在数学方面一生著书88部，236卷，其数学巨著《中西数学通》几乎总括了当时世界数学的全部知识，达到当时中国数学研究的最高水平，对中国数学的发展起到了推动作用。康熙皇帝曾三次召见梅文鼎，并说，“历象算法，朕最留

① 梁启超：《近代学风之地理的分布》，《清华学报》1924年第1期。

② 张玉才：《新安医学》，安徽人民出版社2005年版，第1页。

心，此学今鲜知者，如文鼎，真仅见也”[①]，可见宣城梅氏家族在中国古代数学史中的突出地位。戏曲方面，出现了青阳腔、徽剧、目连戏、傩戏等剧种，它们都依附于宗族，并在宗族内师承，其中青阳腔、目连戏随着宗族艺人的外出展演而流播于外，尤其是青阳腔直接催生了徽剧，徽剧又催生了京剧。

综上所述，明清时期皖南宗族在学术、哲学、医学、绘画、雕刻、数学、戏曲等方面都极为繁盛。除了独领风骚的徽州文化外，宁国府及池州府等地的文化也很昌盛，如嘉靖《宁国府志》载，“郡自晋元以还，皇风沦洽，才俊蔚兴，宣灵发异，垂数百年而不衰”[②]；嘉靖《池州府志》载，“学士文雅彬彬，士知向学”[③]。这些文化现象的出现显然离不开当地教育普及的作用。

三、助力商帮，驰骋商界

明清时期皖南宗族重教兴教的成效不仅在于出现了人才辈出、学术文风繁荣的人文现象，也体现为在重视治生理财职业教育的观念下，培育出了一支横跨明清两代，称雄于全国的徽宁商帮，其中尤以徽商最为强盛。

明清时期，徽、宁二府经商之人众多已是不争的事实，本因在于皖南多山，地狭人稠，只得“寄命于商”。在明清十大商帮[④]里，徽商能雄踞首位且驰骋商界数百年，固然与其“一贾不利再贾，再贾不利三贾，三贾不利，犹未厌焉”[⑤]的不断进取、拼搏的精神品质有关。其独具特色且卓有成效的经营之道，学界给予了大量的分析，如徽商不仅重视商业道德，把握

① [民国]赵尔巽撰：《清史稿》卷五百六《列传二百九十三》，中华书局1977年版，第13948页。

② [明]黎晨修，李默纂：嘉靖《宁国府志》卷八《人文纪中》，明嘉靖十五年（1536年）刻本。

③ [明]王崇纂修，李剑军点校：嘉靖《池州府志》卷二《风土篇》，黄山书社2017年版，第67页。

④ 即广东粤商、山西晋商、安徽徽商、陕西秦商、福建闽商、江西赣商、江苏苏商、浙江浙商、湘商、山东鲁商等。

⑤ [清]倪望重等纂修：《祁门倪氏族谱》卷下《诰封淑人胡太淑人行状》，清光绪二年（1876年）刻本，安徽大学徽学研究中心藏。

市场信息，采取灵活的经营策略，热心公益事业，提高知名度和美誉度，广结各方良缘，创造良好的外部环境，而且知人善用，人尽其才，注重建立和谐的内部环境等。考诸学界总结的原因，再结合徽商的“儒商”特征，不难看出，徽商的成功与宗族重教以提升其自身的文化素养有着密不可分的关系。无论是“先贾后儒”还是“先儒后贾”，从宗族重教的角度看，徽商都是受过良好教育的学子，虽投身商界未能中举入仕，但他们是有着较高文化素养的商人。正因他们文化素养高，故能精于筹算，审时度势，将生意越做越活。正如王世华先生总结道：“徽商就是因为有文化，所以明白事理，具有理性精神。经商不是光会算账就行了，还要分析、判断、决策，这就要掌握各地的丰歉、物价的高低情况，以便做出决定。”①如明歙县商人黄镛，少时“绩学业举，志存经世”，后来弃儒从商，转贩于闽、越、齐、鲁之间，他“克洞于天人盈虚之数，进退存亡之道”，所以获利甚多，“资大丰裕”②。清代绩溪商人章策，幼时“习举子业”，后父殁，遂弃儒从商，他“精管（仲）刘（晏）术，所亿辄中，家日以裕”③。这些有文化的商人是徽宁商帮的中坚力量，也是推动皖南商业发展的主要动力。

徽商被称为“儒商”，不仅体现在其有文化，在商途上能“所亿辄中”，更体现在其擅长将儒家文化融入商业活动中，诚实守信、明辨是非、乐于助人。由于“在儒家文化的长期浸润下，徽商对儒家思想从学习上升到信奉，并用来指导自己的商业实践”④。他们在实践中将“仁、义、礼、智、信”作为商业伦理，以儒家的道德规范来约束自己的商业行为，强调“以诚信待人”“以义气为利”“以凭证接物”，这使他们深得消费者的信任和喜欢。这种“所亿辄中”的能力和诚信经商的品质，并非与生俱来，而是皖南宗族重教的结果，这种较强的经商能力和优良的营商品质伴随着徽宁商人行走天下，极大地促进了明清时期商业的发展，也推动了他们营商地区经济的发展。

---

① 王世华：《贾而好儒》，安徽师范大学出版社2016年版，第12页。

② [清]黄臣槐等纂修：《潭渡孝里黄氏族谱》卷九《松涧黄处士传》，清雍正九年（1731年）刻本，安徽省图书馆藏。

③ [清]章维烈纂修：《绩溪西关章氏族谱》卷二六《例授儒林郎候选布政司理问绩溪章君策墓志铭》，清道光二十九年（1849年）刻本，中国国家图书馆藏。

④ 王世华：《贾而好儒》，安徽师范大学出版社2016年版，第15页。

第四节　皖南宗族教育的反哺作用

皖南宗族对教育事业的重视取得了卓越的成效，而这又进一步对皖南宗族的发展及皖南区域文化的形成、发展产生了极其深远的影响。这些影响主要表现为科举仕宦者对宗族的建设，以期达到光宗耀祖、睦族望族、尊祖敬宗等目的，进而有利于皖南良好的社会风尚的形成；皖南治生理财职业教育的普及促进了当地社会经济的发展；繁兴的文会组织积极参与宗族社会的管理与建设，有利于乡村社会秩序的稳定。

一、科举仕宦辈出，促进了宗族发展

在宗族大力办学、发展教育的推动之下，明清时期的皖南宗族培育了一批有学识的子弟，他们在科举方面取得了傲人的成绩，纷纷走上仕途，而他们在仕宦成名之后又积极建设宗族，对宗族的发展起到了很大的促进作用，为宗族带来巨大的政治利益和荣耀。

其一，提高了宗族的社会地位。据前文统计，明清时期皖南的进士人数约占全省总数的一半，很大程度上提升了皖南宗族的政治地位及知名度。以宣城梅氏宗族为例，宣城梅氏宗族在明清两代共培育出进士20人，举人62人，梅氏宗族科举取士人数之多，提高了梅氏宗族的社会地位，使得梅氏宗族在历史上成为当地的望族。类似于梅氏宗族的例子在皖南比比皆是，甚至有“同胞翰林”“连科三殿撰，十里四翰林”“父子四进士”“一门十一进士”的科举佳话，这些科举佳话为宗族子弟起到了很好的表率作用。同时，他们作为读书人的楷模，功成身退，以显乡里，光宗耀祖，一定程度上增强了宗族内部的凝聚力和向心力，使得皖南在明清时期出现了很多强宗巨族。这些科举之士回乡后继续弘扬以往的读书求仕之风，在地方上营造了好学向上的良好风气。

其二，成为徽宁商帮的后盾。皖南宗族教育培养出来一大批仕宦，这不仅给宗族带来莫大的荣耀，也给徽宁商帮的发展带来极大便利，他们对

"凡有关乡闾桑梓者，无不图谋筹画，务获万全"[1]，在施政和议事中竭力保护徽宁商帮的利益，在某种程度上成了徽宁商帮在朝廷中的代言人和政治保护伞。如明歙县人仇梦台，"由进士授平乡令"，后又"得户部"，"寻権淮税、梦台为参新旧，酌存减收，税时一一验放，并立木榜以示，使吏不敢欺商，永著为令"[2]。

其三，直接支持宗族建设。皖南宗族子弟科举取士后，很多都会热心于本宗族的建设，如前文所述，明清皖南官学机构、书院、私塾、文会、义学等教育机构大量兴建，其中，科举仕宦者发挥了很大的作用，有的仕宦通过积极倡导，促使族人营建学校，重视子弟教育，有的仕宦则直接捐资兴办学校，积极参与到宗族教育当中。正因如此，明清时期皖南科举才有了不俗的成绩。同时，科举仕宦者还积极修建宗族祠堂、纂修族谱，如贵池南山刘氏宗族的刘瑞芬，在繁忙的宦政之余，还积极热心于本宗族的建设，他捐资千金修缮刘氏宗祠——叙伦堂，主持编撰《南山刘氏宗谱》。他们的举措加强了宗族内部的团结，一定程度上达到了睦族旺族、尊祖敬宗的目的。

总之，皖南科举仕宦者之多在一定程度上改变了皖南宗族的政治面貌，提高了宗族的社会地位，尤其是政治上的地位。同时也为宗族的进一步发展与建设储备了优秀人才，大大增强了宗族内部的凝聚力和持续性发展的动力。

二、嘉惠桑梓，进一步强化宗族建设

明清时期，徽宁商帮之所以能在全国各大商帮中占据重要的地位，尤其是徽商能够独领风骚，与皖南宗族重视仕举和治生理财并重的教育观念以及实践支持有密切的关系。徽宁商人的成功很大程度上是因为他们自幼接受良好的教育，经商积累了巨额财富的徽宁商人又进一步反哺宗族，形成良性循环，使得皖南兴文重教的社会风尚一直延续并繁荣。

① [清]许登瀛纂修:《重修古歙东门许氏宗谱》卷首《许氏阖族公撰观察蘧园公事实》,清乾隆十年(1745年)刻本,安徽师范大学家谱中心藏(复印件)。

② 转引自汪良发《徽州文化十二讲》,合肥工业大学出版社2008年版,第164页。

一方面，徽宁商人致富后积极在家乡建祠堂、修坟墓、叙族谱、购置族产和族田，维系宗族势力。明清时期皖南修建了大量的祠堂，凡是宗族聚居之地，必建有祠堂。在一些宗族聚居的大村落，甚至形成宗祠、支祠林立的局面，正如《窦山公家议》所指出的那样："追远报本，莫重于祠。予宗有合族之祠，予家有合户之祠，有书院之祠，有墓下之祠。"[①]而这些祠堂的修建很大部分是由徽宁商人捐输的，如黟县西递明经胡氏宗族本始堂的修建，是胡氏宗族富商胡学梓"独以三千金总其成"[②]。

皖南宗族在历史上普遍重视谱牒的编纂，宗族将家有谱视为与国有史一样重要，几乎每个宗族都修宗谱。同时，将修谱视为敬祖收宗、振兴礼义之大事，世世修谱，代代相传，形成了皖南"奉先有千年之墓，会祭有万丁之祠，宗祐有百世之谱"[③]"千年之冢，不动一抔；千丁之族，未常散处；千载之谱系，丝毫不紊"[④]的现象。而修族谱是一项大工程，需要耗费大量的资金，于是徽宁商人积极捐输，如歙县棠樾鲍氏在修宗谱时，鲍氏商人就输银2310两[⑤]。

另一方面，徽宁商人致富后多热心于家乡的教育事业，他们深刻认识到，对宗族子弟教育的投入，可以增加族人进入仕途的机会。即使宗族子弟不能进入仕途，也能在与其他商帮的竞争中处于优势地位。因此，徽宁商人通过多种途径发展家族的教育事业，兴办各类教育机构。如前文所述，明清皖南的官学机构、书院、私塾、文会、义学等，大多是由徽宁商人出资兴建及维护的，他们还延请名师以课宗族子弟，如清代歙县人吴景松，经营茶叶贸易致富后，"斥万金购市屋七所，收其租直以资族中子弟读

① [明]程昌、程钫撰，周绍泉、赵亚光点校：《窦山公家议校注》卷三《祠祀议》，黄山书社1993年版，第19页。

② [清]胡朝贺纂修：《明经胡氏存仁堂支谱》卷首《本始堂附记》，清同治八年(1869年)木活字本，中国国家图书馆藏。

③ [清]清恺修，席存泰纂：嘉庆《绩溪县志》卷首《原序》，《中国地方志集成·安徽府县志辑》(第54册)，江苏古籍出版社1998年版，第348页。

④ [清]赵吉士撰，周晓光、刘道胜点校：《寄园寄所寄》卷十一《泛叶寄》，黄山书社2008年版，第872页。

⑤ [清]鲍光纯纂修：《重编歙邑棠樾鲍氏三族宗谱》卷二百《刊谱输资》，清乾隆三十一年(1766年)一本堂刻本，中国国家图书馆藏。

书”[①]。此外，针对一些宗族的贫寒子弟，徽宁商人积极捐资，保证他们能够完成学业，如休宁人吴国锦，从商致富后，对贫寒的族裔，“择其俊秀者，助以束修膏火之费，使竟其学”[②]。徽宁商人在经济上的积极支持，是明清时期皖南文风昌盛、人才辈出的重要原因之一。

此外，皖南宗族重教不仅促进了当地文化教育的发展，也催生了皖南刻书业，反过来，皖南刻书业的繁荣，又为当地宗族教育提供了丰富的教材和读本，从某种意义上说，也是给皖南宗族人才培养提供了极大的支持。

总之，徽宁商帮的兴盛，对皖南宗族的壮大、宗法社会的维系、人才的培养、村镇的建设乃至文化的发展，无疑都有着巨大的促进作用。

三、文会乡约繁盛，维护地方社会秩序

明清时期皖南会社组织较多，且类型多样，据卞利教授研究归纳，有文人聚会之会社（文会组织）、祭祀性会社、经济性会社、慈善和公益性会社、宗教性会社及其他会社等组织[③]。这些会社在当时基层社会的运行中发挥着重要作用，其中文会组织的功能尤为重要，主要体现在以下方面。

其一，教育教化功能。文会设立最主要的目的是聚集科举士子，切磋研习、唱酬应对、交流文章，为提高其应试能力服务。如池州金氏宗族设立培元会，督促宗族子弟“凡读书者承兹培养，务各刻苦研练，纸窗篝火，旦夕揣摩，遇大小试，定期拔帜先登”[④]。又如歙县呈坎的潨川文会，“前此文事寥寥，至是彬蔚错起，会始克立。会立之后……郡哲嗣兴”[⑤]。皖南的文会组织一般是由当地的士绅文人组成，文会成员相对来说受过良好的教育，能知礼，重教导，在当地树立了很好的模范榜样作用，文会的日常活动在很大程度上发挥了教化的功能。在歙县的岩寺，所谓“最宜划一者，莫如文会。畴昔之日，先哲典型，明礼敦教，辨别是非，无纵诡随，大公

① ［民国］石国柱、楼文钊修，许承尧纂：民国《歙县志》卷九《人物》，《中国地方志集成·安徽府县志辑》（第51册），江苏古籍出版社1998年版，第386页。

② 张海鹏，王廷元主编：《明清徽商资料选编》，黄山书社1985年版，第477页。

③ 卞利：《明清时期徽州的会社初探》，《安徽大学学报》2001年第6期。

④ ［清］佚名：《建德南溪金氏家乘》卷一《懿典》，清宣统三年（1911年）刊本，安徽东至金家村金氏族人藏。

⑤ 民国歙县呈坎《潨川文会簿》，安徽大学徽学研究中心资料室藏。

至正，见利思义，各检自持”[①]。因此，皖南文会的繁盛，有利于促进当地文风昌盛及良好社会风气的形成。

其二，纠纷裁决功能。皖南有的文会甚至参与当地重大事务的讨论和处理，在地方事务的处理中有一定的影响力，比如在徽州，“各村自为文会，以名教相砥砺。乡有争竞，始则鸣族，不能决则诉于文会，听约束焉。再不决，然后讼于官，比经文会公论者，而官藉以得其款要过半矣”[②]。徽州文会之所以拥有如此大的权力，其主要原因在于其成员文化素质高、为人诚信、处事公平公道，深受当地民众的信任与爱戴，也得到了官府的支持，经文会处理的事务结果，能让人心服口服。因此，文会组织在一定程度上充当了地方官府的职能，成为民间纠纷重要的裁决者。

清代时，国家在“州县级以下没有任何类型的正式政府存在”[③]，基层社会的治理以及地方公共事务的处理主要由民间来承担。当时皖南宗族极为发达，而宗族与文会又互相交融。因此，基层社会的治理基本上是由宗族和文会来完成，某种程度上文会起到了维护宗族及地方社会秩序的作用。此外，明清时期皖南乡约组织也很发达，据史料记载，明代嘉靖末至隆庆年间徽州涌现了大量的乡约组织[④]。乡约组织在地方上具有劝善惩恶、道德教化与治安防御等作用。总之，这些文会、乡约组织积极参与宗族的建设和地方社会的治理，不仅是宗族社会重视文教的结果，也是文教昌盛带给宗族社会的反哺作用。

---

① [清]佘华瑞纂：雍正《岩镇志草》贞集《迂谈》，清雍正十二年（1734年）抄本。

② [民国]许承尧撰，李明回等校点：《歙事闲谭》卷十八《歙风俗礼教考》，黄山书社2001年版，第602页。

③ 瞿同祖著，范忠信、晏锋译，何鹏校：《清代地方政府》，法律出版社2011年版，第5页。

④ 卞利：《明清时期徽州的乡约简论》，《安徽大学学报》2002年第6期。

第四章　明清时期皖南宗族与物质文化

明清时期的皖南是宗族势力繁盛之区，“大族人丁至有万余，其次不下数千，即最少亦三二百人”[①]。而宗族主要分布在村落中，太平天国运动结束后，南陵人刘镇鐈曾给曾国藩奉上一篇《善后条陈》，其中写道：“盖我皖南富庶，不在城池，而在乡村。”[②]村落是宗族的主要聚居地，宗族的先祖在风水等观念下选址某处，繁衍发展，尊重自然的同时也在主动地改善村落环境，创造宜居的村落生活空间，并努力维护着和谐的人地关系。在聚族而居的皖南村落里，宗族进行了大量的建设，包括祠堂、庙宇、社屋、牌坊等“礼仪标识”性建筑，以及桥梁、道路等交通设施。这些营建为宗族的活动提供了物质依托，服务着族人的物质和精神生活，塑造着村落的人文景观，创建出厚重的物质文化。

第一节　皖南宗族与村落的形成

在皖南宗族形成与发展的过程中，“聚族而居”是宗族社会的共性，因而探讨明清时期皖南宗族的物质文化建设，必然涉及宗族对村落的营建。

一、皖南传统村落的建立

东晋南朝、唐末五代、两宋之际，北方人口三次大规模迁居江南，开拓垦荒，定居生活。皖南地区靠近长江，多山而人迹罕至，封闭的环境是避乱的佳地，其中徽州的移民尤为显著。民国《歙县志》记载邑中各大族“半皆由北迁南，略举其时，则晋、宋两南渡及唐末避黄巢之乱，此三期为

① [清]洪亮吉等纂修:《宁国府志》(上),黄山书社2007年版,第909页。

② [民国]余谊密修,徐乃昌纂:民国《南陵县志》卷四十一《艺文志》,《中国地方志集成·安徽府县志辑》(第47册),江苏古籍出版社1998年版,第634页。

最盛”[①]。据程尚宽等撰的《新安名族志》记载，至明中叶新安90余个名族中，从中原等地迁至徽州的就多达60个，可见徽州主要是移民的社会，宁国府、池州府也大致如此。

迁徙的原因有许多：一是前已述及的战乱带来的三次移民。二是因仕宦而留居于治所，“于时宦游之士，率以东南为善地，每刺一郡，殿一邦，必留其宗属子孙，占籍于治所”[②]。如歙县鲍氏各支均是因“晋咸和间，元始公讳弘守新安，遂家焉，歙之有鲍氏自此始”[③]。宁国方氏先祖“方虔为杨行密守将，总兵戍宁国，以备两浙。虔后为吴越所擒，其子从训代守宁国，故子孙至今为宁国人”[④]。三是欣赏皖南山水秀美，欲隐居山水之间。如歙县王充东源洪氏“至唐室，始祖经纶公为观察使，出镇婺州，忤权相，遂弃官不仕，爱新安山水，因家焉”[⑤]。池州青阳老田吴氏先祖出自河南南阳府，栋材公因同僚“道及九子山之胜，公欣然解组，携家隐于是山之西，卜松阳图新城里宅焉，老田吴自此始”[⑥]。四是为祖先守墓而定居。如歙县潭渡黄氏先祖自东晋年间迁至新安，“子姓世家黄墩，至唐神龙间，我祖璋公迁居黄屯，公之曾孙芮公庐父墓潭渡之北，迄今为潭渡黄氏”[⑦]。五是因为宗族的繁衍而裂变迁出。歙县的黄（篁）墩是北方移民入徽或者入皖南的中转站，《新安名族志》搜集了90余个大姓，其中有25个宗族均称其迁徽始祖居于黄墩，占比约27.8%[⑧]。此后随着子姓繁衍，又由黄墩逐渐分迁

① [民国]石国柱、楼文钊修，许承尧纂：民国《歙县志》卷一《风俗》，《中国地方志集成·安徽府县志辑》(第51册)，江苏古籍出版社1998年版，第41页。

② [宋]王禹偁撰：《小畜集》卷三〇《柳府群墓碣铭》，《摛藻堂景印四库全书荟要》(集部第20册)，台湾世界书局1985年版，第706页。

③ [清]鲍存良等纂修：《歙新馆著存堂鲍氏宗谱》，清光绪元年(1875年)著存堂木活字本，安徽省图书馆藏。

④ [清]吴任臣撰：《十国春秋》卷一百十六《备考》，中华书局1983年版，第1761页。

⑤ [清]洪定渭：《歙西王充东源洪氏宗谱》卷十《王充东源洪氏六脉祠记》，清乾隆二十一年(1756年)刻本，安徽大学徽学研究中心藏(复印件)。

⑥ [民国]吴期颐等纂修：《老田吴氏家谱》卷十一《节略传》，民国七年(1918年)木活字本，上海图书馆藏。

⑦ [清]黄臣槐等纂修：《潭渡孝里黄氏族谱》卷首《序》，清雍正九年(1731年)刻本，安徽省图书馆藏。

⑧ 冯剑辉：《徽州宗族历史的建构与冲突——以黄墩叙事为中心》，《安徽史学》2007年第4期。

至徽州乃至皖南各地。如新安黄氏各支均将其始祖追溯为元集公黄积，“自元集公始仕东晋，为新安郡守，殁于官，葬歙姚家墩（按：即黄墩），子寻庐墓，因家焉”，“厥后子孙分而为祁门、休、歙之黄，为婺源、黟县之黄，为浮梁之黄，然探本斥源，其始迁之祖一耳”[①]。池州建德县南溪古寨金氏先祖出自徽州，家谱中记载四十五世金廷烈“因宦家黄墩”，四十八世金侨“由徽之黄墩迁建之南溪”[②]。

在生产力有限的自然经济条件下，以血缘关系联系而成的宗族无疑是人们应对自然和社会问题的有效组织形式。迁入皖南的移民，或为中原衣冠，或为文人名士，或为黔首黎民，定居繁衍于此，安土重迁，“山限壤隔，民不染他俗……力作重迁，犹愈于他郡”[③]，“家多故旧，自唐宋来，数百年世系比比皆是……其间小民亦安土怀生，即贫者不卖倀子流庸”[④]。他们以始迁祖为中心，奠世系、序昭穆，经历数百年的发展，至明清时期宗族发展极盛，人丁兴旺，房支有序，聚居于村落，成为皖南社会突出的特点。“惟大江南者，宣歙池睦数郡，往往各以族世居其地，累代不迁，俭朴雍睦，风最倡美”[⑤]。当下，皖南传统自然村落中仍保留着这一特点。

二、宗族与村落得名

由于村落里宗族聚族而居，所以许多村落得名均与宗族有关。近几十年来，一些行政村落名称虽发生了改变，但翻查地名录等资料，可以见到自然村村名相对保持了稳定，从中可见宗族对村落得名的影响。

在单姓氏或特定宗族影响力较大的村落，冠以族姓是常见的命名方式。比如绩溪冯村，始迁祖冯定“奉父终居于歙。定生二子，长曰延普，字可道，敏而好学，因过白沙街，爱其山环水秀，遂筑室而家焉，以姓为村曰

① [明]黄积瑜纂修：《新安左田黄氏正宗谱》“旧序”，明抄本，中国国家图书馆藏。

② [清]佚名：《建德南溪金氏家乘》卷首《金氏源流》，清宣统三年（1911年）刊本，安徽东至金家村金氏族人藏。

③ [宋]罗愿：《新安志》卷一《州郡》，黄山书社2008年版，第16页。

④ [清]丁廷楗、卢询修，赵吉士等纂：康熙《徽州府志》卷二《风俗》，《中国方志丛书》（华中卷第237号），台北成文出版社1975年版，第444页。

⑤ [清]佚名：《建德南溪金氏家乘》卷首《族谱旧序》，清宣统三年（1911年）刊本，安徽东至金家村金氏族人藏。

冯，今总曰‘冯村’是也”[①]。歙县许村原名昉源、任公村，是纪念南朝梁时期新安太守任昉而名，唐末许氏先祖许知稠因仰慕任昉，由歙迁至昉源，后世在此繁衍，村落因此称许村。除此之外，地形特征（或地理位置，或突出建筑）与族姓相结合也是常见的村落命名方式，如青阳县乔木乡汤冲村，因村落居长冲之中，汤姓家族为主要居民，故称汤冲。东至县张溪镇的茅屋周村，居民均姓周，村中原多茅屋，故得名。贵池木闸乡的四保蒋、五保蒋等自然村都是蒋姓聚居，以保甲冠姓来标识。类似如元四章、石门高、渚湖姜、茅坦杜、沙湾檀、庄家店、牌楼徐、桥头舒等村落都是按以上方式命名的。

有的宗族虽不直接以姓氏给村落取名，但村名和其宗族的先祖发源、美好期许等都有密切关系。如歙县里东乡蓝田村，原名潺田，后叶氏迁入，为纪念先祖叶敷泽（曾任蓝田县尹），改村名为蓝田。青阳县陵阳镇济阳村为曹氏聚居，祠号济阳曹氏，故称济阳村。泾县中村乡秋阳村，相传徐氏子孙徐秋阳迁至此处，后世子孙繁衍成村，为纪念先祖，将村命名为秋阳。婺源县秋口镇江村，为理坑余氏所居，取鱼水相依之兆，名为江村。婺源思源村为俞姓居住，取鱼思溪源之意，名为思源。歙县雄村原名洪村，曹氏迁入后，取“枝分叶布，所在为雄”之意，改名为雄村，也包含了对家族繁衍的期许。婺源县浙源乡呈上村乃小沱程氏建村，期望家族兴旺向上，故名程上，后演化为呈上。歙县棠樾村，原名唐越，鲍氏迁入后，根据《诗经·甘棠》改名棠樾，除了雅化之外，也有对道德的期许。类似地，绩溪县仁里村在耿源进、耿汝进兄弟卜居后，以“仁，乃二人”取名“仁里”。

随着人口的增长，村落空间不足时，宗族分支会向周围繁衍扩展，新建村落，部分村落名称也反映了宗族的支派源流和分布关系。如青阳县杜村乡端房姜村，乃是姜姓长房后裔所居。青阳县杜村乡的老屋罗、新屋罗、四房罗、六房罗等都是罗氏子孙陆续建立的。东至葛公镇永正村下辖的二房、三房、四房等自然村，为南原郑氏各房聚居地，因而得名。

此外，当宗族的不同分支分居各处时，通过和原居地的地理关系来标识，也是村落常见的命名方式。如贵池区高脊岭乡二里陈、三里陈、四里

① 冯尔康：《清代宗族史料选辑》（上），天津古籍出版社2014年版，第276页。

陈，分别距前里陈二、三、四里，故名。贵池区晏塘乡四里桂家，乃桂氏分支所居，距原籍四里，故得此名。前、后、上、下、里、外、中及四向等方位词在村名中是常见的，如泾县百园乡的前许和后许，都是许氏分支所建，以地理方位标识。婺源县思口乡上江村、下江村，为大坞派江氏后裔两兄弟所建，兄居溪流上游，弟居下游，故名上江村、下江村。东至县坦埠的里江、外江两个村落是以江姓所在空间而得名。贵池区东边檀、西边檀两个自然村，因檀姓分居于五岭河东边和西边而得名。

如果村落内多姓共居，村落名称有时也会冠以多个姓氏。如婺源大鄣山乡余黄村，在明代初年由沱川余姓建村，初名余村，后因古坦黄姓迁入，改为余黄村。婺源浙源乡查余村，原名余家，沱川篁村余姓最早迁入居住，后凤山查姓迁入，改称查余。贵池区梅街镇刘街社区殷村姚家、毛坦方家，都是新姓氏迁入后在原有村名上扩展而成。

宗族势力的兴衰，也会使村落名称发生改变。如歙县周邦头村，位于昌溪下，原名溪塝头，后因周氏兴盛，改名周邦头。“我祖龙孙公乃固公四传，分迁周家村之五一公之云孙也，元至正间迁诸昌溪之下村，乃姓其地更名曰周邦头”[①]。歙县瞻淇村原名章圻，村中多章姓，后汪氏迁入，反将章姓挤出村外，村名也改为瞻淇。绩溪临溪乡湖里村，原为胡氏聚居，名胡里，周氏迁入后兴起，改村名为湖里，含“有水行舟”的寓意。屯溪区奕棋镇珠里村，原名朱里、朱家村，朱姓衰败，其余姓氏迁入，改为今名。贵池区涓桥镇上、中、下贵滩，位于秋浦河滩头，原来由桂姓居住，后桂姓外迁，改为贵滩。但也有新兴宗族会延续带有原宗族记号的旧村名，如歙县唐模村因先祖汪华与唐代的关系而得名，后许村桂二公迁至唐模定居后，许氏成为唐模大姓，或许是由于传说中的不忘舅家汪氏之恩，或许是由于许氏先祖之一许远也是唐代名臣，仍沿袭了唐模旧名。

---

① [民国]周德炽总修，周德灿等纂修：《周邦头周氏族谱正宗》卷首《序》，民国十九年(1930年)六顺堂木活字本，上海图书馆藏。

第二节　皖南宗族与村落空间的营建

皖南许多村落都有若干胜景，自然环境优美，空间规划合理，这源于宗族在顺应自然环境的同时，对村落加以营建和保护。

一、宗族与村落选址

风水学说是中国传统聚落环境观念的体现，“自古贤人之居，必相其阴阳向背，察其山川形势”①。理想的聚落选址模式如《阳宅集成》中所提出的：“阳宅须教择地形，背山面水称人心。山有来龙昂秀发，水须围抱作环形，明堂宽大斯为福，水口收藏积万金，关煞二方无障碍，光明正大旺门庭。”②前有朝山、屏山，背依主山、龙山，四周山脉围合（砂山），村址地势平坦，水口处两山夹峙，水口紧束，曲水环绕，水流平缓流经村落，山挡住风，水止住气，这便是择地卜居中的枕山、面屏、环水、藏风、聚气等基本要求（如图4-1和图4-2）。

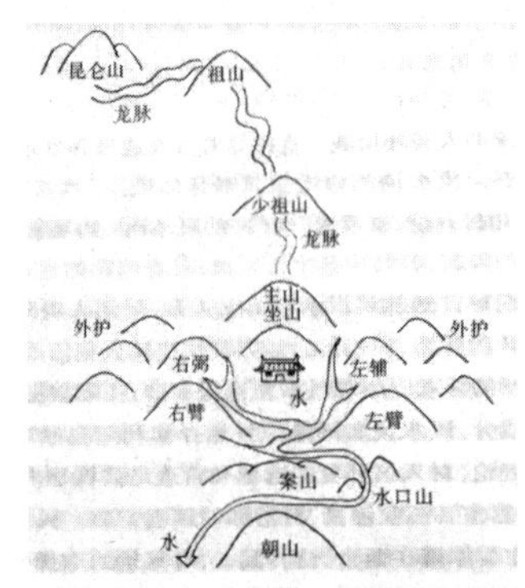

图4-1　风水中的理想村落选址（引自陆林等《徽州村落》，安徽人民出版社2005年版，第58页）

图4-2　理想村落的村落选址模式（引自陆林等《徽州村落》，安徽人民出版社2005年版，第58页）

由于皖南地区山多地少、地形多变，在有限的空间里选择合适的居住

---

① [清]汪锦云等修:《汪氏义门世谱》卷首《东岸家谱序》,清乾隆三十六年(1771年)木活字印本,上海图书馆藏。

② [清]姚延銮辑:《阳宅集成》卷一《基形法》,清乾隆十七年(1752年)刊本。

环境显得更为迫切，许多村落的选址多是基于始迁祖对风水环境的判断。如徽州府黟县西递胡氏始迁祖士良公原出自婺源考水明经胡氏，因西递“有虎阜前蹲，罗峰遥拱，天马涌泉之胜，犀牛望月之奇，产青石而如金，对霭峰之似笔，风潆水聚，土厚泉甘……遂自婺源考水来迁此间”[①]。宁国府旌德江村始迁祖江韶“游黄山白岳，见旌西金鳌山峰峦回合，山水清明，环绕双溪，别成一境，有蓬勃不可遏之气，遂卜居焉，名其地曰江村”[②]。池州府建德县南溪村（金家村）来龙延绵，“结回龙顾祖之势，堂局宽平，水口紧密，诚合族之锦基也”[③]，金氏因而定居于此。

“基址者何？所以聚庐而托处，亦所以宅身而宅心者也”[④]。“卜其宅兆，卜其地之美恶也，非阴阳家所谓福也。地之美则其神灵安，其子孙盛，若培壅其根而枝叶茂，理固然矣”[⑤]。在宗族的传统择地观念中，寻得风水宝地可以使村落环境优美、人文昌盛、子孙兴旺、福祉绵延，而风水如有缺陷，则会影响家族的命运。

歙县西溪南吴氏先祖吴光公在对三处基址的风水进行比较后，最终选定丰南，“一曰莘墟，地刚而隘，山峭而偏，居之者主贵而不利于始迁。一曰横渠，地广而衍水抱，而居之者主富而或未蕃于后胤。一曰丰溪之南，土宽而正，地沃而厚，水揖而回，后世其大昌也，遂家焉”[⑥]，村落由此繁衍昌盛。石埭舒溪李氏居址“枕溪面山，沃壤绵亘，望气者以为据形势之胜，蜿蜒郁结，毓秀钟灵”，因而人才辈出，“一时蝉联鹊起，人文济济，

① [清]胡叔咸等纂修:《明经胡氏壬派宗谱》卷二《世系》,清道光六年(1826年)木活字本,安徽大学徽学研究中心藏(复印件)。

② [民国]江志伊重修:《济阳江氏金鳌派宗谱》第一册《新修金鳌江氏宗谱序》,民国十五年(1926年)石印本,上海图书馆藏。

③ [清]佚名:《建德南溪金氏家乘》卷二《金氏历居南溪阳基之图》,清宣统三年(1911年)刊本,安徽东至金家村金氏族人藏。。

④ [明]黄文明纂修:《古林黄氏重修族谱》卷一《谱基址》,明崇祯十六年(1643年)刻本,安徽省图书馆藏。

⑤ [宋]程颐,程颢:《二程文集》,《景印文渊阁四库全书》(第1345册),台湾商务印书馆1986年版,第712页。

⑥ [民国]吴吉祜纂:《丰南志》卷一《舆地志》,《中国地方志集成·乡镇志专辑》(第17册),江苏古籍出版社1992年版,第248页。

称望族焉”[①]。黟县屏山朱氏将家族的兴旺归于屏山村的风水，“溯紫阳之裔，居屏山之阳，练水聚堂，琴山列案，云仍叶奕，丕振人文。因川岳之钟灵，成新安之巨族”。而明嘉靖年间的一次山洪直接导致了该地人文的衰退，“山之拱者颠之，水之聚者泄之，村之人读书者无科名之显，为商者鲜囊橐之充。家业浇，人心涣。此无他，实由于祖冢之蔽悍，明堂之走泄，水口之低塌而致之也”[②]，朱氏于是阖族出资出力，重修水口，恢复村落风水。

宗族认为风水不仅影响了居住环境，也对宗族盛衰起着心理暗示作用，因而宗族在村落选址时对风水慎之又慎。

二、宗族对村落环境的改造和维护

人与环境是互动的关系，正如婺源云中王氏所指出的：“地无与于人乎？人不虚生，应地而生。人无与于地乎？地不自显，因人而显。是故地以基之，人以泄之，二者交相成者也。”[③]在皖南各村落中，可以看到宗族在顺应自然环境的基础上对村落进行营建和保护。

（一）引水补基与村落水源的规划

依山傍水是理想的村落环境，但若无山可依、无水可傍，就需要人为地去弥补风水的不足，常见的办法便是“引水补基”，通过人工营建，引来水源，保障日用，而这往往需要合族通力，甚至历经数代的营造。

如绩溪上庄宅坦村又称龙井村，村内无河流，最初仅有龙井一座，“方形，深可三尺，水从石出，味甘而冽。旁有石兔二，骈形而立，作回头状。土人聚族而居，虽甚旱，食用不竭”[④]，但这并不足以供应整个村落用水，因而胡氏家族数百年间陆续开凿了慕前塘、深塘、坝下塘等百余座人工水

① [清]李国烈纂修:《舒溪李氏族谱》卷一，清光绪三十三年(1907年)木活字本，上海图书馆藏。

② [民国]朱懋龄等纂修:《屏山朱氏重修宗谱》卷八《请给印簿公呈》，民国九年(1920年)刻本，中国国家图书馆藏。

③ [清]王居穆等修:《婺南云川王氏世谱》卷四《中云八景记》，清康熙四十五年(1706年)刻本，中国社会科学院历史研究所图书馆藏。

④ [清]陈锡等修:乾隆《绩溪县志》卷一《方舆志》，清乾隆二十一年(1756年)刻本。

塘，并营建人工沟渠串联诸塘，流经全村，根据水位定期放水，以调节丰枯，新陈代谢，使水源成为活水。其中，慕前塘为前门支祠的九个支派合建，有9个内角，9个泄洪闸孔，9级塘坎。深塘位于村后，是村民拦截山水所建的一座蓄水量约达40 000 m^3的水塘，数百年间宗族不断维护扩建。坝下塘为后门支祠社生、泰生和寿生三兄弟共同修筑，归三支共有。

再如黟县宏村，初时苦于“两溪不汇西绕南为缺陷”，南宋德佑二年（1276年）一场暴雨后，“河渠填塞，溪自西而会合，水环南以潴卫”[①]，村民看到了改造的希望。汪氏先祖玄卿公邀请堪舆师相地，明初汪思齐又延请休宁风水大师何可达，为宏村指出了水系规划方案，“引西溪以凿圳，远绕村屋，其长川沟形九曲，流经十湾，坎水横注丙地，午曜前吐土官，自西自东，水涤肺腑，共夸锦绣蹁跹，乃左乃右，峰倒池塘，定主甲科延绵，万亿子孙，千家火烟，于兹肯构，永乐升平”[②]。永乐年间，其子汪升平捐资，带领全族开凿环绕全村的百丈水圳，修建半月形人工池塘——月沼。随着村落的发展，用水量激增，万历三十五年（1607年），汪氏合族出资开凿了南湖，“爰踵疏月沼旧规，抉田百亩，凿深数丈，周围四旁，砌石立岸，名曰南湖”[③]，“居民以时蓄泄，灌溉之饶，环食其利”[④]。由于对水系的规划，宏村形成了以雷冈山为牛头、桥梁为牛腿、月沼为牛胃、蜿蜒各家各户的水沟为牛肠的牛形村落格局（如图4-3）。

① [清]汪纯粹纂修:《弘村汪氏家谱》卷二十四《开辟弘村基址》,清乾隆十三年(1748年)刻本,安徽大学徽学研究中心藏(复印件)。

② [清]汪纯粹纂修:《弘村汪氏家谱》卷二十四《月沼纪实》,清乾隆十三年(1748年)刻本,安徽大学徽学研究中心藏(复印件)。

③ [清]汪纯粹纂修:《弘村汪氏家谱》卷二十四《南湖纪实》,清乾隆十三年(1748年)刻本,安徽大学徽学研究中心藏(复印件)。

④ [清]吴甸华修,程汝翼、俞正燮纂:嘉庆《黟县志》卷十五《艺文》,《中国地方志集成·安徽府县志辑》(第56册),江苏古籍出版社1998年版,第530页。

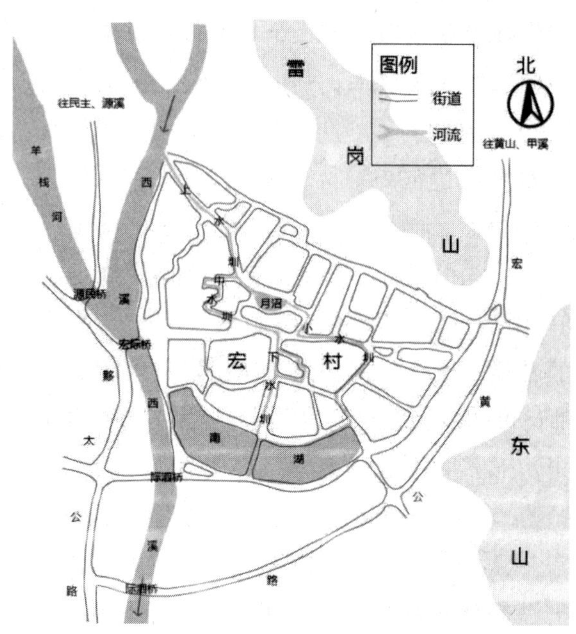

图4-3　宏村古镇水系（引自陈心怡《山地城镇水系景观规划历史经验与实践应用》，重庆大学2016年硕士学位论文，第23页）

河流是村落的重要水源，即使风水上不存在缺陷，为了生活的便捷，宗族也会对村落的水系进行改造。比如呈坎村的主要水源是潨川河，自北面山脉向南流，明弘治年间村人对潨川河走向进行了大规模改造，使其呈倒转的之字形（如图4-4），河流两侧分别为村落和农田，还在村南水口营建了大坝、小坝。在村落内，前罗、后罗开凿了东边渠、西边渠，流经每家每户，起着提供日常生活用水和疏水、排水的作用（如图4-5）。旌德江村的胡氏家族引金鳌山的溪水入村后，再分成南北二溪（玉龙溪、凤溪），平行并流在村口汇合，还开凿了十八塘三十六井，确保村落的水源供给。

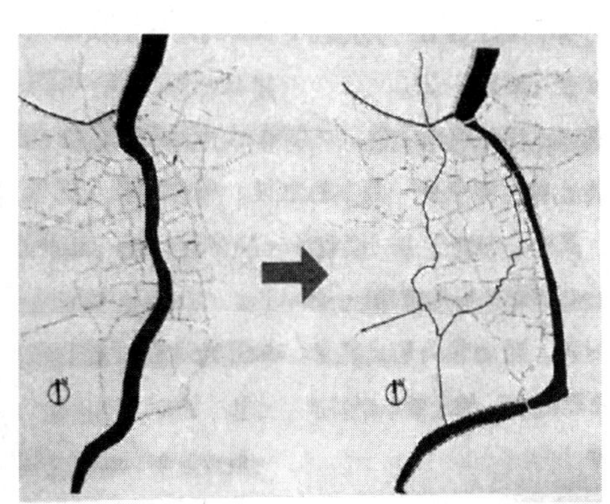

图4-4　呈坎罗氏对潨川河走向的改变（引自倪琪，王玉《中国徽州地区传统村落空间结构的演变》，中国建筑工业出版社2014年版，第119页）

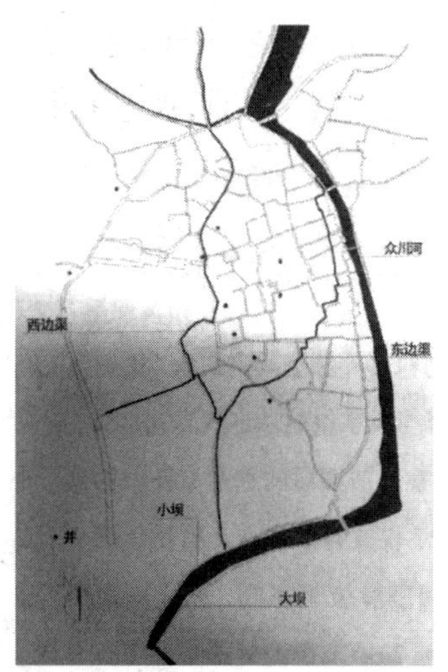

图4-5　呈坎水系分布（引自倪琪，王玉《中国徽州地区传统村落空间结构的演变》，中国建筑工业出版社2014年版，第88页）

在村落营建之外，水源及水产的保护，也是宗族所关心的。许多宗族在族规家法中都有保护水源环境的规定，甚至订立合同禁碑，以保证施行。西递明经胡氏宗族于清道光十七年（1837年）所立的《公议禁碑》中有"一议，井前坦上无许倒垃圾；一议，井泉水无许搀粪。如有违者，公罚银一两"[①]的规定，以防止井水被污染。婺源游山董氏族规家法中有保护村中溪流的规定，濬源河流经村中地段，为宗族的养生溪。早晨，禁止在河中洗衣、洗菜、洗刷器具。河中红鲤鱼是行善人家放生的，禁网，禁钓，禁捕。违者，处以用锡箔将鱼烧成灰烬的惩罚。每年的八月十三日为清洗河道日，届时，适龄支丁必须参加挖土、运土等劳动。报酬按量计算，从义仓中支付[②]。祁门十三都康氏宗族文书中的《申饬束心合同文约》，由康、凌、余三族议定河中禁渔："三门合众佥议写合文，出备费用，请示勒石严

① 《公议禁碑》，转引自关传友《论清代徽州社会对生态环境的保护》，《南京林业大学学报》（人文社科版）2010年第2期。

② 赵华富：《徽州宗族调查研究》，人民出版社2014年版，第324页。

禁，长养河鱼，庶河税可保而国课可供矣。”[①]环砂村雍正九年（1731年）的《放生池碑刻》规定河中严禁捕鱼，“奉县主示禁：放生池，上至双河口起，下至湾袋坑口止”[②]。

（二）营建水口

水口是水流进出村落的起点和终点，一般分为上水口和下水口，在风水学说中水是财富的象征，因而宗族对水口十分重视，若水口的地理有不完善之处，往往尽量补造维护。

水口左右宜有山峰（象形成为狮山、象山、蛇山、龟山、鹤山等）把守门户，使地气不致外流。“凡一乡一村，必有一源水，水去处若有高峰大山，交牙关锁，重叠周密，不见水去……其中必有大贵之地……水口之山，欲高而大，欲拱而塞，此皆言形势之妙也。”[③]同时，为了避免水口过于空旷，宗族往往会在水口处营建亭落、台阁、庙宇、文塔等建筑，增添关锁作用，汇聚全村文气，抵挡邪气入侵，包含着护佑村落平安的期许和振兴家族文运的寓意。如绩溪庙子山王氏于村口“上水口亭祀关壮缪，下水口亭祀观音”[④]；建德南溪村水口的文昌阁设有观音大士像；绩溪石家村的水口建有魁星阁；徽州岩镇水口的文峰塔如笔，凤山台如砚，“台塔峥嵘，虹梁长亘，文峰屹峙，涣渚渊渟，风土茂密，福祉奠康”[⑤]。这些水口建筑也形成了村落的人文风景。

水口处水流流入村落，需要建桥便于通行。绩溪仁里村“水口两山对峙，涧水匝村境……筑堤数十步，栽植卉木，屈曲束水如之字以去，堤起处出入孔道两旁为石板桥度人行”[⑥]。黟县南屏村“大溪当村口，有万松

① 刘伯山主编：《徽州文书》（第二辑第1册），广西师范大学出版社2006年版，第356页。

② 陈琪：《环砂村雍正九年“放牛池”碑刻》，《徽州社会科学》2012年第7期。

③ ［清］汪志伊编：《地学简明》，转引自陆林等《徽州村落》，安徽人民出版社2005年版，第80页。

④ ［民国］王集成纂修：《绩溪庙子山王氏谱》卷八《宅里略一》，民国二十四年（1935年）铅印本，上海图书馆藏。

⑤ ［清］佘华瑞纂：《岩镇志草》利集《岩镇水口神皋碑记》，《中国地方志集成·乡镇志专辑》（第27册），江苏古籍出版社1992年版，第218页。

⑥《仁里明经胡氏支谱》序《文昌阁记》，转引自陆林等《徽州村落》，安徽人民出版社2005年版，第82页。

亭，亭侧架木溪上为桥，时为大水决去，村人病之，欲易石久矣……嘉庆七年九月，桥成，长十二丈，广丈二尺，高如其广，名之曰万松桥”[①]。东至南溪古寨的水口附近，金氏族人也建有汇源、南溪、奎壁三座桥梁（如图4-6）。这些桥梁便利了村落的交通出行条件。

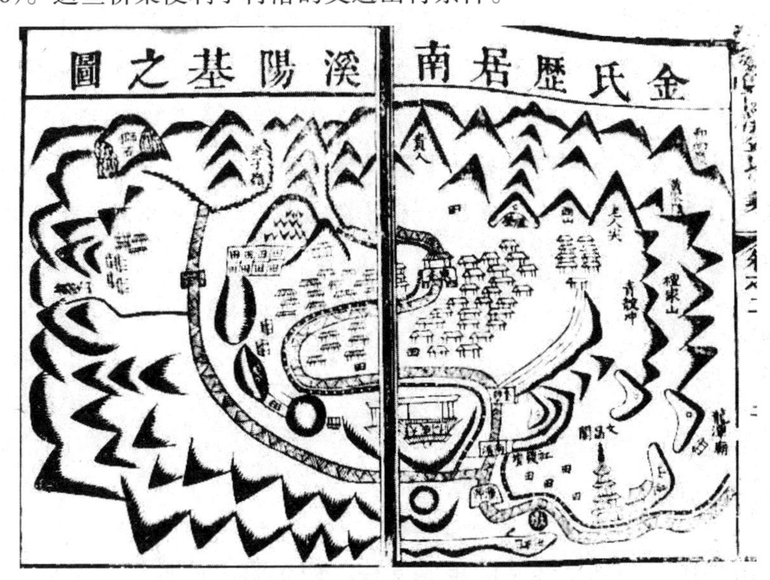

图4-6　南溪古寨村落基址

此外，宗族还在水口处广植各类树木，形成水口林，有的至今仍存，如唐模水口的百年古樟、雄村的桃花林等。《沙溪集略》记载：“歙邑名（按：各）族，多有水口栽种竹木花卉者，楼台辉映，幽雅宜人。……置身其际如入仙境。”[②]各种植被的栽种，往往带有家族人丁兴旺、富贵登科、门楣光耀等美好期望。如松木，谐音“生”“孙”，寓意子孙兴旺；枫木，谐音“丰”“封”，有丰收兴旺、封锁吉气之意；纹樟，谐音“文章”，代表对科举文运的期许；桂树，暗含蟾宫折桂之意；榆木树叶如钱状，代表财运。这些树木培植不易，还和家族风水前程相关，因而宗族严禁私自砍伐，如黟县屏山朱氏就多次订立禁约，其中天启三年（1623年）订立的合同明

① ［清］叶有广等纂修：《黟县南屏叶氏族谱》卷一《桥梁》，清嘉庆十七年（1812年）木活字本，中国国家图书馆藏。

② ［清］凌应秋撰，邵宝振校注：《沙溪集略》卷一《古松亭》，安徽师范大学出版社2018年版，第39页。

确严禁盗砍水口松木：

天启三年众立合同

立合同人朱廷宝、朱湘、朱文瑶三门人等，本村水口蓄养松木，荫庇一村阴阳二基，攸赖非轻，近被无知小人盗砍，业立访帖禁约，恐后人心懈怠，仍被祸害，今众议立合同，日后倘有牛羊入堑，及窃取松毛树片草薪者，合众呈治。费用银廷宝九房每十两出银五两，朱湘六房每十两出银三两，文瑶中房每十两出银二两，永以为则。临用出备，无得推延误公。议立合同三张，各执一张存照。

天启三年正月初六日立合同人朱廷宝

朱　湘

朱文瑶[1]

（三）保护山林

皖南多山，山林是经济的重要支柱。而至明清时期，皖南人口激增、地少人多，人们毁林垦荒、乱砍滥伐、掘山烧炭等过度开发的行为对山林水土造成了极大的破坏。对宗族而言，在风水上，村落的来龙山脉与风水运数休戚相关；在经济上，龙山等处的土地、山木也是家族的私有财产，是交纳国课、族人收益、祠祭神会等公共活动的重要补助，不容许他人侵犯；在感情上，先人祖墓多葬于村落附近山麓，若坟山荫木被侵害，先祖神灵也将被侵扰不安；在环境上，山林若遭毁坏，会导致水土流失、山洪溃泄等问题。因此，宗族十分重视保护龙山。

首先，宗族在家训族规乡约家法中申令养禁山林，并立定禁约、树立禁碑，请呈官府批示。此类规定目前大量保存于家谱、碑刻、文书等资料中。如新安大阜吕氏在族谱中指出："闻树木之盛衰，实由人力之培养。欲尽培养之道，当立禁约之严，以见住基、坟茔木植合抱荫护，奈被无耻私利戕伐。今后，男妇砍斫桠（按：丫）一枝，罚银一钱；树一茎，罚银一

① ［民国］朱懋龄等纂修：《屏山朱氏重修宗谱》卷八《天启三年众立合同》，民国九年（1920年）刻本，中国国家图书馆藏。

两。遇获外人盗砍，经公究治。”[①]建德南溪金氏家族多次立定禁约，并呈告县衙，勒石永禁。“朝斗坑口坟山一业，并朝山及左右山场田地，俱系身祖己产，自明迄今，禁蓄庇木，毫无异议，曾经请示，以杜魆砍盗卖等情……恩蒙县主田太老爷批示给禁，并准刊石，特此邀凭中邻，树立永禁。”[②]

其次，宗族会规定惩罚措施，族人或其他民户如若违反了禁令，有立字悔过、罚戏罚银、送交官府等处理方式。如婺源游山董氏要求“立悔过字人小游山王高德，今立到悔过字董濬源众名下，原因误砍董姓大游山松树杂木，被董姓一经查获，自知理亏，托中调理，有董姓经理人宽，系姻表交情，从轻议罚得英洋七元正。自今日后，与大小人等，永不入山侵害。倘若后有人侵害，系身负责，任董姓重罚，无得异说。今欲有凭，立悔过字为证”[③]。祁门环砂村“叙伦堂”清嘉庆二年（1797年）罚戏护林“永禁碑”规定：“纵火挖桩在所必禁，松杉二木在所必蓄，违者罚戏一台……嗣后该山挖桩及私砍树木、纵火等情，概依合文例禁，倘敢故违，许业主人等协同地保查明赴县具禀，以凭拿究，决不故宽。”[④]

再次，决议封山养林后，封山开销、日常管理、日后收益分成等，宗族都有细致的安排。先是划定封禁的范围，并举行封山仪式，或演剧或杀猪或祭神等。如建德南溪金氏规定：“土名庄前坂起，绕进至檀家山、箬坞、青靛冲、西山下、韩家冲，转绕过东家山，出至黄栗山、长坞、周家山、南山嘴外止，并永丰弯、坟山朝对及峰尖龟山下等处，俱在禁内”，封禁前“置办猪酒祭告山神”，“请神诣祠，对祖鸣誓”[⑤]。封山仪式及订立文书的开销往往由宗族公摊，并设专人负责管理。如休宁金氏的《禁山簿册》中规定：“为立长养头，四房共十九人”，“所用使费，俱要各长养及锅头人

① 卞利主编:《明清徽州族规家法选编》,黄山书社2014年版,第119页。

② [清]佚名:《建德南溪金氏家乘》卷二《形胜》,清宣统三年(1911年)刊本,安徽东至金家村金氏族人藏。

③ 赵华富:《徽州宗族调查研究》,人民出版社2014年版,第324页。

④ 陈琪:《徽州清代民间田野中戏曲碑刻调查与文献研究》,文载卞利主编《徽学》(第九卷),合肥工业大学出版社2015年版,第252页。

⑤ [清]佚名:《建德南溪金氏家乘》卷六《禁约》,清宣统三年(1911年)刊本,安徽东至金家村金氏族人藏。

名垫付”[①]。封山期间除宗族公用等情况外，一律不许砍伐木材。祁门环砂村“叙伦堂”清嘉庆二年（1797年）罚戏护林“永禁碑”中写道：“如自山自取正用并风损折者，俱要先行出字通知，在掌会首事务要进出分明”，“中秋神会演戏，程村社并门下迭年架火松柴，准七月议期一日采取；王村社迭年八月初九日则规交纳松柴，准八月议期一日采取”[②]。封山后的收入由宗族议定，“候柴薪树木成荫之日，公众出拼，该长养头分得十分之二，其八分，该众四分，该锅头均派，均系公议，日后毋得争论”[③]。

最后，除了封山禁伐之外，宗族还采取主动培土植树等措施，保护村落周围的山林。如龙川胡氏规定，宗族添丁后，夫妇二人带两束稻草、两筐泥土，种一棵树苗于龙须山或天马山，树木繁密象征着子孙后代繁荣昌盛。歙县瞻淇村规定得子之家要堆土于案山秀峰巅。游山村董氏家族规定，支丁生子要在村北种植“树人”树，父母为树设置防护，以防被人畜破坏。建德南溪金氏认为家族“贫富寿夭不一”是因为“住居前后左右山场木植不茂，龙山露骨”，因而广植松木于山场，“动支祠银买松子松秧，分给各庄兴植，以为庇荫其所管山场。光洁不毛，即系管人懒惰，照犯禁人罚”[④]。

三、宗族对村落形态及村落关系的影响

皖南村落的空间布局离不开地形地貌等自然因素的影响，因河流山川走势等原因，村落或为集村或为散村，集村又呈条形、块状、辐射状等分布。另外，宗族的规划、等级结构、分支演化、势力范围等因素无不对村落起着重要的影响。

许多村落形态以象形寓意的方式呈现，这明显是经过人工的规划。比

① 《禁山簿册》，转引自郑小春《封山育林与晚清徽州乡村社会的日常生活——对〈禁山簿册〉的考察》，《社会科学》2017年第12期。

② 陈琪：《徽州清代民间田野中戏曲碑刻调查与文献研究》，文载卞利主编《徽学》（第九卷），合肥工业大学出版社2015年版，第252—253页。

③ 《禁山簿册》，转引自郑小春《封山育林与晚清徽州乡村社会的日常生活——对〈禁山簿册〉的考察》，《社会科学》2017年第12期。

④ ［清］佚名：《建德南溪金氏家乘》卷六《禁约》，清宣统三年（1911年）刊本，安徽东至金家村金氏族人藏。

如建德南溪村水系呈S形穿过全村，村落呈太极状（如图4-6）。胡氏宗族聚居的绩溪龙川村呈船形（如图4-7），寓意湖里行舟，以求家族昌盛。黟县宏村因何可达指导汪氏家族规划的水系，村落呈牛形布局。绩溪石家村外圆内方，街道、房屋纵横交错，五横九竖，形成棋盘，因而也被称为棋盘村（如图4-8）。歙县渔梁村所在地扬之、布射、富资、丰乐四水汇聚成练江，是重要的码头所在，其村落形态呈鱼形。歙县呈坎村三街九十九巷按易经八卦布局，也被称为八卦村。

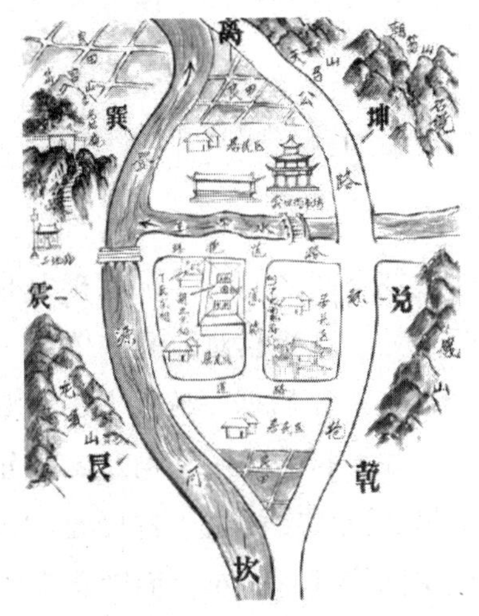

图4-7　绩溪龙川地理形势（引自方贤松《乡村旅游产业理念下的徽州古村落环境整治规划方法研究——以绩溪龙川村为例》，合肥工业大学2010年硕士学位论文，第20页）

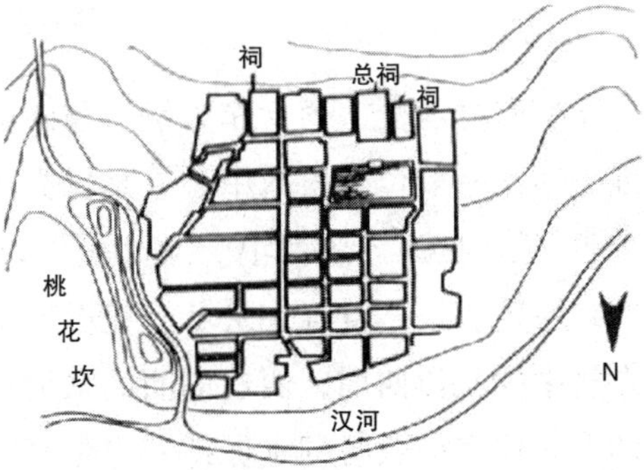

图4-8　绩溪石家村村落布局（引自陆林等《徽州村落》，安徽人民出版社2005年版，第110页）

在村落中，流经全村的溪流水渠犹如脉络，街道犹如筋骨，民居等建筑布局大致沿此分布，连成一片或连成一线，形成身躯（如图4-9）。修建个人住宅，不得侵占街道、不得阻碍村落水源是基本的原则，民居的规划与建设须服从村落的整体规划，在宗族聚居的皖南村落，宗族的规划、等级结构、分支演化、势力范围等因素无不对村落起着重要的影响。

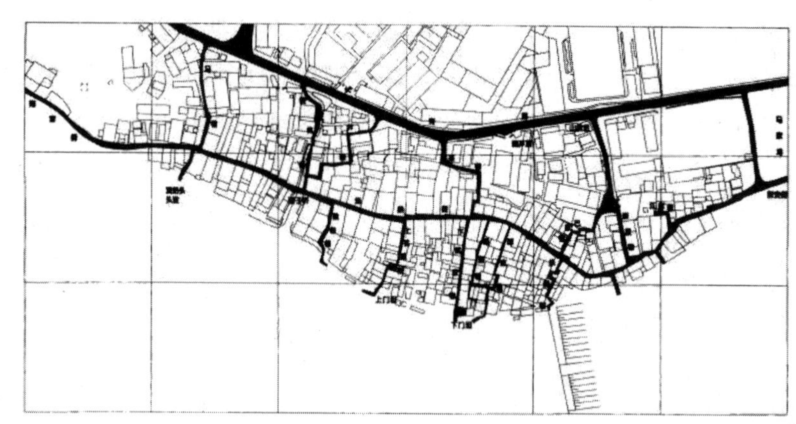

图4-9　渔梁村街巷布局（引自东南大学建筑系《渔梁》，东南大学出版社1998年版，第61页）

在皖南村落里，祠堂作为祭祖和议事的公共空间之一，是宗族权力的象征，因而一般位于村落中心或是村头较开阔处，地势相对较高，体形一般大于其他建筑。善和程氏《窦山公家议》曾言："正居据一村之中，负山面离，左踞右蟠，且栋宇宏壮，甓墁周密。"[①]如宏村的汪氏宗祠及支祠分布在村中的月沼四周，西递的胡氏宗祠和棠樾的鲍氏宗祠位于村口处。族人的个人住宅一般与祠堂保持一定距离，但又围绕祠堂分布。而随着宗族的发展，宗族内会产生房支，各房建立自己的支祠，各房子弟围绕各自的支祠再建宅，村落中又会出现几个次中心。

以呈坎为例，村落中居住者前罗和后罗是两个同根的家族。唐末，罗天秩和罗天真堂兄弟二人由豫章迁至呈坎，分别成为前罗和后罗的始迁祖。虽是同根，但两个家族各自有自己的祖墓、祠堂，各自为宗，且围绕墓地等问题多有争执，相互关系不算融洽。在呈坎村落规划中，这种分立也显得很明显。呈坎的街巷号称三街九十九巷，主要居住区域有前街、后街、钟英街三条巷落穿过，前街大致与瀿川河走向一致，是前罗的主要居住区域，前罗祠堂文昌祠（今已拆除）、支祠罗东舒祠、一善支祠（今仅存部分）都分布在这里，民居等也以之为中心。随着人口的增长，前罗子弟的居住范围向西扩展，营建沿钟英街分布，并向东扩至瀿川河对岸区域，围绕溪东街分布。后街与西渠走向大体一致，是后罗的主要居住区域，后罗

① 周绍泉，赵亚光：《窦山公家议校注》，黄山书社1993年版，第20页。

宗祠文献祠（今仅存部分）、支祠晓山公祠（今已废）、贞一公祠（今已拆除）大致分布于此。由此可见，前罗和后罗在呈坎村落中有各自的分布区域，民居以祠堂为中心分布，支祠围绕宗祠分布，形成次中心，溪流、街道形成了村落的间架和边界，民居沿此舒展（如图4-10）。

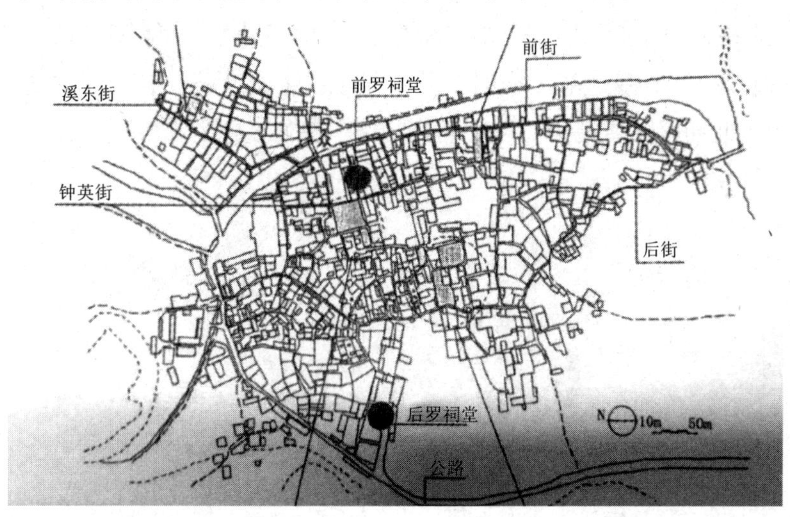

图4-10　呈坎村平面图（引自倪琪，王玉《中国徽州地区传统村落空间结构的演变》，中国建筑工业出版社2015年版，第60页）

在村落中，也存在一些小姓以及佃户奴仆等，他们往往分布于村落的边缘地带。在呈坎，村南东溪与西溪的汇合处便是杂姓居住处，村北溪流入口附近有方姓的永隆社，方氏在呈坎是小姓，其居所围绕在社屋附近，处于村落边缘（如图4-11）。而佃仆与主人有着森严的等级界线，并且身份世代相传。他们往往居住于村落之外，形成散居的庄。如黟县南屏叶氏的庄奴散居于南屏四周①。祁门善和程氏处六都，“明洪武永乐间而张、汪、刘、林、陈五姓因赘各附居其旁”②，“六都周围各小村，如今之芳村、韩村、朝屋口、黄家坞等，多系旁姓，或因入赘程姓，或曾为程姓庄佃（即佃仆），而逐渐建立和

① 赵华富:《徽州宗族调查研究》,人民出版社2014年版,第154页。

② [清]程文翰纂:《善和乡志》卷一《志居》,《中国地方志集成·乡镇志专辑》(第27册),江苏古籍出版社1992年版,第315页。

发展起来的村庄聚落”①。婺源豸峰为潘氏聚居的村落，其先祖由桃溪迁至此，程姓书童（细英公）随之搬来，因是外姓，被限制居住于村外的枥林坦，其后代也不许在村内居住②。休宁古林黄氏的村落规划中，叶姓和俞姓为其赘婿，故其宅居依照外家布局，“社仓相共，庆吊往还，敦姻娅”，伙佃之屋则“星列宅之左右，为外卫”③。休宁林塘村为范氏聚居，小姓、童仆等均居于村外，“村中旧有一二小姓，皆以所居售厚价，俱如数给之无吝。自是环村以居者，南而山，北而溪，皆范姓矣”，“周庐筑墉，散处童仆为守望”④。

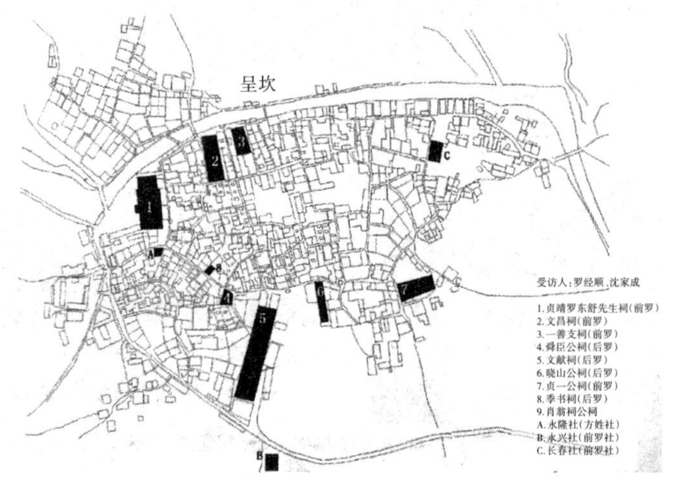

图4-11　呈坎村旧时祠堂、社屋分布（引自倪琪，王玉《中国徽州地区传统村落空间结构的演变》，中国建筑工业出版社2015年版，第103页）

随着宗族的繁衍裂变，部分子弟迁出原村落，形成新的村落。在未形成新的宗族前，仍供奉同一始迁祖，分布在一定的地理范围内，彼此保持着密切的联系。比如祁门善和的程氏家族，三支分别居于上、中、下村，“乡今所居者始唐尚书程仲繁，仲繁以上无考也。后仲繁以御寇至番，因居浮梁之锦里。惟季子令洭奉母胡夫人留居其地，开大其业，及再传居，乃

① 卞利：《明清以来徽州社会经济与文化研究》，安徽大学出版社2017年版，第256页。

② 龚恺等：《豸峰》，东南大学出版社1999年版，第19页。

③ [清]黄治安纂修：《古林黄氏重修族谱》卷一《基址图记》，清乾隆三十一年（1766年）刻本，安徽师范大学家谱中心藏（复印件）。

④ [明]范涞纂修：《休宁范氏族谱》卷四《谱居》，明万历三十三年（1605年）刻本，中国国家图书馆藏。

三分：一居窦山之麓，曰上村；一居梧冈西南下，曰中村；一居宅后山之阳，曰下村”[①]，均处于六都。棠樾鲍氏家族三支中的两支分别迁至岩镇和蜀源，都处于灵山山脉下，三支关系密切。

在多姓氏分布的村落里，往往会出现多个中心，相互之间有一定距离。比如婺源的晓起村，包括上晓起和下晓起两个村落，分别处于河流的上下游，河流从上晓起村中穿过，河南边为叶氏居住，河北边为江氏居住，下晓起村以汪氏为主（如图4–12）。绩溪仁里村主要居住了耿氏和程氏两个家族，其中程氏根据迁入时间的不同，又分为上祠叙伦堂一支和下祠世忠堂一支。该村落呈鱼形，按迁入时间不同，分为三个部分，即“鱼腹（村东南向）耿氏聚居地，鱼头及鱼身上半段（村中至东北向）上祠程氏聚居地，鱼身下半段及鱼尾（村中至西北、西南向）下祠程氏聚居地”[②]。昌溪包括上村和下村两个村落，分布于昌源河的上下游，上村昌溪，吴氏聚居，下村周邦头，周氏聚居。瞻淇村原名章祁，是章氏居住之地。汪氏迁入后，势力日盛，占据村中主要地位，章氏渐渐被排挤至村东部，之后演变成了汪氏居住的瞻淇村和章氏居住的孝女村两个村落（如图4–13）。

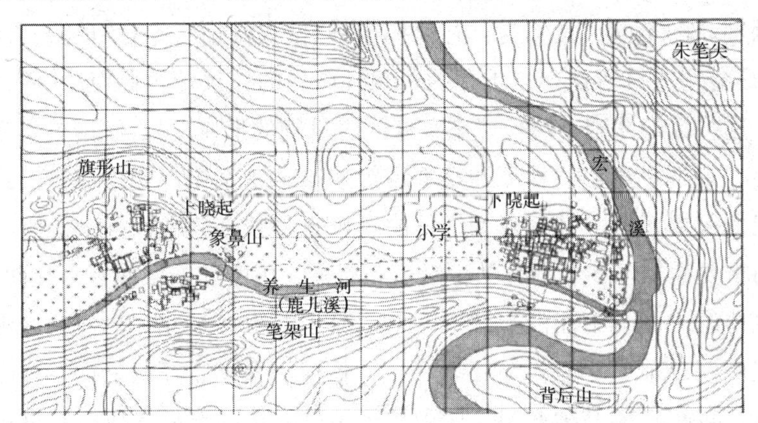

图4–12　晓起村落平面布局（引自东南大学建筑系《晓起》，东南大学出版社2001年版，第4页）

① [清]程文翰纂:《善和乡志》卷一《志居》,《中国地方志集成·乡镇志专辑》(第27册),江苏古籍出版社1992年版,第314页。

② 方春生,汪俊赓:《田园里的文化乡村——仁里》,合肥工业大学出版社2011年版,第35页。

图4-13　瞻淇村落平面布局（引自东南大学建筑系《瞻淇》，东南大学出版社1996年版，第2页）

第三节　皖南宗族与村落的"礼仪标识"

科大卫先生曾提出过"重要礼仪标识"（significant ritual marker）的概念（因翻译的不同，也称为"礼仪标签""仪式标记"等）。他将其定义为"地方社会的成员所认为是重要的客观且可见的礼仪传统标识"，而"一般来说，这些标记体现在明代以来兴修的建筑物的形制"①。皖南是典型的宗族社会，宗祠、庙宇、社屋乃至牌坊等建筑，是祭祀祖先、举行仪式、建构记忆的重要场所，其修建和维护的过程也是整合族众、旌表先贤、显耀家声的重要途径。乡村的公共生活由此展开，国家和基层的互动在此体现，而这些建筑之间又绝非泾渭分明，宗祠除了祭祖也是迎神之处，寺观庙宇在明代中期以前广泛充当宗族的坟寺、墓祠、香火庙等，里社与神庙多合而为一，祭祀对象亦神亦祖。而牌坊虽不是直接的祭祀场所，却是彰显儒家礼仪和道德的重要标识物，有时也作为祠堂的附属建筑存在。因而，我们把皖南的祠堂、庙宇、社屋、牌坊视作一类，均为"礼仪标识"建筑。

① 赵世瑜：《结构过程·礼仪标识·逆推顺述——中国历史人类学研究的三个概念》，《清华大学学报》(哲学社会科学版)2018年第1期。

一、宗族与祠堂

《礼记》记载："天子七庙，三昭三穆，与大祖之庙而七。诸侯五庙，二昭二穆，与大祖之庙而五。大夫三庙，一昭一穆，与大祖之庙而三。士一庙。庶人祭于寝。"[①]庶民没有建庙祭祖的资格，只能于家中祭祀先人。朱熹的《家礼》中记载："君子将营宫室，先立祠堂于正寝之东，为四龛，以奉先世神主。"[②]明嘉靖十五年（1536年）以后，随着朝廷对庶民祭祖和建祠条件放宽，皖南地区的祠堂开始大量出现。

（一）祠堂的种类

建造祠堂的目的是祭祀先祖，祠堂里一般都设有神龛，按照昭穆制度，分别摆放了先祖的神主牌位。根据祭祀对象的不同，祠堂主要可以分为以下几类：

宗祠。宗祠是整个宗族祭祀共同祖先的场所，一般供奉始祖（或始迁祖）、远祖（多为历代宗子）、有功德的先祖牌位，其他先祖牌位则是"五世则迁"。宗祠又包括统宗祠，其特点是除了供奉始迁祖外，还配祠各支的始祖。这往往是源于宗族的裂变和迁出，产生了新的房支或迁往其他村落的支派，而他们仍属于同宗族，尊奉共同的始祖。为了更好地敬宗收族，往往在始迁地村落、大宗所在村落或是子弟昌旺的村落建统宗祠。比如休宁博村的范氏统宗祠，乃是博村、汊口、林塘、油潭、合干、闵口、瑶关七支共建合祭的祖祠，位于始居地博村。祁门渚口的倪氏统宗祠，是由一本同宗的渚口、伊坑、滩下、花城四支合建，建在风水更佳、子孙兴旺的渚口，他们的始祖是倪康民。

支祠。支祠是由宗族各房建立的，由于宗族祭祀基于五服之制，除始迁祖和有功德的先祖外，多是只祭五世，在世的玄孙辈子孙都去世后，代表亲尽，神主就会移出祠堂。这就是朱熹在《家礼》中提出的："大宗之家，始祖亲尽则藏其主于墓所……第二世以下祖亲尽，及小宗之家高祖亲

① 胡平生，陈美兰译注：《礼记　孝经》，中华书局2007年版，第87页。

② ［宋］朱熹撰：《朱子全书》（第7册），上海古籍出版社、安徽教育出版社2002年版，第875—876页。

尽，则迁其主而埋之。”[①]对于非长房子弟而言，该房的支祖可能无法得到祭祀，因而会建立支祠，祭祀原则和宗祠相同。比较著名的有呈坎的罗东舒祠、旌德江村的溥公祠、南屏的奎光堂、棠樾鲍氏的敦本堂等。另外，还有宗族各支繁衍迁出后，距离原居地宗祠路远不便，因而在各自居地建立的支祠。如宛陵梅氏的墨庄、善经、章务三望子弟因“祖繁望衍，星错里居……然诸望各去郡城六七十里，其中山涨可阻、风雨可阻……于是各支建支祠”[②]。

专祠。学界对专祠有不同的观点，一种观点认为专祠是祭祀特定先祖或某一群体的，以起到旌表鼓励的作用。比如歙县棠樾的世孝祠，是鲍氏宗族的孝子专祠，“因是敬述先德，用勖后人，于宗祠外，别建世孝祠，合累世孝子之主祀焉……子姓及八岁以上即命与祭，俾自幼习知父慈子孝之道，不待冠而后祭也”[③]；西递明经胡氏所建的七哲祠，祭祀胡昌翼、胡伸、胡方平、胡斗元、胡次焱、胡一桂、胡炳文七贤名家，意在表彰先贤、激励后人；旌德江村的孝子祠，乃孝子江文昌所建，又叫孝友堂，为纪念形迹列于二十四孝的先祖江革，“手录先世革公孝行置于祠宇，以训子孙”[④]，期望子弟以之为榜样。另一种观点从明代前中期统祠和专祠的区别角度出发，认为专祠尤其是徽州民间专祠，“主要有行祠、寺庵祠、墓祠等形式，它们大多数与地方神祇崇拜有渊源关系，经过宋元时期的发展转变而成为宗族祭祖场所”[⑤]。它们主要源于徽州的汪华、程灵洗等地方信仰与祖先祭祀相结合，以及明代中期以前比较广泛的香火庙和有功德的先祖的墓地祠等。

墓祠。墓祠往往是子孙于先人墓地旁所建，多是有功名德行的先祖才

---

① [宋]朱熹撰:《朱子全书》(第7册),上海古籍出版社、安徽教育出版社2002年版,第879页。

② [清]梅朝宗纂修:《宛陵宦林梅氏宗谱》卷十二《溪上梅氏支祠记》,清宣统二年(1910年)木活字本,上海图书馆藏。

③ [清]鲍琮纂修:《棠樾鲍氏宣忠堂支谱》卷二十二《文翰》,清嘉庆十年(1805年)刻本,安徽省图书馆藏。

④ [清]江志伊重修:《济阳江氏金鳌派宗谱》第二十册《孝友堂记》,民国十五年(1926年)石印本,上海图书馆藏。

⑤ 林济:《“专祠”与宗祠——明中期前后徽州宗祠的发展》,《中国社会历史评论》2009年第10卷。

有资格建墓祠受祭。比如皖南汪氏各支多出自汪华之后，其先人墓祠分别有：歙县吴清山，为迁徽始祖“三十三世汉新都侯徜公并夫人方氏”和始迁歙县先祖“三十六世祖晋歙县令道献公并夫人胡氏”的祖墓，“前建有墓祠，世奉免征”；绩溪登源唐金山（登岭山）祖墓，是始迁登源先祖“齐军司马叔举公之墓，前建有庙”；歙县云岚山，为汪华归葬之处，建有汪王庙[①]。再如宛陵梅氏的柏山会庆堂，乃梅尧臣所建，用于祭拜其父叔，在先人坟茔附近。“堂故宛陵梅先生所创，用以妥其父太子中舍公及叔父翰林侍读学士公画像也……其二亲束氏、张氏墓亦在焉”[②]，“柏山会庆堂用以专祠中舍学士都官数公……自数公以下，例不得入”[③]。

家祠。家祠一般规模较小，直接面向家庭的亲属关系，仅祭祀高祖、曾祖、祖、考四代以内的先祖，也就是五服内的亲祖。

女祠。女祠是专为女性先祖建立的，如棠樾鲍氏建立的清懿堂、渚口倪氏宗族的庶母祠、呈坎罗东舒祠旁的女祠等。其建造原因或是对女性祖先的情感牵挂，“多祀祖，而不及妣……于私心每有未安者”[④]，或是出于男女界限，“男女素著远别之文。生则异室，主则同堂，幽冥有不安之魄。当专立一室，分妥诸灵”[⑤]。

（二）宗族对祠堂的营建和管理

皖南祠堂一般为三进，分为仪门、享堂、寝堂三部分，面阔少则三间，多则五间、七间不等，大门多做五凤门楼，门前有广场，有的门前立有照壁及牌坊，有的堂内还建有戏台。建筑上雕梁画栋，砖雕、石雕、木雕、彩绘等装饰极尽考究，用料奢华，毫不吝惜，具有极高的艺术价值，而这

---

① ［清］汪源纂：《泾县汪氏宗谱》卷六《墓图》，清宣统元年（1909年）刻本，上海图书馆藏。

② ［清］梅朝宗纂修：《宛陵宦林梅氏宗谱》卷十三《复梅氏会庆堂记》，清宣统二年（1910年）木活字本，上海图书馆藏。

③ ［清］梅朝宗纂修：《宛陵宦林梅氏宗谱》卷十三《章务创建西祠记》，清宣统二年（1910年）木活字本，上海图书馆藏。

④ ［明］黄玄豹纂修：《潭渡孝里黄氏族谱》卷六《新建享妣专祠记略》，明隆庆年间刻本，中国国家图书馆藏。

⑤《罗氏宗谱·宗仪八条》，转引自赵华富《徽州宗族研究》，安徽大学出版社2016年版，第160页。

背后需要巨大的财力和人力。如绩溪金紫胡氏宗祠，“自寝室堂厅至大门，俱列七楹，共纵一百六十八尺，横七十一尺，寝室额曰‘奉先’，基高八尺，阶历七，左右俱以青石栏楯维之，大门外置石狻猊二座，雄峙左右”[①]。潭渡黄氏宗族建享妣专祠，“庀材鸠工，为堂五楹，前有三门，后有寝室与祠门。而堂之崇三丈五尺，其深二十七丈，其广六丈四尺。前后称是，坚致完好。凡祠之所应有者，亦无不备。阅载而后成，计白金之费三万两”[②]。绩溪城西周氏建宗祠，“经始于乾隆三十四年四月朔日，落成于四十一年十月，计银一万六千八百两有奇”[③]。祠堂的建造、管理及日常维护需要花费，这些费用往往来自宗族的族产、族丁的摊派、富裕族人的捐献以及房支的输资。

首先，宗族在形成过程中积累了一批族产，包括田地、山场、林地等形式。与一般的先人遗留家业不同的是，族产不会因分家等因素而析分，族人可能拥有族产中的分股，但仅有经营收益之权，即使贫困不得已也只会在族内买卖，这就保证了族产不会轻易流失。族中殷实有义举者往往还会再捐献田产实物等，去世且无后人在世的族人遗产也将归入宗族公有，宗族还会通过租佃乃至放贷等形式对族产进行经营再获利，所以理论上族产是进大于出、不断积累扩大的。此外，神主入祠的入主费也是造祠的重要来源，潭渡黄氏建德庵公祠堂时公费不足，便规定“四门内凡有孝子顺孙，欲为祖父立主以配附德庵公享祭者，每主出银三十两”。当祠堂建成后，族产大部分便转化为祠产，神主入祠、族人婚丧嫁娶等，祠堂都会收取费用，这些祠产便用来保证祠堂的修护和日常活动开销。

其次，族众的出资出力。休宁商山吴氏建祠时，“乃聚族而计祠事曰：‘凡我族人，饶资者佐之资，饶力者佐之力，不给，当吾从兄弟四室之资力继之’。众欢然曰：‘唯命’。输镪赍役者，踵相属也。乃庀材鸠工，为地若干步，为屋若干楹，戒众而经始，阅岁而考成，堂寝奕如也，门垣屹如

① [清]胡培翚等纂修:《绩溪金紫胡氏家谱》卷首《重修城北祠堂记》,清嘉庆二十四年(1819年)刻本,黄山市博物馆藏。

② [明]黄玄豹纂修:《潭渡孝里黄氏族谱》卷六《新建享妣专祠记略》,明隆庆年间刻本,中国国家图书馆藏。

③ [清]周之屏等纂修:《梁安城西周氏宗谱》卷首《重建宗祠记》,清光绪三十一年(1905年)敬爱堂木活字本,安徽师范大学家谱中心藏(复印件)。

也”[①]。休宁西岸汪氏的祠规中也规定，建造祠堂族人需出力支持，“造祠，凡支下子孙照丁输工”[②]。嘉庆二十一年（1816年），贵池荡里姚氏宗祠修建时族丁每人摊派三十文，“人丁计一千二百丁，实收钱三百六十千文”[③]。青阳玉京里谢氏在民国元年（1912年）重修宗祠时，“每丁派捐大钱二百一十文”[④]。

再次，财资有力者的乐输。宗族中有一批经商致富或是科考入仕的成员，他们往往慷慨捐资，牵头或协助修祠。“宏村汪氏文宇公业盐于杭，卜居钱塘焉……瞻支祠正余堂栋宇崔巍，前人奠造惟艰，命子若孙捐田亩以备不时修理。”[⑤]绩溪余川汪立政（以德公）于上海创办汪裕泰茶叶店，“粤氛之后，族中宗祠支祠均成焦土，公慨然与同志首出倡建，先解囊捐巨款，于是祠宇遂相继告落”[⑥]。东至纸坑山周氏家族的祠堂在太平天国运动中被毁，后得益于在京为官、协办洋务的周馥，在其倡议和捐资下方得重建。“光绪七年馥滥叨圣恩，除授监司，逾二年，因节俸所入，速谋建复祠堂，族人闻之喜悦，竭力襄助，逾年工竣。”[⑦]青阳香池宁氏宗祠同样毁于“咸同兵燹”，重修祠宇的经费仅靠派丁远远不足，更依赖于族人的捐输，“派下人丁不及曩时之半，佥以疮痍甫复，派费维艰……是役也，费巨万，丁费约计十之二，余资皆仰给捐输”[⑧]。

最后，大型的统宗祠还有赖各房各支的输资。如新安徐氏建祠便由各支捐资：

歙傅溪族纹银五百两又九色银四百两；歙皇呈族九五色银八十两；休长干族九五色银八十两；歙朱方族九五色银三十二两；

① 卞利主编：《明清徽州族规家法选编》，黄山书社2014年版，第245页。

② 卞利主编：《明清徽州族规家法选编》，黄山书社2014年版，第307页。

③ 碑刻《建祠宝录》，现藏池州市贵池区姚街乡荡里姚氏宗祠。

④ 碑刻《重新祠宇照墙乐输》，现藏池州市青阳县沙济乡谢村谢氏宗祠。

⑤ [清]汪纯粹纂修：《弘村汪氏家谱》卷二十四《遗命捐田供修祖祠文宇公略》，清乾隆十三年（1748年）刻本，安徽大学徽学研究中心藏。

⑥ [民国]汪立中纂修：《余川越国公汪氏族谱》卷三《传状上》，民国五年（1916年）木活字本，上海图书馆藏。

⑦ [清]周馥纂修：《建德县纸坑山周氏宗谱》卷三《重修本村祠堂记》，清宣统三年（1911年）木活字本，上海图书馆藏。

⑧ 碑刻《重修祠宇碑记》，现藏池州市青阳县陵阳镇宁氏宗祠。

休奕洪族九五色银三十两；歙韶铿族九五银十六两；休珊溪族九五色银十两；休藕塘族九五色银十两；休石林族九五色艮十两；休由潭族九五色银十两；淳剑溪族九五色银五两；休庄埠族九五色银五两；歙夏川族九五色银五两；休资口族九五色银三两；休古楼族九五色银三两；祁门石栏杆族、太平谭家桥族共九五色银三两；黟霭麓族九五色银二两四钱；歙隐里族九五色银二两；祁富业族九五色银二两；黟赤岭族九五色银二两；休公塘族九五色银二两；休阜前族九五色银二两；休高枧族九五色银二两；休由慕族九五色银二两；休水西族九五色银二两；黟霭峰族九五色银二两，以上共计银一千二百二十二两四钱。[①]

而祁门善和程氏的智、仁、礼、信四房也曾共修四公宗祠，并立合同商议成立祠会，各房将各自所管公产田租提取部分作为修祠会资：

立议提厘谷人程智、仁、礼、信分秩下，缘身等四大房建造四公总祠会，赖各分捐资并已领会银，中厅寝室已成大致，惟前进及墙垣，一切工程浩大，费用难敷，若不亟为筹画，何以善后克济？兹集众公议，复成一会，计银一百两正，以济燃眉之需，并暂付四房递年轮管仁山公祀、寔山公祀及各分己租，每百斤内按提五斤入祠，以备布会要用。自庚午年起至己卯年止，会终之日再行另议章程。身等均系秩裔，嗣后各无悔异，恐口无凭，公立合约一纸存据。[②]

祠堂建成后，宗族还对其管理维护制定了一系列祠规。首先，设立祠首（头首）、值年（管年、司年等名称不一）等，通常是各房公推或轮值，掌握祠堂钥匙，管理宗族公匣和收支账目，负责祠堂日常的管理维护。如东至南溪金氏大成祠推举祠首时先是择贤能二十人，后改为按股设立，四

① ［清］徐禋，徐光抡等纂修：《新安徐氏墓祠规》，清乾隆九年（1744年）刊本，安徽大学徽学研究中心藏。

② 中国社会科学院经济研究所编：《中国社科院经济研究所藏徽州文书类编·散件文书》（第四册），社会科学出版社2017年版，第437页。

股众议立股长八人，充任祠首[1]。祠堂还要设有专值的守祠人负责日常洒扫清洁、检查房屋物品等是否有毁坏被盗等问题，如歙县潭渡黄氏要求“守祠人，每岁给工食若干，须早晚看守门户，防御小人，谨慎火烛”[2]。其次，为防止祠堂建筑年久失修，需定期修护。如潭渡黄氏认为，祠屋“日久必致朽腐，万一倾圮，不特产业顿归乌有，且恐有意外之虞。应蓄积租利，酌估大修。嗣后，定为规例，必五年一小修，十年一大修”[3]。最后，维护祠堂的环境和公物。祠堂及周围宜保持肃静整洁，“除办祭、收租、议祠事及进主外，不得擅开祠门，并不许堆晒物件，以及各色匠工造作”[4]，“祠晒坦，毋许堆积粪土……祠前及祠外塘塍、坝上、锦云山上下左右一带花柳、竹木，毋许侵损”[5]，祠堂内祭器、乐器、家具、摆设等物品“有事则取而用之，事毕则珍而藏之，不得私诸家，不得借诸人”[6]。

（三）祠堂与宗族的主要活动

祠堂是宗族集体活动的场所，宗族通过祠堂行使着各项权力。宗族在祠堂中进行的活动包括祭祖及其他礼仪活动、奖惩执法、节会娱神、存放典册等。

祭祖是宗族最隆重的典礼，所有成年男性族人都要参加，未冠者在旁观礼。如新馆鲍氏规定：“祠祭日，凡派下子孙在家者，俱要齐集。如无故不到者，罚银三分。六十以上者不论，管祭者稽查。”[7]逢元旦、春秋二祭、清明、冬至等时节，族人需集结祭拜先人神主，时间在清晨，“祭时以黎明为率，五鼓时，管祭者令吹手掌号聚齐”[8]，祭拜有繁复严格的仪式，由族长或宗子主持，房支家长等任助祭，年轻有为子弟任礼生，需保持庄严肃穆，并设有管祭人员负责稽查，违反仪礼者予以处罚。祭拜结束，进行颁

① [清]佚名:《建德南溪金氏家乘》卷六《大成祠规条》,清宣统三年(1911年)刊本,安徽东至金家村金氏族人藏。

② 卞利主编:《明清徽州族规家法选编》,黄山书社2014年版,第291页。

③ 卞利主编:《明清徽州族规家法选编》,黄山书社2014年版,第298页。

④ 卞利主编:《明清徽州族规家法选编》,黄山书社2014年版,第324页。

⑤ 卞利主编:《明清徽州族规家法选编》,黄山书社2014年版,第336—337页。

⑥ 卞利主编:《明清徽州族规家法选编》,黄山书社2014年版,第150页。

⑦ 卞利主编:《明清徽州族规家法选编》,黄山书社2014年版,第318页。

⑧ 卞利主编:《明清徽州族规家法选编》,黄山书社2014年版,第318页

胙，参加的族人会在祠堂合食或领取祭品。

除祭祖之外，宗族成员添丁要在祠堂登记在册，“凡生子，于祭日交银二分，取名登册，不致雷同”[①]。娶妻、生子、入学、赴考、登科、入仕等都要赴祠堂告知先祖，并向祠堂输资，“各祠有祖祢神主在龛者，远行及归必告，冠昏（婚）必告，入泮中式必告，莅官受爵必告”[②]。祠堂内有时也设有族塾，族人读书、赴考等宗族会予以资助。加冠、婚嫁、丧葬等活动也会在祠堂举行，或由祠堂组织众人前往庆贺。族人科举高中，往往于祠堂门前立旗；受到旌表褒奖，往往将题匾放置于祠堂。族人去世后下葬前往往将棺停在祠堂接受吊唁，提前预制的棺木有时也存放于祠堂。总之，族人的重要人生活动均与祠堂相关。

祠堂也是宗族进行奖惩执法之地，比如黟县环山余氏在聚族拜谒先祖后，还会在祠堂宣讲家法族规，“每岁正旦，拜谒祖考。团拜已毕，男左女右，分班站立已定，击鼓九声，令善言子弟面上正言朗诵训戒”。并且设有劝、惩牌记录族人的善恶行为，相应给予奖惩。“造牌二扇，一刻‘劝’字，一刻‘惩’字，下空一截。族中有善、有过者，直书，挂于祠堂，一月方易，庶知善善恶恶之戒”，“每月朔日，家长会众谒庙，将前月内行过事迹，或善或恶，或赏或罚，详具祝版，告于祖庙，庶人心有所警醒”[③]。

祠堂作为祠祭先祖之地，讲求肃穆庄严，但同时也是族人的公共空间，时节庆贺、迎神赛会等活动也常在祠堂举行。皖南地区常有迎神赛会习俗，除了宗教因素外，也是节庆时节的休闲娱乐活动。迎神需要组织和花销，因而成立了各种“会”的组织。如祭祀观音、关帝、文昌帝君、地藏王菩萨等一般民间神灵的观音会、文昌阁玉成会、英义会、地藏会等，徽州祭祀地方神灵汪华、程灵洗、张巡、周宣灵王、五猖神的花朝会、世忠会、张王会、周王会、保安善会等，池州祭祀昭明太子的青山庙会等，迎祭的神灵范围十分广泛。这些“会”有的是属于宗族内部的，或是以宗族为单位加入的，此类“会”迎神时或是从祠堂出发朝神，或是接神至祠堂，在祠堂举行仪式及演戏娱神。祠堂门前有较宽阔的场地，部分祠堂还设有戏

① 卞利主编：《明清徽州族规家法选编》，黄山书社2014年版，第336页。

② 卞利主编：《明清徽州族规家法选编》，黄山书社2014年版，第434页。

③ 卞利主编：《明清徽州族规家法选编》，黄山书社2014年版，第186页。

台，逢节庆、神会演出，族人不分男女均可前往观看，这也是宗族的娱乐盛会。绩溪梁安城西周氏就认为“每年阖族禳火，在祠演戏二台，丛集多人，可辟霉气，举行有年”[①]。演出的剧种包括徽剧、目连戏、傩戏、弋阳腔、青阳腔等。

此外，祠堂还是宗族的资料收藏之所，除了供奉先人神主和画像外，也存放文集书画、典册文书等，族谱修订好后也会收藏于祠堂。早在《朱子家礼》中朱熹便设计了“又为遗书、衣物、祭器库及神厨于其东”[②]的规制，休宁茗洲吴氏也提及：“先祖遗书，荒乱后尽已丧失，所存《瑞谷文集》共计若干篇，计板若干片，贮之祠内，责令司年不时查考，毋致失落。”[③]潭渡孝里黄氏规定：“广储书籍，贮于济美祠中黄山楼上，以惠宗族，不许假人以致散逸。”[④]鱼川耿氏祠规中说：“我祖尚书公真像一座及御赐龙虎图两幅，庋有木椟，照章仍由初值年司事敬谨尊藏。”[⑤]呈坎罗东舒祠的宝纶阁，主要存放圣旨制诰、族人中式的黄榜、朝廷的旌表文书、其他御赐物品等，祠堂两侧的厢房还存放有碑刻、匾额等。歙县许村的云溪堂以碑帖出名，存有董其昌、申时行、许国、祝世禄等名家手迹。

（四）祠堂内的附属建筑——戏台

皖南地区保留了许多古戏台，有祠堂戏台、家庭戏台、寺庙戏台、公共戏台等类型。根据《中国戏曲志·安徽卷》、薛林平《安徽传统戏场建筑研究》、陈琪《徽州古戏台》、茆耕茹《宣城、泾县、宁国三县的古戏台》等可知，皖南地区（包括古徽州婺源县）现存古戏台25座，其中祠堂戏台15座，家庭戏台2座，公共戏台4座，寺庙戏台3座，还有1座情况暂不明（详见表4-1）。由此可见，皖南古戏台多附属于祠堂（寺庙戏台往往也是宗

① [清]周之屏等纂修：《梁安城西周氏宗谱》卷首《祭礼》，清光绪三十一年（1905年）敬爱堂木活字本，安徽师范大学家谱中心藏（复印本）。

② [宋]朱熹撰：《朱子全书》（第7册），上海古籍出版社、安徽教育出版社2002年版，第875页。

③ [清]吴翟辑撰，刘梦芙点校：《茗洲吴氏家典》卷一《家规八十条》，黄山书社2006年版，第21页。

④ [明]黄玄豹纂修：《潭渡孝里黄氏族谱》卷四《家训》，明隆庆年间刻本，中国国家图书馆藏。。

⑤ 卞利主编：《明清徽州族规家法选编》，黄山书社2014年版，第347页。

族所建)。

表4-1 皖南(徽州府、池州府、宁国府)现存古戏台一览

名称	位置	建造时间	类型
庆余堂古戏台	祁门县新安乡珠林村	清咸丰初年	祠堂戏台(赵氏)
会源堂古戏台	祁门县闪里镇坑口村	明万历十五年(1587年)	祠堂戏台(陈氏)
敦典堂古戏台	祁门县闪里镇磻村	不详	祠堂戏台(陈氏)
嘉会堂古戏台	祁门县闪里镇磻村	清同治年间	祠堂戏台(陈氏)
敦化堂古戏台	祁门县新安乡洪家村	清道光年间	祠堂戏台(洪氏)
叙伦堂古戏台	祁门县新安乡上汪村	民国十六年(1927年)	祠堂戏台(汪氏)
和顺堂古戏台	祁门县新安乡长滩村	清同治年间	祠堂戏台(赵氏)
顺本堂古戏台	祁门县新安乡良禾仓村	清末	祠堂戏台(赵氏)
新安古戏台	祁门县新安乡新安村	清光绪年间	祠堂戏台
大本堂古戏台	祁门县新安乡李坑村	清同治十三年(1874年)	祠堂戏台(陈氏)
聚福堂古戏台	祁门县新安乡叶源村	清同治年间	祠堂戏台(王氏)
吴宅古戏台	歙县郑村乡曷田村	清光绪元年(1875年)	家庭戏台
璜田戏台	歙县璜田村	民国二年(1913年)	公共戏台
潜口民宅(清园)古戏台	原址在歙县北岸镇显村,后迁入潜口清园	清代	祠堂戏台(洪氏)
黟县万年台	黟县东门城墙外	清道光年间	公共戏台
程宅古戏台	休宁县海阳镇萝宁街霞屏巷	清光绪元年(1875年)	家庭戏台
大石门明代戏台	绩溪县扬溪镇大石门村	明嘉靖年间	公共戏台
方家祠堂阳春戏台	婺源县镇头乡阳春村	明嘉靖年间	祠堂戏台(方氏)
小胡村古戏台	宣城县水东镇小胡村	清末	公共戏台
大郭村古戏台	宣城县水东镇大郭村	不祥	暂不明
太子殿万年台	宁国县方塘乡潘茶村	清代	寺庙戏台
小汪村戏楼子	宁国县汪溪乡小汪村	清代	祠堂戏台(汪氏)

续　表

名称	位置	建造时间	类型
外西阳万年台	泾县西阳乡金溪村	清同治年间	寺庙戏台(西阳胡氏分别于里西阳、外西阳建戏台,今仅存外西阳戏台)
关帝殿万年台	泾县云岭乡罗里村	清康熙四十七年(1708年)	寺庙戏台(云岭陈氏所建)
崇德堂戏台	石台县珂田乡徐村	明末清初	祠堂戏台(李氏)

皖南地区演戏之风盛行,《歙纪》曾言:“徽俗最喜搭台观戏。”[①]祠堂是族人的重要集会空间,节庆之日在祠堂搭台唱戏,族人欢聚一堂,既是宗族的集体欢庆,也能娱神娱祖。

祠堂多分为门厅、享堂、寝堂三进,戏台一般在祠堂的前进,与门厅合为一体(如图4-14),与享堂相对,演戏时族人可汇集在享堂观看,打开寝堂中门,寝堂的祖先们也可共同观戏。部分戏台在天井两侧廊庑还设有观戏楼,拥有更好的视野,多为有名望地位者的观看点。戏台分为固定式和活动式两种。固定式戏台的台基以砖砌成,一般不设大门,仅在两侧设门通行。活动式戏台的台基为可拆卸的木板,不唱戏时拆下,正门便可通行。戏台多为干栏式建筑,高于地面,方便观戏。戏台上分前台和后台,以屏风隔开,屏风上方悬挂匾额。前台分为三间,正中为演出区,两厢为乐队伴奏区。戏台正中立柱上往往挂有楹联,如祁门余庆堂的楹联“太平调调好龙箫韵,天有歌歌谐凤响音”,宁国太子殿万年台的楹联“真面目假笑啼做到真情真不假,旧衣冠新曲调演来旧事

图4-14　石台县徐村崇德堂戏台

① [明]傅岩撰,陈春秀等校点:《歙纪》卷八《纪条示·禁夜戏》,黄山书社2007年版,第107页。

旧如新”。墙壁、隔间板壁、屏风背部等处多有演出题记，为戏班在此演出时所题，记录了时间、演出戏班、演出戏目等，是重要的戏曲演出资料。

戏台的建筑工艺颇为精巧，窗棂、屏风、栏板、立柱、梁枋、斗拱、雀替、斜撑等处都有精美的木制彩绘浮雕，石质柱础上饰有石雕。浮雕内容或为人物戏文故事，或为吉祥图案。天花板绘以彩画，有些戏台天花板正中处还设有藻井。天井地面以青石铺就，设有排水沟。

戏台有演出时会聚集许多观众，可能造成卫生等问题，平时不演出时也有可能荒废，如绩溪城南方氏祠规曾说道：“祠中演戏，无知女流使溺污秽，实属亵慢神明，而庭阶、石磉、地面层层剥烂，臭气时闻，更堪痛恨。且我祠中庭狭小，观者众多，向因演戏，石烂倾损，可为明鉴。”因此，对戏台进行日常的维护是十分必要的。宣城小胡村万年台的碑记刻有禁规三条：

> 戏楼上下，不准堆积柴草、树木等项，违者罚大戏一本，酒五席。
>
> 楼下四围墙脚不准拴牛、堆粪。小儿扔石打瓦，违者罚大戏一本，酒五席。
>
> 戏场四围以内不许堆积瓦砾、污染之物，违者罚款如前。①

皖南古戏台是戏曲文化的载体，也是建筑艺术的宝库，但相对于其他建筑物，其遗留和保护情况并不乐观。许多戏台因不再搬演剧目，年久失修而废弃或被拆除，这与戏曲文化当前的困境有关，也与目前的研究和重视程度不足有关。目前，祁门县内的古戏台相对受到了较好的保护，但其他地区古戏台还是处于一种鲜少被问津的状态，因此，加强对皖南古戏台基本情况的调研和保护刻不容缓。

二、宗族与寺观

佛、道等宗教在皖南的发展处于一种矛盾的地位，一方面，作为儒家

---

① 中国戏曲志编辑委员会,《中国戏曲志·安徽卷》编辑委员会编:《中国戏曲志·安徽卷》,中国ISBN中心1993年版,第526页。

礼法和宗族势力兴盛之地，许多家族的家法族规中都可以看到远离僧尼道士之类的训诫。如婺源龙池王氏家法中有“远佛老”的规定：“佛老之说，最惑人心。人死岂有轮回之理？修斋供佛，何益于事？若以为孝，则一切小人皆能之。苟谓必如是，父母方脱地狱，则又以父母为有罪之人矣。世有孝子而罪其父母者乎？”[①]绩溪上庄明经胡氏家训提出：“黜异术：凡僧尼巫觋之属，最易蛊惑人心，不可与之入门，小则滋祸福之惑，大则为奸盗之媒，不严绝之，是养乱也。”[②]但另一方面，九华山、齐云山等佛、道名山又分布在皖南境内，其宗教势力影响范围很大。即使士绅等对佛、道持摈斥的态度，但在普通民众的信仰层次，宗教给予了他们极大的心理慰藉，这种功用是无可取代的。对于宗族而言，竞争和排斥是一方面，需要和利用又是一方面。与宗族关系密切的寺观，主要可以分为两种：一种是供有先人神位或在祖墓旁协助祭祀的香火庙；一种是处于村落周围，因信仰而支持的普通寺观。

（一）宗族对香火庙的营建与管理

自宋代开始，将寺观与祖墓祭祀相结合的坟寺开始变得比较普遍。坟寺，又称功德寺、香火庙、香灯院等，是一种附设于祖坟旁的寺院、庵堂，实际上也包括道观，主要是利用寺观供设祖先神主香灯为之祈福，由寺僧（或道士）负责看护墓地，不时洒扫。坟寺除由朝廷敕赐给王公大臣外，一般士庶也可以自由设置，不过为了区别，只能称庵、院，而不称寺。在民间建祠祭祖未受朝廷许可之前，一些地方家族和富商巨贾广泛捐田土于寺庙，建立家族祭祀先祖的香火庙。在皖南，此类情况十分常见。

歙县呈坎罗氏（后罗）始迁祖罗秋隐于唐末由豫章迁至呈坎，死后“墓在其居南三里许黄龙山麓之阳，曰杨干”，南宋宝祐六年（1258年），其十三世孙罗鼎因子孙迁衍各处，祭祀不便，于是在先祖坟茔旁建寺，负责看守照料。“族属益炽，散处他乡邑，岁时会拜墓下，老者远莫来，来者幼莫识……谋于众，悉出旧缮墓产，别立僧籍专守，供香灯，则不肖者无所用其奸，而有力者莫能褫，庶几久计”，“有宁泰乡杨干禅院僧觉晓者，清

① 卞利主编：《明清徽州族规家法选编》，黄山书社2014年版，第225页。
② 卞利主编：《明清徽州族规家法选编》，黄山书社2014年版，第111页。

介可委。晓亦愿依归从之，遂于墓前右畔旷地为屋五楹，中居世尊，右祀后□，左亨（按：享）秋隐”①。杨干院因此成为呈坎罗氏的香火庙，罗鼎还邀请其岳父、曾任右丞相兼枢密使的程元凤撰写《罗氏新建杨干院碑记》立于寺庙。

宣城宛陵梅氏的会庆堂是梅尧臣建立的，位于宁国府宣城县柏山（旧名双羊山）。“堂故宛陵梅先生所创，用以妥其父太子中舍公及叔父翰林侍读学士公画像也，僧有素德学士公曰澄展者，请庐其偏而司守奉，先生以其绝俗慕义，必克专事，遂委之，且听像其教于堂左，以弗违其志，其二亲束氏张氏墓亦在焉”②，“后先生殁，其家人亦奉其神而合祀于堂”③。会庆堂是梅氏家族的墓祠，因“僧能专事，籍以守之，必精洁其宇，无令弃俗趣而乐处之”，因而容纳僧人，“堂前许其置佛像，俾报恩奉佛两得焉”④。之后，僧人所居处成为柏山寺，也是梅氏家族的香火庙，梅氏所设祀田由寺院掌管，用以供奉祖先香火和协助祭祀。“柏山祠因澄展徒世奉祖祠香火，自茔域祠亭外，绕寺田地山场，通计一十五亩，付僧管业。旧系奕芳公户内输粮，内有祀田十亩，寺僧本诚、汝佳佃种，岁供薪米办祭”⑤。

婺源灵山碧云庵由江湾萧江氏所创，其先祖文寀公与主持何全通关系友善，“以所居北芙蓉山尝有灵异，乃创庵请何公栖焉，时宋太平兴国四年也，何公因为吾祖卜葬卜居，后四十余年何公得道仙化……文采府君以何公卜葬之仰伞葬父，以卜居之马槽坞开基，以芙蓉山之山基田土施于庵为常住，厥后守香灯辈立文采府君神主并祀于庵”。由于主持何公为江氏卜葬

① 阿风：《从〈杨干院归结始末〉看明代徽州佛教与宗族之关系——明清徽州地方社会僧俗关系考察之一》，文载安徽大学徽学研究中心编《徽学》（2000年卷），安徽大学出版社2001年版，第117页。

② [清]梅朝宗纂修：《宛陵宦林梅氏宗谱》卷十三《复梅氏会庆堂记》，清宣统二年（1910年）木活字本，上海图书馆藏。

③ [清]梅朝宗纂修：《宛陵宦林梅氏宗谱》卷十三《重修会庆堂记》，清宣统二年（1910年）木活字本，上海图书馆藏。

④ [清]梅朝宗纂修：《宛陵宦林梅氏宗谱》卷十三《双羊山会庆堂记》，清宣统二年（1910年）木活字本，上海图书馆藏。

⑤ [清]梅朝宗纂修：《宛陵宦林梅氏宗谱》卷十三《会庆堂祀田复业公议》，清宣统二年（1910年）木活字本，上海图书馆藏。

卜居，获得“文采公施山基田地共一百二十五亩”[①]，寺庙感恩而在寺中立其神主并加以祭祀，成为萧江氏的香火庙。

建德南溪金氏家族有“祖制三香火”洪龙庵、黄道庵和文昌阁，“洪龙、黄道二庵固古刹也，已二百余年矣，与近地文昌阁鼎力，而为本族三香火，创之者先代，修之者后人”[②]。黄道庵兼事佛道，也会在春秋祭祀金氏先祖，“先人建古刹于此，盖非只为庙者之比也，事神兼以事祖，延僧且以逸人，又习丹铅者因之为藏修地，其裨益宏多……此庙非只为庙者也，祖灵庇焉，春秋享祀，赖以不忒，则寺也犹之乎宗庙矣”[③]。文昌阁内设有观音大士像，又建有鸣凤庵，金氏族人常于佛前供奉香灯。在数百年间，金氏对三个香火庙均有资助，规定：“洪龙庵山场无论分落买受，俱永远照老界，尽归祠内管业，日后各股子孙不得私取花利。黄道庵所买柯树长老山场苗木茶科，听住僧取用，其苗木存山蓄养，毋许支下子孙及各附近佃民侵害。”[④]洪龙庵、黄道庵建于宋代，多经衰败，都是依赖金氏宗族复兴修缮，寺院灯油、大钟、经书等支出也是向金氏募化而来。文昌阁是金氏直接建立，族人常购买田土“交付鸣凤庵管业，每年除完国课外，以为香灯之资”[⑤]。三个香火庙与金氏宗族的距离远近甚至直接影响了它们的发展情况，“文昌阁近居村口，故有兴而无废。洪龙远峙境外，每易废而难兴。而黄道一庵，虽奠幽境，实邻庄居，则介乎或兴或废之间”[⑥]。

或是由于墓地路远、祭祀不便，交由寺僧便于管理；或是寺院与家族关系密切，因而供有其先人神主，为之祈福。皖南此类宗族维系的香火庙在宋元及明代中前期十分常见。“中世以来，才智有力者每假营创而因以寓

① [明]江云澍等纂修:《新安萧江大统宗谱》卷四《旃坑马槽屋舆图》,明抄本,上海图书馆藏。

② [清]佚名:《建德南溪金氏家乘》卷七《祖制三香火记》,清宣统三年(1911年)刊本,安徽东至金家村金氏族人藏。

③ [清]佚名:《建德南溪金氏家乘》卷七《黄道庵募经灯引》,清宣统三年(1911年)刊本,安徽东至金家村金氏族人藏。

④ [清]佚名:《建德南溪金氏家乘》卷七《祖制三香火记》,清宣统三年(1911年)刊本,安徽东至金家村金氏族人藏。

⑤ [清]佚名:《建德南溪金氏家乘》卷七《文昌阁香灯碑记》,清宣统三年(1911年)刊本,安徽东至金家村金氏族人藏。

⑥ [清]佚名:《建德南溪金氏家乘》卷七《募修黄道庵小引》,清宣统三年(1911年)刊本,安徽东至金家村金氏族人藏。

于浮屠老子之宫，其意以为家之造废不常，有朝富贵而暮丘墟者，不足恃。足恃以延吾祀者，不若旧院名刹，世变不迁，能久于世也”[①]。宗族通过创建寺观守墓或是施田于寺观的方式，使寺庙或道观承担起为其祭祀祖先、守护祖墓及祀产的义务。香火庙因宗族而立，依赖宗族的资助输募而维系，正是所谓的“墓得僧院以存，僧院资成产以久”[②]，“报恩奉佛两得焉”[③]。

香火庙始终存在着宗族和寺庙自身两股力量，其生存维系依赖宗族的祀产、募捐和输资，其管理又是由寺院自身进行。随着时代的发展，宗族子孙繁衍分迁，对祖墓、祀产的保护会出现一些疏忽，寺庙侵占祠墓的事例不断发生，诉讼争执屡见不鲜。

如呈坎罗氏的杨干院之争，罗氏“祖坟亦因年久凌夷，子孙疏远，不时拜理”，弘治年间寺僧以建寺为名，图谋霸占坟产，并要求罗氏迁祖坟于寺外。就此双方开始了八年的诉讼，其间罗氏祖坟被平、族人被冤入狱，最终达成判决：“断听罗显等照旧修筑坟堆，并埋立志石坟前摽祀，不许在坟左右别行修理。其杨干寺观音堂佛殿并地土，仍听法椿等寺僧照旧管业焚修。”[④]

宛陵梅氏的会庆堂与柏山寺在明代中期以后也是争执不断，主要由于梅氏子孙散于各乡，祠堂年久失修，“其地又渐夺于佛者流，行道相指，策问骑游以遨者，皆惟曰柏山寺也，堂之名遂泯”[⑤]。由于梅氏家族在宣城的声望，多任地方长官都曾协助复修祠堂，“知浮屠有侵逼之渐，乃追复故

---

① [明]汪循：《汪仁峰先生文集》，《四库全书存目丛书》（集部第47册），齐鲁书社1997年版，第335页。

② 阿风：《从〈杨干院归结始末〉看明代徽州佛教与宗族之关系——明清徽州地方社会僧俗关系考察之一》，文载安徽大学徽学研究中心编《徽学》（2000年卷），安徽大学出版社2001年版，第117页。

③ [清]梅朝宗纂修：《宛陵宦林梅氏宗谱》卷十二《复梅氏会庆堂记》，清宣统二年（1910年）木活字本，上海图书馆藏。

④ 阿风：《从〈杨干院归结始末〉看明代徽州佛教与宗族之关系——明清徽州地方社会僧俗关系考察之一》，文载安徽大学徽学研究中心编《徽学》（2000年卷），安徽大学出版社2001年版，第120页。

⑤ [清]梅朝宗纂修：《宛陵宦林梅氏宗谱》卷十二《复梅氏会庆堂记》，清宣统二年（1910年）木活字本，上海图书馆藏。

基，祠田照附继澄展者掌之，以供梅祠香火，仍助俸缮圮”[①]。由于柏山寺的种种劣行，梅氏与其官司不断：正德七年（1512年），寺僧文宥伙同工匠等盗伐梅氏祖墓林木，梅氏诉诸官府，文宥等被判杖责（纳米代刑）、还俗；万历四十一年（1613年），寺僧本诚、如佳等人盗卖祀田、聚众赌博、污损祠堂及梅公亭、勾结恶棍无赖蓄意破坏，梅氏多次与其对簿公堂，至崇祯四年（1631年）得以驱除本诚等人，最终结案；乾隆二十三年（1758年），寺僧宝岩折墙开门、侵占祠基，梅氏再次讼至官府，宝岩认过，不再滋事。

随着明清时期皖南土地资源的日益稀缺以及宗族在地方势力的崛起，宗族不能容忍侵犯祖墓和族产的行为，所以对于寺观的侵占，往往合全族之力与其诉讼。寺观受到宗族的经济资助为其服务，但身份上又是独立的，并非家族的专祠，因而当寺观自身的势力强大可以自给或是宗族资助不足时，寺观也会撇开宗族谋求自立。杨干院和柏山寺便是在宗族子弟疏于祭拜时出现了独立发展的趋势，他们企图破坏罗氏墓地，毁坏梅氏祠堂，意在切断寺庙与宗族的联系，成为单纯的佛寺，将宗族祀产转为寺产。此类墓地祠庙诉讼实际反映的是宗教和宗族两种不同力量之间的角逐。皖南普遍的趋势是，宗族在地方的势力不断增强，他们的祀产普遍得到朝廷承认。佛道势力虽在收缩，但在地方上仍有一定影响。

对于宗族而言，因分散、路远等，客观上他们需要香火庙日常照料祖墓，管理祀产，不可能取缔收回田产，置祖坟于不顾，因而不得不仍将田土交由寺院管理，而这意味着双方的矛盾和角逐还可能继续。在寺观的管理上，香火庙拥有自主权，因而当寺僧侵占族产、破坏祖墓祠堂时，宗族无法以主人的身份进行驱除。官府对寺僧破坏行为的处理往往只是纳米代刑、认过了事。宛陵梅氏作为宣城数百年的名门望族，面对本诚、如佳等寺僧的恶意毁坏行为，官司也进行得十分艰难，其间寺僧不惜于会庆堂放火停棺以阻挠对抗，持续十几年才最终驱逐本诚等人。

杨干院诉讼结束后，罗氏整理出《杨干院归结始末》，警诫后人永收族产。“众欲概将历问卷宗镌刻示监……以是散之本族，家藏一帖，时便观

①［清］梅朝宗纂修：《宛陵宦林梅氏宗谱》卷十二《复梅氏会庆堂记》，清宣统二年（1910年）木活字本，上海图书馆藏。

览，水木本源，未必不兴感警创以动其孝思，亦期保久远之一助也”[①]。柏山寺官司后，梅氏多次立禁约，申明基址、田地、山林均属祠产，严禁侵犯，虽仍由寺院管理，但规定了寺僧看管守护和清明祭祀协助提供祭品的权责，并由官府加印。同时，也对族人进行了约束，规定“清明祭期，寺僧应供薪米，三望各有旧规，额外毋得苛索，更宜相遇以礼、相结以情。迩有与僧从无一面，谬称山主，需索酒食，少不当意，怒气相加，其何以堪？如有此等，年首查明，俟清明祭日，祠重罚不贷”[②]。崇祯十七年（1644年），梅氏三望子弟立《柏山祠基址禁碑》，申明会庆堂的所属权，“今因柏山祠左右前后空基原系本家世业，旧因寺僧刁侵屡经招断。前任何郡主、蔡理尊审词可据，但以三望子姓居住穹远，人心不一，犹恐僧俗人等日后无知混占，为此商议，严立禁碑，毋许侵犯。如有此情，三望齐心鸣公究治。此碑永远承照”[③]。雍正十三年（1735年）、乾隆十六年（1751年），梅氏又两次立禁碑，并由官府加印。

明嘉靖十五年（1536年）以后，朝廷允许民间祭祀始祖、建立宗祠，一方面可以看到的是宗族祭祖转向祠堂；另一方面对于先人所立的香火庙通过合约、禁碑等方式申明双方权责，以规避矛盾，并整理合约状词等文书。现存的许多族谱中都可以看到附有类似的禁约规条、案卷呈文等，族谱中对于族产的捐赠也有详细记录，以防日后争执。同时，在族规家训中，宗族也反复告诫子弟，按时祭拜先祖，给予香火庙寺僧资助，勿要骚扰僧人等。如横冈胡氏规定：“仲贤公布施广安寺供田一处，立下寺奠基一片，两寺僧人立像虔奉。本家子孙递年元旦，许股首六人拜谒，即时同回，毋得搅扰寺僧，致生事端。违，仪罚外，仍是生事之人承当，族众不管。”[④]

---

① 阿风：《从〈杨干院归结始末〉看明代徽州佛教与宗族之关系——明清徽州地方社会僧俗关系考察之一》，文载安徽大学徽学研究中心编《徽学》（2000年卷），安徽大学出版社2001年版，第126页。

② ［清］梅朝宗纂修：《宛陵宦林梅氏宗谱》卷十三《附案卷》，清宣统二年（1910年）木活字本，上海图书馆藏。

③ ［清］梅朝宗纂修：《宛陵宦林梅氏宗谱》卷十三《附案卷》，清宣统二年（1910年）木活字本，上海图书馆藏。

④ 卞利主编：《明清徽州族规家法选编》，黄山书社2014年版，第137—138页。

（二）宗族的信仰与物质布施

皖南有九华山、齐云山等宗教名山，声名远扬、香客云集，其信仰圈辐射江南，施主范围广泛，但本地宗族的影响也是无可忽视的。如九华山主要寺庙的建设，山下的吴氏、柯氏、章氏、姜氏等宗族的物质捐赠颇为丰厚，宣德年间，云严法师兴修化城寺，便“募诸大檀刘宗昭、吴永琏，同八九都耆彦之士来劝施”[①]。万历年间，东岩禅寺扩建大雄宝殿，老田吴氏的吴文梓便聚族合议：“余家乘所纪远祖用之公，最初与地藏遇，赋诗垂赠，有慕道相逢之欢，事迹甚异。吾吴之子若孙，与地藏之子若孙，夙有因缘，又何惜此片地，不力新之，以彰神圣之遗迹”，族人“欣然解囊，不日而工役聿兴”[②]。康熙年间甘露寺的建成源于老田吴氏吴尔俊“慨然以山业施之”[③]。“咸同兵燹”后祇园寺败落，老田吴氏、莲玉柯氏协助僧众延请隆山法师主持寺务，并捐助香资，“合山僧众邀集柯、吴山主商议曰：欲兴祇园者非隆山师莫感当其任，于是合室至虎洞迎入祇园，月给油米供佛及僧”[④]。

除了这些名山大寺，皖南每个村落附近都分布着许多普通的寺观庙宇，它们与宗族处于同一块生活空间，其宗教学说、法事神会、慈善布施等都与族人有密切的关系，也得到了宗族的大力支持。

许多寺庙是由宗族参与创建的。或是源于族人的出家意愿，因不舍亲人或是其他原因不便远离乡土，于是直接于村中建寺。如歙县沙溪村的青莲庵，乃是凌氏文节公之妻余氏创建，明末“公（按：文节公）隐居黄山后，游金陵天界寺，削发作老头陀。其如夫人某氏亦构室数楹，祝发为尼，修真养性，如莲花之清洁，不染污泥，遂以‘青莲’名庵，年至八十余而终”[⑤]；池州的窣月庵，“俗名俞家庵，明末邑人俞凤素封好善，有佛子之

① 成化四年(1468年)纪事碑，现藏九华山化城寺。

② 白化文，张智主编：《中国佛寺志丛刊》第十三册《九华山志》，广陵书社2011年版，第241页。

③ 白化文，张智主编：《中国佛寺志丛刊》第十三册《九华山志》，广陵书社2011年版，第238页。

④ 碑刻《重建祇园寺碑记》，现藏九华山化城寺。

⑤ [清]凌应秋撰，邵宝振校注：《沙溪集略》卷一《青莲庵》，安徽师范大学出版社2018年版，第32页。

称，年逾七十，坚欲出家，其子应奎挽之不获，因建庵于祖墓之侧，延僧智空同父梵诵”[1]。或是因僧人与家族关系密切，从而捐助建设。如青阳的永护庵，是方氏“先岩天佑公所建也，因僧乘上寄迹空门，心恭密谛，一时名流士与之游者众，而先岩之为方外交更契，见其栋宇湫隘，捐资构屋，塑佛像，为丈室，为梵宫，胥于是乎备，且复捐田亩以供香火，每年浴佛节修斋，数十年于兹矣”[2]。或是由于僧人的个人吸引力以及一些神迹显现，宗族在僧人建寺时也会施以援手。如旌德祇园禅林的兴建得益于济阳江氏的支持，“雍正时有老僧晓山者，矢志而为此地开山，一瓶一钵托宿水帘洞中，鸡鸣则祈，声绕村落，募化积寒暑不辍，乡人感其精勤，广为捐输”[3]。

僧道人士礼佛奉道、念经祈福，同时也能从事各种法事活动，其宗教功能是儒家伦理所欠缺而无法取代的，因此或是为了许愿祈福，或是为了斋醮先人，或是为了驱灾禳祸、保佑安宁，宗族对寺观都会给予资助。如休宁大阜吕氏就提到祭祀先祖时需邀请太平兴国寺的僧人一同前往焚香灯，“安奉迁居休宁桑园祖讳仲荣府君神位牌，在府西宗伯祠享祭，则年春月，规取租银三钱，与太平兴国寺僧谒祠焚香灯，永期毋缺”[4]。祁门武溪陈氏先祖建有道院，为族内斋醮祈福，“先祖有道院一所，专为旦夕焚修，上则祝圣寿，下则保护于门庭。或则子孙能继志者，亦从其所为，应有需醮等事，须差请者”[5]。同时，皖南地区还存在许多地方神明的庙宇，因其守护一方的功能，而得到宗族的资助。如歙县江村的新建庙，“庙祀越国汪王，屡著灵异，能捍厉疫”，因此在其修建时江氏族人集体协助，“候郡守江蕃

① [清]陆延龄修，桂迓衡等纂：光绪《贵池县志》卷四十三《杂类志》，《中国地方志集成·安徽府县志辑》(第61册)，江苏古籍出版社1998年版，第602页。

② [清]华椿等修，周赟纂：光绪《青阳县志》卷十一《艺文志》，《中国地方志集成·安徽府县志辑》(第60册)，江苏古籍出版社1998年版，第557页。

③ [民国]江志伊重修：《济阳江氏金鳌派宗谱》第二十册《黄高峰祇园禅林碑记》，民国十五年(1926年)石印本，上海图书馆藏。

④ [民国]吕龙光等修：《新安大阜吕氏宗谱》卷五《桑园祭祀规》，民国二十四年(1935年)德本堂木活字本，安徽师范大学家谱中心藏(复印件)。

⑤ 卞利主编：《明清徽州族规家法选编》，黄山书社2014年版，第229页。

捐金重建，村众共成之”[①]；青阳老田村水口处的协济行祠（石壁庙）供奉谭、曾二圣，传说金乔觉至九华山修行后，“后其国使谭曾二臣……之不归，二臣辞别下山，亦不去……二臣后皆为神……宋之时屡封侯王，为吾邑福主”，南宋时吴鹏飞“于新宅水口创建今庙，其族四时致祭，雨……疾疫，有祷皆应”，此后数百年，老田吴氏族人多次捐资修复庙宇，也将宗族的繁盛归功于神灵的庇荫，“故吴自建庙以来，五百余年，族属之盛，子姓之繁……耀，代有其人，田连阡陌，资累巨万，而他族罕论者，神福之所致也”[②]。

在信仰之外，寺观的慈善功能也是不容忽视的，所谓“佛教入中国，昉于汉，盛于唐，历宋元明，环宇内外，丛林梵宇，齿骈鳞次，即穷山僻壤亦罔不构精庐，飞锡杖，其福田利益之说，固儒者所不道，而乐善好施，则荐绅先生多怂恿之，以是知佛教之盛大，入人之深且广也”[③]。许多宗族往往于古道附近建设茶庵，请僧人照看，为往来行人提供休息的场所，常年施茶，提供食物，作为公益慈善事业。如旌德济阳江氏便在箬岭古道旁创设了三座茶庵，并捐赠田地，供修路及茶庵维护。“箬岭为通徽孔道，途人之所必经，高山上下有三十余里，杳无村庄，行寂寞无人之境，遇溽暑则汗流浃背而无止息之所，遇祁寒则朔风栗烈而有皲瘃之悲。江村江景淮心甚悯之，于中途建三山、笃祜、天竺三庵，夏施凉茶，而苦热者不啻琼浆也，冬施姜汤，而患寒者犹如挟纩也，复置田收息，另子若孙永为修路及庵中日用与冬夏茶汤之费”[④]。贵池孝二保横山庵由高田吴氏“请到应天府承恩寺僧人圆广徒明祥前来修理居住”，并“商议将荒山田地一号，土名坐落横山庵，其东至村坑大降，西至兰界土降，石墙为界，南至阳崖头，山顶为界，北至外庵虎形丫路为界，四至明白，今布施住庵僧圆广名下管业，其山田地听僧开垦锄种，在山风水听僧扦葬，永远供奉香灯”[⑤]，吴氏

① [清]江登云辑，江绍莲续编，康健校注：《橙阳散志》卷八《舍宇志》，安徽师范大学出版社2018年版，第142页。

② 碑刻《重建九华行祠石壁庙记》，现藏青阳老田吴村九华行祠。

③ [清]江登云辑，江绍莲续编，康健校注：《橙阳散志》卷十一《艺文志二》，安徽师范大学出版社2018年版，第196页。

④ [民国]江志伊重修：《济阳江氏金鳌派宗谱》第二十册《箬岭修途建庵记》，民国十五年（1926年）石印本，上海图书馆藏。

⑤《横山庵碑记》，现藏石台星火村吴氏宗祠。

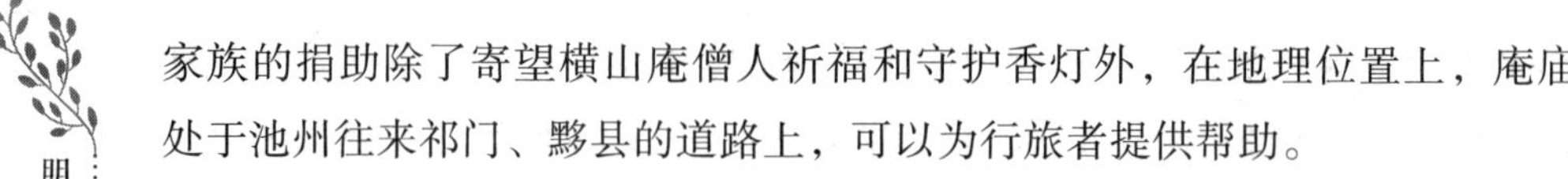

家族的捐助除了寄望横山庵僧人祈福和守护香灯外，在地理位置上，庵庙处于池州往来祁门、黟县的道路上，可以为行旅者提供帮助。

宗族对于寺观的资助往往是有延续性的，先祖的檀施会成为后人捐赠维建的动力。如青阳慈圣寺，受到山南章氏和方氏历代族人的协助修建，“正统间吾曾祖旌义公讳禧远，偕吾里方公讳仕荣者，起废聿新焉，施宇以供佛，施田以计僧，岁久日圮”，正德年间修葺，“其材费仍藉章、方两家其助兴”[①]。太平县馆田李氏的松谷庵，乃是因始祖与道士张松庵友善，宋末张松庵登真后，“余祖为新其庙宇，捐田八十亩做香灯供”。由宋至明，庵庙因赋役负担沉重，多次典当田产而破落，之后复兴的财力支持均来自李氏，“明隆庆年间一大废，余王父为振兴之，田得如初。于万历年间又大废，余先大人又为振兴之”[②]。

在宗族对寺观的物质资助中，信仰是部分推动因素，实际功能的影响更大。许承尧在《歙事闲谭》中所说的：“徽俗不尚佛、老之教，僧人道士，惟用之以事斋醮耳。无敬信崇奉之者。所居不过施汤茗之寮，奉香火之庙。”[③]正是这一现象的反映。

三、宗族与村社

社本指土地神，属于官方祭祀范围，各府县城内都设有社稷坛，由地方长官主持祭祀。皖南民间立社自宋代开始普遍出现。明清时期社与里甲制度相结合，里社成为一种基层自治组织。明洪武八年（1375年），诏天下乡民立社，规定：“凡各处乡村人民，每里一百户内，立坛一所，祀五土五谷之神，专为祈祷雨旸时若，五谷丰登。每岁一户轮当会首，常川洁净坛场，遇春秋二社，预期率办祭物，至日约聚祭祀。……务在恭敬神明，和

① [清]华椿等修，周赟纂：光绪《青阳县志》卷十一《艺文志》，《中国地方志集成·安徽府县志辑》（第60册），江苏古籍出版社1998年版，第556页。

② [清]李嘉宾等纂修：《馆田李氏宗谱》卷二十三《艺文》，清光绪二十七年（1901年）木活字本，天津师范大学图书馆藏。

③ [民国]许承尧撰，李明回等校点：《歙事闲谭》卷十八《歙风俗礼教考》，黄山书社2014年版，第607页。

睦乡里，以厚风俗。”[①]嘉靖五年（1526年），朝廷再次申令立社，以百户为单位，立社坛，春秋乡人祭祀会饮，设乡约推广教化、奖善罚恶，建社学、社仓，守望相助，于是各地纷纷立社。

（一）基层的村社与宗族

社作为基层组织，以地缘为单位，由共处某地的若干户居民组成，但在聚族而居的乡村中，社往往和宗族是相重合的，而在多姓村和商业市镇中，族姓力量是不够的，因而会出现一族一社、多族一社等现象。

社在早期地缘性更明显，往往由各村、各姓合建，但一些大姓渐渐独立建社，将里社发展为族社。如歙县“江村旧与慈姑、片川二村，合号慈化祖社，即今慈姑社屋也。嘉靖时，独建于本村天黄山北，改称西社”[②]，形成了江氏自己的杏里社坛。歙县沙溪凌氏的皇富社最初建立时“岁时祈报，与五村共之，名曰‘皇富’，彰君赐也。宋南渡，隆兴二年，二十世祖子佺公，以五村生齿日繁，赛祠内者嚣杂不能成礼，乃独建坛于青塘山”[③]。歙县东门许氏“昔本族与异姓同奉社稷，后族内藩衍，兼且异姓溷杂，意其不便，恐无以格神，是用改号高阳和丰祖社。凡遇春秋祭赛，皆吾宗支子孙虔于祭奠，纯一不溷”[④]。族社具有排他性，强调参加祭祀的为本族人，保佑本族安宁，排斥他姓的加入。如歙县巨川毕氏的保厘社，“毕氏共建，春秋祭社稷之神……凡我巨川毕氏族人如遇水旱疾疫，皆赖神祇安而理之，所以惟我毕氏族人祀之，他姓不与焉”[⑤]。

在有能力的条件下，宗族都会倾向于独立建社，只有在村落小姓能力不足时，或者是在宗族势力相对分散的商业村镇中，多姓联合建社的情况

① ［明］申时行修，赵用贤纂：《大明会典》卷九十四礼部五十二，明万历十五年（1587年）刻本。

② ［清］江登云辑，江绍莲续编，康健校注：《橙阳散志》卷八《舍宇志》，安徽师范大学出版社2018年版，第131页。

③ ［清］凌应秋撰，邵宝振校注：《沙溪集略》卷七《皇富社记略》，安徽师范大学出版社2018年版，第215页。

④ ［清］许登瀛纂修：《重修古歙东门许氏宗谱》卷十《本社营置义田序》，清乾隆十年（1745年）刻本，安徽师范大学家谱中心藏（复印件）。

⑤ 民国《巨川毕氏宗谱》卷五《宫室志》，转引自张小坡《明清徽州村社运作与宗族关系初探》，《安徽大学学报》2014年第6期。

才比较明显。如《丰南志》中记录了歙县丰南的10处社，吴氏是丰南的大姓，仁德社为“吴氏世祀之”，而其他的社往往是多姓共建，如新义社为“里人胡志勖等姓所祀”，余村社为“余村里金氏等所祀”，丙村社“在村东丙村里，吕氏等姓所祀”[①]。在多姓聚居的歙县岩镇，情况更为复杂，既有族社，如余氏合族所建的长兴社、方氏七门联建的龙潭祖社、潘氏的龙潭社等；也有十二家合立的永兴义井社、四家合建的四义井社，并且由于市镇居民流动性相对较大，社中成员也不断在变化。此外，还有属于岩镇众姓的义成祖社、宁寿祖社等。多姓共建的社，往往采取入股的方式，加入者每户一股，按股输资，轮流充任社首，负责管理。如永兴义井社，“当日社首十二家，立簿十二册，编号智仁圣义忠和孝友睦姻任恤，家收一册……康熙丁未年增入徐日学一家，立元字号簿”[②]。

社的多样性，实际上反映了明清社会基层的多样性，但单姓的族社在村社系统中仍占有重要地位，族社的建立和维系很大程度上依赖于宗族的族产。

一方面，社屋的兴建、修葺维护多由宗族出力。如歙县沙溪凌氏的皇富社，“其址则二十八世广卿、催同二公之田也，计量二百二十一步二分……万历二十八年，三十四世子俭公，又首倡修整。国朝顺治十八年，增墙垣及祠堧石碱。康熙十三年，三十七世德球公、三十八世爱伦公，首捐资葺之，族人赋丁口银助焉。易木柱以石，复欲创两庑，以经费不充而止，其美留与后人补也”[③]。歙县洽里凌氏造水口社庙时“乐输之外，男照丁出银，妇照丁供饭”[④]。歙县东门许氏规定“吾宗中但新娶诞子，每名出银五分一钱”，这便是专门的社银，此后随着本金的聚集和生利，且原先的高阳和丰祖社“每遇时祭散胙，基宇狭隘，起坐行礼未得展舒”，族人以社

① [民国]吴吉祜纂:《丰南志》卷二《舆地志》,《中国地方志集成·乡镇志专辑》(第17册),江苏古籍出版社1992年版,第264—265页。

② [清]佘华瑞纂:《岩镇志草》元集《里社坛宇》,《中国地方志集成·乡镇志专辑》(第27册),江苏古籍出版社1992年版,第134页。

③ [清]凌应秋撰,邵宝振校注:《沙溪集略》卷七《皇富社记略》,安徽师范大学出版社2018年版,第215页。

④ 王振忠主编:《徽州民间珍稀文献集成》第6册《清咸丰歙县洽里凌春华辑会约序文集》,复旦大学出版社2018年版,第277页。

银“增置祭田，买基立祠”[①]，历经数代，完成新建。绩溪锦谷程氏规定，每年检修祠堂，逐年分修，社屋与之一致，“修理祠宇，每年祠首同总首、住祠者不时检点，逐年分修。本村社屋，即于修祠后修理”[②]。

另一方面，社祭和迎神的经费也常纳入宗族的族产开销中，由祠堂代为组织管理。如歙县虹梁程氏的公匣管理规定中说：“支下轮值春、秋两社，每户匣内贴纹银四钱。今议定发元丝银四钱一分二厘，社前十五日发”[③]，证明其祭社资金来自族产，由族内各支轮流负责筹办事宜。休宁茗洲吴氏的社祭费用是由族人按丁出纳，由祠堂统一征收进入公匣管理，“春、秋祈社，先祭而后社。旧分两社，其事宜俱详见《两社簿牒》中。如族人一应输银数，今一并入众箧，不许两社复有征取”[④]。

（二）社屋的祭祖和祭神

社作为祭祀场所，建有社屋，供奉社公、社母，塑以神像，“戊日祀社，春祈秋报……社神为男女二像，庞眉皓首，呼为社公社母”[⑤]，实际上社屋中供奉的不仅仅是土地神，更确切地说应该是守护本土之神，接受本社内居民祭祀，保一境之安宁。诸如汪华、程灵洗、昭明太子、张巡、许远等人物在去世后成为当地的地方守护神，受人们建祠供奉纪念，还被列入国家祀典。因此，在社屋中，往往有他们的一席之地。

此外，随着村落宗族势力的兴起，宗族中有功德的祖先往往被赋予神性，同样成为地方守护神，得以在社屋中供奉。如歙县沙溪凌氏祖先荣禄公“遇仙者流授方投井成醴泉，里人为立社，则名之曰‘皇富公社’”[⑥]。休宁陈村的始迁祖陈禧（鬲山府君），“没葬于县之南地曰鬲山，岁益久，

① [清]许登瀛纂修:《重修古歙东门许氏宗谱》卷十《社序》,清乾隆十年(1745年)刻本,安徽师范大学家谱中心藏(复印件)。

② [清]程希贤纂修:《锦谷程氏宗谱》卷四《规条》,清光绪三十年(1904年)木活字本,上海图书馆藏。

③ 卞利主编:《明清徽州族规家法选编》,黄山书社2014年版,第274页。

④ 卞利主编:《明清徽州族规家法选编》,黄山书社2014年版,第201页。

⑤ [清]清恺修,席存泰纂:嘉庆《绩溪县志》卷一《风俗》,《中国地方志集成·安徽府县志辑》(第54册),江苏古籍出版社1998年,第366页。

⑥ [明]吴子玉撰:《大鄣山人集》卷二十二《沙溪凌氏祠堂记》,《四库存目丛书》(集部第141册),齐鲁书社1997年版,第512页。

一方之民神之，乃创庙墓旁，尸而祝之，凡水旱必祷焉。东作不祀府君不敢兴，西成不祀府君不敢食，子孙之祀之有不如鬲山之民之祀者”[①]。在明嘉靖以前，民间建祠和祭祀始祖未经允许，宗族祭祖往往是依附于社祭的。根据郑力民先生的田野调查，“在宋明之间一段有社无祠的时期内，徽州各姓包括祭祖在内的种种族事活动即是在社中进行，或以社的名义举办，从而这时的社即兼有后之祠的功能”[②]，而随着明代中后期祠堂的广泛建立，社的祭祖功能渐渐淡化，重新恢复到之前祭祀土地和地方神的功能。

土地五谷是农业之根本，春秋祭祀，感恩神明的保佑，祈求风调雨顺、乡土安宁是社祭的主要目的，“春祈万汇之生，得沾时雨之濡，秋报百谷之登，赖无旱魃之潦，遂嘉谷有生成之愿，则衣食有克足之备”[③]。逢社祭及节庆，宗族往往组织社内游神办会，以娱神敬神。如建德南溪金氏规定：“春秋二社严加禁封，春社抬神岭后四境边游，秋社禁火收分金演戏。”[④]歙县江村祭社有灯会、游神、演剧等一系列活动。

中秋夜，农民演傀儡于社坛，用报秋成。[⑤]

（正月）十三四日，各祠送灯，张挂社坛，前后位置，各有定次，罔或移易。

正月十五，奉社稷神出游，以汪越国副之。凡村内供奉诸神像从焉，各具彩旗、舆马，环村而行，曰游神，所所（按：以）以驱厉疫也。

（正月）十六夜，各祠设大烛二炬，重十余斤不等，以木架烛于上下笼红纱，作六角灯状，内燃细烛舁之，以行各色。小灯前导，曰从灯。合村齐集，献入社坛，旧称游烛，环村而行，照耀

① [元]陈栎撰:《定宇集》卷十五《陈氏谱略·始祖鬲山府君》,《文渊阁四库全书》(集部第1205册),上海古籍出版社1987年版,第388页。

② 郑力民:《徽州社屋的诸侧面——以歙南孝女会田野个案为例》,《江淮论坛》1995年第4期。

③ [清]许登瀛纂修:《重修古歙东门许氏宗谱》卷十《高阳社约后序》,清乾隆十年(1745年)刻本,安徽师范大学家谱中心藏(复印件)。

④ [清]佚名:《建德南溪金氏家乘》卷六《大成祠规条》,清宣统三年(1911年)刊本,安徽东至金家村金氏族人藏。

⑤ [清]江登云辑,江绍莲续编,康健校注:《橙阳散志》卷七《风俗志》,安徽师范大学出版社2018年版,第128页。

数里，观者云集，雨则易期，胥听朝献首事酌定。

正月十三、十五及游烛夜，朝献首事家张灯演剧，以寿社稷之神，例必达旦，亦金吾驰禁意也。[①]

婺源武溪水沿岸的上溪源、下溪源两个村落均为程氏居住，每年的七月两社联合前往阆山接佛，以族社为单位参与阆山的地域性迎神赛会活动，“本村溪源上社，下村溪源下社，上下两村同姓，住居毗连，先是请佛，六年一度报赛，上例相共，至输当之年，将七月半前，先期两社设酒会议接佛日期，至七月半临上阆山，定例请佛之家备棹盒茶接，接香之家至中途复定请佛日期，两社允服，一起上阆山填疏许佛下来”[②]。

在祠堂未建之前，社屋兼祭祖先，起到聚族敬祖的作用。祠堂广泛建立后，社屋承担着祭神的功能，既通过祈神求福，保佑乡土平安，也通过游神赛会使宗族内部各支团聚，老幼狂欢，娱乐放松，增强了凝聚力，因此，社屋在宗族社会中发挥着重要的作用。

四、宗族与牌坊

牌坊作为一种以旌表功能为主的标识建筑，有着强大的精神凝聚力和激励作用，它是家族荣耀和地位的彰显，因此，宗族对其也是大力支持。如今在皖南各地，牌坊仍有大量的遗存，每一座牌坊的背后都有一个令人惊叹的故事，每一座牌坊的获得都凝聚着整个家族的努力。

（一）牌坊的种类

牌坊的雏形是一种叫做“衡门”的建筑，它由两根柱子架上横梁作为门前的标识。中古时期，城市被分为若干个居住区——坊，坊前设有门。随着经济的发展，坊门开始变得繁复，立柱形制仿照华表，雕饰更华丽，形态更威武，中间与横梁、门扇相组合，形成了乌头门（棂星门）的形式

① ［清］江登云辑，江绍莲续编，康健校注：《橙阳散志》卷七《风俗志》，安徽师范大学出版社2018年版，第127页。

② 王振忠主编：《徽州民间珍稀文献集成》第19册《上溪源志》，复旦大学出版社2018年版，第73页。

（如图4–15）。作为阀阅世家的府邸标识，棂星门的门扇已失去实际作用，渐渐只剩下了立柱和横梁，横梁之间增加了字板，立柱高过横梁，因此产生了冲天牌坊。形制完善、功能独立的牌坊在宋代以后才出现，阙的楼顶结构又被移植至牌坊上，形成了牌楼式的牌坊（图4–16）。根据功能划分，牌坊主要包括标识坊和旌表坊两种，以旌表坊为主。

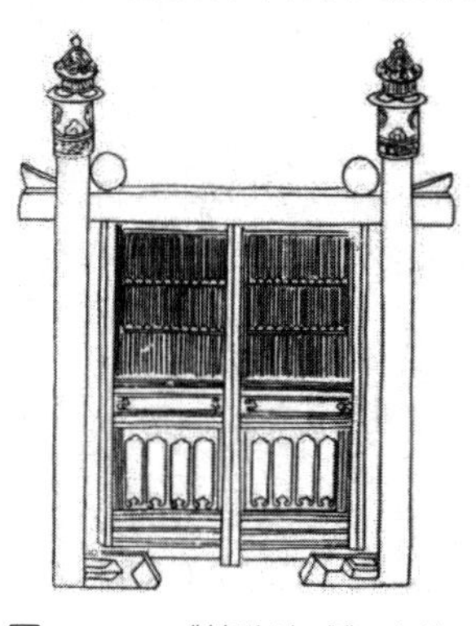

图4–15 《营造法式》中的乌头门形制

图4–16 绩溪龙川奕世尚书坊

1.标识坊

牌坊的前身棂星门是一种用以标识的门楼。标识坊继承了这一功能，主要用于标识地点。标识坊根据所处地点的不同，又可以分为以下几类。

一是立于祠堂、住宅前的标识坊。如歙县的高阳里坊，由许国题字，建于明万历年间，立于歙县城东许氏宗祠前。歙县东关许氏迁自高阳许氏后裔，所以题名其居处为高阳里。

二是立于墓地前的标识坊。如绩溪龙川胡富墓地前的胡康惠公神道坊、胡宗宪墓地前的胡襄懋公神道坊等。

三是立于学校前的标识坊。如歙县的古紫阳书院坊，池州府学前的德配天地坊、道冠古今坊（原名腾蛟坊、起凤坊），青阳九华山上的太白书堂坊等。

四是山川名胜前的标识坊。如休宁齐云山的天乙真庆坊，池州市贵池区齐山的齐山胜概坊、翠微堤上的翠微春晓坊，青阳九华山上的华云深锁坊、如来真境坊、江左名山坊、祝圣道场坊等。

五是街巷、桥梁、村落等处的标识坊。街巷标识坊是城市住宅区各坊的标识，如绩溪县城中的中正坊，始建于宋代，明代复修，砖砌券门，四个拱门贯通四方，宋代建城时以此定中。桥梁标识坊如休宁岩前镇的登封桥坊、池州市贵池区的兴济桥坊。村落标识坊如池州市贵池区的杏花村坊。

六是官衙前的牌坊。如池州府衙前所立的股肱重地坊、襟带名邦坊、右辅雄藩坊，察院前的澄清坊、澄清鲸浪坊、式是南邦坊等。

2.旌表坊

旌表坊是为了表彰和纪念贤达杰出人物而建立的一类牌坊，多是由地方政府上报、皇帝批准后建立。根据被旌表人物的类型，又可以分为以下几种。

一是为朝廷官员所建的功德坊，用以旌表其突出的政绩，彰显个人或家族的显宦身份，多是由皇帝降旨建造。如五马坊，引自东汉太守乘五马出行的典故，被表彰者一般为知府一类的地方长官，歙县许村、绩溪县、祁门县、太平县均有此类牌坊。司谏坊、台宪坊、柱史坊、绣衣坊，被旌表者多为御史、给事中等台谏官员。其他如尚书坊、中丞坊、大夫坊、郡伯坊等都是常见的牌坊名。

二是为科举中试者所建的功名坊。理论上，明清时获得举人以上功名的士子及国子监贡生，均可在地方政府批准后由地方出资为之建坊。皖南各府县有大量的进士坊、举人坊等。这些功名坊包括表彰个人的，如歙县冯村冯榕的进士坊、歙县忠塘村方文贵的进士坊等；表彰集体的，如休宁的彩凤联飞坊同时为11名举人而立，祁门的解元坊是为景泰四年（1453年）的解元叶琦、嘉靖十年（1531年）的解元郑维诚、嘉靖十六年（1537年）的解元王讽三人合建，另外还有旌德江村江汉、江文敏的父子进士坊，建德周学海、周学铭的同胞兄弟进士坊等。在殿试中取得突出成就的士子也会建坊纪念，如池州黄观的状元坊、祁门余梦麟的榜眼学士坊、铜陵纪念宋代探花章应雷的探花坊等。

三是贞节坊。在皖南牌坊中，数量最庞大的一类便是为节妇烈女而建的贞节坊。明清时期对女子道德形迹的旌表，主要分为孝、贞、节、烈、寿几类，政府对这些女子会给予赐匾、建坊、节孝祠设位等不同的表彰。《钦定大清会典事例》中提到，各直省孝子顺孙、义夫节妇，各该督抚于每年十二月照例核实具奏，礼部复核分别给予旌表，凡旌表节孝在直省府州县者，官给银三十两，听其自行建坊。贞节坊一般是由政府批准，出资由其家族自建。贞洁坊有旌表单人的，如歙县棠樾的鲍文龄妻汪氏节孝坊，旌表其矢志守节、孝敬公婆、抚育遗孤；有旌表族内节妇合建的，如歙县许村为许俊业妻金氏、妾贺氏所建的双孝节坊等。此外，政府出资为多人建造的贞节坊也是常见的，如歙县现存的孝贞节烈坊，建于光绪三十一年（1905年），为徽州府65078名被旌表的节妇共建。祁门的节孝总坊，“为五乡贞烈节孝建”[①]。

四是为旌表孝子所建的孝行坊。孝悌是儒家人伦的根本，政府对孝子顺孙同样会给予旌表。如棠樾牌坊群中的慈孝里坊、鲍灿孝子坊、鲍逢昌孝子坊，均与孝道有关，分别旌表遇强盗而争相赴死的鲍宗岩、鲍寿孙父子，精心侍奉母亲、为母吮疽的孝子鲍灿，万里寻父、割股为母疗病的孝子鲍逢昌。青阳的孝感天地坊，是为旌表孝子陈镐而建，“六月盛暑，母病思冰不可得，夜半走深谷中号哭不已”[②]，从而感动上天。

五是为旌表百岁以上老人而建的百岁坊。尊老是中国文化的传统，百岁以上的老人既是太平盛世的象征，也是子女孝道的体现。《钦定大清会典事例》中有“命妇孀居寿至百岁者，题明给予‘贞寿之门’扁（按：匾）额”，“老民年登百岁者照例给予建坊银，并给‘升平人瑞’扁（按：匾）额，老妇寿至百岁，建坊悬额与命妇同”[③]。因此，百岁坊、升平人瑞坊、贞寿之门坊等也成为常见的牌坊类型，如歙县蜀源村鲍德成之妻方氏的贞寿之门坊，休宁董干村汪文宾的百龄颐寿坊，休宁洪方村的汪让和妻子程氏的伉俪百岁坊，等等。

六是为旌表慈善行为而建的义行坊。清代朝廷定例：“凡士民人等，捐修桥梁道路，于地方有裨益者，捐银至千两以上，请旨建坊。”[④]在这种激

① ［清］周溶修，汪韵珊纂：同治《祁门县志》卷十一《舆地志》，《中国地方志集成·安徽府县志辑》（第55册），江苏古籍出版社1998年版，第111页。

② ［清］华椿等修，周赟纂：光绪《青阳县志》卷四《人物志》，《中国地方志集成·安徽府县志辑》（第60册），江苏古籍出版社1998年版，第180页。

③ ［清］昆冈修，刘启瑞纂：《钦定大清会典事例》卷四百五《礼部》，清光绪石印本。

④ ［清］陶澍：《陶云汀先生奏疏》卷二十八《苏抚兼署督稿》，清道光八年（1828年）刻本。

励下，许多商人富户往往乐于捐助公益慈善，以换取朝廷的旌表。如棠樾鲍漱芳父子的乐善好施坊，身为两淮盐商的鲍漱芳捐输军饷、赈济黄淮灾民、修淮河八百里河堤，义行无数，因此嘉庆皇帝下旨赐建乐善好施坊。贵池源头李氏的李积惠在明正统十一年（1446年）的饥荒中，“出积谷二千余石备赈，有司上其事旌为义民”[①]，因而建尚义坊。

此外，明清时期政府亦规定五代以上累世同居、未有分家者，给予建坊旌表，但在皖南现存的牌坊资料中，未见此类情况。

（二）宗族与皖南牌坊兴盛的关系

牌坊的主要功能是对杰出人物及其事迹进行旌表，从明清时期允许建坊的规定来看，拥有建坊资格的群体实际上是相当广泛的。然而无论是明清时期还是现存的牌坊，其分布都是不均衡的，皖南地区的牌坊数量极为突出。在制度条件一致的前提下，这种差异存在的原因还是与宗族社会的环境有关。皖南宗族势力发达，在物质条件和文化氛围上都为牌坊的产生提供了动力。

1.宗族的文教氛围

在儒家思想的影响下，国家对忠孝节义等行为予以旌表，只是维护名教纲常、进行道德教化的手段。在中国传统社会中，行政辖区只至县级，明清社会基层的里甲（保甲）、乡约等组织都是与宗族相结合的，忠臣、孝子、节妇、才俊、义商、耆老等的产生，与宗族的教化是分不开的。

一方面，宗族制定了家法族规，用以规范族人的行为。明清以来，皖南修订了大量家谱，其祖训家规内容各异，而基本要求都是忠君爱国、明礼守法、敬祖睦族、尊老敬贤、孝悌仁义、勤学重教、整肃闺门等。以歙县潭渡孝里黄氏为例，其先祖黄芮以孝行著称，黄氏家训内容丰富，期勉后人“衍祖泽于无疆”，“无忝于孝行之门”。其家训中涉及族人德行和能力培养的，大致有以下几类。

① ［清］陆延龄修，桂迓衡等纂：光绪《贵池县志》卷三十一《人物志》，《中国地方志集成·安徽府县志辑》（第61册），江苏古籍出版社1998年版，第424页。

要求族人以孝为本，“人之于祖，犹木之有根本也”[①]，孝悌之道，圣经贤传载记甚详，族人应研习书中义理并实践，“事亲当尽心奉养”，“于服劳奉养之余，为之譬喻宽解，以博亲之欢心”[②]，祭祖应恭敬，尊长要礼遇，为父母治丧送葬要至诚谨慎，“子孙须恂恂孝友，实有孝行”[③]，延续孝门家风。

对于族内子弟，先人积极训诫其读书修德，“凡书属于伦常者，不可不着意看，又不可徒看而不思躬行”[④]。将子孙教育视为植木之道，因材施教，培养子弟或士或商，“苟非甚愚与不肖，则必量其材而授之以术业，教之以诗书，勉之以忠孝廉节，使之蹈履于规矩之中，而不致逾越于闲轨之外，此我孝里之家风所以永永而不坠也”[⑤]，“若二十岁以外，学业无成者，令其学习治家理财之方”[⑥]，不可游手好闲，堕坏心术。

子孙中有仕宦为官者，宗族训诫其忠孝国家、勤俭爱民、勿忘族里。“如有出仕者，又当蚤作夜思，实心办理，正务以报国为务，抚恤下民，实如慈母之保赤子。……廪禄有余，当周给三党，不可但私于妻孥，竞为华丽之饰。亦不得恃贵自尊，以骄宗族。”[⑦]对于富贵经商者，告诫其勿要贪财忘义，鼓励其造福乡里。“古人之于财，积而能散。且一乡之中，亲则三党，疏则邻里，今幸稍有赢余，量其等差而周施之，不犹愈于陈腐无用以获谴于名教乎？”[⑧]

对于族内女眷，提出“风化肇自闺门，各堂子姓当以四德三从之道训其妇，使之安祥恭敬，俭约操持，奉舅姑以孝，事丈夫以礼，待娣姒以和，抚子女以慈”，“婚姻乃人道之本，必须良贱有辨，慎选礼仪不愆、温良醇厚有家法者”[⑨]。

皖南宗族数以万计，类似潭渡黄氏这样的家训不计其数，正是这些族

① 卞利主编:《明清徽州族规家法选编》,黄山书社2014年版,第13页。
② 卞利主编:《明清徽州族规家法选编》,黄山书社2014年版,第14页。
③ 卞利主编:《明清徽州族规家法选编》,黄山书社2014年版,第15页。
④ 卞利主编:《明清徽州族规家法选编》,黄山书社2014年版,第30页。
⑤ 卞利主编:《明清徽州族规家法选编》,黄山书社2014年版,第17页。
⑥ 卞利主编:《明清徽州族规家法选编》,黄山书社2014年版,第20—21页。
⑦ 卞利主编:《明清徽州族规家法选编》,黄山书社2014年版,第22页。
⑧ 卞利主编:《明清徽州族规家法选编》,黄山书社2014年版,第24页。
⑨ 卞利主编:《明清徽州族规家法选编》,黄山书社2014年版,第19页。

规家法，塑造了良好的家风环境，规范着族人的日常言行，对于培养忠孝节义等优良品质，具有极大的指导意义。

另一方面，宗族通过奖惩的手段，推动族人向善上进。对于族中的耆老贤宦、登科才俊、节妇孝子等，宗族通过祠堂题名、增加颁胙、神主永世供奉配享等方式予以表彰优待，以激励族人效仿学习。如绩溪城西周氏规定："忠孝节义，题请旌表者，皆于祝版后附名配享，以励家风。"[①]祠堂祭祖后散胙是对族人的回馈，除了普通散胙之外，另设老人胙、科甲胙、职官胙、捐例胙、能干胙等，对于杰出人群增加胙肉分配，以示尊崇。祠堂供奉神主，一般遵循五世则迁的原则，而对于那些受到表彰、行堪模范的族人，则长久供奉。如歙县新馆鲍氏还有升龛的规定，即本应按昭穆顺序供奉左右龛的神主升至中龛，"升龛所以尊始祖也……历代忠孝节义各主，神人共钦，亦并祔于下，以昭隆重。凡有功于宗祠及有贤名，为乡邑称服者，皆谓之义。凡文武现任人员，不论品秩。科甲人员，文以恩拨、副岁、优五贡起，武以举人起。封赠及捐纳人员，文以七品起，武以六品起。九十寿考人员与捐资配飨者，皆列旁龛"，"节妇升龛，必须年例合符、实系贞洁可嘉者，无论已旌、未旌，皆得公举"[②]。绩溪泉塘葛氏规定："孝子、节烈旌表者，其神主准祔配享，祭祀给胙，以励后人。"[③]而族人的悖逆不当行为，轻则点香罚跪、罚银罚戏，重则杖责笞罚、祠堂除名、送官究治。

2. 宗族的物质保障

皖南牌坊的获得不仅仅是个人的努力，背后也有整个家族的投入和支持。宗族内部实际上是一个互助团体，无论是贫寒、老迈、孀居的弱势者，还是求取功名、仕进、财富的群体，都可以从宗族中获得相关资助。宗族有公共的族产，内部也有完善的资助救济制度，这些便是牌坊形成的重要物质支撑。

首先，宗族积极支持族人读书赴考，以族产兴建义塾、书院、文会等

① 卞利主编:《明清徽州族规家法选编》,黄山书社2014年版,第343页。

② 卞利主编:《明清徽州族规家法选编》,黄山书社2014年版,第322页。

③ 卞利主编:《明清徽州族规家法选编》,黄山书社2014年版,第346页。

机构组织，不惜重资选聘名师。当子弟适龄，便积极鼓励其入学读书，对于那些读书有望的贫寒学子，积极给予生活和求学费用的支持。如歙县潭渡孝里黄氏，对“子姓十五以上，资质颖敏、苦志读书者，众加奖劝，量佐其笔札、膏火之费，另设义学，以教宗党贫乏子弟”[①]。歙县许氏也指出：“士之肄举业者，有志于科第者也。业之弗精，有能以应举及第者乎？饥寒困穷乱其心，吾未见业之能精也”，因而要求富裕的族人资助贫寒才俊，“始于五服之亲，以至于人之殷富者，每月给以灯油、笔札之类，量力而助之，委曲以处之，族之斯文又从而诱掖奖劝之，庶其人之有成，亦且有光于祖也”[②]。根据族人求学成绩，宗族会给予赏罚。如绩溪宅坦胡氏规定：“凡攻举子业者，岁四仲月，请齐集会馆会课，祠内支持供给。赴会无文者，罚银二钱；当日不交卷者，罚一钱，祠内托人批阅。其学成名立者，赏人泮贺银一两，补廪贺银一两，出贡贺银五两，登科贺银五十两。”[③]当族人参加乡试会试，宗族会给予路费支持，如绩溪城南方氏规定：“大比之年，有赴文闱应试者，自应佽助盘费……今定赴南闱者，给大钱二两；赴北闱者，给大钱八两。举人赴京会试，给元银十二两”[④]。皖南大量的功名坊出现，科甲传家、父子祖孙兄弟进士的情况屡见不鲜，这些和宗族对子弟教育的重视是分不开的。

其次，对于族中的老者，宗族在要求族人孝顺长辈、周全赡养的同时，也会给予物质资助。祭祖颁胙时，老人往往根据年龄而加倍，如绩溪方氏规定：“六十岁与祭者，给包、肉各半斤，外散福……七十岁，给包、肉各一斤，外散福，不与祭亦给胙……八十岁，给包、肉各二斤，外散福……九十岁，送包、肉各四斤，外散福……一百岁，鼓乐送包、肉各八斤，散福桌盒一席，酒四壶，无论春祭、冬祭，包、肉并送。”[⑤]族中的孤寡老人，宗族也会给予赡养。如歙县项溪桂氏对于那些“乏嗣男妇，男年过六十五

① 卞利主编:《明清徽州族规家法选编》,黄山书社2014年版,第17页。

② 卞利主编:《明清徽州族规家法选编》,黄山书社2014年版,第147页。

③ [民国]胡宝铎,胡宜铎纂修:《明经胡氏龙井派宗谱》卷首《祠规》,民国十年(1921年)木活字本,安徽大学徽学研究中心藏。

④ 卞利主编:《明清徽州族规家法选编》,黄山书社2014年版,第357页。

⑤ 卞利主编:《明清徽州族规家法选编》,黄山书社2014年版,第359页。

岁、妇年过六十岁，贫寒不能自赡者，给养终身”[①]。这些营造了敬老养老的环境，为百岁老人的产生提供了一定的后备条件。

再次，对于孀居寡妇，宗族也通过一系列措施保障其生活。许多宗族都设有义田，赈济鳏寡孤独者，如棠樾鲍氏的鲍起运捐献有“体源户”“敦本户”义田，其夫人汪氏还“因己一生亲历之苦，念及众房女眷之苦，特捐置田一百亩，取名‘节俭户’，以惠族妇用”[②]。新馆鲍氏族人捐有“清节户田二十亩，本专给节妇，照八公派下人数匀摊。必须年例合符、贞洁可嘉者，方给。有子者，以成丁为度，无子者，给其终身”[③]。歙县许氏对于“族中有志守节贤妇，及年老孤贫无依者，每名每月给以口粮五钱”[④]。在抚恤之外，宗族也会遏制族人因贪图钱财而迫使寡妇再醮的行为，并对节妇给予礼遇。如绩溪荆州明经胡氏规定：“寡妇乃无夫之靠，幸而有家财、有子则可。倘两者俱无，众当协力扶持，以成其节，不可狐媚苟且，以乱其所守。果坚心守节，慎勿逼其改嫁，以利其财。”[⑤]休宁新安朱氏规定：“凡有孀妇，青年守志清贞者，长率支丁礼拜，以播芳声。”[⑥]皖南能够涌现大量的节妇烈女和贞节牌坊，与此是分不开的。

最后，宗族对于那些为官和经商者，也会给予相应帮助。族人为官赴任，宗族会给予资金，既为其提供了路费和生活资助，同时也有利于其为官后保持清廉之风，比如婺源云川王氏规定：“赴任程仪，本省八两，邻省二十两，远省六十两。八品以下十两，七品以上二十两，杂职八两。”[⑦]对于子弟经商，宗族也会要求“族众或提携之，或从他亲友处推荐之，令有恒业，可以糊口”[⑧]。而族人也会予以照顾，传授相关经验。如汪道昆的曾祖父汪玄仪，“诸昆弟子姓十余曹，皆受贾，凡出入必公决策然后行”[⑨]。

① 卞利主编:《明清徽州族规家法选编》,黄山书社2014年版,第267页。

② [清]鲍琮纂修:《棠樾鲍氏宣忠堂支谱》卷一七《节俭户田缘由》,清嘉庆十年(1805年)刻本,安徽省图书馆藏。

③ 卞利主编:《明清徽州族规家法选编》,黄山书社2014年版,第323页。

④ 卞利主编:《明清徽州族规家法选编》,黄山书社2014年版,第399页。

⑤ 卞利主编:《明清徽州族规家法选编》,黄山书社2014年版,第73页。

⑥ 卞利主编:《明清徽州族规家法选编》,黄山书社2014年版,第235页。

⑦ 卞利主编:《明清徽州族规家法选编》,黄山书社2014年版,第308页。

⑧ [清]吴翟辑撰,刘梦芙点校:《茗洲吴氏家典》,黄山书社2006年版,第18—19页。

⑨ 张海鹏,王廷元主编:《明清徽商资料选编》,黄山书社1985年版,第266页。

休宁人金声在其文集中也提到，休宁、歙县“两邑人以业贾故，挈其亲戚知交而与共事，以故一家得业，不独一家得食焉而已”[①]。

3.宗族的旌表支援

建立旌表坊的程序颇多，皖南宗族有强烈的凝聚力和集体荣耀归属感，因而对于这种旌表坊建筑十分重视，不厌其烦，积极争取建造，在整个牌坊的申请和建造中，宗族都给予了极大的支持和资助。

首先便是由宗族向地方政府申请旌表。皖南地处偏僻，民众居于乡村，普通人甚至从未踏足村外。在这种情况下，族内产生的杰出人物若宗族不为其呈请，很多只能是默默无闻，尤其是那些没有显赫地位和雄厚资产的孝子、节妇等。“但限于无力，欲闻诸有司，匾其门第，亦难矣，而况于奏闻旌表乎？”[②]在皖南，如果符合奏请旌表规定，宗族一般都积极为之申请。如歙县潭渡孝里黄氏规定：“族内有孝子顺孙、义夫节妇，此其人砥德砺行，有关风化甚大。各堂长暨斯文会倡众殷勤慰问，使人知所激劝。遇郡邑甄举，阖族绅衿父老连名呈报，以祈奖异。有不足者，酌捐钱谷佐之。”[③]祁门文堂陈氏规定：“本宗子妇，有能砥砺名节者，临会时，公同造门奖劝，里排斯文仍行报官，申请旌奖，以为祖宗之光。”[④]休宁商山吴氏规定：“凡有孝子顺孙、义夫节妇、名宦功德及尚义为善者，宗正、副约会族众告祠，动支银一两，备办花红、鼓乐，行奖劝礼，即题名于祠。甚堪奏请表扬者，合族共力举之。”[⑤]

其次，宗族申请旌表后，要经过地方官府层级审核存档，直至督抚一级，再奏报礼部复核批准。在明清时期的通讯条件下，程序十分复杂且费时，过程很漫长，有的受旌表者甚至在得到表彰前便已去世。康熙十四年（1675年）旌表节妇的规定提到：“凡节妇已经核实到部者，虽病故亦准汇

① ［明］金声：《金正希先生文集辑略》卷四《与歙令君书》，《四库禁毁书丛刊》（集部第50册），北京出版社1998年版，第522页。

② 卞利主编：《明清徽州族规家法选编》，黄山书社2014年版，第148页。

③ 卞利主编：《明清徽州族规家法选编》，黄山书社2014年版，第17页。

④ 卞利主编：《明清徽州族规家法选编》，黄山书社2014年版，第214页。

⑤ 卞利主编：《明清徽州族规家法选编》，黄山书社2014年版，第252页。

题旌表”[①]，这其实也反映了旌表审核过程的漫长。而同时，地方官府行政效率低下、吏胥盘剥的问题也是不可忽视的。在旌表的过程中，需要宗族花费大量钱财打点上下，要有人脉帮助疏通关系，这些仅依靠个人是很难办到的。王振忠教授在《牌坊倒了?》一文中提到一份盐商档案，可以窥探申请旌表过程中自下而上的打点费用：

由学备文移县转府申详藩宪及院宪，共额费元银五十五两
内老师计额元十二两
学胥计元八两
县礼房额元六两
府礼房额元四两
布政司房额元七两
院房额元十八两
倘由部报饬县印结，约额费元十两之间
系老师处约在八两
县、府礼房各一两
藩、院房无额费　县、府礼房均可承办[②]

再次，族内在朝为官、富甲一方的族人，对于建旌表坊也有极大的支持作用。他们往往能够结识一些朝中重臣，或与地方官长私交密切，可以协助疏通关节，缩短程序。有的族人甚至得到了皇帝的垂青，因而直接颁旨建坊。如建德周氏家族的周馥，其五代先祖都是因其而得到封赏，族人由此建荣封五代坊。在奏请为周馥之妻、崇封一品夫人的吴氏建乐善好施坊的奏折中，可以看到此前经历了前太平府教授禀文、建德知县核实、两江总督呈册礼部等手续，时任两广总督的周馥，在这些环节中起到了一定的帮助作用。

最后，当朝廷批准下旨建坊后，规定给牌坊银三十两，由家族自建。但实际上，由于受旌表的群体人数庞大，加之官府一些时期财政拮据，牌坊银未必能如数给到。明万历四十七年（1619年）就有因兵事而挪牌坊银

① [清]昆冈修，刘启瑞纂：《钦定大清会典事例》卷四百三《礼部》，清光绪石印本。
② 王振忠：《牌坊倒了?》，《读书》1999年第2期。

充当辽饷的情况。此外，一些石料精致、雕刻精美繁复的牌坊，修建费用远超过三十两，因此修建过程中，宗族也会予以资助。如绩溪仁里程氏家规中提到："派下有忠孝节烈、请旌建坊者，公匣给钱四两"[①]，黟县鹤山李氏规定，"遇有节妇竖匾额、牌坊者，其捐输众会之款，不拘多寡，族中必购千边烛一斤以贺，以示鼓励褒奖之意"[②]，但实际的人力、物力支持应远不止这些。此外，富裕族人也会捐助牌坊银，婺源县济阳江氏的明杨公廷和"每宦游归，则为乡党办一善事：初归，通水利，灌田万顷；再归，捐建坊费修城；后归，置义田，周贫困"[③]。

纵观皖南拥有较多牌坊的村落，往往都是名门望族所居，族内也出现了许多显赫人物，宗族的财力、人力、制度、文教等是推动牌坊产生的最主要动力。

第四节　皖南宗族与村落的交通设施建设

除了"礼仪标识"性建筑营建之外，交通设施建设也与宗族紧密相关。皖南现存大量的古道古桥，虽然有的已经废弃，但仍具有重要的历史文化价值，被列入国家级、省级重点文物保护单位。明清时期，它们的营建多来自宗族的力量，既便利了村落的生活，同时也是明清宗族社会繁荣的物质见证。

一、宗族与道路

道路是商旅往来、物资交流、人员外出的途径。明清时期徽商发展极盛，足迹遍布天下，出入往来，不绝于路，皖南内外沟通的重要节点在徽州。徽州的出行，水路依靠新安江和阊江分别通往杭州和鄱阳湖地区，但徽州境内的水道往往水浅流急、通行条件并不好；徽州府至宁国府、池州府陆路有徽宁、徽池古道，出省陆路则有徽杭、徽饶古道，分别通往浙江和江西。根据明代徽州人编撰的《一统路程图记》和《士商类要》两部经

① 卞利主编:《明清徽州族规家法选编》,黄山书社2014年版,第313页。

② 卞利主编:《明清徽州族规家法选编》,黄山书社2014年版,第207页。

③ 卞利主编:《明清徽州族规家法选编》,黄山书社2014年版,第54页。

典的商路概述著作，徽州外出的商路“陆路的比重占到了商路运输线路的2/3”[①]。可以说，陆上道路对皖南，尤其是皖南内部各府的沟通起着十分重要的作用。

（一）皖南境内的古道交通

皖南各府的陆路交通，以徽州最佳，所谓“成梁除道，利济行人，皖南以徽州为最，宁郡则泾、旌、太三县差可仿佛”[②]，现今所存的主要古道也以徽州保存最好。以徽州为中心，皖南境内的古道交通主要包括以下几条路线：

一是徽杭古道。徽杭古道由徽州府至杭州府，是明清徽商进入江南的重要通道，其后再由大运河北上扬州、京城等地。徽杭古道包括四条路线：一是逍遥岭古道，由绩溪伏岭过逍遥岭，经清凉峰至杭州，其沿线经过的著名村落有龙川、仁里、伏岭等；二是昱岭关古道，由歙县出发经新安关、老竹岭石关、昱岭关后进入浙江境内，经昌化进入杭州，沿途经过的著名村落有杞梓里、三阳、叶村等；三是大连岭古道，由屯溪出发经石门过大连岭至淳安到杭州，沿途经过石门、榆村等村落；四是谷雨岭古道，由屯溪经歙县、璜田过谷雨岭至淳安，沿途经过璜蔚等村落。后两条路线也被称为徽严古道，由徽州府至严州府。

二是徽开古道。徽开古道是徽州到浙江开化的道路，由歙县到岩寺经篁墩进入屯溪，经榆村、岭脚、五里亭、冷水缝翻白际岭经大溪口、古洞门到达遂安、开化。

三是徽饶古道。徽饶古道由徽州通往江西饶州，是徽商进入江西的重要通道，也是茶业交易的主要路径。之后由江西至鄱阳湖，溯长江而上或沿赣江而下，到达湖广、岭南等地。徽饶古道包括五条路线：一是浙岭古道，由祁门、黟县、休宁至兰渡，经溪口、板桥、梓坑，翻浙岭经岭脚到达婺源，沿途经过岭脚、思口、凤山、凰腾、梓坞、虹关、浙源、清华等村落；二是回岭古道，由祁门、休宁经兰渡、溪口、陈霞，过回岭经段梓

① 张亮：《封闭与开放：徽州古代陆路交通发展历程及空间分布特征》，《深圳大学学报》（人文社会科学版）2016年第6期。

② ［民国］江志伊重修：《济阳江氏金鳌派宗谱》第二十一册《旌川杂志（节选）》，民国十五年（1926年）石印本，上海图书馆藏。

到达婺源，沿途经过陈霞、回溪、祖源、江湾等村落；三是平鼻岭古道，由祁门、休宁经流口、岭脚，穿平鼻岭至婺源，沿途经过石屋坑、塘窟、沱川、浙源等村落；四是右龙岭古道，由休宁、祁门经黟县渔亭、流口翻右龙岭至浮梁，过瑶里到景德镇，沿途经过渔亭、磻溪、凫峰、汪湖等村落；五是塔岭古道，由休宁翻塔岭进入婺源，沿途经过溪头、中平、塔坑等村落。

四是徽池古道。徽池古道主要由徽州至池州府，之后通往省会安庆府，或沿长江航行。徽池古道包括五条路线：一是榉根关古徽道（图4–17），由祁门县城经坑口、闪里、文堂、箬坑过榉根关进入石台珂田、仙寓镇，沿途经过坑口、文堂、箬溪、源头等村落，曾是重要的军事战略要地，是湘军与太平军激战对峙之处，曾国藩曾在此筑台城；二是大洪岭古道，由祁门经大坦、枫林街，翻大洪岭至雷湖进入石台，沿途经过燕窝里、水枧等村落；三是石门岭古道，由黟县县城经黟县柯村、埠头过石门岭，经石门坑、严家坞到达石台，沿途有埠头、石门坑、琏溪等村落；四是赤岭古道，由祁门县城经大北埠、历口过龙宫岭、赤岭，经横渡进入石台，沿途经过历溪、环砂、历口等村落；五是徽青古道（箬岭—梅花岭古道），由歙县县城经许村、富堨、茶坦过箬岭关，经仙源、谭家桥、广阳、陵阳至青阳县城，沿途经过许村、茶坦、陵阳等村落，其中箬岭关是历朝历代的战略要地。

图4-17　榉根关古徽道

五是徽宁古道。徽宁古道是徽州通往宁国府的道路，之后由宁国府可至太平府，由芜湖沿长江至各地。徽宁古道包括四条线路：一是箬岭—色岭古道，由歙县出发，部分与徽青古道箬岭段一致，至箬岭关后分开，向西为梅花岭古道，通青阳，向东为色岭古道，经天星洞、青庵驿、五里亭、白地到旌德县城，途中有高甲等村落；二是翚岭古道，由绩溪县城经高迁翻翚岭，经浩寨到旌德，沿途经过翚岭脚、浩寨等村落；三是丛山关古道，由绩溪县城经扬溪、丁家店、丛山关、章家湾、屋楼下、金沙到宁国县城，沿途经过胡乐等村落；四是杨桃岭古道，由歙县经绩溪旺川、上庄、鲍家村，翻杨桃岭进入旌德，沿途经过旺川、石家村、上庄、江村等村落。

（二）宗族与道路修建

皖南闭塞的山村中走出了徽州商人、宁国商人等商帮，他们走南闯北，贩运物资，往来于道路。皖南作为文教兴盛之地，一批批学子书生怀着登科入仕的梦想，走出家乡，迈向省城、江南乃至京城。皖南作为村落聚居之处，村民农夫日常走出家门，出入田野，劳动耕耘。无论是日常出行的村间平坦小路，还是崇山峻岭间的崎岖商道，道路与人们的生产生活密不可分。在皖南数千里的古道修建和维护中，官府只是推动的力量，宗族是直接的承担者。

如歙县蜀源村处在进灵山、通箬岭的要冲之地，且道路又临近堤坝，和灌溉相辅相成，因而鲍氏宗族出资，兴修了此段山路。民国《歙县志》记载：

> 歙西北之村曰蜀源，为入灵金、通箬岭之要路，其地逆大母堨之水而委折环之，始于蜀口、竟于白沙岭之巅，凡二千余丈，路整则堤固，堤固则流畅，亩浍町畦，灌输无碍……然数年来堨旁路渐倾圮，砂砾填淤，壅遏堨流，于是蜀源鲍君治南慨然太息，以为路滨驶流愈久则愈以残坏，商旅之行过余里者，其能免颠踬乎？……今因路圮而堨隳，是既使行旅多艰而又病农人也，乃伐石于山，修之数月而功成，其费三千缗。[①]

旌德江村处在徽宁古道附近，族众万人，名贤辈出，有“旌阳第一家”之称，族人经商者颇多，“予族设质库外埠者六十余家，商店如恒河沙数”[②]。江氏族内的江熊联合族人，修建千丈古道，历时一年，耗资六千两。“旌之西南距城五十里，有金鳌村者，旌邑之巨族也，居民万家皆江

① [民国]石国柱等修，许承尧纂：民国《歙县志》卷十五《艺文志》，《中国方志丛书》（华中卷第二四六号），台北成文书局1975年版，第2573页。

② [民国]江志伊重修：《济阳江氏金鳌派宗谱》第二十一册《旌川杂志（节选）》，民国十五年（1926年）石印本，上海图书馆藏。

姓，由金鳌而北至庙首、越社、光山、乌山、岭子山，历苦竹、罗川、练山各村庄并诸田垄，路十余里，为村民买盐米并达徽宁之孔道，而路多倾圮，阴雨泥泞，或崎岖，或蒺藜，行者忧之，金鳌善士名熊号受斋，顾之心恻，遂谋诸伯仲，出囊中金六千两构工料，砌以坚石，隐以金锤，堤其外以防溪水之齿，沟其旁以纳山水之冲，由乙巳夏动工，越丙午秋而工竣，自社光山至庙首凉亭，一千三百二十余丈，工坚料实，俨然见荡平之正焉”①。

村落分布于道路附近，本身就是行旅停靠休息的场所，村落的建设也与行人往来密切相关，歙县《珠光里胡氏家庙、道路修建碑》中就提到：“念厅前大路本为休歙通界，乡人耕樵往来，咸由是道，亦以年久失修，崎岖偏陂，不堪履蹈，心殊蹴然。盍并组织成功，洵为地方公益，因自力措经费，筑堤填石，补其缺陷，计长百有三十丈，北逾永福桥前，南抵岩坑井上。庶几一劳永逸，周行平坦，康庄气象，焕然一新。”②徽青古道途径许村，往来商旅多经过村落，因此许氏宗族要求：“每岁自五月起，至七月止，于宗祠门外架搭凉篷，煎设茶汤，施及一切往来行人。茶用湖南安化陈茶，非徒解渴，兼可益人。每岁自十月起，至正月止，于宗祠门外结茅搭厂，煎设姜盐茶汤，施及往来行人。盖酌暑剂寒，施及行路，亦广祖泽、溥仁心之一端也。”③

修路耗资巨大，宗族往往把修路作为一项重要的公益事业，由族产中拨款出资进行营建。如歙县虹梁程氏公匣的管理办法中就规定：“匣内银钱，除坐常支外，再存五十两，以备匣用。盈余银两，如坟墓、祠宇、道路、桥梁及一切有关于吾乡公事、善事，随时斟酌，请告分长，公商举办。”④鱼川耿氏积极鼓励族人输资族产，并指出将族产收入用于修路等公益事业，“其有多田丰收，巨商获利，以及达官归老，积有余俸，均应量力捐资，名曰‘族费’，即以之办理上项慈善事业暨修理桥梁、道路公益之

① ［民国］江志伊重修：《济阳江氏金鳌派宗谱》第二十册《修路碑记》，民国十五年（1926年）石印本，上海图书馆藏。

② 邵宝振：《徽州碑刻辑录》，《徽学》2018年第1期。

③ ［清］许登瀛纂修：《重修古歙东门许氏宗谱》卷八《规约》，清乾隆十年（1745年）刻本，安徽师范大学家谱中心藏（复印件）。

④ 卞利主编：《明清徽州族规家法选编》，黄山书社2014年版，第277页。

用”[①]。当工程艰巨时，宗族也会发动募捐。如旌德江村的济阳江氏在计划修杨桃岭古道时，便发起募捐：

修杨桃岭劝捐启

庠生朝杞（雅南）

二十一都山南有号杨桃岭者，地与绩溪毗连，山路崎岖，行者颇难步履，前人以此路赴徽较近，不惜巨费力造一途，攘往熙来，人皆称便，盖亦不知几历年所矣。及粤匪入境，居岭下者屡受寇贼凶残之害，不得已旋将要道截断，盖欲阻其来也。洎乎海宇清平，此路又叠经山水冲塌，废弛更难言状，若复迁延不理，不独阻遏行人，恐此路亦渐湮灭而归于乌有。爰约二三同志，极力觅捐，有力者毋期慷慨输将，力薄者亦求从旁佽助，俾经理者得以集腋成裘。先将尤要赶紧修治，复于其旧，将见肩挑背负者可省力而节劳，抑且四方过客偶尔经此，亦必歌功而颂德，其阴骘为何如乎？有造福者想亦乐为之，玉成其事也。

丁酉夏五月岭下民谨启[②]

此外，道路修建不是一蹴而就的，需要日常的维护和管理，为此也会成立路会等组织，或是在宗族内部形成，或是以宗族为单位加入其中。绩溪伏岭镇的祝三村、黄茅培村、绿景村临近逍遥岭古道，三个村子的道路路会延续至今，由其也可一窥明清时路会对道路维护的作用。祝三村路会由会首、会户组成，负责岩口亭—施茶亭段，每年农历十月十五日（下元节）为修路日，举行“放蒙山”仪式（源自佛教的蒙山施食仪式，做法事施食于恶鬼），会首组织会户上山修整道路，除草、凿石、清扫、搬运等，结束后会首组织会员宴饮。黄茅培村路会，原称文岩村路会，负责茶亭—黄茅培—马头岭路段，每年农历七月十五日（中元节）为修路日。绿景村路会负责马头岭—下雪堂—上雪堂—蓝天凹路段和上雪堂—绿景路段，每

① 卞利主编:《明清徽州族规家法选编》,黄山书社2014年版,第198页。

② [民国]江志伊重修:《济阳江氏金鳌派宗谱》第二十一册《修杨桃岭劝捐启》,民国十五年(1926年)石印本,上海图书馆藏。

年的农历七月十六日为修路日。[①] 乾隆年间，旌德江氏在总结修路经验时，认为以往修路虽然投入积极，但由于没有成立路会，作用仍然有限，因此加入了长生路会，捐银置田，保证路会有持续的资金可长久维系。“自来父老心悉斯苦，数出输银以勤修筑，而迄无济于行李之困乏者，诚未立长生之资策也，今刘子孝元约各乡耆英起一长生路会，总银若干，置田收租，以为永远修砌之资”[②]。

宗族因特殊原因挪用路会资金，也要偿还，保证道路修建维护不受影响。绩溪锦谷程氏宗谱中提到：“族众于兵燹时欠少公用，借到路会钱二十四两，立有石桥头田作质。今田归祠，其路上至小谷岭，下至磨盘石，每年祠合出钱，请人修挖一次，以便往来，亦善举也。”[③]

除了直接修路，便捷行旅的相关辅助建设如石栏、茶亭、庙庵等，宗族也大力捐资。婺源上溪头程氏居住于塔岭古道旁，沿途石板路临近百丈冲瀑布，“岭路崎嶇，行人炫目惊心，冰雪后则寸步难前”[④]，康熙四十二年（1703年），程氏宾明公之妻汪氏在路旁设石栏，“输银十一两，造大冲阑干，以卫行人”[⑤]。祁门上箬溪王氏临近榉根关古徽道北段，族人王氏寒谷公见“近岭上下前后四顾间，惟山农草舍而已。祈寒暑雨，最为荒寥，日暮道远，行客称嗟，劳者、饥者、渴者怅怅也”，于是建圆通庵茶亭，亭庵一体，为行人施茶施粥，“乃捐资值佣，起茶臼以需望梅，设糜粥以待枵腹；树亭甃道，俾行役憩息其间，犹虑其久也，建圆通庵，招僧者守役，庶王氏之惠与佛慈俱永云”[⑥]。旌德济阳江氏“于岭北构屋买田，招人居住，设床席以利安宿，置灯笼蜡烛以备公务宵征之客。其岭头旧有小庵，

① 马寅集，张孝进，樊嘉禄：《徽杭古道路会研究》，《黄山学院学报》2011年第4期。

② [民国]江志伊重修：《济阳江氏金鳌派宗谱》第二十册《春岭长生路会记》，民国十五年（1926年）石印本，上海图书馆藏。

③ [清]程希贤修：《锦谷程氏宗谱》卷四《规条》，清光绪三十年（1904年）木活字本，上海图书馆藏。

④ 《小冲岭路阑干记》，转引自陈琪《徽州古道研究》，安徽师范大学出版社2016年版，第127页。

⑤ 《百丈冲石阑记》，转引自陈琪《徽州古道研究》，安徽师范大学出版社2016年版，第125页。

⑥ [清]王应仕等修：《上箬琅琊王氏家谱》卷六《若溪王武昭又讳祈寿号寒谷建造榉根岭圆通庵茶亭碑铭》，清光绪二十一年（1895年）木活字本，中国国家图书馆藏。

重加修葺，以为修路供给之所，于岭半增造凉亭，以避暴雨”[1]。

茶亭、茶庵若无固定的收入保障僧人生活和茶汤供应，也难以发挥作用。石门岭古道上的步云庵，“往来仁人，朝夕接趾，僧由是四时备茶水待焉。奈煎茶事易，实负薪事难。境介山巅，不数里而难采；而支路多奇险，必崇朝而始获一肩”，于是“众施主将斯岭中亭之上首山场各愿输典是庵，一则兴种，以活全僧之根；一则蓄养，以备烧茶之具。更赖附近檀越同称善举，禁止斧斤。所以五七年间，柴薪用之而不竭，茶水备之具而无亏”。捐资的施主均来自石埭（今石台）琏溪汪氏家族：“汪文祥公施石门岭大路上山一小块；汪孝进公施倒旭里山巅上一节横岩为界；汪士谨公施鹅公头大路上山一块：汪春发施中亭上首山一块。”[2]贵池徐川龙田李氏（今属石台）为保障茶亭的正常运转，还创建了茶会，“吾族玩泉亭之有茶也，由来久矣。人心不古，零星助茶□时甚暂，是以登祠商议，量力而输，或额租或钱文，共襄美举。每年经理收租，以为茶费，庶几绳绳继继，永垂不朽云”[3]。

道路的修建需要土地，而山地林木往往容易被棚户开荒砍伐，既不利于道路遮阴挡雨，也容易造成山土滑坡，对此，宗族往往树碑立约，禁止破坏道路的各种行为。道光八年（1828年），榉根关古徽道北部石台珂田境内，源头李氏族人捐出山路附近田土，永远抛荒，禁止采挖，以免破坏道路，并立《输山禁碑》：

> 慕修岭路，挨路上下之山，必先禁止开种，庶免沙土泄流壅塞，斯为尽善，乐助有功。兹幸众山主矢志好善，自岭头至岭脚，凡崎岖之处，不论公私，永远抛荒；平坦处挨路，上输三丈，下输二丈，永禁开挖。爰勒芳名，永垂不朽云。[4]

祁门上箬溪王氏因棚户砍伐林木、种植苞芦危害了道路，因而呈状祁

①［民国］江志伊重修：《济阳江氏金鳌派宗谱》第二十册《春岭长生路会记》，民国十五年（1926年）石印本，上海图书馆藏。

②《茶亭碑刻》，转引自陈琪《徽州古道研究》，安徽师范大学出版社2016年版，第177页。

③《徐川李氏茶会碑记》，现藏石台县珂田徐村李氏宗祠。

④《输山禁碑》，现仍立在石台仙寓山榉根关古徽道边。

门县衙，由官府批准设立禁碑：

> 身祖祈寿公沿途山场建庵亭以施茶水，路旁蓄树；复见负来荷锄，竟种苞芦之亟亟，不思砍绝阴翳，行客心伤；挖陷倾崩，道途日损。惟有宪禁森严，许勒一石于当途，永作千年之烟戒。[①]

道路四周是田土，如不时常维护，也容易生杂草等，既不利于行人，时间长了也容易破坏路面，对此，茗洲吴氏专门规定佃仆定期拔草、清理路面。“拔路扯草：桥成之后，即齐集守牌丁拔路，自桥头以至黄畲岭脚内，除磜坑汪、徐、倪及周、胡、洪、李、盛各姓钩拔外，俱系尔等拔除”[②]。

宗族通过输资、捐田、路会等方式筹集资金，修建道路，并建立茶亭、庙庵等为往来商旅提供茶汤、姜水、粥饭，便捷了道路往来，同时，约束人们除草清扫、严禁砍伐山林。可以说，在皖南数千里古道的畅通和长久维系中，宗族发挥着不可或缺的作用。

二、宗族与桥梁津渡

姚鼐在为南屏的万松桥做记时写道：“徽州之县六，其民皆依山谷为村舍，山谷之水湍悍易盛衰，为行者患，故贵得石桥为固以济民，吾至徽州，观其石梁之制坚整异于他郡，盖由为之者多石工，习而善于其事故也。”[③]其实不仅是徽州，整个皖南地区均是如此。皖南村落的选址以背山环水、负阴抱阳为原则，生活在山谷之间、溪流河水之侧，为便于通行，人们或以舟船摆渡，或架设桥梁。

（一）皖南古桥渡的类型

皖南的古桥数量众多，形态类型各异，服务于不同的需求。木桥是相

① 《奉宪示禁碑》，转引自陈琪《徽州古道研究》，安徽师范大学出版社2016年版，第162页。

② 卞利主编：《明清徽州族规家法选编》，黄山书社2014年版，第420页。

③ ［清］吴甸华修，程汝翼、俞正燮纂：嘉庆《黟县志》卷十五《艺文》，《中国地方志集成·安徽府县志辑》（第56册），江苏古籍出版社1998年版，第515页。

对而言最轻便易造的，修建和维护的费用也不算太高。休宁茗洲吴氏在差遣奴仆规则中提到：“船桥乃一村门面，七月半搭桥，三月初一拆贮用船，省得忽发洪水误事，亦省得泛艚者打倒争端桥木也。”[①]这种根据季节而搭建的木桥使用灵活，春夏多水的季节以船通行，将桥木贮存起来，以免被大水冲垮。歙县丰南（西溪南）吴氏所建的虹彩桥也是木桥，“长凡数十丈”，兴建维修“不募外族一钱”[②]，能够如此，除了丰南吴氏族人丰裕团结之外，也与木桥的造价较低有关。但木桥容易被水冲毁，且易腐不够坚实，使用多有不便。歙县潭渡孝里黄氏在提到本村早年修建的木桥时，也曾言：“惟我黄潭架木为桥，当春夏之交，霉潦暴涨，洪流泛滥，如江如淮，当斯季也，木桥飘荡，行人艰阻。”[③]因此，在条件允许的情况下，建造石桥则更加坚固。

石桥又分为板桥和拱桥两种，拱桥包括单孔桥和多孔桥。相比木桥，石桥桥面更宽广，桥身更长，也更平坦坚固，造价往往也更高。如歙县太平桥“规模宏敞，延袤八百尺，广二十尺有奇，凡洞一十有六”[④]，是华东地区最长的古代石桥。青阳化城桥“其修一十六丈有奇，广二丈一尺有奇，规模宏巨，基址坚固”[⑤]。旌德江村宗孔公所建的三溪南合桥，“桥长十一洞，石工坚致，相传钉桩下脚，上下数里，故历经大水，迄无他虞，所费十余万金”[⑥]。此外，石桥还包括一些更精致复杂的类型，如可以遮风挡雨的廊桥、多建于水口的亭桥等。旌德丰溪吕氏永礼公联合族人所建的洪溪桥，“阔十丈许，甃以三洞，覆屋九间”[⑦]，是典型的廊桥。歙县江村的云

---

① 卞利主编:《明清徽州族规家法选编》,黄山书社2014年版,第419页。

② [民国]吴吉祜纂:《丰南志》卷二《舆地志》,《中国地方志集成·乡镇志专辑》(第17册),江苏古籍出版社1992年版,第258页。

③ [明]黄玄豹纂修:《潭渡孝里黄氏族谱》卷十《三元桥记》,明隆庆年间刻本,中国国家图书馆藏。

④ [民国]石国柱、楼文钊修,许承尧纂:民国《歙县志》卷二《营建志》,《中国地方志集成·安徽府县志辑》(第51册),江苏古籍出版社1998年版,第76页。

⑤ [清]华椿等修,周赟纂:光绪《青阳县志》卷十一《艺文志》,《中国地方志集成·安徽府县志辑》(第60册),江苏古籍出版社1998年版,第559页。

⑥ [民国]江志伊重修:《济阳江氏金鳌派宗谱》第二十一册《旌川杂志(节选)》,民国十五年(1926年)石印本,上海图书馆藏。

⑦ [民国]江志伊重修:《济阳江氏金鳌派宗谱》第二十册《洪溪桥记》,民国十五年(1926年)石印本,上海图书馆藏。

岚桥，桥上建亭，亭中题字，景色秀丽，风流雅致。“康熙四十五年丙戌州佐江承珍重造桥建亭，观察江承玠额曰云朗岚光。里人江以埙书亭柱云：‘座上风生，涌起练江千浪白；亭前云散，放开黄海数峰青。’境地如画”[①]。

除了桥梁之外，舟船也是通行的便捷方式，许多宗族在村口都设有义渡，如泾县水东翟氏设有东园古渡，置大小船各一艘，“我族东园古渡往来稠集，自黎明至夜分无虚晷刻，非大船不克允济，兼取快便，添设小船，择勤敏者予以资斧，俾掌檥棹。向来措办，俱出宗祠忠孝堂公项”[②]。歙县沙溪凌氏“吾乡好善者，相率鸠资为义渡，或以舟楫，或以竹筏”[③]，并设有义渡田，“义渡户田地山塘共二十一亩二分五厘五毛五丝五，折实十八亩零七分八厘五毛”[④]，无偿渡人通行。嘉靖年间进士程道东的《过沙溪古渡》写道：“野老扶篙立，村童旁桨眠。频频问舟子，古渡不须钱。”[⑤]但相对而言，舟船承载量有限，且受制于自然条件，“然而行者候济多稽晷刻，值旱涸人多，则舟胶不可推剌，终未若桥之便也”[⑥]，所以津渡只是桥梁的补充。

（二）宗族热衷于桥梁建设的原因

桥梁是村落与外界联系的重要枢纽，许多村落处于交通要道，有时官府、寺庙等也会推动其修建桥梁，但主要的捐资和承建力量往往来自宗族。如青阳的黄沙桥位于青石岭下大溪边，“兹溪非辟壤小径，南通新安、石埭，东连泾、太、旌诸邑，冠盖轮蹄络绎不绝”，因而顺治年间其复修时虽

---

① [清]江登云辑，江绍莲续编，康健校注：《橙阳散志》卷九《营建志》，安徽师范大学出版社2018年版，第152页。

② [清]李德淦、周鹤立修，洪亮吉纂：嘉庆《泾县志》卷二《津渡》，《中国地方志集成·安徽府县志辑》（第46册），江苏古籍出版社1998年版，第52页。

③ [清]凌应秋撰，邵宝振校注：《沙溪集略》卷六《重建义桥记》，安徽师范大学出版社2018年版，第176页。

④ [清]凌应秋撰，邵宝振校注：《沙溪集略》卷二《里甲》，安徽师范大学出版社2018年版，第73页。

⑤ [清]凌应秋撰，邵宝振校注：《沙溪集略》卷二《过沙溪古渡》，安徽师范大学出版社2018年版，第58页。

⑥ [清]凌应秋撰，邵宝振校注：《沙溪集略》卷六《重建义桥记》，安徽师范大学出版社2018年版，第176页。

有县令、僧侣倡议，但主要谋划和建设者是来自周围生活的东堡徐氏及其族人——进士徐文烜。“邑杨侯以事过兹溪，命僧来渡向余募建斯桥，余乃宣谕杨侯德意，聚族人而谋之，无不踊跃从事，鸠工聚石，浚掘故址……凡三越月而桥完……费金凡五百，倡导之功始自杨侯，而与余同志任事，则有余族中及衿耆辈，皆勇于好义者”[①]。

有的桥梁位于水口之处，是村落风水的关锁，关系家族运势，因此宗族对于水口桥往往大力营建，并与堤、亭、庙、塔等结合，形成水口的人文风景。如旌德江村的护龙桥便是“有关于吾村龙脉者非浅显也”，“村北一里许，地名马村，又去数百步，有小溪焉。水源发于黄崖之侧，逶迤而北，西流与村南水合，世传为腰带水。迩来堤岸崩溃，溪水泛滥，行者苦之。伯父元文公不为行者之患而为居者之患也，以村居龙脉与此水实相唇齿，不有以护其外则无以固其内，出资倡始，鸠工伐石，协力甃砌，逾月而告成，因名之护龙桥”[②]。该桥自明代修建后到清道光年间，桥已废弃，沙石堵塞水道，江氏考虑到“夫水之流通，犹人身之血脉，一有所阻，则受病匪轻，不特行者苦之，居者亦不无后虑焉”，于是重造护龙桥，“长四丈，阔三尺，中砌一垛，上用石梁六以架之，两岸用巨石砌成，长堤南岸兼护山脚……所废不下七百余缗……吾知山水相依，气脉融会，且以卜吾村之隆隆日起焉”[③]。歙县丰南吴氏的水口通济桥十一洞，“利涉所赖，非徒壮观水口已也”[④]，“关系合族风水。忆自先年造桥之后，吾乡科名财赋骎骎隆盛，今虽物力稍逊，何可使屹然巨观日就倾圮”[⑤]，桥上有通济桥祠，“祀司桥土地、水府龙神”[⑥]。沙溪凌氏的水口建有双桥，“万历年里人

① [清]华椿等修，周赟纂：光绪《青阳县志》卷十一《艺文志》，《中国地方志集成·安徽府县志辑》（第60册），江苏古籍出版社1998年版，第558页。

② [民国]江志伊重修：《济阳江氏金鳌派宗谱》第二十册《元文公护龙桥记》，民国十五年（1926年）石印本，上海图书馆藏。

③ [民国]江志伊重修：《济阳江氏金鳌派宗谱》第二十一册《重修护龙桥碑记》，民国十五年（1926年）石印本，上海图书馆藏。

④《本村北十一洞大石桥碑》，转引自董建《自然与艺术的灵光辉映——西溪南》，合肥工业大学出版社2005年版，第23页。

⑤《募修祠会引》，转引自董建《自然与艺术的灵光辉映——西溪南》，合肥工业大学出版社2005年版，第23页。

⑥ [民国]吴吉祜纂：《丰南志》卷二《舆地志》，《中国地方志集成·乡镇志专辑》（第17册），江苏古籍出版社1992年版，第264页。

凌孟宗公建，以其与大圣桥相望并列，故名‘双桥’”[①]，桥侧有辅仁亭，“明万历中，里人凌孟宗公造桥，而为亭于其北，所以镇水口、壮观瞻，为一方之文笔也”[②]。

修桥铺路既是慈善之举，也是功德之业。宗族及整个社会舆论对造桥义行往往给予表彰鼓励，或村中立碑，或族谱中称赞，或书录于方志，甚至建坊赐匾，因而族人中捐资建桥者比比皆是。如休宁古林黄氏的黄铉、黄铠遵母之意，通过修古林石桥为母贺寿。“邑南五十里曰‘古林孔道’也，大溪经之，有石桥以通行人，盖万历四年建，西接婺岭，东达屯溪两浙江右，车骑昏旦络绎不绝……部司务铉、太学铠为祝母程孺人寿，母曰：‘无以为也，崇俭约、汰浮费，此居家良法，积金未必能寿，与其作无益以奢靡之举，宁省之以为有益用，吾村石桥将坏，其速葺焉以嗣前志。’二子颔首受命，不张乐、不设饮，即于时鸠工庀材，迄乙酉冬告竣”[③]，族人立碑称颂此母贤子孝之举。黟县宏村汪立达妻吴氏出资架木为桥，计十余板，并捐银立桥会，为永远修理费，宗族呈请知县承寿给乐善好施额。

皖南许多古桥均是先人修建，后人继承遗志继续维系，桥梁的修建维护在族内代代传承。如青阳县陵阳镇，“香池宁氏累世聚族于斯镇”，镇上的南溪桥是先祖自明代创建，雍正年间族人再修葺完固，乾隆三十八年(1773年)被大水冲毁，“宁氏合族思绍先人遗徽”，先建木桥后改石桥，“宁族集资刻期庀修，役不待期年，费不藉他姓”[④]，世代维系。青阳梅塘桥“王氏世守也”，“斯桥前明建自下岸，至乾隆庚午改建上岸……丙辰邑侯丁敦劝重修，我王氏集议捐输，或推公项，或解私囊，鸠工购石……上下两分各用银四千五百有奇，合计不下万金”[⑤]。

---

① [清]凌应秋撰，邵宝振校注：《沙溪集略》卷二《双桥》，安徽师范大学出版社2018年版，第59页。

② [清]凌应秋撰，邵宝振校注：《沙溪集略》卷一《古迹》，安徽师范大学出版社2018年版，第42页。

③ [清]黄治安撰修：《休宁古林黄氏重修族谱》卷十二《重修古林石桥碑记》，清乾隆三十一年(1766年)刻本，安徽师范大学家谱中心藏(复印件)。

④ [清]华椿等修，周赟纂：光绪《青阳县志》卷十一《艺文志》，《中国地方志集成·安徽府县志辑》(第60册)，江苏古籍出版社1998年版，第560页。

⑤ [清]华椿等修，周赟纂：光绪《青阳县志》卷十一《艺文志》，《中国地方志集成·安徽府县志辑》(第60册)，江苏古籍出版社1998年版，第569页。

或为了交通，或出于风水，或因为慈善，正是由于宗族积极兴建并世代维护村落周遭的桥梁，才有了皖南至今数以千计的古桥存在。

（三）宗族与修桥资金的管理

桥梁经年累月，承受风吹日晒、暴雨洪灾，其修建花费巨大，其维护更是需要时常投入，为此，宗族多置公产以保障修桥经费。休宁林塘范氏将修桥纳入祠产开支，规定："祠银……除修理祠墓、桥梁及祠中正项公用外，余剩利多寡，尽数买好田地，毋得妄费。"①歙县丰南的虹彩桥，吴氏"置有大宗田屋，以作兴修之费"②。青阳玉京里谢氏修建碧溪桥，最初因"余祖一恒公淑人桂氏慈相悯病涉者众，解橐输田，架木为梁，族人咸赖之，年加修葺"，雍正年间桥梁被水冲毁，"爰引告本族，共作久远计，幸皆慷慨好义捐田捐银，协成利济"③。

沙溪凌氏的义桥，除了置产之外，管理更加系统。义桥最初由如岷公修造，管理由其支下子孙世代继承，后依托于族内的文会。"吾高祖如岷公……倡首捐田若干亩，从高祖懋成公亦捐资五十两，重建木桥于昉水之上……又虑其无以善于后也，即以所捐田之租息，并资五十两，俾从曾祖善长公持筹而会计之，复增置地田若干亩，岁岁收其租息，以为修理更换之费。又虑人心不古，日久弊生，于顺治十年七月，集文会里排请立案于县，县令郑公准执照焉。盖经理于斯桥者，数十年不倦。及老，则以交吾曾祖叙五公承值，公敬体先志，于每岁经费所余，籍而蓄之，又增置田地，交吾祖永吉公承值。当是时，羡资盖赢，或有逐逐欲之者。公适以构造宗祠事切，无暇与较。又恐此桥自此而废，于是凭文会排轮次经管，故桥得以久存，而行者至今赖焉。"④此外，凌氏还设有专门的桥户田、桥屋，"义桥户田地山塘共二十五亩八分九厘七毛，折实二十二亩四分五厘八毛二

① [明]范涞纂修:《休宁范氏族谱》卷六《谱祠》,明万历三十三年(1605年)刻本,中国国家图书馆藏。

② [民国]吴吉祜纂:《丰南志》卷二《舆地志》,《中国地方志集成·乡镇志专辑》(第17册),江苏古籍出版社1992年版,第258页。

③《碧溪桥记》,现藏青阳县沙济乡谢家村谢氏宗祠。

④ [清]凌应秋撰,邵宝振校注:《沙溪集略》卷六《重修义桥记》,安徽师范大学出版社2018年版,第176页。

丝”[①]，桥屋“在北栅门外，王三槐堂左旁，系‘巨’字一千一百八十二号，计税一分四厘三毫三，系土名上仓屋基。又‘巨’字一千一百八十四号，计税一厘七毫。路外地二税存义桥户”[②]，地租收入供修桥使用。

为了保证桥梁修建资金更持久，成立桥会是有效的管理方式。皖南地区有许多关于桥会的记载，如黟县南屏叶氏“族内原有桥会，今仍轮流值年经理”[③]。桥会作为管理桥梁的专门组织，有固定的会产和完善的管理方式，通过经营增值，以会产收入维系桥梁修建。

祁门善和程氏的桥会——纪事会，主要通过借贷生息和田产地租来维系和溪桥的修建维护费用。“予村之风水所重者，则和溪桥为最”。和溪桥由明代静乐公初建，雍正四年（1726年），程氏各支各门捐资重建，完工后成立了桥会，设会首六人，缴纳会费作为本金，用以放贷生息，“会本六人各出印银一钱六分六厘，共一两为本，每年月二分行息，会期日兑付下手，不得挂欠”[④]，其后又购入田产以收租。会首每人持一股，轮流主持会务，会股可以转让或传承给子孙。

婺源上溪源程氏有上、下两个桥会，主要通过族内划定山场封养，以山林木材提供修桥所用。康熙十六年（1677年）三月十四日，立有批助搭桥合同：

> 今因本村上、下两桥及远坑口、汪村桥往来紧关，农务尤重，源内杉木拼砍已尽，将来搭桥无处可取。今众议山后牛轩培杉苗易于看守长养，有分数之家情愿乐批与上、下桥桥会内封禁看养，杉本以待搭桥取用。此系修理通村桥梁，正务久远盛降，自今批助长养之后，有分之家再不得以己业为辞，生情异说。且桥内人等不得借公私取，违者见一罚十。知情不报者同罚，内外人等如

① [清]凌应秋撰，邵宝振校注：《沙溪集略》卷二《里甲》，安徽师范大学出版社2018年版，第73页。

② [清]凌应秋撰，邵宝振校注：《沙溪集略》卷一《桥屋》，安徽师范大学出版社2018年版，第54页。

③ [清]叶有广等纂修：《黟县南屏叶氏族谱》卷一《桥梁》，清嘉庆十七年（1812年）木活字本，中国国家图书馆藏。

④ 史五一：《徽州桥会个案研究——以〈纪事会册〉为中心》，文载卞利主编《徽学》（第六卷），安徽大学出版社2010年版，第228页。

有入山侵害及放野火者听捉获闻官，治法在所必行，今恐无凭，立此合同为照。[①]

祁门环砂程氏署济桥会的主要收入来源是出佃山场的租金，其光绪三十四年（1908年）的一份承佃合同中提到：

立承佃约人赵福生等，今承到环砂程署济桥会名下七保土名西峰庙山壹号，其山四至悉照老规，承佃锄种，开挖兴养花利，务要火地迁苗，叶密成林，一丈三栽。四年之内，务必佃人定接山主登山看苗，如苗不齐，务要补足。如违，扣除力坌。倘后出拼，主利二八照分。如会内乃为搭桥善事，佃人无得生端。恐后无凭，立此承佃约为据。[②]

桥会虽是以类似股份制的方式自愿入股并进行管理，但它仍与宗族密切相关。有的桥会以族会的形式存在，成员是族人，会股继承者也是族人，其经营管理仍然是在族内进行；有的桥会虽存在众姓人等，但更多是多个家族的联合。

第五节　物质文化建设的反哺作用

皖南宗族聚居乡村，在村落内投入人力、物力、财力，精心营建，创造了祠堂、庙宇、社屋、牌坊、桥梁、道路等大量物质文化遗存，形成了一个个环境优美、人文荟萃的传统村落。宗族是村落物质文化的直接建设者，而这些物质文化建设也并不是单向的，同时又回馈给宗族各种支撑，对宗族起着反哺作用。

① 王振忠主编：《徽州民间珍稀文献集成》第19册《上溪源志》，复旦大学出版社2018年版，第134页。

② 刘伯山主编：《徽州文书》（第1辑第9册），广西师范大学出版社2004年版，第122页。

一、物质文化建设与宗族的生活发展空间

（一）推动了宗族的形成与繁盛

宗族在村落里聚族而居，营建水口，护卫龙山，完善风水，创造了良好的村落环境，形成了和谐的人地关系，这保证了宗族能持久地居住下去，不致时常迁徙、颠沛流离。赵华富先生通过对棠樾鲍氏、呈坎罗氏、西递胡氏、南屏叶氏、游川董氏、月潭朱氏等宗族进行调查研究，发现其宗族都经历十余代才形成。五服以内为同宗，五服以外为同族，只有出现了不同的五服圈，也就是不同的房支，宗族才算是真正形成。单传、迁居外地等都会导致宗族形成过程的延滞。若流动性过强，子孙情况不明，冒籍、离散、失联，也无法形成强有力的宗族力量。能够形成稳定的生活环境，持续繁衍，才能保证族内人丁昌盛，房支有序，出现“一姓也而千丁聚居，一抔也而千年永守，一世系也而千派莫紊，率皆通都名郡所不能有”[①]的现象。

皖南各著姓大族，其聚居的村落都有数百年历史，拥有宜居的环境。明清以来，人口的压力和经济发展给环境带来的破坏相对于以往时期都更加严重。而皖南村落在宗族的努力下，维持着山清水秀的环境，营造了大量人文胜景，使人更加依恋生于斯长于斯的故土，安土重迁，推动着宗族的兴旺繁盛。

（二）创造了便利的生活条件和愉悦的精神享受

宗族对水源、山林的保护，使得人们日常材用不竭、饮水清洁，对村落的规划布局，使得村落里建筑错落有序、整洁美观，这些既使人心情愉悦，有利于人们的身体健康，又保证了长久的生活资源供应，为宗族提供了良好的生存空间。而村落中的公共设施兴建，为宗族提供了更好的发展空间。

① ［清］廖腾煃修，汪晋徵等纂：康熙《休宁县志》卷一《风俗》，《中国方志丛书》（华中卷第90号），台北成文出版社1970年版，第237页。

祠堂的兴建，为宗族提供了祭祖、集会、议事和娱乐的公共空间，在祠堂中，族人祭祀先祖、聚会宴饮、协调矛盾、领取物资、读书学习、经历婚丧嫁娶等人生重要时刻。逢时节庆贺，游神赛会，点烛舞龙，于戏台赏戏观灯，为族人提供了重要的娱乐休闲活动。

寺庙给人以精神的安抚，承担各种法事和祈福活动。同时，由于其多处山水之间，远离喧嚣，钟鼓梵音，幽远宁静，给人以放松心情、舒缓疲惫的空间。有的寺院因宗族关系，还设有精舍、书堂等，为族人提供禅修学习的场所，如青阳张氏便于荟龙庵旁，“构堂屋数间，清闲雅静，为子孙读书所厥”①。

桥梁和道路的修建，方便了族人的出行，求学赴考的士子走出村落，进入省城、江南、京师，参加乡试会试、拔贡入监，求取功名；族内的商人走南闯北，买卖交易，运输物资，积累资本；官宦臣僚们赴任就职，返乡省亲，归家养老。便利的交通促进了宗族的人才振兴、财富汇聚，同时也有利于物资的交流，村落里的茶叶、木材等被运往各地，米粮、瓷器、丝绸、奢侈品等流入皖南村落，丰富着族人的日常生活。

二、物质文化建设对宗族的文化鼓励

（一）环境的营造给予了宗族心理鼓励

明清时期的皖南宗族材料中保存了大量风水与家族命运的记录。如祁门善和程氏因毁坏案山而带来一系列厄运，认为“风水之验不诬也……保全风水，以为千百世之悠久之业”②。歙县潜口胡氏，“见山水之盘旋，地脉之钟秀，莫逾于此，于宋绍兴四年卜筑潜口上市，世居之，致家殷盛”③。宏村在鲍氏族人的不懈完善后，“自元而明，渐成村墟，今则烟火

① ［清］华椿等修，周赟纂：光绪《青阳县志》卷十一《艺文志》，《中国地方志集成·安徽府县志辑》（第60册），江苏古籍出版社1998年版，第556页。

② 程文翰纂：《善和乡志》卷二《风水说》，《中国地方志集成·乡镇志专辑》（第27册），江苏古籍出版1992年版，第345—346页。

③ ［明］戴廷明、程尚宽等撰，朱万曙等校点：《新安名族志》，黄山书社2004年版，第293页。

千家，栋宇鳞次，森然一大都会”[①]。休宁孚潭村因风水绝佳，因此“上稽有宋，下迄国朝，名贤间出”[②]。这些记录虽然有一定的迷信成分在，风水与人和族群的命运之间也并不构成必然因果关系，但在时人观念中，二者之间是关系密切的。

宗族往往因卜居而择定居址，持续完善和保护着村落的风水条件，先祖通过不懈努力而选定和创造的“风水宝地”，具备充足的生活资源，为宗族带来强烈的心理暗示，给予族人更大的心理自信，也激励着族人不断努力。皖南作为一方山区，既不临近省城和京师，没有良好的政治区位优势，经济上较江南等地也无可比拟，土地也贫瘠有限，许多村落都偏居一隅，“郡邑处万山，如鼠在穴，土瘠田狭，能以生业着于其地者，什不获一”[③]。然而就是在这样的环境中，却人文荟萃，涌现出大量的科举进士、仕宦名臣、富商巨贾，这其中有多种原因，但风水对人心理的鼓舞因素也是不可忽视的。

（二）物质营建对宗族起到了教化作用

祠堂的重要功能之一便是家族执法和惩恶扬善，通过族人定期汇集，宣讲乡约族规，记录日常表现，评判族人行为，据此行使家法，使族人产生敬畏之心。戏台作为观看表演的舞台，其不仅具有娱乐功能，戏曲中许多剧目是以忠孝节义为主，彰善瘅恶，还可以以通俗的方式向人们灌输社会道德。在皖南，罚戏也可以成为一种惩戒手段，在许多碑刻合同中，都可以看到“如有违反则罚戏”的规定，因此戏台在宗族生活中也起着教化族人的作用。寺庙等场所更是以净化心灵、播种福田于人心为目标，宗族常行慈善公益，很多时候都可以看见寺观的合作与推动。牌坊作为一种旌表标识，立于村中，本身就代表着国家和社会舆论对道德模范的肯定，也激励着族人以之为榜样，努力效仿。

物质建设除存在建筑实体外，还在精神上对族人起到教化和规诫作用，促进族人遵纪守法，激励着族内优秀人才的出现，对宗族的繁荣起推动

① [清]汪纯粹纂修:《弘村汪氏家谱》卷一《南湖纪实》,清乾隆十三年(1748年)刻本。

② [清]许显祖:《休宁孚潭志》卷一《山川》,《中国地方志集成·乡镇志专辑》(第27册),江苏古籍出版1992年版,第267页。

③ 张海鹏,王廷元主编:《明清徽商资料选编》,黄山书社1985年版,第70页。

作用。

（三）增强了宗族的文化资本，扩大了宗族的影响力

宗族在村内积极兴建、营造了许多风景名胜，这也被视作其人文振兴、族内繁盛的体现。如绩溪坦川汪氏始迁祖思聪公为振兴村落，“门首筑基，造楼七间，以淑子侄，卜斗潭湾口，创万绿桥，相青山坞口建凤凰桥，开九里岚培石路”，这些营建也构成了家族的门面，“一时人文蔚起，里中黉序辉煌，彬彬称盛”[①]。

许多宗族都有所谓的村落若干景，这些胜景会对友邻挚交、文人雅士及地方官员等形成吸引，促使他们前来欣赏游玩，并留下文字记录以称颂和纪念。皖南目前可见的乡镇志如《丰南志》《橙阳散志》《沙溪集略》《善和乡志》《孚潭志》《杏花村志》等，记录了丰南吴氏、歙县江村江氏、沙溪凌氏、善和程氏、孚潭许氏、杏花村郎氏的村落资料，这些宗族所居地均人文荟萃、风景优美，途经这些村落的贤达文士为村落胜景留下了大量文章诗词，这便增加了宗族的文化资本，扩大了宗族的影响力。

此外，宗族在水口架桥建亭，于村内外修路施茶，对寺院广施香火，这些活动不仅服务于族人的生活，也给商旅行人提供了便捷，获得了舆论的赞许和认可。如青阳香池宁氏世居陵阳古镇，其对桥梁道路的营建，使得“行旅称颂，远播遐迩”，在知县段中律看来也是盛世教化的体现，“圣朝养育教化百余年来，山陬僻壤，家有余资，穷乡野处，人乐善行，升平景象，淳庞流风，于此可概见矣”[②]，因而做记称赞。村落的慈善营建对宗族而言是功德的象征，所谓“积善之家，必有余庆”，也有利于宗族声望的积累，进一步扩大了其享誉度和知名度。

① ［民国］汪嘉锦修:《坦川越国公汪氏族谱》卷三《始迁祖思聪公传》,民国十四年(1925年)木活字本,上海图书馆藏。

② ［清］华椿等修,周赟纂:光绪《青阳县志》卷十一《艺文志》,《中国地方志集成·安徽府县志辑》(第60册),江苏古籍出版社1998年版,第560页。

三、物质文化建设与宗族的凝聚力

（一）物质营建本身就是合族凝心聚力的过程

不论是建造祠堂、牌坊、道路、桥梁，还是改造风水环境，规划村落空间，都不是个人能完成的，往往是全族共同输财出丁。不论各系房支，不论地处远近，不论贫寒富贵，人人参与，出谋出资出力，这本就是将个人视作宗族群体中一员的体现。而皖南物质建设中常明显地具有排他性，强调不募外族资金，本族世代相守，物质建设是宗族合力的结果，也推动着宗族的凝聚团结。

随着宗族的发展，部分支系迁徙外村，枝叶繁衍，蔓蔓日茂，他们可能与本族的联系减少。通过兴建统宗祠和公共建设等，各房各支相聚合谋，摊派集资，轮值管理，通过合作而增加了联系，也加深了宗族意识，强化了相互间一本同宗、同气连枝的观念。例如祁门倪氏在发展中形成了渚口、伊坑、滩下、花城四支，相互之间具有一定的独立性，分别修建了九座祠堂，而通过九祠联宗，兴建统宗祠的过程，四支子弟集资合建，并立定合同，不得误事，不得退缩，群策群力，达到了收族敬祖的作用。

在族人的发展中，部分族人外出谋生，读书仕进，飞黄腾达，富埒陶白，他们可能远离家乡，与宗族形成地理和心理上的距离。但平日积累族产时，宗族便要求有余力的族人，捐输俸禄，出银入祠，当村落进行大型工程建设时，宗族更是积极呼吁富裕、显赫的族人慷慨资助，不要“家号素封，徒为守钱虏者”[①]。族人即使身处异地，通过捐助族内物质建设，也培养了强烈的乡土情结和宗族意识，这在徽商身上体现得十分明显。

村落的物质兴建就是合族团结、统一思想、齐心协力的过程，而其维系同样体现并促进了宗族的凝聚和继承。在皖南村落物质文化建设中，一个十分突出的现象便是强调家族对这种营建的世代传承维系。无论是村落，还是祠堂、庙宇、桥梁、道路，都不是一代人一蹴而就的，先人的投入兴

① ［清］凌应秋撰，邵宝振校注：《沙溪集略》卷七《捐修水口引》，安徽师范大学出版社2018年版，第214页。

建成为后代继续光大发展的动力，而这也是促进宗族团结、世代传承、不忘祖泽的过程。

（二）物质承载的仪式活动增强了宗族内部的向心力

随着宗族的繁衍，支系众多，人丁昌盛，而皖南又相对处于“大宗族、小家庭”的背景下，从现今保存下来的大量文书中可以看到，分家析产等情况发生得较为频繁，且族中各成员际遇不同、地位不一，愚智贤不肖，各有存在，因此，血缘的关系可能会随着时间的推移、经历的丰富等而发生淡化。

通过营建祠堂、社屋和庙宇，族人定期举行祭祖、祭社、祭神等活动，缅怀共同的先祖，深化彼此血脉相连、同根而生的情感，感恩神灵的庇护，加强同处一乡、守望相助的意识。在宗族祭祀的过程中，强调家礼和人伦，族人在财富、地位等方面的差距和隔阂，被亲族和血缘关系所弥合，同时也使得宗族内部长幼有序、尊卑有别、世系房支清晰，起到了“收族”的作用。

“族人须相与为礼，使骨肉之情常相通。骨肉自疏者，只为而（按：面）不相见、情不相通耳。故古人有分岁除夕之会，有冠婚丧祭之会，有四时燕乐之会，凡以浃洽情好、联属疏远于饮食燕享之中，而寓敦睦之谊，苟然也”[①]。逢族人喜丧和时节庆贺，族人会聚一堂，使得每位族人的婚丧嫁娶、荣耀悲伤都不是个体的独自经历，而各种娱乐宴饮活动，也增进了联系，强化了相互之间的情感。

（三）物质载体增强了宗族的集体荣誉感和认同归属感

村落内各种建筑构成了一种文化符号，它是合族共建、集体参与的，背后包含着个人的投入和经历，也代表着家族的荣耀和光辉，激发着族人的自豪感与归属感。

居于村落中的族人，每日走在乡间的道路上，穿过横于溪边的桥梁，经过矗立于村口的牌坊，仰望庄严肃穆的祠堂，踏入宁静山中的庙宇，这些建筑经年累月地与人的生活发生密切联系，潜移默化地浸润于人的内心

① 卞利主编:《明清徽州族规家法选编》,黄山书社2014年版,第162页。

之中，形成个人难以割舍的情感，也激发了族人的自豪之情。这种感情不仅仅是对物质本身的，更重要的是对营建物质的群体——宗族的。物质的营建激发了族人的集体荣誉感，增强了族人对宗族的认同归属感。

在村落的整体规划、公共空间的营建、物质建筑的兴修中，物的迭起兴衰与人产生了共情。正如沙溪凌氏对于族中一草一木、一丘一壑的态度，“凡亭台桥榭，昔人备极经营，迄今数百载，犹可指而数之曰：某树，某先人之所种植也；某丘、某壑，某父老之所部署也，闻者每称羡不置口”[①]。物质营建背后代表的是族人的生活、情感、审美、认同等，这些随着时间的推移，便形成了宗族的集体记忆和共同情感，也成为同族共有的文化认同。族人即使远离故土，在外经商仕宦，也会因这种共同的记忆而依旧保持对宗族的认同，同时源源不断地回馈族里，由此更加增强了宗族的凝聚力。

---

① [清]凌应秋撰，邵宝振校注：《沙溪集略》卷七《捐修水口引》，安徽师范大学出版社2018年版，第214页。

第五章　明清时期皖南宗族与非物质文化

《中华人民共和国非物质文化遗产法》定义的“非遗”是指各族人民世代相传并视为其文化遗产组成部分的各种传统文化表现形式，以及与传统文化表现形式相关的实物和场所。此定义有一大要素值得注意，即“世代相传”。因此，非遗都是历史上由人创造出来并世代相传下来的优秀传统文化。为清楚地了解皖南非遗的时空状况，我们曾深入调查研究，对皖南223项省级及省级以上的非遗作了较为精细的统计分析，得出如下结论：在皖南非遗文化形成发展的过程中，明清时期产生的非物质文化有112项，占皖南非遗总数的50.3%，涉及十大类。此历史时期非物质文化项目全面增加，传统手工技艺类、传统戏剧类、传统医药类增加幅度较大。其中，传统手工技艺类增加21项，占皖南传统手工技艺类非遗总数的47.1%；传统戏剧类突增13项，占皖南传统戏剧类非遗总数的92.9%；传统医药类增加9项，占皖南传统医药类非遗总数的90%。在皖南非遗的空间密度布局上，明清时期非遗项目聚集的密度圈与现阶段基本一致，差异不大，2个高密度圈集中在黄山市辖县和宣城市绩溪县，2个次级密集圈主要包括黄山市黟县西递、宏村及碧阳镇等几个乡镇和池州市九华山周边地域；小密度圈主要包括池州市牯牛降周边地域、宣城市泾县、芜湖市镜湖区、宣城市宣州区。[①]由此可见，现存的非遗主要聚集在黄山、宣城和池州三市的山区，此区域正是明清时期徽州府范围和宁国、池州二府辖境内的山区，也是宗族聚落密集的宗族社区。这些非遗与宗族的关系自然密切，本书选择增幅最大的传统戏剧类非遗、传统技艺类非遗为研究对象，分别考究宗族与它们的

① 张军占:《皖南非物质文化遗产时空结构研究》,《中国文化产业评论》2017年第2期。

关系。[①]

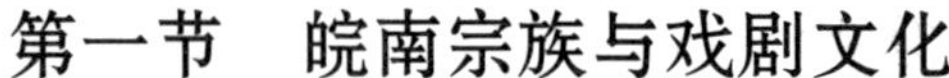

第一节　皖南宗族与戏剧文化

截至目前，安徽省审定公布了五批非遗名录，国家审定公布了四批非遗名录，其中涉及皖南戏剧类非遗共13项（见表5-1）。

表5-1　皖南戏剧类非遗统计[②]

项目名称	项目级别及批次	非遗传承地	明清时期隶属府、县
梨簧戏	省级非遗第一批	芜湖市	太平府芜湖县
南陵目连戏	省级非遗第一批	芜湖市南陵县	宁国府南陵县
皖南花鼓戏	省级非遗第一批、国家级非遗第二批	宣城市	宁国府
石台目连戏	省级非遗第一批	池州市石台县	池州府石埭县
文南词	省级非遗第一批	池州市东至县	池州府建德县
青阳腔	省级非遗第一批、国家级非遗第一批	池州市青阳县	池州府青阳县
池州傩戏	省级非遗第一批、国家级非遗第一批	池州市	池州府
徽州目连戏	省级非遗第一批、国家级非遗第一批	黄山市	徽州府

① 传统医药类增幅也大，但所见非遗项目所在地皆黄山市及其辖县歙县、祁门，宣城市、池州市一项没有。历史上徽州府传统中医学颇为先进，涌现出诸多的医学世家，并提出了“培本固元”的医学理论，学界称之为“新安医学”。虽然有不少名医总结其医技刊刻馈世（如明代汪机就总结其临床诊治经验，撰成《石山医案》），但更多的行医诊方多是家族秘传，且传男不传女，以防祖传医技外泄，从而延续家族医学，这一传承谱系直到新中国成立后才被打破。如国家级非遗“张一贴内科”传至第十三世张根桂（1908—1957）时，因唯一的儿子早年夭折，遂传家学给次女张舜华及其夫婿李济世。“新安医学”的这种族内秘传且传男不传女的传习方式典型地反映了宗族与文化的双向互动关系，即传内的祖制保证了家学的纯净和不断发展，而不断发展的家学又进一步提升家族的社会地位。鉴于“新安医学”仅徽州独有且互动关系明确，宁国、池州二府未见有影响的中医药学遗产行世，本章仅选取传统戏剧和相关传统技艺类非遗为观照对象，研究历史上宗族与它们的关系。

② 此表内容据中华人民共和国文化和旅游部、安徽省文化和旅游厅官网发布的信息整理，其中文南词由安庆市宿松县、池州市东至县联合申报省遗，其后宿松县又独立将之申报为第二批国遗。

续　表

项目名称	项目级别及批次	非遗传承地	明清时期隶属府、县
徽剧	省级非遗第一批、国家级非遗第一批	黄山市	徽州府
徽剧(徽戏童子班)	省级非遗第二批(扩展)	宣城市绩溪县	徽州府绩溪县
皖南皮影戏	省级非遗第二批	宣城市宣州区	宁国府宣城县
鸡公调	省级非遗第二批	池州市东至县	池州府建德县
梅街目连戏	省级非遗第五批	池州市贵池区	池州府贵池县

由表5-1观之，皖南传统戏剧类非遗主要集中于黄山、宣城和池州三市，即明清时期徽州、宁国和池州三府境内，而太平府仅有1项传承，广德州没有，这或许与晚清“咸同兵燹”对太平府、广德州的摧残有关。青阳腔、皖南花鼓戏、文南词皆是国家级、省级非遗，其中青阳腔诞生于明嘉靖、万历年间，最迟至明末“青阳腔向各地流传，大体可分北、中、南三路”[①]，影响波及天下。皖南花鼓戏虽然在宣州、广德、郎溪、宁国一带盛行，但它不是土生土长的艺术，而是晚清时期由湖北、河南移民将湖北民间花鼓调和河南民间的灯曲传入该地而生成。文南词起源于湖北黄梅民间的“文曲坐唱”，其在安徽境内宿松县遗存较多，清末民初，逃荒求生的湖北艺人将之传入东至。这三项非遗虽极为珍贵，但“青阳腔（自明末）从皖南出走之后，走上了一条不归之路，因而，皖南本土并没有青阳腔的文化遗产”；皖南花鼓戏、文南词从其源生和形成来看，与明清时期的皖南宗族关系不大。省级非遗鸡公调源于江西饶河戏，清末民初传入毗邻的建德县木塔乡并与当地土语方言结合生成，首次组成班社演出已是1941年的事，这与本书的研究更无关联了。余下的皖南传统戏剧类非遗皆是明清时期产生并在乡野传承至今，它们与宗族的关系是本节重点讨论的内容。戏剧演出多班社组织，唯池州傩戏自古至今皆无班社组织演出，其与宗族关系将独立一节分析。

① 中国戏曲志编辑委员会,《中国戏曲志·安徽卷》编辑委员会编:《中国戏曲志·安徽卷》,中国ISBN中心1993年版,第89页。

一、宗族演戏概况

（一）三地盛演目连戏

明清时期，徽州、宁国、池州三府是目连戏兴盛之地。万历年间，祁门人郑之珍（1518—1595）在多次落第之后，无意科举，便将民间流行的目连故事汇聚起来，编撰成上、中、下三卷本共一百出的《目连救母劝善戏文》，按照目连母“刘氏开荤坠入地狱——目连西行求佛——目连地狱寻母救母”[①]的故事情节展开，因其衍述佛教故事，糅以儒家的孝道思想和道家的超度文化，深受民众喜爱，刊行后广为流传。其实，早在行刊前，郑之珍在编写戏文过程中，就在石埭县（今石台县）青浦、大宇坑一带传授戏文，组织当地人演出，并将民间的武术杂技融进表演过程，产生奇效；随即祁门西乡的栗木村组织班社演出，祁门民间有“出在环砂，编在清溪，打在栗木”之说，这一目连戏班社之火迅速燎原，徽、宁、池三府各地班社如雨后春笋般涌现，多达数十个。现将明清时期徽、宁、池三府主要目连戏班社统计成表5-2。

表5-2　明清时期徽、宁、池三府主要目连戏班社统计[②]

序号	班社	姓氏	县名	府名
1	箬坑马山班	叶	祁门	徽州府
2	彭龙历溪班	王	祁门	
3	渚口樵溪班	不详	祁门	
4	西乡栗木班	王	祁门	
5	渚口清溪班	郑	祁门	
6	梓坞目连班	吴、汪	休宁	
7	长陔韶坑班	徐	歙县	
8	长标劝善班	王	歙县	

① 朱万曙:《郑之珍与目连戏剧文化》,《艺术百家》2000年第3期。

② 此表据朱万曙《徽州戏曲》、邓玮《安徽民间祭祀艺术》、茆耕茹《安徽目连戏资料集》等成果统计汇编,虽难以概括历史上的班社,但也反映了明清时期皖南目连戏演出的盛况。

续　表

序号	班社	姓氏	县名	府名
9	乔亭李贵红班	李	旌德	宁国府
10	桥埠义顺班	喻	旌德	
11	新福木偶班	吕、舒	旌德	
12	玉林班	（多姓）	南陵	
13	门房徐班	（多姓）	南陵	
14	万福班	（多姓）	南陵	
15	大宇坑班	李	石埭	池州府
16	大演高田班	吴	石埭	
17	大演唐家班	唐	石埭	
18	柯田李家班	李	石埭	
19	占大陈家班	陈	石埭	
20	横渡历坝班	（多姓）	石埭	
21	刘街高升班	桂、叶	贵池	
22	上保永庆班	杨	贵池	
23	唐家班	唐	贵池	
24	巩家班	巩	贵池	
25	万福堂班	陈	铜陵	

从学界研究来看，徽州从明代开始就有较多的目连戏演出，郑之珍正是在此基础上改编成《目连救母劝善戏文》。郑本的问世进一步促进了徽州的目连戏演出，《祁门县志》载："七月中元节祀祖，设盂兰会，闰岁则于是月演剧，名《目连戏》。"[①]从表5-2来看，徽州府中祁门的班社较多，歙县、休宁也有班社，黟县班社未见记载。但黟县各乡村打目连活动也颇为频繁，演戏班社请自外地，据当地老人回忆，清末至民国，泾县、祁门、歙县、石台的目连戏班都在此演出过。如黟县县城附近的西武乡古筑村在清末就有"古筑古筑真可怜，三年两头打目连"的顺口溜。池州府的石埭、贵池是目连戏的重要流行地，班社也多。表5-2中的"大演"地名就是明末复社名人吴应箕回乡探亲，目睹家乡搬演目连戏盛况后有感题写。青阳、建德（今东至）、铜陵等地也搬演目连戏，一些班社的演出活动延至新中国

① ［清］周溶修，汪韵珊纂：同治《祁门县志》卷五《舆地志》，《中国地方志集成·安徽府县志辑》（第55册），江苏古籍出版社1998年版，第61页。

成立之初[①]，可以说“池州目连戏是明中叶以后目连文化在皖南的缩影”[②]。宁国府的旌德、南陵、泾县也是目连戏的流行区域，其中旌德的目连戏演出可能较早，明末清初的文学家浙江山阴（今绍兴）人张岱曾在其笔记《陶庵梦忆》里记有“徽州旌阳戏子”在浙江海宁演出目连事，兹录如下：

> 余蕴叔演武场搭一大台，选徽州旌阳戏子，剽轻精悍，能相扑跌打者三四十人，搬演目连，凡三日三夜。四围女台百什（按：十）座。戏子献技台上，如度索舞絙、翻桌翻梯、觔斗蜻蜓、蹬坛蹬臼、跳索跳圈、窜火窜剑之类，大非情理。凡天神地祇、牛头马面、鬼母丧门、夜叉罗刹、锯磨鼎镬、刀山寒冰、剑树森罗、铁城血澥，一似吴道子《地狱变相》，为之费纸札者万钱，人心惴惴，灯下面皆鬼色。戏中套数，如《招五方恶鬼》、《刘氏逃棚》等剧，万余人齐声呐喊，熊太守谓是海寇卒至，惊起，差衙官侦问。余叔自往复之，乃安。[③]

此记载是张岱亲身观戏后录于其笔记中的，将目连戏惊险刺激的表演效果渲染得淋漓尽致。此处“旌阳”属宁国府旌德县，不属徽州府，但旌德县与徽州歙县、绩溪县相邻，文化相通，“徽州旌阳”一说不知是张岱疏忽还是戏人口误，但反映了徽州、宁国二府目连戏盛行，从中也可知皖南目连戏人精湛的演出技艺。旌阳戏子三四十人，应是一个戏班团队，可惜张岱未记戏班名称。除旌德外，南陵的目连戏演出也很早，据民国《南陵县志》载：“（南）陵民报赛酬神专演目连戏，谓父乐善好施，子取经救母。王阳明先生评目连曲曰‘词华不似西厢艳，更比西厢孝义全’，亦神道教义也。”[④]此条记载了王阳明（1472—1529）的评语，而王阳明去世时郑之珍才十一岁，说明郑本目连戏问世之前，南陵就有了目连戏。郑本目连

---

① 池州市地方志编纂委员会编：《池州市志》（第五册），方志出版社2016年版，第2775页。

② 刘自胜，马晓纯：《池州目连戏的历史及现状调查研究》，《剑南文学》2012年第2期。

③ [明]张岱著，卫绍生译评：《陶庵梦忆》卷六《目连戏》，吉林文史出版社2001年版，第123页。

④ [民国]余谊密修，徐乃昌纂：民国《南陵县志》卷四《舆地志》，《中国地方志集成·安徽府县志辑》（第47册），江苏古籍出版社1998年版，第60页。

戏刊世后，南陵艺人也搬用之，并兼采先前流行的目连戏，“1957年南陵县新华书店收购一本较完整的抄本，记一百五十出……郑本的唱词几乎被南陵本所采用”[①]。因搬演目连戏历史悠久，积淀深厚，兼之南陵地处沿江平原、丘陵带，非典型的宗族聚族而居社区，清中叶后南陵目连戏班逐渐形成了东、中、西三路，且是多姓组班，其中西路的万福班名气最响。

目连戏有“大会本”与“小会本”之分，其中“大会本”又称“全会本”，是三卷本正戏一百多折全部演完，演出时间久，演出三天、五天、七天，甚至十天半个月，规模阵仗大，所需演员达数十人，花费颇高。如《贵池姚氏宗谱》云：“（咸同）兵燹后，我族停止者多，惟荡族（按：荡里姚）仍十年一届，每届前后需月余蒇事，劳民伤财……莫此为甚。”[②]举办这种大会对宗族的经济实力有较高的要求，一些宗族要耗费多年积蓄才能举办一次。因此，目连大会并非年年搬演，而是要间隔五年、十年甚至二十年才举办一次。“小会本”又名“穿会本”，即将“全会本”加以删节，只演出其中部分内容即可，一般演出一天一夜便可圆满结束，是一种简化的仪式和演出，所需演艺人员比大会少，费用相对也低。这种小会又分两种形式：一种为人搬演，乡间多有半职业性班社；另一种为傀儡扮演，称“托头目连”，即由人操纵木偶演出[③]。这种小会灵活简便，费用低廉，适用于经济实力较弱的家族，这也是徽、宁、池三府目连戏班社众多且演出活跃的重要原因之一。

（二）徽人倾情演徽调

徽剧也是国家级非遗，其作为一个剧种的定名是新中国成立以后的事。“以前叫徽调，也有些地方称乱弹……徽调是指早期徽班所演唱的吹腔、拨子和二簧调”[④]，徽调产生于明末清初，起初形成于安庆一带，又称“安庆

① 邓玮:《安徽民间祭祀艺术》,黄山书社2012年版,第238页。

② [民国]佚名:《贵池姚氏宗谱》卷四《风物志》,民国二十年(1931年)木活字本,安徽贵池姚街姚氏族人藏。

③ 王兆乾校订:《安徽池州东至苏村高腔目连戏文穿会本》,财团法人施合郑民俗文化基金会1998年版,第6页。

④ 安徽省地方志编纂委员会编:《安徽省志》,方志出版社1999年版,第127页。

梆子”“枞阳腔”“石牌调”[①]。安庆的戏班流徙扬州后，被徽商蓄养成为“家班”，他们与徽商蓄养的唱昆曲的苏州艺人，同为徽商服务，或许也因之被徽商带入桑梓故里演出而使徽调传入徽州。乾隆中前期，已有安庆的石牌艺人在徽州演出，深受当地人的青睐，出现了“各村拥挤”观看演出的局面，以至于有人感到惊骇和担忧，时歙县人汪必昌就曾作文《徽郡风化将颓宜禁说》斥之，“后之作俑石牌班，坏风化之渠魁，名曰乱谈……当场教演，人爱看，众乐观……昔年逐出徽境之班，到处不称安庆、石牌，而曰徽班”[②]。从这篇《徽郡风化将颓宜禁说》来看，安庆、石牌徽调艺人所演出的戏曲（以下简称徽戏）以班社的形式组织演出，深受徽州民众的喜爱，于是不少徽州本地人也加入戏班，演习学唱，徽调开始在徽州的大地上生根发芽，产生了职业性的庆升、彩庆、同庆、阳春等“京外四大徽班”[③]。同时，伏岭徽班、雄村雅乐班、休宁昆腔会、汉口徽班、休宁同乐班、蓝田剧社等民间业余班社也逐渐兴起[④]。乾隆五十五年（1790年）后陆续从扬州进京的“四大徽班”融汇其他腔调，促成了以皮黄腔为主的国粹京剧的诞生，风靡京城，当时“戏庄演剧必徽班。戏园之大者，如广德楼、广和楼、三庆园、庆乐园，亦必以徽班为主”[⑤]。但因地理条件的限制，徽州本地的徽班仍延续着旧有的徽调在演出。

徽戏的演出班社可归纳为两种形式：职业性班社和业余班社。业余班社又可分为两种：一是由民间爱好戏剧的人组成；二是由半职业性班社的艺人组成。半职业性班社的艺人多是当地的农民，演唱时间多是农闲之时，农忙时几乎见不到这类班社的演出，因其时演时不演，所以徽州地区又称其为“鬼火班”。所谓职业性班社是指常年都在不间断演出，演员阵容、行头都齐整的正规班社。笔者根据学界研究成果，归纳了清至民国时期徽州地区这两种形式的部分班社的大致情况，列成表5-3。

---

① 王平:《安庆戏剧文化》,合肥工业大学出版社2011年版,第126页。

② [清]汪必昌:《徽郡风化将颓宜禁说》,转引自朱万曙《〈徽郡风化将颓宜禁说〉所见徽班资料》,《戏曲研究》2005年第2期。

③ 此是相对于乾隆五十五年(1790年)后陆续进京并产生了很大影响的三庆班、春台班、四喜班、和春班“四大徽班”而言,他们主要在徽州演出,在当时也甚有影响,学界称之为“京外四大徽班”。

④ 朱万曙:《徽州戏曲》,安徽人民出版社2005年版,第199页。

⑤ 张庚,郭汉城主编:《中国戏曲通史》(下),文化艺术出版社2014年版,第839页。

表5-3　清至民国时期徽州地区部分“徽班”统计[①]

班社性质	班社名称	成立时间	发展情况
职业性班社	彩庆班	清乾隆时期	“京外四大徽班”之一，清末衰落，民国初年由部分艺人重新组建“新彩庆班”
	阳春班	清乾隆时期	“京外四大徽班”之一，建立后分为兴阳春、新阳春、新兴阳春三个戏班，民国二十三年（1934年）停班，后合为“新阳春班”
	同庆班	清乾隆年间至道光年间	“京外四大徽班”之一
	庆升班	清道光十年（1830年）	“京外四大徽班”之一，民国二十六年（1937年）后解散
	四喜班	清道光至同治年间	“京外四大徽班”之外又一名班
业余班社	伏岭徽班	清道光年间	村民于道光末年始学徽戏，民国十四年（1925年），徽商资助扩大规模，增加设施，演出更多，共存在100年左右
	雄村雅乐班	清道光年间	该班存在上百年
	休宁昆会班	清咸丰八年（1858年）	衰落于新中国成立前期
	汉口徽班	清光绪六年（1880年）前后	鼎盛发展期为民国二十年（1931年）至二十五年（1936年）
	休宁同乐班	民国九年（1920年）	鼎盛发展期为民国二十九年（1940年）前后
	蓝田剧社	民国十九年（1930年）	20世纪50年代仍然活跃

关于徽班的演出内容与剧目，朱万曙《徽州戏曲》一书中介绍得十分清楚详细。大体包括《大四喜》《大长春》《八阵图》《齐天乐》《大三星》《小三星》等昆曲剧目九十一出；《王婆骂鸡》《凤凰山》《闹花灯》《大回朝》《昭君》等较早期的徽戏剧目十六出；《百花亭》《杀狗劝妻》《百忍图》《取长沙》《牧羊卷》等一般的徽戏剧目一百三十二出；《闹花灯》《回魂花》《送子》《卖草图》《看亲家母》等杂调三十三种；《乾坤镜》《汾河湾》《万

① 朱万曙：《徽州戏曲》，安徽人民出版社2005年版，第194—203页；周晓光：《徽州文化史》（明清卷），安徽人民出版社2015年版，第462—463页。

寿亭》《百花点将》《月明楼》等吹拨六十三种；《山海关》《陷空山》《哭魁》《游街》《仙缘》等徽剧剧本一百四十九种；《姜子牙斩三妖》《甘露寺》《八仙求寿》《老君堂》《姜子牙招亲》等皮黄八十七种。徽戏的演出有平台与高台之分，在平台上表演一些基本动作，如单脚提起、交叉腿提、飞叉、飞圈等，高台上的动作则是类似在高桌上向下翻的危险动作。此外还有爬竿、滚灯、变脸、跳钟馗等动作。

徽州绩溪县伏岭是徽戏之乡，历来有演出徽戏的传统，历史上村民曾自组“伏岭徽班”。笔者曾前往调研，村中耆老云，过去村中老幼皆会演唱。论唱功，则有昆腔、西皮二黄、摇板、乾板，翻高与压低、用劲咬字，莫不喉转音声、雅擅词曲。饰生角，则有正生、老生、小生、武生之别，而武生又有长考、短打之分，其服装大都短襟窄袖，故称打武生。饰丑角，又称三花脸，简称三面，其扮相恒于鼻间绘粉色，故有白鼻头之称。丑又有文、武之别，武者如开口跳，文者有大小与丑旦之分。大抵披莽着袭子者谓之大丑，如《草船借箭》之蒋干等，其余皆为小丑，如《叭蜡庙》之窦氏为旦丑。饰旦角，则有正旦、老旦、武旦、花旦之别，而武旦又与刀马旦有别，刀马旦重唱、重念、重做兼重打，武旦等专恃翻跌对打，不重唱念，如《三岔口》《水漫金山》等戏。花旦则扮演荡妇者，即凡妓以墨点破其面者，统称花旦，又称小旦。凡此种种扮相，应有尽有，惟妙惟肖，耳濡目染，莫不心歌腹咏，叹为绝响！

徽戏在歙县街源璜蔚十分受欢迎，发展势头强盛。笔者曾前往调研，当地的大姓为胡氏，胡氏分为六房管理宗祠，还有社会组织，即璜蔚义成大社，常做斋（保安）、做会，在冬至、春节等时节都会举办大型活动，活动中少不了戏曲，即唱大戏。当地没有自己的戏班，唱戏需要延请外地戏班。在外地戏班来此演出时，当地民众学习之，到清末民初时，涌现出不少徽戏艺人，其中胡姓艺人占多数。

清末，一些徽戏班社也常与目连戏班社合班演出，或是演出目连大会时单独邀请徽班演出，使得徽戏也流入宁、池二地。如“池州风俗，目连大会除唱三本目连外，还邀请徽班或京班唱皮黄戏……民间称之唱‘平台'"[①]。大姓宗族数年一届的目连大会常搭三层高台以供演出，被邀请的徽班演出则不登三层高台，只在第一层戏台演出，故谓之唱"平台"。唱"平台"仅仅是助兴点缀而已，所以徽戏并没有在宁、池二地扎根，仍留守在徽州传承至今。

（三）皮影戏演宣宁地

有清一代，皖南皮影戏在宣城一带颇有名气，它是清初由湖北移民传入，并与当地的民间歌舞融合发展而来。其演出形式简便，舞台要求简单，四个人便能组班走乡串村操纵皮影演出，影人、道具全部装在两个长方形的木箱里，被称为"一担挑的戏"，演出时又不受场地限制，"无论庙台、场院、稻场、堂屋、村头树下皆可演出"[②]，因而深受宣城一带民众的喜爱，一些大姓甚至私养皮影戏班。演皮影戏、看皮影戏是皖南地区民众的一种重要的娱乐形式。皮影戏班社众多，历史上也曾红火过，在宁国府辖的宣城、宁国县域内频频演出，一些班社甚至走出宁国至邻近的江苏溧阳、高淳和浙江长兴、安吉等地演出。

"皖南皮影戏分为青苗戏、青山戏、谷梅戏、愿戏、接年戏、拜年戏等，老百姓统称为'太平戏'……逢年过节，婚丧嫁娶，以及丰收等喜庆时日，人们都会搭台唱上几本皮影戏。"[③]每个皮影戏班组人员虽少，但皮影里的戏曲人物生、旦、净、末、丑等角色齐全，演绎故事全靠幕后的人员操纵皮影完成，说唱、伴奏都是幕后的班组人员，演出的剧目都是当时流行的历史题材的传奇，如《封神榜》《岳飞传》《水浒》《七侠五义》《包公大审》《杨家将》等。皮影艺术的传承主要靠师傅授徒、口传身授的方式开展，形成"亲缘传承谱系"和"师源传承谱系"，其中"亲缘传承谱系"就是在宗族内部传承，以世代祖传的"何家班"最负盛名。其始迁祖何隆泰本是湖北随州何家湾皮影艺人，清初移民迁居宣城杨林，后据此艺谋生，

① 王兆乾校订:《安徽池州东至苏村高腔目连戏文穿会本》,财团法人施合郑民俗文化基金会1998年版,第6页。

② 安徽省宣城市宣州区地方志办公室,安徽省宣城市宣州区水东镇人民政府编纂:《水东镇志》,黄山书社2018年版,第100页。

③ 安徽省宣城市宣州区地方志办公室,安徽省宣城市宣州区水东镇人民政府编纂:《水东镇志》,黄山书社2018年版,第100—101页。

代代相传，衍至玄孙时何明谷承袭祖传技艺，组成何家班演出，其传承谱系有学人研究揭示如下：

一代　何隆泰　男　清朝初年　祖传　湖北随州

二代　何明谷　男　清朝中期　祖传　宣城杨林

三代　何光启　男　清朝中期　祖传　宣城杨林

四代　何宗文　男　清朝中期　祖传　宣城杨林

五代　何德进　男　清朝中期　祖传　宣城杨林

六代　何正发　男　清朝中期　祖传　宣城杨林

七代　何祥高　男　清朝晚期　祖传　宣城杨林

八代　何祖鸿　男　民国时期　祖传　宣城杨林

九代　何泽华　男　1949年以后　祖传　宣城杨林①

仔细辨析此艺谱，清朝时期，何家班传承应不止七代，一二代之间实际上有断档，限于资料难稽，笔者也无法考证，不过也说明了皖南的戏剧文化实际上受宗族控制。而今，该戏传承面临困境，何家班第九代传人何泽华倾其积蓄在宣城市水东镇创建了皖南皮影木偶博物馆，虽观者不绝，但多是游客，真正潜心习艺传承者后继乏人。图5-1中何泽华正在演出皮影戏。

图5-1　何泽华演出皮影戏《武松打虎》

二、皖南宗族对演戏的需求

前述珍贵的戏剧文化尤其是目连戏、徽戏缘何在皖南宗族社区盛演不衰，并传承下来，值得我们思考。考究这一问题，还需要从宗族自身角度

① 吴衍发:《皖南皮影戏考述》,《蚌埠学院学报》2017年第1期。

来观察，笔者认为宗族对演戏有着强烈的需求，体现如下。

（一）尊祖敬宗，娱乐神灵

明清时期，皖南宗族社会兴盛，对祖先的重视也就不言而喻。他们认为祖灵是保护后代子孙的善灵。从绩溪梁安城西周氏的祠规中就可以看出族人对祖先的重视程度。

> 祭祖重典理宜虔肃与祭，子孙俱走旁门，毋许向中门中阶直趋而进，亦毋许喧哗，违者罚跪。
>
> 衣冠不备不敢以祭，宗子主祭及分献老人各宜衣冠齐整，阖族斯文穿公服，整冠带，与祭子孙亦宜各整衣冠，毋得脱帽跣足，违者罚跪。[①]

从上述祠规来看，祖先在皖南宗族民众心中有着神圣不可亵渎的地位，而祖先崇拜表现最为明显的要数盛大隆重的祭祀仪式。宗族祭祀祖先分为祠祭、会祭、家祭和墓祭，其中以祠祭最为隆重，举族而动。祭祀的时间有春祭、秋祭、冬祭、中元祭等。嘉庆《绩溪县志》记载："元旦吉时启门，燃爆竹，迎喜神，谓之行方；中堂供祖像，庭除设香案……自元旦日至十八日，祖像前每夜焚香燃烛，谓之照容……中元日祀祖，荐新稻，罗列时馐素食。"[②]在祭祀祖先时，常伴演戏与祖同乐，如平时供奉祖灵牌位于祠，则必须演戏。"进主，议定正月十三，九月十五，祭前三日为期。若期外者有择日进主者，必须演戏，祭告祖先。"[③]如至始祖、远祖诞日，宗族也会在大宗祠演剧祀祖，如婺源县双彬村王氏在其族谱中记载：

> 正月二十日，刺史雷公诞辰，大祭。分中东西三席，列祭五世祖江公、六世祖璋公、七世祖元正公，八世祖可尊公、可贵公。

---

① ［清］周之屏等纂修：《梁安城西周氏宗谱》卷首二《祠规》，清光绪三十一年（1905年）敬爱堂木活字本，安徽师范大学家谱中心藏（复印件）。

② ［清］清恺修，席存泰纂：嘉庆《绩溪县志》卷一《舆地志》，《中国地方志集成·安徽府县志辑》（第54册），江苏古籍出版社1998年版，第365—366页。

③ ［清］程绍邰等纂修：《绩溪仁里程敬爱堂世系谱》卷二《祠规》，清道光九年（1829年）刻本，中国国家图书馆藏。

以国升公配享。先期习仪。羊一，豕一。大宗主祭，合族绅衿与祭执事，给胙。本房老人胙给俱如五月初四例，不与祭者不给。戏五台。其绅衿与祭者，另加胙一斤折席。[①]

这里提到的雷公是该族的始迁祖，他在全族人的心目中有着至高无上的位置。正月十二日是雷公的诞辰，所以在这一天会祭拜且演戏五台，以表达对雷公及列祭祖先的尊敬与感念。

皖南宗族除了演戏祭祖外，对其他神灵也演戏以祭之。如祁门“最重神道，岳帝、祖师、地藏、五显、土地莫不有会，愚夫愚妇最畏神明，每遇疾病，诚心祷祀，一似神道骤从天降者”[②]。嘉庆《绩溪县志》中记载了当地一些节日祀神的演剧习俗：“上元日，各处土坛神庙，张灯演剧或扮童戏，持火马，舞青衣，游烛龙，遍巡街巷，名曰‘闹元宵’。是夕，幼女具香烛迎紫姑，问年岁丰欠，卜休咎，谓之‘接三姑’。米粉为丸祀灶，谓之‘迎新灶’。……二月二日，家具鸡豚鱼菽之荐，香火爆烛以迎土地神，祀于中庭。”[③]

越国公汪华是徽州的守护神。唐朝时汪华受封越国公，他忠君爱国，力保六州生民安危，政府与民间都对其崇敬有加，民间视其为汪王、汪公大帝王，各县各地均有不同的祭祀和庙会。如绩溪的花朝会迎菩萨坐村，休宁黎阳的跑马祭汪华，黟县、祁门的游太阳，歙县的游汪公太子菩萨，等等。汪王庙，又称忠烈庙、灵惠王庙，徽州各地均有，以歙县乌聊山庙为显，祀越国公汪华，因其忠君爱民，确保六州之安，历代祭祀，视为神明，每逢祭祀，皆演戏以呈。歙南瞻淇村汪王祭的排场极其隆重，从正月初五到初十为准备时间，十一日到十四日在庙宇、文会以及路边的樟树上挂上各种颜色的彩灯数百盏，庙外搭灯棚设神座，庙内摆满各种祭祀的器具、仪驾，水果、糖、鱼肉等各种祭品共七十二碗，十九日举行将汪王神

① ［清］王轩等纂修：《婺源双杉王氏支谱》卷十七《祭典》，清同治元年（1862年）孝睦堂木活字本，上海图书馆藏。

② ［清］刘汝骥编撰，梁仁志校注：《陶甓公牍》卷十二《法制科》，安徽师范大学出版社2018年版，第260页。

③ ［清］清恺修，席存泰纂：嘉庆《绩溪县志》卷一《舆地志》，《中国地方志集成·安徽府县志辑》（第54册），江苏古籍出版社1998年版，第365—366页。

从庙外的灯棚神座接回庙内附入神像的祭祀仪式。在灯棚对面搭有戏台，祭期内会连续演戏酬神，共演八天，其中四天四夜是连续演，正戏共演六十六出[①]。这种汪华信仰文化也随着汪氏的迁徙流入宁、池二地。

（二）罚钱请戏，以示惩戒，教育族众

在宗法制度严密的传统社会里，对犯错的族人惩罚方式多样，各地不尽相同，有的打板子、罚跪，有的罚钱，有的罚在祠堂摆酒席，赔礼道歉，或罚钱请戏班来演戏，有的被捆绑在祠堂门前示众……不一而足。其中“罚钱请戏”是独特的方法，该方法在徽州常见，称为“罚戏”，主要针对的是违背了宗族的族规家法或者是乡规民约的族民。

徽州罚戏的类型可大致概括为以下三大类：坟山竹木保全禁约的演剧，宗祠、墓祠保全禁约的演剧，水源地保全禁约的演剧。笔者在黄山市祁门县环砂村叙伦堂前西壁上见到一份“永禁碑”告示文书（见图5-2），其中涉及罚戏，兹录如下：

图5-2　祁门环砂村叙伦堂永禁碑

立养山合墨文约人环砂程之璞、起来、发秀等。盖闻本立道生，根深枝茂。盈谷百木丛生，条枝可供采取。即长养成林而供课资，用亦大有益。迩缘人心不一，纵火烧山，故砍松、杉，兼之锄挖柴桩。非惟树尽山穷，致薪如桂，且恐焚林惊冢，滋事生端，为害匪轻，似此，人人叹息。所以不谋而合，共立合文，演戏请示，订完界止。所有界内山场，无问众己蓄养成材，自后入山烧炭、采薪，如有带取松、

① 汪承兴，汪如红，汪根发编著：《中国徽文化探源·大唐越国公汪华文献》，新华出版社2014年版，第246页。

杉二木，并挖柴桩及纵火烧山者，准目睹之人指名鸣众，违禁者罚戏一台。如目睹存情不报者，查出与违禁人同例。倘有硬顽不遵，定行鸣官惩治，仍要遵文罚戏。议之至三年之后，无论众己山业，出拼之日，每两内取银三分，交会凑用；如自山自取正用并风损折者，俱要先行出字通知。在掌会首事，务要进出分明，襄成美举，有始有终，慎勿懈怠。沿门签押，子孙遵守，如违规条，合境赍出此文同攻。鸣官费用，议作三股均出，如犯何山，该山主人认费二股，众朋出一股；追赔木价，亦照三股均收，仍依是约为始。恐后无凭，立此养山合文，一样二十四纸，各执存照。

养山界：七保里至九龙塌，外至环砂岭；八保里至梨家塌，外连七保界止；东至风浪岭、罗望岭，西至八保上岭、七保罗家岭。

中秋□神会演戏:程村社并门下迭年架火松柴，准七月议期，一日采取；王村社迭年八月初九日则规交纳松柴，准八月议期，一日采取。以上所办之柴，除坟山庇荫及二尺围成材之料不砍，仍准按期节取。

纵火烧山者，罚戏一台，仍要追赔木价。

挖桩脑者，无问松、杉、杂植，罚戏一台。

采薪带取松、杉二木，并烧炭故毁，无问干湿，概在禁内。违禁者，罚戏一台。

举报者，赏给钱一百文。如目睹存情不报，查出，与违禁人同例。

自山取正用并风损折者，要先行出字通知。

材山出拼者，无论众已，每两内取银三分，交会使用。

山场自后有砍锉兴苗者，先行出字登账准种，花利五年。违者定行处罚。

公议首事支持，进出账目及一切违禁之条，务要巡查明，鸣众议罚。

大清嘉庆二年正月□□日立养山合文约人环砂首事程之瑶 发曙 元顺 延芳 元恺

从这份文书中可以看出，祁门县环砂村规定，凡纵火烧山者、挖桩脑者都会罚戏一台。其作用是显著的，既防止了族众胡乱砍伐，保护了山林，又惩罚了族众不合理的行为，使他们受教。这种罚戏的措施深受宗族青睐，因为演戏是公开活动，这样还可以让更多人认识到保护森林的重要性，如若不遵守此惩罚，后续的惩戒则更重。“兴山之后，各家秩丁必须谨慎野火。倘有不测，无论故诬，公将火路验明。查出，罚钱十两，演戏全部。如不遵罚，则令本家房长入祠以家法重责三十板。”①

清道光十八年（1838年），徽州祁门县渚口乡滩下村为了保护祖坟的环境，立规禁止乱砍滥伐祖坟旁边的树木；为了保护经济作物，也立下相关规定。其中，对于违背规定的人处以罚戏。当地汪氏宗族所立的一块永禁碑刻上有此记载：

> 禁公私祖坟，并住宅来龙下庇水口所蓄树木，或遇风雪折倒归众，毋许私搬并梯桠（按：丫）杪割草，以及砍斫柴薪、挖椿等情。违者，罚戏一台。
>
> 禁公私兴养松、杉、杂苗竹，以及春笋、五谷、菜蔬并收桐子、采摘茶子一切等项，家外人等概行禁止，毋许入山，以防弊卖偷窃。如违，罚戏一台。
>
> 禁茶叶递年准摘两季，以六月初一日为率，不得过期。倘故违偷窃，定行罚钱一千文演戏，断不徇情。②

除了保山护林、维护祖墓丘茔外，对宗族宗祠内的大小财产，宗族也保护有加，也会以族规来约束族人，如违，则罚戏一台。“祠内寸木寸石，派下子孙不得私自盗取亦毋许出借。如有此情，较所取之物议罚，轻则罚大青金一把，重则罚戏一台，断不徇情。”③宗祠是奉先祖灵位的场所，宗族一般禁止在宗祠内乱堆乱放，违者即罚戏，“祠内锁钥，值年头首同查察执管。除会文并公事外，毋得擅开、私借、堆放物件及二熟私晒谷麦……

---

①《祁门环溪王履和堂养山会簿》，清嘉庆十九年（1814年）刊本，安徽省图书馆藏。

② 卞利：《明清时期徽州森林保护碑刻初探》，《中国农史》2003年第2期。

③ [清]周之屏等纂修：《梁安城西周氏宗谱》卷首二《祠规》，清光绪三十一年（1905年）敬爱堂木活字本，安徽师范大学家谱中心藏（复印件）。

如违，罚戏一台，并罚大青金一把对祖烧化”[①]。

综上可见，罚戏是徽州宗族常用的一种惩戒手段，应该说其对保护当地山林环境、祠堂等各方面起到了很大的作用。徽州宗族通过罚戏既惩罚了犯错误的民众，又对其他人起到了告诫的作用，对徽州社会的持续稳定发展起到了一定的作用。另外，即便是罚戏，在古代生活中，也为其他民众的生活增添了一点欢乐的色彩。

（三）倾力演剧，展示宗族实力

日本学者中岛乐章认为，围绕有限资源而发生的激烈竞争，成为扩大家族统合、强化家族组织的重要契机[②]。皖南各宗族在筹划戏曲演出时，都会使出浑身解数，力求展示自己的宗族实力。他们倾力演剧，力求得到社会的认可，壮其名声，从而带来更多的其他效益，壮大自己的宗族。

茗洲吴氏与其邻村三十三都山村李氏，在明嘉靖二十六年（1547年）有过激烈的争执。该年吴氏曾在河原搭建戏台，演胡戏祭神，因雨终止演戏，李氏有近三十位族人感到不满，他们抢夺台上的物品，逃走时截断河桥。吴氏将此事告到四、六、八图的里佐。搭台演戏祀神本是一族之事，但邻村的李氏有近三十位族人都过来观看，这说明吴氏搭建戏台演胡戏祭神这件事有一定的影响力。搭建戏台，演出祭祀戏剧，要有一定的人力物力方可举办，由此可见，吴氏宗族的资源丰富，这样公开演戏，也向其他宗族展示了自己宗族的实力，有利于宗族的进一步发展。

明清时期，皖南庙会兴盛。“庙会的形成，与历史上的家族祭祀，村落祭祀，行业祭祀都有一定的联系。”[③]皖南山区多聚族而居，素来尊祖敬神。演傩戏、跳钟馗、唱徽戏是庙会活动中除了祭祀祖先、神灵之外的重要活动，各宗族全力参与，以展示宗族的实力。如池州贵池东南山区姚氏、刘氏、汪氏等族，正月十五举办青山庙会，声势浩大（具体情况下节再述）；徽州绩溪的花朝会也热闹非凡，清代文学家沈复曾在乾隆戊申年（1788年）

① ［清］周之屏等纂修：《梁安城西周氏宗谱》卷首二《祠规》，清光绪三十一年（1905年）敬爱堂木活字本，安徽师范大学家谱中心藏（复印件）。

② 〔日〕中岛乐章：《围绕明代徽州一宗族的纠纷与同族统合》（续），《江淮论坛》2000年第3期。

③ 顾希佳：《社会民俗学》，黑龙江人民出版社2003年版，第157页。

亲眼目睹了当地花朝会的盛况，并详予记载。

又去城三十里，名曰仁里，有花果会，十二年一举，每举各出盆花为赛。余在绩溪适逢其会，欣然欲往，苦无轿马，乃教以断竹为杠，缚椅为轿，雇人肩之而去。同游者惟同事许策廷，见者无不讶笑。至其地，有庙，不知供何神。庙前旷处高搭戏台，画梁方柱极其巍焕，近视则纸扎彩画，抹以油漆者。锣声忽至，四人抬对烛大如断柱，八人抬一猪大若牯牛，盖公养十二年始宰以献神……入庙，殿廊轩院所设花果盆玩，并不剪枝拗节，尽以苍老古怪为佳，大半皆黄山松。既而开场演剧，人如潮涌而至，余与策廷遂避去。[①]

绩溪每年的二月皆举办花朝会祭祀花神，又因二月十五日是越国公汪华的生日，庙里供奉的正是土主汪华，因此又是祭祀汪华的庙会，沈复应该未询问，故有“不知供何神?”之叹。花朝会的主要活动是祭祀和演戏，从沈复的记载来看，花朝会正式举办的当天场面十分热闹繁华，这是展示宗族实力的绝佳机会，这项活动一直延续至今。据当地村民回忆，在农历二月初一便准备搭台演戏，有的搭平台，有的搭花台，平台演徽戏，花台唱目连，甚至出现重金聘请名班赛演（对台戏）的情况[②]。所请戏班也竭尽全力演出，既能扩大戏班影响，也能彰显所雇宗族的实力。这种通过演戏展示宗族实力的竞争，在光绪十四年（1888年）徽州歙南一次的菩萨开光活动中表现得尤为明显，也因各姓间的竞争导致开光活动未能如期开展，原因是这次的菩萨开光活动延请戏班来演戏的事情始终难以确定。《新旧碎锦杂录》对此有记载：

合村菩萨戊开光，恰遇今年要装銮。一甲鸣锣邀议事，总总无人作主张。

莫怪他人不肯先，总怕村丁说废言。要人做事无人到，所以不敢来向前。

① ［清］沈复著，罗宗阳校点：《浮生六记》卷四《浪侠记快》，江西人民出版社1981年版，第48—49页。

② 绩溪县瀛洲乡仁里村民委员会编：《绩溪·千年仁里》，皖南海峰印刷包装有限公司2009年版，第182页。

四甲邀定二月二，齐到庙内议众事。胡毕葛姓帮管账，修庙铜钱归各自。

前次师人汪仰三，今轮意欲不愿他。总为愚多贤者少，所以众事难承担。

向来四甲共主坛，开光演戏要名班。前次三朝期已误，再看今岁荣林官。

向来开光戏要佳，一心想做庆升班。前次已经务了事，今庚一定还要他。

守翁吹荐长春班，戏价比他巧十番。那怕比他戏还好，有人决定不要他。[①]

从此记载可以看出，汪、胡、毕、葛四姓为延请戏班之事争执不休，互不妥协。庆升班、长春班皆徽戏班社，此记载也反映了各族都想主导戏班演出，借此展示本族的实力。

三、宗族对戏剧文化的扶持

从上述内容来看，明清时期皖南宗族社会青睐演戏，其来有自。既然重视演戏，则宗族必然予以扶持。笔者认为其扶持主要体现在财力物力的支撑、场地和时间的安排、剧目的合理选择等方面。

（一）财力物力的支撑

戏剧演出是一种文化艺术活动，自然需要经济基础的支撑，从现有的资料来看，皖南宗族在此方面给予了大力扶持。各个宗族皆有自己的族产，用于宗族内部公共事务的开支，其中演剧就占有一席之地。如绩溪梁安城西周氏会在族产中出钱演剧，“贺新生，宗祠定例，照新生人数，每名于公匣内贴钱三钱……如遇便班演戏，宗祠外贴油火杂费钱一两”[②]。“公匣”

① ［清］葛韵清：《新旧碎锦杂录》，转引自陶明选《明清以来徽州信仰与民众日常生活研究》，光明日报出版社2014年版，122—123页。

② ［清］周之屏等纂修：《梁安城西周氏宗谱》卷首《祠规》，清光绪三十一年（1905年）敬爱堂木活字本，安徽师范大学家谱中心藏（复印件）。

即宗族储钱的木匣，是存储公有族产的一种形式，用于宗族事务开支。据《歙县虹梁村程氏德卿公匣规条》载，其族产规模庞大，支出主要涉及办祭散胙、赈荒济贫、缴纳赋役、奖励科考、司理族会、公益活动、公共建设、宗族演剧等各个方面。[①]演剧的花费不在少数，目连大会就是一个花费颇高的演剧活动，明末清初的史学家、文学家张岱（1597—1869）在《陶庵梦忆》里说“为之费纸扎者万钱”，诚不为过，皖南民间有“一年目连三年熟”的说法。《贵池姚氏宗谱》云：“此俗（按：目连大会）不独我族皆然，大江南北随处有之。（咸同）兵燹后，我族停止者多，惟荡族（按：荡里姚）仍十年一届，每届前后需月余蒇事，劳民伤财……莫此为甚。”[②]虽然该族为之叫苦，但仍然十年一届。由此可见，倘若没有宗族的支持，大的戏剧演出活动很难开展起来。

除“公匣”出资外，有些演出活动费用，还通过族众集资方式支付。如徽州休宁县流口村黄氏宗族的《家用收支账》，对雍正、乾隆年间该家族出资演戏的情况作了详细记录，兹录如下：

雍正十一年（1733年）

二月初九：找侯叔公代做戏，前月付过二分，本家七丁，每丁一分。

四月廿一：家诒叔账清，并代做鬼头戏，每丁九分，本家并母八丁。

雍正十二年（1734年）

二月初九：一钱一分四厘，贴沈源叔做戏，本家六丁，每丁一分九厘，本家并母八丁。

二月十四：一钱六分八厘，两门重派演戏，禁止挖蕨，按亩四厘。

三月十三：二分，批重作顶红班戏。十四日，四分八厘，派作鬼戏，按丁八厘，本家六丁。

① ［清］周晓光主编：《徽州文化史·明清卷》，安徽人民出版社2015年版，第556—557页。

② ［民国］佚名：《贵池姚氏宗谱》卷四《风物志》，民国二十年（1931年）木活字本，安徽贵池姚街姚氏族人藏。

雍正十三年（1735年）

四月二十：四分，两次出做个戏。

五月：八分，鬼戏一会。

乾隆二年（1737年）

四月：八分，鬼戏一会。

六月：八分，鬼戏一会。

乾隆三年（1738年）

三月：八分，做会戏。

六月：八分，会戏。

十一月：一钱，木人头戏。

乾隆四年（1739年）

三月：八分，会戏。

五月：八分，会戏。

乾隆六年（1741年）

四月十八：六分四厘，贴用卿太公做鬼头戏；五钱四分，代志章打发戏一本。

六月初九：一钱，输重做戏，禁虎。

乾隆七年（1742年）

二月十一：一钱五分三厘，派作人丁戏，每丁一分七钱，本家九丁，并母在内。

乾隆八年（1743年）

二月十八：一钱六分二厘，人丁戏，本家九丁，每丁捐出一分二厘。

十月二十三：八分，戏一会；六分，做戏，禁猪瘟；一钱一分一厘，火烛戏。

十一月初四：一钱，做戏，禁挖蕨。[①]

这是黄氏宗族家用收支账簿中对演戏支出的记载。黄氏宗族在出现灾

① 王钰欣，周绍泉主编：《徽州千年契约文书》（清·民国编）卷8《乾隆黄氏宗祠册》，花山文艺出版社1993年版，第7、13、47、50、62、69、83、84、90、91、100、114、116、129、133、167、209、242页。

祸时会出资做愿戏，为了保护农作物会出资演戏，为了禁猪瘟、禁老虎也会出资演戏。这反映了宗族既需要演戏，也愿意在财力上支持演戏。婺源人詹元相（1670—1726）的《畏斋日记》中对徽州婺源县浙源乡庆源村出资演戏也有记载：

康熙三十九年（1700年）

二月十六，合村于祠内整酒、演戏，贺以献伯八旬……每人敷银一钱二分，又荦贴二格。□□夜饮酒、回戏。

康熙四十二年（1703年）

正月十八，天晴，本门春醮，村中敷家头保甲寅演戏。

康熙四十五年（1706年）

三月十五，阴……支银四分，众代周佑叔演戏求嗣。①

从此记载来看，为了庆祝献伯八旬寿诞，族人在祠堂内摆酒演戏，为了替周佑叔求嗣，也演戏，而演戏的费用则由族人集体出资、集体参与，充分说明了宗族对演剧活动的组织与支持作用。

上述所指费用开支多是一族负担，或公匣族产贴付，或族人集资支付。也有多姓联合出资以维持戏曲演出活动，这种情况常常需订立合约，兹摘录一例如下：

立合同文约人陈一飞公、一鹗公、一鸣公、政公、全公、秩下暨梅、张、李、黄、叶众姓人等。原承租有田坑班、叶姓傩，后递年新年演古（戏）酬神，所有服饰俱系各姓除旧添新。近因朽坏已极，班内邀集各祠输银另置服饰仍旧。乃后公议每戏一本出银二十五两正，但此中参差不齐，具未出银者，不得用新置服饰。所有规条列后，特立合同十六纸，出银者各收一纸存照。

公议新置服饰不得出租与未出银者，以免效尤。

各祠习学梨园者，不准上台找戏，亦不得出租。

新置服饰有坌者倘有酬愿及封禁酒戏、寿戏，公议夜演出租

① [清]詹元相:《畏斋日记》,转引自中国社会科学院历史研究所清史研究室编《清史资料》(第四辑),中华书局1983年版,第189、242、269页。

钱四百文，日演出租钱二百文，归值年首人收付众。

班内庆架有坌之家，八仙不用租钱，再递年贴班内钱一千文，以作打霉之资。

道光四年十月十六日　立合同文约人[①]

这是徽州闪里镇桃源村陈氏家族为更换旧的唱戏服饰、如何筹措经费及新服饰做成后使用规则等所立的合约。戏服易损坏，需经常更换，而换一批新服饰需要的费用并不是少数，所以需要延请戏班的宗族集体出资筹措做新服饰的经费，这不仅解决了服饰问题，也可以看出宗族对于戏班的支持，是戏剧演出活动顺利开展的强有力的后盾。

（二）空间的保障与时间的安排

戏剧演出需借助戏台展开，所以戏台建设也为宗族所重视。戏台分为草台和固定戏台两种。草台是临时搭建的简易台子，戏演完就拆。固定戏台可分为万年台、家庭戏台和祠堂戏台。其中，家庭戏台建在富商大贾的院子里，一般人家负担不起，所以这类戏台不多见；万年台及祠堂戏台则是举族而建，可以得到很好的保护。这方面徽州宗族表现甚佳。

万年台场地选在村子中的公共场所。如绩溪县伏岭下村于道光初年兴建万年台，该戏台坐南朝北，面对福昌寺的大雄宝殿和土地庙，台面分为三间两走廊，正中是演戏的台面，东西两厢的正面嵌以月宫花瓶花廊，是为锣鼓乐队设置的，东西两厢边的走廊是出入的通道，到了演大戏的时候就作为走台用。台口宽约14米，台高约2米，演戏的台面宽约6米，深约8米，戏台由台板搭成，平时不演戏的时候就把台板拆下，放在祠堂保管。拆下台板后的戏台呈现凹字形，村中在做保安善会的时候会将龙舟放在此处，这也算是发挥了它的用处。戏台前面是长方形的广场，可容纳六千人左右。该万年台是徽州众多戏台中规模较大的一座，邵氏宗族不仅在此演出舞狮，也演出徽剧，迄今依然，只不过戏台已在原址上翻新重建[②]。

徽州的宗祠也多建有戏台。徽州宗族对于犯错的族人有时会在祠堂进

① 王振忠主编:《徽州民间珍稀文献集成》第26册《李邦福〈开检可观〉》,复旦大学出版社2018年版,第214页。

② 邵茂深:《伏岭舞狮》,黄山书社2016年版,第48—55页。

行罚戏，这就使得罚戏更加具有权威性，使得犯错的族人更加清楚地认识到自己的错误，对其他族人也起到警示的作用，所以较大点的宗祠会有戏台。在宗祠内设戏台，还有与祖先共乐的意思。宗祠内的戏台与祠堂共外墙和屋顶，戏台梁架是木结构穿斗式、硬山搁檩式，外围是砖墙加以封护，可以防风和火。有戏台的祠堂平面布局一般是三开间或五开间，戏台搭建在祠堂内与享堂、寝堂相对的地方。到了演戏的时候，打开享堂的门，让祖先的牌位正对着戏台，族民就可以与祖先共同赏戏。祠堂内的戏台一般有两种形式，即固定式的和可拆式的。固定式的就叫万年台，固定使用。可拆的戏台下面以木柱支撑，上面覆盖台板，唱戏前装上即可[①]。

另外，徽州宗族在建戏台或者修缮时还会写议约，主要是集中族人一起讨论修建（缮）戏台的相关事宜，同时也是为了集资。修建（缮）戏台的工程量较大，耗费的人力物力也不在少数，需要众族人合力。如清朝末年歙县就有这样两份议约，《做台戏约》和《做戏台批捐》，全文如下：

做台议约

立议约人□□□，缘因我族戏台扦自李唐，历今年久，木摧墙坏，若不亟为整葺，将见坍颓而砖瓦必变砂砾矣。于是邀集支众从公酌议，切见霉烂已极，艰於修理，必得去旧成新，方能演戏酬神。然而工程浩大，独力难持，费用多端，众擎易举，伏异同心踊跃，指日可成，俾得竭力励勤，无功不克，愿至公而无私，勿始勤而终怠，惟希同志得以告竣，庶上可酬答于神庥，而下亦可光于族美。特此约者，各宜体尊！[②]

做戏台批捐

立会约人□□□堂支裔等，缘因我里自唐以来，扦造台基一所，至今年久，砖木坏以倾颓，故此统集支丁，合村商议重新建造，仰荅神庥。然而工程浩大，费用多端，伏愿同心戮力，踊跃

① 陈琪:《徽州戏曲文化研究——以历溪为例》,合肥工业大学出版社2017年版,第116—118页。

② 王振忠主编,方光禄编:《徽州民间珍稀文献集成》第28册《清末歙县胡楚才抄录〈文约〉》,复旦大学出版社2018年版,第246页。

批捐。要求一人之艰难，出于众人之甚易，务祈毋相推诿，均要视公无私，庶事有成，则神灵之酬报，而村党永久其益矣。乐输者请书芳名于上。

做戏批捐

外书乐善同登四字[①]

从以上两份做戏台的议约可以看出，徽州地区的戏台由来已久，且是全族或者全村的民众共同集资修建。有一方戏台，既是演戏的前提，也为徽州戏剧活动的发展兴盛提供了空间保障。

戏剧演出能够顺利开展，除了要有资金支持、戏台空间保障之外，时间上的安排也至关重要。宗族在什么时间点上演什么剧目，也安排得十分明白。如目连戏是一种祈愿酬神的仪式性戏剧，也称“平安戏”，在一些祭祀性庙会活动或出现灾异时搬演。大目连会则是数年或十数年一届，一般目连戏都是因事而演且在夜间开始演，演到第二天天亮。

时令节日的演戏活动也各不相同。“立春日，听民扮台戏，从公迎于东郊，合邑傩班例随之，新岁家各行傩以驱邪。”[②]“正二月为春祀，虽山村僻墅皆有之。举事于社……崇其神曰太子，而金鼓轰阗导之。”[③]在端阳节这天，各乡镇会舞钟馗，“城关一带好事者，更以钟馗偶像架诸肩，团团旋转于市衢，金鼓随之，旁人亦燃放爆竹，掷五色小纸块，纷飞空中以助兴”[④]。八月中秋，“前后数日多演剧报赛，又缚稻草为龙，插香周遍，数人共持舞之，至溪涧东向送之，以祈丰年”[⑤]。由此可见，在立春、祀社、端午、中秋等各种节日都有相关的演剧活动，且不会混淆。由此可见，除了婚丧、仕进、寿诞、惩罚等临时性的演戏外，在常规的庙会和农耕时令

① 王振忠主编，方光禄编：《徽州民间珍稀文献集成》第28册《清末歙县胡楚才抄录〈文约〉》，复旦大学出版社2018年版，第247页。

② ［清］马步蟾纂修：道光《徽州府志》卷二《舆地志》，《中国地方志集成·安徽府县志辑》（第48册），江苏古籍出版社1998年版，第163页。

③ ［民国］石国柱、楼文钊修，许承尧纂：民国《歙县志》卷一《舆地志》，《中国地方志集成·安徽府县志辑》（第51册），江苏古籍出版社1998年版，第40页。

④ ［民国］石国柱、楼文钊修，许承尧纂：民国《歙县志》卷一《舆地志》，《中国地方志集成·安徽府县志辑》（第51册），江苏古籍出版社1998年版，第40页。

⑤ ［清］周溶修，汪韵珊纂：同治《祁门县志》卷五《舆地志》，《中国地方志集成·安徽府县志辑》（第55册），江苏古籍出版社1998年版，第61页。

节日里，皖南宗族也注重演戏报赛，致使戏剧演出活动颇为频繁。

（三）剧目的选择与规则的确定

前述徽戏、目连戏剧目甚多，宗族邀请戏班演戏，但时间安排、剧目选择则由宗族确定。如歙县瞻淇村演戏关于戏台的布置、在规定的时间演出的剧目，均在演戏前就确定好（见表5-4）。

表5-4　歙县瞻淇村正月庙祀演戏安排

演出时间	戏台布置	演出剧目
元月十三日夜演	齐天乐	《采莲》《路马湖》《斩经堂》《闹天宫》《黄金台》《红鸾喜连打青郎》
元月十四日演	大财神	《回营打围》《盗御马》《骂曹》《定军山》《奇双会》《教子》
元月十四日夜演	大财神	《黄鹤楼连追江》《红霓关》《水淹七军》《灵龙会》《打严崇》《玉堂春》
元宵演	大开台	《渭水河》《英雄义》《四探》《取南郡》《戏金钗》《白龙巷》（未做）
元宵夜演	大开台	《天开榜》《恶虎村》《取荣阳》《大补缸》《搜杯》《一捧雪》《刺花》《戏凤》
元月十六日演	大开台	《九锡公》《大反长安》《天水关》《大明府》《斩包勉》
元月十六日夜演	大开台	《百忍图》《四杰村》《叹皇灵连小进宫》《飘海》《三搜府》《白衣庵》《闹花灯》
元月十八日演	大开台	《追信》《娘子军》《空城计》《鸡瓜山》《阴审》
元月十八日夜演	大开台	《大金鸡》《烈火》《樊城连》《反昭关》《打龙袍》《翠屏山》《过二关》
元月二十二日演	大开台	《取城都》《赵家楼》《青石岭》(因下雨未做完)
元月二十三日演	大开台	《惊梦埋玉》《八蜡庙》《荐诸葛》《叭哒岭》《重台别》《杀口》《百花亭》
元月二十三日夜演	大开台	《进蛮书》《泗州城》《牧羊卷》(至此下雨,伐子都,未做)
元月二十四日演	三星	《赏荷》《打龙蓬》《捉放曹》《牛头山》《芦花河》《黑风怕》《祭长江》

歙县瞻淇村正月里庙祀演出活动历时十二天。为确保演戏顺利，避免罢演或乱演现象出现，宗族与戏班皆先订立合约，这种合约文书谓之“戏关”。

写戏关书

立戏关□□，今有本境年例，口火神戏五本，众议到□□贵班，前来唱演，三面言定，戏金共计大钱若干正，其戏准于□日，风雨不移，如过日期，听凭东家另请别班无异。戏金完戏之日兑楚，所有中台杂派牵头钱一应在内。恐口无凭，立此戏关为用。[①]

宗族不仅与戏班订立合约，在演戏设计的方方面面都制定了一定的规则。如目连戏虽风靡徽、宁、池三地，但它是一个不能随便演的剧种，只有遇到灾年、瘟疫、迎神赛会、丧事等才会搬演。在祠堂里演目连戏限制更多，如祁门县马山村在叙伦堂演戏时，就规定“不起猖，不做斋，不念祭文，不起幡旗，这些都是打目连必须的程序”[②]。即使是目连戏班社自身也有诸多规定，如“传内不传外，传男不传女”，每个班社成员必须是本宗族内的人员，不可以掺杂外姓。当时目连戏班还制定了班规：对于私自传授技艺给外人的成员，要在戏班永远开除，不许再进入宗族，全家人都不许再学目连戏。这班规就是为了禁止班社内演员私自外传技艺。这种规定直到清末民初才有所改变，如前述的南陵目连戏班社就是如此，由多姓组班演出。

除了戏曲剧种、演出剧目和时间的确定外，一些宗族甚至在延请戏班的接待方面也有细致的规定。如光绪年间祁门县闪里镇白云村田坑傩班对正月初六演戏时的餐饮接待就有一套老规矩：

春正月初六傩人班演戏老规

田坑班，下马米一筒，子一个，开台米一筒，子一个，起马米一筒。进门晚饭一二碗，水豆腐四碗，时菜四碗。中台点心饭，小菜碟。下台酒饭，鱼二碗，子二碗，糕二碗，水豆腐四碗，时菜四碗。出门酒饭，鱼二碗，水豆腐四碗，糕二碗，时菜四碗。道光六年（1826），因班人演戏用心外加子二碗，班人未食。戏钱二百二十文，水豆腐、时菜不够，执守老规，因人多寡增减。

① 王振忠主编:《徽州民间珍稀文献集成》第28册《清末歙县胡楚才抄录〈文约〉》,复旦大学出版社2018年版,第249页。

② 倪群,陈琪:《祁门目连戏》,合肥工业大学出版社2011年版,第156页。

初七日余家班

参下马狮糕二碗，小菜碟四个，其余食用戏钱等项照田家班式。出门之日匆加子二碗。

班人食用物件，祠内照烟户合

合糕二十斤，肉九斤，鱼三斤半，子三十四五个，酒三十二、三斤，水豆腐三十五、六斤，红烛约二斤多，菜油约一斤多，桐油约二斤多，盐约二斤多，食物斤数在人增减，不可过俭。

演戏庄人办柴架火规

本祠庄下首庄人办一夜火柴，架火一夜，同演戏人食晚饭下台饭。下坑庄人架火一夜，同演戏人食晚饭下台饭。

演戏合源合米

男丁每丁出米一筒半，又钱四文，女口每口出米一筒，棚民每家出钱文，不够一定如数。①

宗族就徽班演戏的有关规则也较多，首先要燃放鞭炮，以锣鼓打闹台，武行演员扮五猖神，登台表演，口唱曲牌，手持钢叉舞蹈（早期，徽班的五猖神还必须由扮演人从五猖庙披兽皮出发，一路放爆竹送到台上），有的还增加追煞星的活动。台前置香烛纸马五副，由戏班检场人滴公鸡血于黄表纸上。五猖神边舞并以钢叉猛抽纸马，再以火将纸马焚化。五猖神表演约二三十分钟，最后亮相下台。据老艺人说，此习惯由目连戏起猖、祭猖中来，早年徽班艺人多兼唱目连戏。破台后，一般首演夫子（关公）戏压台以避邪。②演毕，会首们（请戏的东家）要作礼仪性的参神活动。正戏结束后，还需演三出头（戏）：一出是给所有会首演加官戏，一出是唱《六国封相》中某些唱段，一出是唢呐吹奏，演员卸去唱加官戏时戴的面具和髯口，举行大拜堂，俗称“抹掉胡子拜天地”。此后，会首们送来邀台酒、肉、馍、封子钱、加官封子钱等，称为“送邀台”。徽班本演出徽戏，但在长期的演出过程中，一些小的戏班常与目连戏班合台演出，有的目连戏班

① 王振忠主编:《徽州民间珍稀文献集成》第26册《李邦福〈开检可观〉》，复旦大学出版社2018年版，187—188页。

② 中国戏曲志编辑委员会，《中国戏曲志·安徽卷》编辑委员会:《中国戏曲志·安徽卷》，中国ISBN中心1993年版，第547页。

也兼演徽戏，二者交相影响，而目连戏班多是宗族班社，致使徽班演出程序里前四项与徽戏无关，换言之，徽班演出程序是受宗族的影响而确定下来的。徽班演出有十个程序：一、闹台；二、打台；三、跳八仙；四、三跳（魁星、加官、财神）；五、副末报戏文；六、演出三折戏；七、打第二遍闹台；八、唱正本戏一本；九、后找（加演一出折子戏，酬谢观众）；十、状元拜堂。最后向观众行礼。演出至此结束[①]。这十个程序缺一不可。

总之，戏剧围绕宗族演出，由宗族制定相关规则，既显示了宗族的地位，同时也保障了戏剧在皖南山区生生不息，传承至今。

四、戏剧演出对宗族的影响

宗族对戏剧文化给予了财力物力和空间的支撑，也对戏剧演出作出了时间的安排和规则的确定，使得戏剧围绕宗族展开，反过来，戏剧文化也给宗族社会带来了一定的反哺作用，主要体现在精神层面的愉悦，宣扬族规、稳定秩序，宣传教化和宗族统合三大方面。

（一）演剧的狂欢与情绪的释放

明清时期皖南宗族社会兴盛的戏曲演出，对当地民众的精神生活产生了很大的影响，既为宗族民众的生活增添了色彩，也有利于他们的身心健康。皖南山区环境虽优美，但群山高耸，徽州“其地险狭而不夷，其土骍刚而不化，水湍悍少潴蓄……十日不雨则仰天而呼，一遇雨泽，山水暴出，则粪壤与禾荡然一空”[②]，“石埭为岩邑，地界宣、歙，山稠而土确。岁少不登，民以饥告”[③]。这样的地理环境易致灾害频生，在生产力低下、医疗设施不完备的传统社会，一旦遇到灾难，无论是自然灾害，还是经受病痛的折磨，或是其他人力不可控制的灾难，都会引起民众内心的恐慌。当民

① 中国戏曲志编辑委员会，《中国戏曲志·安徽卷》编辑委员会：《中国戏曲志·安徽卷》，中国ISBN中心1993年版，第550页。

② ［宋］罗愿撰，萧建新、杨国宜校著：《〈新安志〉整理与研究》卷二《贡赋》，黄山书社2008年版，第62页。

③ ［明］王崇纂修，池州市地方志办公室组织整理：嘉靖《池州府志》卷九《杂著》，黄山书社2017年版，第436页。

众遇到灾难无法及时解决时，便将希望寄托于各路神灵，烧香祭拜，演戏酬神，祈求平安。于是行傩逐疫、唱打目连、演出皮影皆受民众欢迎，其意本不在欣赏而在于祈祷平安，求得精神层面的慰藉。如祁门历溪村就时常演戏酬神，以期达到人神俱乐的目的，这在当地的戏台楹联中有所体现，如“做戏酬神愿，春风感物和”[①]。

迎神报赛的庙会活动本意是感慰神灵以求庇佑，实质上却带来了参会民众的狂欢。在庙会上，有震天的锣鼓、撼人的歌舞，还有精彩的杂技表演、戏剧演出等，这一系列的活动使民众将郁积在内心最深处的苦闷、惆怅和悲哀一吐为快，心理得到有益的调整，获得轻松愉快的心境。这对于灾害频发的皖南山区民众，是一个很好的宣泄情绪的机会，可以缓解灾难带来的痛苦；同时也可祈祷神灵保佑，寻求心理上的安慰。人类的情感来源于仪式，他们发现自己重新创造抚慰灵魂的事物时是感到快乐的；人类还发现，为了狩猎、生育、求雨等举行的典礼仪式，只是纯粹地为了寻求自身价值的活动，这本身就能得到愉悦的心情。[②]皖南宗族民众正是通过演剧的仪式产生愉悦的情感，在苦闷的生活中自我调节压抑的情绪。

《歙事闲谭》中有诗句记载岩镇的庙会情形，字里行间透射出乡民在庙会活动中的那种轻松愉悦的心情。兹录如下：

> 岩镇迎神九月九，路口禳[③]灾三月三。七月荷花镫苦热，琵琶十月演西南。”（注：七月二十五日夜岩市点荷花灯，十月溪南花台演《琵琶行》全本。）“油菜花残麦穗长，家家浸种办载秧。社公会后汪公会，又备龙舟送大王。[④]

在潜口后村海公庙戏台联中有这样两句：“文中有戏，戏中有文，懂文者看文，不懂文者看戏。音里藏调，调里藏音，识调的听调，不识调的听

① 黟县地方志办公室编撰：《徽州楹联通览》，黄山书社2013年版，第262页。

② ［英］赫伯特·里德著，陈方明、王怡红译：《艺术与社会》，工人出版社1989年版，第52页。

③ 禳：向鬼神祈祷消除灾难。

④ ［民国］许承尧撰，李明回等校点：《歙事闲谭》卷七《新安竹枝词》，黄山书社2001年版，第206—207页。

音。"[①]这里可以说是很形象生动了。所谓"懂行的看门道，不懂行的看热闹"，当地民众也乐于看热闹，在热闹的环境中忘记苦闷。

由上述内容看来，演戏既酬谢、娱乐了神灵，民众自己也在这些演戏活动中，暂时忘记灾害带来的苦难，尽情宣泄因灾难而产生的惧怕、压抑的情绪。在灾难未发生时，他们又通过庙会演戏来表达对神灵的期待和酬谢，表达自己愉悦的心情。可以说戏剧文化对宗族民众的心理建设有积极的作用，充实了人们的精神文化生活，能达到人喜神乐，稳定社会的目的。正因演戏有此功能，一些宗族将酬愿戏演出作为宗族定例，常演不辍，茗洲吴氏即是如此。《休宁茗洲吴氏家记》规定："余自寿诞戏尽革去"，"惟禁园笋，保禾苗，及酬愿等戏，则听演。"[②]这里的酬愿戏就是对神灵给予他们保护表达感激之情。与庙会演戏同等重要的是祠堂演戏，既娱乐祖灵也娱乐族人，这在池州傩戏里体现得尤为鲜明和浓烈，在下一节"皖南宗族与傩文化"将予以详论。

（二）族规的宣扬与秩序的稳定

上述戏剧文化对宗族民众的心理慰藉有积极的作用，使得族民的精神生活得到满足。此外，戏剧演出活动也对宗族自身建设具有很大的反哺作用。明中叶以后，皖南宗族社会发展日臻成熟，出现了族必有祠、祠必有产，宗必有谱、谱必有规的现象。其中"族规家法，实质上就是将封建伦理道德法规化，变成人们必须遵守的带有法制性的行为规范。族众违犯（按：反）了这些伦理道德规定，不但要受到舆论的谴责，而且要受到宗规的惩处"[③]。为何宗族重视族规家法的制定并载录于宗谱，使族人遵守，歙县方氏宗族在其家训里给予了解答。

> 百姓之家，情以人殊，虽不能悉为淳良，然其自弃者可劝，自暴者可惩也。睦族君子于其善之所当勉，与不善之所当戒者，编为宗约。歆之以作德之休，使跃然而知趋；示之以作伪之拙，

---

① 黟县地方志办公室编：《徽州楹联通览》，黄山书社2013年版，第74页。

② [明]吴子玉撰：《休宁茗洲吴氏家记》卷七《家典记》，《原国立北平图书馆甲库善本丛书》（第265册），国家图书馆出版社2013年影印本。

③ 赵华富：《徽州宗族研究》，安徽大学出版社2016年版，第336页。

使竦然而知避。条分目析，衡平鉴明，而俾有聪听者，罔不信从。如此而尤有自外于条约者，则齐之以刑，纠之以法，虽欲不为善，不可得矣。①

此家训明确地道出了立族规家法的理由"善之当勉，不善之当戒"，即使有族人想一意孤行，也会"齐之以刑，纠之于法"，使之不可为。当然主要是斥责训诫，族内惩处，希望能使犯错的族人迷途知返，这是宗族使用最普遍的惩罚了。如何使绵密的族规条例被族人知晓并遵守，方式很多，除族长祠祭时宣讲外，对于犯禁的族人实施经济惩罚也是一条途径。经济惩罚方式有三：一是罚银，罚没的银子充当族产入公匣；二是罚犯规者出钱办酒席宴请全族的人；三是罚戏，即惩罚犯错的族人出钱请戏班子唱戏，一应花销自己承担。这是皖南宗族比较有特色的惩罚方式，徽州宗族尤擅此法，其中罚戏的规定不少，如祁门县渚口乡滩下村汪氏宗族为了保护山林立的永禁碑，即使是被风雪折倒的树木，也不许族民私自拥有，违者就会罚戏一台，对于采摘茶叶要遵守采摘的时间，违背也要罚戏。采用罚戏这样公开的惩罚方式，其一是惩罚了犯错的族人，其二是宣扬了宗族的族规，维护了宗族的秩序，对其他族民以儆效尤，让他们勿要重犯，彰显出宗族规条的权威性，也使得宗族在一个健康有序的环境中发展，构建和谐稳定的社会秩序。通过罚戏来宣扬族规、教育族众，既是皖南宗族的创举，也是戏剧文化带给宗族的另一独特的反哺作用。

（三）伦理的宣教与宗族的统合

皖南宗族十分注重演剧的教化作用。前文提到的罚戏就具有教化作用，通过罚戏来教化族众，达到稳定秩序的目的。此外，徽州宗族在戏剧活动演出之前会对剧目精挑细选，重视所选剧目的道德影响及其深刻的教育意义，借助戏剧的力量来宣扬教化的主题，这种宣传教化功能在目连戏和池州傩戏中体现最为充分。

目连戏是皖南影响深远，社会生活容量极大，思想内涵最为丰富的剧

① ［清］方怀德等纂修：《歙县方氏家谱》卷七《家训》，清康熙四十年（1701年）刻本，中国国家图书馆藏。

目。目连戏的中心思想是劝人向善，郑之珍编撰戏文时“显然按照儒家文化的观念对原有的故事进行了改造，突出了传统儒家所倡导的‘忠孝节义’等伦理观念”[①]；目连戏的演出讲究仪式，是一种融佛、道教科仪于一体的仪式性戏剧，“通过仪式上的行为准则，达到‘宣化’的功能。人们通过观赏和聆听的过程，就是接受教育的过程，同时他们的心灵也因此得到了净化”[②]。这种宣传教化的功能在众多流传下来的关于目连戏的戏联中也有所体现，如歙县长陔韶坑目连戏演出戏台张贴的对联：“正则扶邪则诛瑕瑜了徹；忠者赏奸者罚善恶澄清。傅相积善乐施者昌邀游仙境；刘氏行凶作恶者惩打入地府。锣鼓铿锵演千古传奇；人声鼎沸乐新春佳节。”[③]祁门县渚口乡清溪镇郑氏宗祠“叙伦堂”戏台联：“目连记演不尽奇观，迪吉避凶可当春秋全部；高石工具如斯卓见，劝善惩恶何如讲演十篇。”[④]这里宣扬的就是儒家的忠孝思想和儒、佛、道三教共同的劝善弃恶的文化。在郑之珍版本的目连戏中有《尼姑下山》与《和尚下山》两出戏，其内容讲的是尼姑与和尚下山私奔，后在目连去地狱寻母的过程中，尼姑与和尚因为犯了戒而被打入地狱受惩罚[⑤]。这里主要是通过这两个剧目内容宣扬在特定的领域要遵守一定的教规教条，否则就会受到惩罚。诸如此类的伦理宣教文化在目连戏里颇为浓烈，宗族希望通过具体的演出仪式和具有教化意义的剧目使民众耳濡目染，从而培养他们的传统道德意识和情感，这是目连文化反馈给宗族社会的主要功能，也是皖南宗族青睐该戏的重要原因之一。这一功能在仪式感极强的池州傩戏里也有体现，容下节详论。

目连戏也是一种酬愿戏，民间也称之为“平安戏”，虽然具有较强的宣教功能，但它和徽戏、傩戏、皮影戏一样，也具有戏剧的娱乐共性。宗族民众正是通过观戏纾解了压抑的心理，从而稳定了社会的秩序，这是宗族社会所需要的，因而戏剧活动也被宗族所掌控，具有鲜明的宗族性，能起

① 朱万曙:《郑之珍与目连戏剧文化》,《艺术百家》2000年第3期。

② 陈星,张隽:《皖南目连戏的文化内涵和演出功能》,《安庆师范学院学报》(社会科学版)2006年第3期。

③ 茆耕茹编:《安徽目连戏资料集》,财团法人施合郑民俗文化基金会1997年版,第284页。

④ 黟县地方志办公室编撰:《徽州楹联通览》,黄山书社2013年版,第261页。

⑤ 倪群,陈琪:《祁门目连戏》,合肥工业大学出版社2011年版,第25页。

到统合宗族的作用。尤其在祠堂搭台演戏，这一统合功能表现得更为充分。一方面与祖灵共同观戏，表达了对祖先的追思之情，使宗族民众具有强烈的宗族意识；另一方面也能娱祖娱人，使得宗族民众亲情融融，增强了宗族的集体意识感。戏剧文化的这种统合宗族的功能，在宗谱修撰的告祖祭礼和颁谱典礼活动中，表达得最为充分。如西递明经胡氏宗族在祭祀时就公议演戏致祭，其宗族的修谱账簿予以记载：

> 戏有三班：曰庆生；曰有庆；曰小春。戏台设三处：一在本始堂前；一在双溪口；一在上厅坦。自九月初三日至十二日，共演戏10天，唱60余本。初六日大祭之日，“三处演戏，自辰至暮，自暮达旦，一日一夜，共演戏十本”。[①]

从这种“自辰至暮，自暮达旦”的轮番演出中，我们可以想象该族的狂欢情景，戏剧文化反哺宗族统合的功能也在这字里行间被渲染得淋漓尽致。

第二节 皖南宗族与傩文化

傩，源于原始社会的逐疫活动，是世界共通的具有宗教性、艺术性的文化现象。傩按照演出对象、演出场所，可分为民间傩、宫廷傩、军傩和寺院傩四种。明清时期，皖南徽、池二府的宗族十分重视行傩逐疫，今尚有遗存，其中祁门傩、黟县傩、婺源傩被列入省级非遗名录，池州傩戏被列入国家级非遗名录，它们均属民间傩。

一、徽州宗族与傩文化

徽州傩文化的历史久远。有学者研究认为：“自宋以来，徽州傩戏有了简单剧情，有了脸谱道具，有了锣鼓丝竹音乐伴奏。傩戏在徽州各县流行。各地的傩戏表演有所不同，但都没有剧本，没有唱腔和戏白，因此，又称

① 黟县西递明经胡氏《道光五年修族（谱）账录》（传抄本），转引自赵华富《徽州宗族研究》，安徽大学出版社2016年版，第199页。

为哑剧。”[①] 这里著者将徽州傩舞称为“傩戏”，民间称为“傩戏”“舞鬼戏”[②]，也说得过去，因为它虽不是传统意义上的“歌舞演故事”类的戏曲，但也具有娱人的情结，即朱熹所言“傩虽古礼而近于戏”[③]。《徽州五千村·综合卷》中认为，徽州傩不说不唱，锣鼓和乐器伴奏也只是烘托氛围，尚处于舞阶段，还没有完成由“舞”到“戏”的演变[④]。笔者认同这一说法，徽州傩作为一种祭祀性舞蹈，属于宗族的一种祭祀性演出活动，但不属于戏剧的范围，尚不能称之为“傩戏”。

明清时期徽州行傩逐疫已很盛行，同治《祁门县志》载：“正月元日，集长幼列拜神祇，鸣钲出行，饮屠苏酒，谒祠宇，交相贺岁，傩以驱疫。立春前一日，官长率属迎春东郊，造土牛觇厥色以卜水旱……立春日，官长祀太岁，行鞭春礼，傩。”[⑤]《休宁茗洲吴氏家记》载：“正统十四年，社中仪，首春行傩人，婺源以香头角抵之戏，皆春秋社首醵米物，酬与诸行傩者，遂为例。”[⑥]从这里可以看出，休宁茗洲吴氏在明中期就已经有傩的演出，且发展为定例。唐力行认为：“徽州的傩礼也大多与宗族祭祀相联系。徽人所崇拜的‘汪公华’、‘八灵王’（汪华八子）、‘九相公’（汪华九子）、‘张公巡’‘许公远’等神灵，便既是祖先神又是傩神。”[⑦]由此可见，徽州宗族对傩神相当重视，如乾隆年间，休宁县黄氏宗族的《宗祠册》载：“傩神下马供饭永不可废……将标挂祭仪各行暂减，以补供给傩神饭资之需。”[⑧]

戴面具是行傩的显著特征，如《歙风俗礼教考》记载徽州傩曰：“傩礼。颇近古，而不举于官，乃乡里好事者为之。新正用童子衣、彩衣蒙假

---

① 李仲谋编著：《徽州文化综览》，安徽教育出版社2004年版，第148页。

② 朱万曙：《徽州戏曲》，安徽人民出版社2005年版，第276页。

③［宋］朱熹：《四书集注》，北京古籍出版社2000年版，第133页。

④ 程必定，汪建设等主编：《徽州五千村·综合卷》，黄山书社2004年版，第187页。

⑤［清］周溶修，汪韵珊纂：同治《祁门县志》卷五《舆地志》，《中国地方志集成·安徽府县志辑》（第55册），江苏古籍出版社1998年版，第60页。

⑥［明］吴子玉撰：《休宁茗洲吴氏家记》卷十《社会记》，《原国立北平图书馆甲库善本丛书》（第265册），国家图书馆出版社2013年影印本。

⑦ 唐力行：《唐力行徽学研究论稿》，商务印书馆2014年版，第613页。

⑧ 王钰欣，周绍泉主编：《徽州千年契约文书》（清·民国编）卷8《乾隆黄氏宗祠册》，花山文艺出版社1993年版，第348页。

面，作魁星财神之类，或扮彩狮，敲击锣鼓，跳舞于庭，用博果饵，亦即元衣朱裳、黄金四目、驱疫遗意。”[①]从用“童子衣、彩衣蒙假面”可以看出，徽州傩演出时演“傩神”的人需要戴假面，假面即面具，且假面的样貌是根据剧目来定的，徽州奉祀的傩神不止一种。如婺源傩，又称“舞鬼戏”，演出剧目多，所需要的面具数量也多，其有四种表演形式：独舞、双人舞、三人舞、群舞。据统计，婺源傩面具有两百多个，无一相同，这与婺源傩有一百多种剧目有关[②]。婺源傩颇具有代表性的演出剧目有《开天辟地》《判官醉酒》《舞花》《八十大王》等。《八十大王》剧目的面具是秦始皇长子扶苏，面具上刻着“八十”二字，演出时，观众会站在该角色旁边，求其用开山斧在头上刮几下，求平安的寓意[③]，这是当地最喜爱的傩神。婺源傩舞蹈动作丰富，如《开天辟地》中舞者头挂盘古氏面具，手持大斧，四面砍劈，表现盘古开创乾坤的英雄气概[④]。祁门傩在明清时期最为盛行，舞者头戴木刻面具，身穿蟒袍，手持干戚等兵器，在节奏强烈的音乐伴奏下表演驱鬼仪式和神话传说中的故事。祁门芦溪村的傩仪至今仍保持着古代傩祭的原始风貌[⑤]。祁门芦溪傩举行的时间在每年的正月初二，地点在汪氏的正义堂，正式演出前先进行傩祭，在祠堂设香案，供奉鱼、肉等贡品，奉祀傩神“关圣帝君”“越国公汪华”等神灵，各家送长明灯向神祭拜。祁门芦溪傩的面具神像、数量、面部表情及表演内容兹如表5-5所示。

① ［清］江登云辑，江绍莲续编，康健校注：《橙阳散志》卷末《备志》，安徽师范大学出版社2018年版，第333页。

② 冯骥才主编：《中国非物质文化遗产百科全书代表性项目》（上），中国文联出版社2015年版，第258页。

③ 王抗生：《民间面具》，中国轻工业出版社2008年版，第76页。

④ 冯骥才主编：《中国非物质文化遗产百科全书代表性项目卷》（上），中国文联出版社2015年版，第258页。

⑤ 冯骥才主编：《中国非物质文化遗产百科全书代表性项目卷》（上），中国文联出版社2015年版，第259页。

表5-5 祁门芦溪傩的面具神像、数量、面部表情及表演内容①

面具神像	面具数量	面部表情	表演内容
四象	4枚	四季脸(春夏秋冬各一枚,绿、赤、棕、青),皆头生两犄,双眼深陷,大嘴齐耳,顶部可插翎子	在正义堂中悬挂"十大元帅图"(将四季面具两两合一,用其犄角撑着下画轴两边)
盘古	1枚	青面大眼,头暴青筋(一说魁星)	《盘古开天地》(一说魁星开天地):盘古持开山斧表演开四方、跳四门、杀四角,意开天辟地,划定太极
两仪	2枚(1阴1阳)	笑脸(即和合二仙)	《刘海戏金蟾》:两仪戴笑脸面具跳出,和仙持云帚,合仙持金蟾,动作对称,姿态逗人,意谓四方安乐,万物繁衍;《刘海逗金狮》又叫《狮子报平安》:刘海引出狮子,嬉逗于狮,这是最后收尾的舞蹈,意天下平安,万方同乐
凶星、吉星	各1枚	白脸(也称土地)、红脸(即将军)	《将军杀土地》:凶星戴土地面具,手持拈须,行恶做法;吉星戴将军面具持剑追杀

歙县傩舞《跳钟馗》,明万历年间流行于朱家村、义成、岩寺一带,传承至今已有四百多年的历史。《跳钟馗》以跳为主,着重在"跳"和"醉"上下功夫,形成一种独特的舞姿。表演的形式主要有蝙蝠引路、驱五鬼、醉酒舞、喷火等,以护一方平安。

徽州演傩是由班社组织开展,班社里演员多由依附于大姓的小姓(即佃仆)担任,为主人驱邪逐疫,也可受邀外出演傩。"徽州一带很早就有'傩仆'的制度,大户人家养着'傩戏班',每逢庙会、祭祀、送社、秋醮、迎春,均有傩戏、傩舞演出。"②如婺源当地流行"三十六傩班,七十二狮班"③之说,长径村的"驱傩神班"是其著名的班社之一,带有浓厚的宗族性,历来由村中"小姓"跳傩,"驱傩神班"规定传授傩舞表演的对象须是

① 该表参考倪国华《祁门芦溪傩》制作,文载麻国钧等主编《祭礼·傩俗与民间戏剧》,中国戏剧出版社1999年版,第423—424页。

② 江小角等编:《安徽非物质文化遗产》,安徽文艺出版社2015年版,第59页。

③ 熊良华主编:《上饶民俗风情荟萃》,中国文联出版社2006年版,第138—139页。

本班弟子[1]。祁门芦溪“傩是与氏族相伴相生的”[2]，完全受宗族的控制。

笔者在调研皖南傩文化时发现徽州傩与池州傩有很大的区别，一是徽州傩有班社组织，演出计酬，“据调查，婺源、祁门历史上有傩班数十个”[3]，他们受邀外出演傩取酬，休宁茗洲吴氏早在明正统十四年（1449年）就议定：“社中仪，首春行傩人，婺源以香头角抵之戏，皆春秋社首醵米物，酬与诸行傩者，遂为例。”[4]池州傩则无班社，也不外出演傩，只在族内搬演。二是徽州傩的一个共同特征是只舞但“不说不唱，锣鼓和乐器伴奏也只是烘托气氛……还没有完成由‘舞’到‘戏’的演变，还不能称为‘傩戏’”[5]，池州傩则最迟于明中叶时就援戏入傩形成傩戏。三是徽州傩由依附于大姓的小姓来行傩，池州傩则是大姓宗族自己搬演。可以说，池州傩的内涵远超徽州傩。是故，本节重点讨论池州傩戏及其与宗族的关系。

二、池州宗族与傩戏

（一）池州傩戏的源起

关于池州傩戏的源起，学术界大致有四种说法：一是1994年版《贵池县志》提出的“大约在明代中期形成”；二是池州傩戏的成戏年代大概在“变文产生时代——唐代”[6]，最迟的下限定在元明之际；三是池州傩戏的萌生时间最迟可追溯到对昭明太子神像的祭祀活动而形成的既有戏剧情节表演艺术，又有角色行当分工和舞台砌末等具备戏曲特征的三段体贵池傩戏，至少是在明中叶前；四是“明代中期以前，安徽贵池傩戏就已形成，

① 熊良华主编:《上饶民俗风情荟萃》,中国文联出版社2006年版,第139页。

② 倪国华:《祁门芦溪傩》,文载麻国钧等主编《祭礼·傩俗与民间戏剧》,中国戏剧出版社1999年版,第425页。

③ 朱万曙:《徽州戏曲》,安徽人民出版社2005年版,第269页。

④ [明]吴子玉撰:《休宁茗洲吴氏家记》卷十《社会记》,《原国立北平图书馆甲库善本丛书》(第265册),国家图书馆出版社2013年影印本。

⑤ 朱万曙:《徽州戏曲》,安徽人民出版社2005年版,第269页。

⑥ 王兆乾:《从贵池对昭明太子的祭祀看傩戏的形成》,文载中国艺术研究院戏曲研究所等编《傩戏·中国戏曲之活化石——全国首届傩戏研讨会论文集》,黄山书社1992年版,第71页。

明嘉靖时期，贵池傩戏就已经兴盛”[①]。基于以上各说，再参以傩戏戏本[②]，笔者认为唐代祭祀昭明太子活动可视为池州傩的源起，明中叶宗族社会援戏入傩使得池州傩戏定型。具体论述如下。

图5–3 昭明太子神像（池州市秀山门博物馆藏）

池州在历史上是梁昭明太子的封邑，至唐代时，贵池人祭祀昭明太子（图5–3）的仪式已经非常隆重，开始有了专事祭祀的巫祝。永泰元年（765年）池州恢复建制并迁州治于贵口（今池州市区）时，在新址城西建祠一座，称“郭西九郎庙”或“昭明祠”，亦称“文孝庙”“英济广利王祠”，俗称“西庙”。晚唐诗人罗隐《文孝庙》诗云：“秋浦昭明庙，乾坤一白眉。神通高学识，天下鬼神师。”[③]又据《杏花村志》引宋人张邦基《书庙祝一则》文：“今池州郭西英济王祠乃祀梁昭明太子也，其祝周氏亦自唐开成年掌祠事，至今其子孙分为八家，悉为祝也。”[④]可见至少在晚唐时期这里便有将昭明太子当作“鬼神师”祭祀之俗。黄庭坚于绍圣元年（1094年）曾游历池州西庙，咏诗

① 王平：《明清两代安徽贵池傩戏探微》，《戏曲研究》2005年第67辑。

② 清光绪戊寅年（1878年）贵池刘街桑林坑汪为善写本《请洋（阳）神簿》的请神词：“伏以神通浩浩，圣德昭昭。凡有祷祈，必蒙感应。有劳今年今月今日今时，传奏功曹，值符使者，转奏天地三界、十方万灵，满空真宰，天下胡公，正乙总管，殿前打参十大元帅，行祠文孝昭明圣帝，二郎七圣贤神。再运真香，一心拜请。”又贵池桃坡星田王发清民国初年写本傩戏《摇钱记》第十九出“众神出位”，由假面和尚三人表演迎请“众位嚎啕神圣”，唱词为：“再运真香，一心拜请。拜请秀山祖殿文孝昭明圣帝、圣父萧梁武帝、圣母郗氏夫人、昆仲圣贤。康罗二大将军、阳星（此二字疑有误）二太保，合殿文武班尊等众……一年十二月，月月保平安，一日十二时，时时昭吉祥。”两则文本中均把昭明太子萧统列为神坛尊者，地位高于二郎神、圣父萧梁武帝等神祇，可见昭明太子在池州傩中的地位，祭祀昭明太子可视为池州傩的源起。

③ ［清］郎遂编辑，池州市杏花村文化旅游区管委会整理：《杏花村志》卷八《题咏》，黄山书社2015年版，第163页。

④ ［清］郎遂编辑，池州市杏花村文化旅游区管委会整理：《杏花村志》卷十《文章》，黄山书社2015年版，第195页。

《贵池》并自注云："池人祀昭明为郭西九郎。时新覆大舟，人以为神之威也。"[①]昭明太子在池州人眼里已然由人升格为福佑一方的神灵。陆游在入蜀就职途经池州时将此事也记载下来："今池州城西有神甚灵者曰九郎，或云九郎，即昭明"[②]。宋明两代，一依旧俗，但仪式内容上由对昭明太子的纪念转向求神祈福，扮傩神祀昭明。《杏花村志》中记载更详：

> 池故事，以八月十五日为梁昭明千秋。其朔，遣耆老一人执一杖骑而告庙，谓之列马……是日，诸家扮会迎神者，所扮为关壮缪、为城隍、为七圣二郎、为玄坛。其扮也，则各骑乘，奉面具，或于东门之桥，或于南门之狮子口，盛妆饰仪从，惟七圣则用机械引刀穿颈贯腹，而各以旗旐鼓吹导之，步梁昭明辇于西门外，杏花村之马站坡。而骑乘以还，游于通市，或及郡县之公堂。薄暮而毕，脱面具以交于明年之扮者。[③]

由此可见，当时池州人以"跳傩"（戴面具扮角色）这种形式来祭祀这位享祀规格很高的"文孝昭明圣帝""案菩萨"[④]，今天池州东山韩氏傩事活动仍遵祖制将"案菩萨"置于傩神面具前接受族人的祭祀，这便是池州傩源于祭祀昭明太子的佐证。但早期的"跳傩"还不具备戏剧的主要特征，"扮会迎神者"只是戴面具扮神相的傩舞，与前述的徽州傩近似。真正形成既有戏剧情节表演艺术，又有角色行当分工和舞台砌末等具备戏剧特征的池州傩戏，应是在明中叶前，据明嘉靖年间刊本《池州府志》记载："凡乡落自（正月）十三至十六夜，同社者轮迎社神于家，或踹竹马，或肖狮象，或滚球灯、妆神像、扮杂戏，震以锣鼓，和以喧号。群饮毕，返社神于庙。盖《周礼》逐疫遗意。"[⑤]"妆神像、扮杂戏"表明至迟在明中叶既有戏剧

① [清]郎遂编辑，池州市杏花村文化旅游区管委会整理：《杏花村志》卷六《题咏》，黄山书社2015年版，第117页。

② [宋]陆游：《渭南文集》卷四五《入蜀记》，中华书局1976年版，第278页。

③ [清]郎遂编辑，池州市杏花村文化旅游区管委会整理：《杏花村志》卷九《文章》，黄山书社2015年版，第180页。

④ 案菩萨是池州民间对昭明太子的俗称，因在居舍客厅案几上供奉昭明太子木制雕像而得名。

⑤ [明]王崇纂修，池州市地方志办公室组织整理：嘉靖《池州府志》卷二《风土》，黄山书社2017年版，第69页。

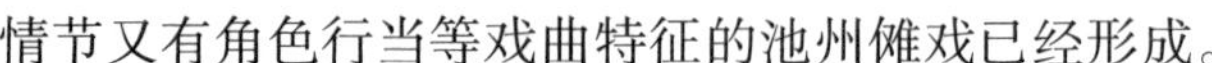
情节又有角色行当等戏曲特征的池州傩戏已经形成。

（二）池州宗族演傩概况

前文已述唐宋时期的池州傩，只举行祭祀仪式和傩舞表演，尚未形成具有戏曲特征的傩戏。至迟在明代中叶，池州宗族社会援戏入傩，才使得池州傩戏定型。池州有傩事活动的宗族，少数自唐宋时期迁入，大多在元末明初从外地迁徙而来。迁源地少数自江西迁来[①]，更多的则是从宗族发展已至成熟的徽州迁徙而来，如郑氏、汪氏、韩氏、吴氏等。宗族重教使得族人的文化素养较高，兼之明中叶弋阳腔、余姚腔流入池州将流行的南戏带入，宗族迅疾接纳并与当地原有的傩祭、傩舞相融合，逐步形成既有戏剧情节、表演程式，又有角色行当和舞美砌末等戏曲特征的池州傩戏。我们从这些家族搬演的傩戏剧本与宋元南戏、明说唱词话的比较中，可以一窥宗族社会援戏入傩的状况。傩戏戏本《刘文龙》（三种）在某种程度上与失传已久的南戏《刘文龙》存在着血缘关系。此外，傩戏《孟姜女》（三种）也源自南戏旧篇，而傩戏《陈州粜米记》《薛仁贵征东》《花关索》等剧目则分别源于明成化本说唱词话《包龙图陈州粜米记》《薛仁贵平辽传》《花关索传》等。

戏与傩的结合，使得池州傩发展愈加成熟并定型化。明清时期，池州傩分布广泛，如贵池一邑村村有傩，“无傩不成村”，而且仍旧施行“春秋两祭”，举办的规模浩大，不仅举行傩祭、傩舞，同时还搬演具有故事情节的戏剧，达到娱神娱祖又娱人的目的。除前述明嘉靖《池州府志》中的记载外，明末清初贵池名人刘城（1598—1650）观傩之后对此也有贴切的描述：“炫服争为郑袖妆，画眉拟转夷光瞩。高鼻黄须日逐雄，金目文皮猛兽扑……银花火树层层簇，珠廉粉面朝朝熟。双鬓笑指不成声，行人缓步常留目。”[②]有的家族直接称这种傩事活动为“傩戏”，如《贵池梨村章氏宗谱》记载：

新年蛋茶相迎，开筵请亲邻，作傩戏。初六、七择吉戏神下

① 如姚氏宗族从江西豫章迁至今池州，刘氏宗族从江西吉安迁至今池州。

② ［明］刘城《上元曲》，转引自王平《刘城和他的四首贵池“观傩诗”》，《池州师专学报》2004年第4期。

架，至十六日止，乃上架。每年有神首[①]轮管，或骑竹马，或踹高跷，《周礼》所谓“执戈扬盾”“黄金四目”者，犹仿佛有之。鸣金跳号，谓之逐疫。[②]

特别是一年一度的青山庙会，将池州傩事活动推向高潮。如《贵池姚氏宗谱》载：

演时，铳爆鼓乐，喧阗达旦。而元宵清晨，更以卤簿导神至青山庙文孝祠，俗谓之“朝庙”……耆老言，古时朝庙，仪仗外，有秋千、抬阁、高跷诸胜。又选俊童十余，着梨园服，扮故事，立人肩窝上，名曰“站肩”，其壮丽繁华与江浙等处赛会无异……[③]

总之，池州傩戏至迟自明中叶成型以来，历明清民国直至当下，皆为行傩的各族姓所传习，其间虽经历战祸劫难但仍存活于乡野，如《贵池姚氏宗谱》云：

每年正月元日、元宵两夜演之。昔有四夜，兵燹后，南、荡减并为二，余有三四夜不等。演时铳炮鼓乐喧阗达旦，而元宵清晨更以卤簿导神至青山庙文孝祠，俗谓之朝庙。[④]

（三）池州傩戏的表演内容

池州各族傩戏演出的活动时间皆定在农历正月初七至正月十五日，也就是从春节后的“人日”开始，到元宵节结束。一般从正月初六半夜子时

① 池州傩戏由“社”下的傩神会举办，主持者谓“会首”，因是一年一度迎神逐疫，又称“年首”“神首”，名称虽不一样，但性质相同。

② [民国]佚名：《贵池梨村章氏宗谱》卷首《风土》，民国十六年（1927年）重修本，安徽贵池元四村章氏族人藏。

③ [民国]佚名：《贵池姚氏宗谱》卷四《风物志》，民国二十年（1931年）木活字本，安徽贵池姚街姚氏族人藏。

④ [民国]佚名：《贵池姚氏宗谱》卷四《风物志》，民国二十年（1931年）木活字本，安徽贵池姚街姚氏族人藏。

至初七凌晨的"迎神下架"[①]开始，到正月十六日的"送神上架"[②]结束。各傩神会的傩戏演出从正月初七开始，到正月十五日止，其中以正月十五日的演出最为隆重，称为"大演"[③]。如果组建傩神会的自然村落较多，则按祖辈相传的程序轮流演出，一个与会村只演一夜。演出的一般序列为：傩舞—傩戏（又名正戏）—仪式性表演。演出的场所一般在村社的社坛和宗族祠堂。演出的内容，傩舞类剧目有《舞伞》《打赤鸟》《舞回回》《舞古老钱》《舞滚灯》《魁星点斗》《跳土地》《踩马》《钟馗捉小鬼》《和尚采花》等。这些傩舞并非各宗族村落皆有，经过调研，笔者将傩舞类剧目表演与宗族村落关系制成表5-6。

表5-6 池州傩戏中傩舞类剧目与宗族村落关系

傩舞类剧目	宗族村落
《舞伞》	荡里姚、山外姚、山里姚、毛坦姚、殷村姚、楼华姚、庄村姚、西华姚 岸门刘、风和刘、汤村刘、栗山刘、前山刘、观音阁刘、南山上村、南山下村 太和章、茶溪汪、徐村柯、缟溪金、缟溪曹 东山吴、东山韩
《打赤鸟》	荡里姚、山外姚、山里姚、毛坦姚、殷村姚、楼华姚、庄村姚、西华姚 东山吴、西湾舒、杨家坂
《魁星点斗》	毛坦姚、殷村姚、楼华姚、庄村姚
《舞回回》	山外姚、山里姚、毛坦姚、殷村姚、楼华姚、庄村姚、西华姚 铺庄谢、太和章 老屋唐、新屋唐、阳春王
《踩马》	老屋唐、新屋唐、阳春王、邱村柯

① 正月初六夜至初七凌晨，年首等执事人"净身"悄悄地去祠堂或庙宇，燃灯点烛揖拜后，击鼓鸣锣，将面具（傩神）从阁楼的神龛上取出，并将"神伞"覆荫其上，谓之"迎神下架"。

② 傩戏"大演"之后，族内长者将面具（傩神）依固定的摆位放进面具箱或龙亭里，谓之"送神上架"。

③ 池州傩戏的演出分"大演""小演"，"大演"即将所有的傩舞、戏剧和驱邪纳吉的仪式悉数托出，取其团圆完美之意，演出自太阳下山至次日天明，俗称"两头红"；"小演"即正月初七至正月十四日的演出，或保留个别剧目不演，或将剧目中的某些内容隐去，留待正月十五日再演，演出一般至下半夜止。

续　表

傩舞类剧目	宗族村落
《舞古老钱》	殷村姚、毛坦姚、楼华姚、荡里姚、西湾舒 老屋唐、新屋唐、阳春王、邱村柯 缟溪金、缟溪曹、太和章
《舞滚灯》	清溪乡杨、舒、胡三姓二郎会，潘桥镇邱村十一姓二郎会
《和尚采花》	老屋唐、新屋唐、阳春王
《跳土地》	阳春王、邱村柯、南山刘、殷村姚
《钟馗捉小鬼》	老屋唐、新屋唐、阳春王 清溪乡杨、舒、胡三姓二郎会，潘桥镇邱村十一姓二郎会

正戏类剧目有以《和番记》《刘文龙》《刘文龙赶考》为代表的“刘家戏”，以《寻夫记》《范杞良》《孟姜女寻夫记》为代表的“范家戏”，以《章文选》《陈州粜米记》《章文显》为代表的“包家戏”等三大类，另有《包文拯犁田》《摇钱记》《黄太尉》《斩泾》《姜子牙钓鱼》等剧目今已失传。“刘家戏”三剧名称虽然有差异，但内容基本相同，均是演绎汉灵帝时期书生刘文龙千里求官，家中变故，最后历经千难万险全家团圆的忠孝故事（图5-4），三剧都宣扬了佛教的因果报应和儒教的忠孝思想。同样，“范家戏”三剧名称虽然不一样但内容也基本相同，虽然该戏的主要人物是孟姜女，但从前人们习惯按女人出嫁随夫的传统称呼，孟姜女的丈夫姓范名杞良，故称“范家戏”，该戏演绎孟姜女池塘洗澡被躲避差役的范杞良窥见而结配、范杞良应差修长城、孟姜女千里送寒衣的感人故事，表达孝道和节烈思想。“包家戏”三剧也是池州傩戏中经常演出的剧目，搬演的是宋仁宗时期包公断案的故事，故称“包家戏”，但剧目内容不同，《陈州粜米记》演绎的是宋朝仁宗年间陈州大旱，朝廷赈济官吏贪赃枉法引起民愤，朝廷重新委派包拯

图5-4　傩戏“刘文龙”

救灾并处理违法的皇亲国戚一事；《章文显》《章文选》二剧搬演的故事内容相同，即宋仁宗时期秀才章文显赴京赶考，其妻刘氏陪同，途中被鲁王欺凌致死，章文显告状，包拯断案惩治鲁王并救得刘氏还魂，剧名的最后一字有异或许是传抄过程中的笔误而已。这三大类剧目基本上各宗族傩戏皆演，有些在今天恢复演出的族姓里仍上演。王兆乾先生曾对池州各宗族傩戏正戏类演出剧目进行过全面的调查统计，如表5-7所示。

表5-7　池州各宗族傩戏正戏类演出剧目①(有*号者为1983年后恢复演出)

乡	自然村	演出剧目
刘街乡	荡里姚(姚街)	《刘文龙》*《孟姜女》*《宋仁宗不认母》*
	姚村(山里山外姚)	《刘文龙》*《章文选》*《陈州放粮》*《孟姜女》*
	南边姚(殷村、毛坦五村)	《刘文龙》*《孟姜女》*《陈州放粮》*
	南山刘(上村、下村)	《刘文龙赶考》*《孟姜女寻夫记》*
	凤岭刘	《刘文龙》*《孟姜女》*《黄太尉》(亡佚)
	奄门刘	《刘文龙》*《孟姜女》*
	立山刘	《刘文龙》*《孟姜女》*
	茶溪汪	《刘文龙》*《孟姜女》*
	双龙(桑林坑)汪	《刘文龙》*《章文显》*《孟姜女》*
	徐村柯	清咸丰间因战争剧本亡佚,只行仪式
	缟溪曹	《刘文龙》*《孟姜女》*《陈州放粮》*《黄太尉》(亡佚)
	缟溪金	《刘文龙》*《孟姜女》*《黄太尉》(亡佚)
	太和章	《和番记》*《玉帝记》*(亡佚)《牡丹记》*(亡佚)
	长垄桂	剧本亡佚,只行仪式
梅街乡	西华姚	《刘文龙》《孟姜女》
潘桥镇	邱村柯	《刘文龙》*《孟姜女》*
	星田谢、杨冲王	《摇钱记》*《刘文龙》*《陈州放粮》*
	星田潘	《刘文龙》*《孟姜女》*
	峡川柯	《刘文龙》

① 表中所列各乡现已作了调整,其中刘街乡、梅街乡、潘桥镇并入梅街镇,解放乡、里山乡并入里山街道办事处,棠溪乡改为棠溪镇,墩上乡、茅坦乡并入墩上街道办事处,清溪乡改为清溪街道办事处,马牙乡改为马衙街道办事处。

续　表

乡	自然村	演出剧目
解放乡	元四章	《孟姜女》(部分)
棠溪乡	魁山吴	《刘文龙》*《章文显》*《刘文龙》
	魁山韩	《孟姜女》*《刘文龙》*
敦上乡	渚湖姜	《姜太公钓鱼》
里山乡	花园巩	《郭子仪上寿》《刘文龙》
	河西毕、桂家桥	《闹新年》
	排湾徐、石头徐	《花关索》《刘文龙》
	塥里虞、湾里虞	—
清溪乡	清溪程	《刘文龙》《孟姜女》(唱高腔,曲牌体)
	碧崖江　楝树檀　岭上舒	《刘文龙》《孟姜女送寒衣》《阴阳告状》(章文选)
	水宕胡　西湾舒　杨家畈	《宋仁宗不认母》《刘文龙》*《孟姜女》*
	上清溪康家	《孟姜女》
	黄山叶	《花关索》
	张村汪	《薛仁贵征东》
茅坦乡	茅坦杜　柏桥胡	《刘文龙》(高腔)
	钱家垅	《王东辉进京》(亡佚)
马牙乡	茶山金	《刘文龙》《孟姜女》
	黄家店	《包公犁田》

仪式性表演内容有《请阳神》《新年斋》《打社公》《问土地》《三星拱照》《五星会》《关公斩妖》(或称“煞关”、《圣帝登殿》《周仓舞大刀》)、送神和青山庙会等[①]。如同傩舞剧目，这些仪式性表演内容，除《请阳神》、送神外，其余非所有宗族共有，不同的宗族各不相同，即使是同一宗族的不同支系，也有差异，我们从下列部分村社演出内容安排表（依演出的程式为序）中可窥一斑（表5-8）。

① 参阅安徽省文化厅2005年9月申报第一批国家级非物质文化遗产代表作项目书——《池州傩戏》之“基本内容”项。

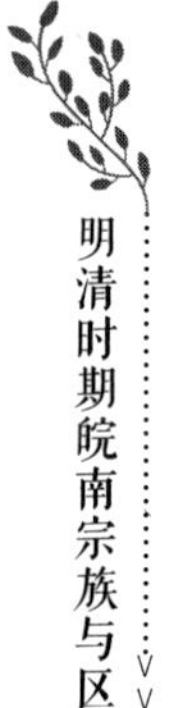

表 5–8　池州傩戏部分村社演出内容安排一览[①]

<table>
<tr><td colspan="2">村名</td><td>姚村</td><td>荡里姚</td><td>殷村姚</td><td>南山刘</td><td>太和章</td><td>缟溪曹</td><td>铺庄谢</td></tr>
<tr><td colspan="2">社名</td><td>姚村大社</td><td>虾湖大社</td><td>永兴社</td><td>灵田大社</td><td>太和大社</td><td>缟溪大社</td><td>—</td></tr>
<tr><td rowspan="2">演出内容</td><td>上半夜</td><td>《请阳神》
启圣
《舞伞》
报台
《刘文龙》
（邀台）
《新年斋》</td><td>《请阳神》
启圣
《舞伞》
《舞财神》
《五星会》
《魁星点斗》
报台
《刘文龙》
《新年斋》</td><td>启圣
《请阳神》
《舞伞》
《打赤鸟》
《舞回回》
《魁星点斗》
《舞财神》
《三星会》
报台
《刘文龙》
《新年斋》</td><td>启圣
《舞伞》
报台
《刘文龙》
（至回朝止）
祭圣</td><td>《请阳神》
启圣
《出仙家》
《舞伞》
《舞回回》
《舞古老钱》
报台
《和番记》
（1–17出）</td><td>启锣
《请阳神》
《舞和合》
报台
《刘文龙》</td><td>《启圣上马》
《舞滚灯》
《舞回回》
报台
《刘文龙》
《摇钱记》</td></tr>
<tr><td>下半夜</td><td>《舞回回》
《孟姜女》
《刘文龙》
（团圆）
送神</td><td>《孟姜女》
《宋仁宗认母》
《关公舞大刀》
《问土地》
送神</td><td>《孟姜女》
《陈州放粮》
《问土地》
《圣帝登殿》
送神</td><td>《孟姜女》
《新年斋》
《刘文龙》
（团圆）
《打社公》
送神</td><td>《和番记》
（18出起）
《新年斋》
《问土地》
送神</td><td>《孟姜女》
《陈州放粮》
《搓香花》
《打赤鸟》
《跳回回》
煞关
送神</td><td>《陈州放粮》
《刘文龙》
（团圆）
《问社公》
落圣</td></tr>
</table>

三、宗族与傩戏的“社”“会”组织

（一）“社”“会”组织

与徽州傩有专职的从艺人员组成班社演出不同，池州傩戏的演出均以“社”作为组织单元，“社”下再成立“傩神会”组织演出，其“社”“会”

① 王兆乾：《安徽贵池乡村傩事活动中的戏剧演出及其研究》，《黄梅戏艺术》1997年第2期。明清时期，多数宗族的傩戏演出分上、下半夜两部分，中间空一段时间供演员和观众夜餐，俗称“邀台”。

的内涵与宗族关系极为密切。“社”是中国历史上含义较为丰富的一个词，初始含义是指一方的土地神（土主），是先民土地崇拜的产物，相伴而生的便是对土地之神的祭祀，称“社祀”。但华夏“地阔不可尽儆（按：土地之主），故封土为社，以报功也”[①]。在“封土为社”的过程中，“社”又衍生出乡里基层单位的含义，所谓“古人以乡为社”[②]即是此指。而在漫漫的“社祀”过程中，“社”又变成了民间春祈秋报的迎赛活动的组织单元，即社之为名，起于乡闾党族春祈秋报之说。可见，“社”具有多重词义，“是土地神的象征，也是土地所有权的象征，既是祭祀单位，又是行政单位”[③]。作为地方乡里组织的一级行政单位，“社”虽盛行于元朝，明代时仍未消亡，直到清康熙初年，一些地方仍有以“社”名者[④]，但主要存在于北方，如顾炎武所说：“今河南、太原、青州乡镇犹以社为称。”[⑤]作为一种祭祀单位和迎赛活动的组织单元，“社”是通行全国的，明立国之初，朱元璋为限制“淫祀”，规定了乡村的里社祭祀仪礼：“凡各处乡村人民，每里一百户内设立社坛一所，祀五土五谷之神……遇春秋二社，预期率办祭物，至日约聚祭祀。”[⑥]明中期以后，“长江流域的宗族活动蓬勃兴起”[⑦]，民间的私社淫祀活动又重新盛行，各种迎神赛会活动甚是红火，因而，民间社祭所崇拜的未必是土地之神，而是一个庞杂的神灵系统。可见，“社”具有祭祀性、区域性、组织性和泛神灵性。池州傩戏的组织单元“社”“会”便具备这一特征，其与宗族关系又如何呢？

（二）“社”“会”与宗族的关系

池州山区也是聚族而居的宗族社区，随着人口的增殖，一些宗族的旁

① [唐]徐坚等撰：《初学记》卷十三引《孝经纬》，转引自陆炎《贵池傩与社祭》，《云南师范大学学报》2005年第3期。

② [清]顾炎武著，黄汝成集释，栾保群、吕宗力校点：《日知录集释》卷二十二《社》，上海古籍出版社2013年版，第1260页。

③ 陆焱：《贵池傩与社稷》，《云南师范大学学报》（哲学社会科学版）2005年第3期。

④ 赵秀玲：《中国乡里制度》，社会科学文献出版社2002年版，第39页。

⑤ [清]顾炎武著，黄汝成集释，栾保群、吕宗力校点：《日知录集释》卷二十二《社》，上海古籍出版社2013年版，第1260页。

⑥《皇明制书》卷2《洪武礼制·祭祀仪礼》，明镇江府丹徒县刻本，转引自陈宝良《明代社会生活史》，中国社会科学出版社2004年版，第548页。

⑦ 林济：《长江流域的宗族与宗族生活》，湖北教育出版社2004年版，第10页。

支迁出祖居地，形成新的自然村落，如“九刘十三姚”等，以地域性划分，形成各种“社”名的社祭祀圈。王兆乾先生对此作了详细的考证，并认为“贵池傩事活动始终贯串着对宗族土地的祭祀仪式，傩祭以社祭为依托为内核，因而贵池傩戏也是一种具有浓厚宗法色彩的‘社戏’”[①]。池州傩戏确实是以“社”为组织单元，由“社”下的“傩神会”操办，傩祭活动与社祭活动是结为一体的，但具有区域性质和祭祀性质的“社、会在明代不断宗族化……特别是明中期以后，社、会成为村落宗族的组织”[②]。如太和章氏，始迁祖为“保三公”，生二子原浈、原海，其中“原浈生元至正辛卯四月十二日丑时，入陕西宁夏右屯籍”，“原海生元至正丙申十一月十二日辰时，卒明宣德甲寅八月二十九日申时，娶棠溪柯氏，生子康寿……康寿娶孙氏，生子攀春、遇春”[③]。自此，太和章氏分成两大支系，以后随着人丁繁衍，两大支系下又分为成荣公、祖志公、业祥公、守祥公、尧祥公、显志公等小支系。小支系中，有的又迁出池州远走他乡，如“祖志公支下登斗公迁居芙蓉县募善乡第八都长坦垄西南二社等处”[④]，数百年来，未徙出池州的太和章氏各支系团聚太和一村，组建“太和大社”，共一个傩神会。同理，刘姓氏族虽有“八大房头”，分居九个自然村，但皆沿着白洋河布局，相去不远，组建了“灵田大社”。“十三姚”则相去较远，按房、支派系形成“五社半”，如南边姚与荡里姚合聚一村（今贵池区梅街镇姚街），但属于两大支系，荡里姚组成了“虾湖大社”，南边姚又分化出殷村姚、毛坦姚、楼华姚，他们共同组建了“永兴社”。可见，明清时期池州各“‘社’多与各宗族社区范围和宗法血缘关系相吻合，是家族群势力范围的界定。以‘社’为单位组织的贵池傩戏活动，实质上是由宗族势力来举办”[⑤]。

---

① 王兆乾:《安徽贵池的社祭祀圈》,《池州师专学报》1997年第4期。

② 林济:《长江流域的宗族与宗族生活》,湖北教育出版社2004年版,第273页。

③ [民国]佚名:《贵池梨村章氏宗谱》卷三《分迁始祖世系总图》,民国十六年(1927年)重修本,安徽贵池元四村章氏族人藏。

④ [民国]佚名:《贵池梨村章氏宗谱》卷四《太和地域》,民国十六年(1927年)重修本,安徽贵池元四村章氏族人藏。

⑤ 谈家胜:《明清时期宗族势力对贵池傩戏的作用考析》,《东南文化》2008年第2期。

四、宗族对傩戏的作用分析

（一）宗族对傩戏的组织与保护

前述池州傩戏以“社”为组织单元，而“社”与宗法血缘关系基本上是吻合的，所以，池州傩戏实质上是由宗族力量来举办，宗族对傩戏具有强大的组织与保护作用，体现如下。

其一，宗族的人力资源支撑。池州傩戏以“社”为组织单元，下有具体承办演出的“傩神会”组织，其管理人员和演员均由宗族内人员充任，如会首（又称“年首”“香首”）由家族内长辈担任，或由族长兼任。大姓宗族按分支组成各自的“傩神会”，其会首又按房头各推选一名或多名长辈担任，其上再设总香首一名。如南边姚是姚姓宗族居于南边的一个分支，该分支再度繁衍，于清中叶后形成殷村姚、毛坦姚、楼华姚、庄村姚等四个自然村落，他们共同组建了“永兴社”，组成一个傩神会，各村推选一名长辈为会首，负责本村的傩事活动，而四个村的会首中又以最长辈、最有威望的一人为总香首。小姓宗族或自己独立成立一个傩神会，或联合他姓共同组成一个傩神会。一族一村单独成立的傩神会，会首则在各支系中遴选副职，其上再设正职一名。如太和章氏，数百年来聚族而居于太和村，分作金兰公、玉兰公两大支系，傩神会的组织由两大支系各推选一名长辈为正、副香首。多姓共组的傩神会会首则按族姓各选出副会首，之上再设总香首一名。会首的职责主要是策划、统辖兼主持傩戏表演活动，并负责经费的筹措、账目的保管及面具、器物等公共设施的管理。如元四章氏，“初六、七择吉戏神下架，至十六日止，乃上架，每年有神首轮管”[①]。涉及重要事项，通常族长也参与其中进行管理。如刘姓氏族分居九个自然村，俗称“九刘”，“九刘”共同组建了“灵田大社”，其“社”下的傩神会组织依宗族的支系分为既统一又分散的两个傩神会，共用一堂面具。该族的傩事活动就由族长和香首负责安排和协调九村各支系的日程及正月十五日朝

---

① [民国]佚名:《贵池梨村章氏宗谱》卷二《风土》,民国十六年(1927年)重修本,安徽贵池元四村章氏族人藏。

青山庙的事宜。上述南边姚的傩神会虽然有总香首一名和会首若干名，但傩事活动的开支，由族长和总香首管理。多姓共组的傩神会，其会首的职责仅限于公共设施的置办和各姓傩事活动时间的商定，其他方面各自独立，仪式程序、习俗、演出剧目、声腔各不相同。不仅多姓共组的傩神会下各宗族的傩戏各不相同，就是同宗但不同支系的傩神会的傩戏表演内容也不尽相同。究其原因，则是傩神会的演员都是各宗族及宗族各分支内的男丁充任，他们习唱祖传的傩戏，互不隶属，也不专业化。

其二，宗族的经济保障功能。池州傩戏演出的经费由各家族的“公田”收入支付，“公田”实即“族田”。明中叶以后，长江流域普遍出现以祠堂为中心的宗族组织，祠堂、族谱、族田成为普遍的宗族组织形式①。而“族田”类的“祖产设立最大的目的是为祭祀之用”②，如民国《歙县志》载“祠之富者皆有祭田，岁征其租，以供祠用，有余则以济族中之孤寡，田皆族中富室捐置”③。明清时期，贵池各宗族也重视“公田”的设置，田多由家族中相对富裕的人、户捐赠，如嘉庆十四年（1809年）三月，元四章氏五世祖仲德公的第十一世孙章绪昇捐给其宗祠（“秩序堂”）弓田九亩四分，弓地四亩二分，以为永远祭业。此事被刻石立碑镶嵌于祠堂墙壁上。各傩神会的活动经费依赖于“族田”田租的收入。如南边姚支系，按房支分居于五个自然村落，共组一个傩神会，过去，各个村的祠堂都有几亩田地，称“公堂”，其收入供傩事活动的开支，由族长和总香首管理；太和章氏的总祠堂和所有支系从前都设公堂，各有土地数亩，专供常年祭祀之用。正是有了家族“公田”财力的保障，各傩神会的傩戏演出活动才得以年复一年地延续下来。

其三，宗族的空间支持作用。历史上池州傩戏演出的场所一般都在祠堂进行，及至当下一些恢复演出的宗族也在修葺后的祠堂里搬演傩戏，个别祠堂已毁尚未复建的宗族则在村集体遗留的公屋里搬演。祠堂本是“为

① 林济:《长江流域的宗族与宗族生活》,湖北教育出版社2004年版,第11页。

② 林耀华:《义序的宗族研究》,三联书店2000年版,第49页。

③［民国］石国柱、楼文钊修,许承尧纂:民国《歙县志》卷一《舆地志》,《中国地方志集成·安徽府县志辑》(第51册),江苏古籍出版社1998年版,第41页。

家族祭祖、议事和施行家法的场所。它同时也是家族组织的代称”[①]，是宗族村落社会的中心与公共设施，具有“举办家族礼俗活动的功能”[②]。演戏驱傩，祈求神灵护佑“家门清吉，人口平安”是通族人的愿望，在村民眼里，“戏旺则族旺，族旺则戏旺”。因而，行傩演戏被视作宗族村落居民的集体要事，均在宗族祠堂里举行。如姚姓宗族的南边姚支系，“从前各村皆有姚姓支祠，便轮流将面具迎回，在祠堂搭台演出”[③]。即使是多姓共组的傩神会，也只是共享一堂面具，作为社祭活动，“在共同的社坛前举行朝庙和朝社仪式”[④]，但作为傩祭活动的傩戏演出，还是轮流到各姓的祠堂演出。

祠堂不仅是傩戏演出的场所，也是演戏完毕后供奉、珍藏傩神面具的场所。面具俗称“脸子”，“在傩事活动中视作神的载体，无论祭祀仪式、傩舞或傩戏均围绕着面具进行”[⑤]，“一个家族如果失去了‘脸子’，便意味着傩事活动的消亡”[⑥]。因此，贵池乡民视面具为神灵，敬称之为“傩神”“龙神”“社神”“戏神”“菩萨”“五方嚎啕神”等，对之顶礼膜拜。各宗族在傩戏演出前后，均须进行“迎神下架”和“送神上架”的仪式。其“架”位一般在祠堂的阁楼上，或在祠堂的一角专辟一“神台”以供奉面具。每年正月初六夜或初七凌晨，由年首指派两人悄悄去祠堂将装有“脸子”的箱子“偷下来”(为的是不惊动列祖列宗)，家族中的长者再从箱子里取出面具，用生布（未用过的布）沾上檀香或浸泡柏枝的清水揩拭（俗称“开脸子”），并按照特定的次序摆在祠堂的“龙案”上[⑦]。正月十五日夜傩戏演出的“送神”仪式结束后，再由家族中长辈依次将面具装入箱中，恭送

① 冯尔康:《18世纪以来中国家族的现代转向》,上海人民出版社2005年版,第114页。

② 林济:《长江流域的宗族与宗族生活》,湖北教育出版社2004年版,第272页。

③ 王兆乾:《安徽贵池乡村傩事活动中的戏剧演出及其研究》,《黄梅戏艺术》1997年第2期。

④ 王兆乾:《安徽贵池的社祭祀圈》,《池州师专学报》1997年第4期。

⑤ 潘小平:《贵池傩戏彩绘面具艺术的审美特征及象征意义》,《黄梅戏艺术》2003年第2期。

⑥ 潘小平:《贵池傩戏彩绘面具艺术的审美特征及象征意义》,《黄梅戏艺术》2003年第2期。

⑦ 吕光群,纪明庭:《安徽贵池傩戏调查报告》,文载顾朴光主编《中国傩戏调查报告》,贵州人民出版社1992年版,第56页。

到祠堂“神台”或阁楼上[1]，等待来年傩戏演出时再“迎神下架”。其间设专人管理，如同庙堂的神像，也接受外村人烧香许愿。正是因各个宗族的高度重视，视面具为傩神，将之供奉、珍藏于家族祠庙，方使面具能够在明清数百年间不致遗失，一些宗族的傩神面具甚至逃过了晚清的“咸同兵燹”和民国年间的数度战乱而被珍藏下来。

综上所述，明清时期，贵池演傩各族因逐疫祈福的需要，每年正月都盛演傩戏。宗族为傩戏活动的展开提供了组织上、财力上、空间上的支持与保障。反过来，池州傩戏也因宗族提供的必不可少的物质和人力支撑而紧紧地依附于宗族，成为一种祭祖敬宗、娱神娱人的宗族文化而被族人世代传承。因此，傩戏在池州各宗族社区里赓续不辍而存续至今，使得这一古老的活化石性质的戏曲文化能够保存下来。

（二）宗族对傩戏的限制与束缚

池州傩戏因宗族需要而存续，也因宗族提供的资金、活动场所和组织管理而被宗族牢牢地掌控，成为宗族文化的一部分，只为本宗族服务。因此，宗族势力又限制了傩戏的进一步发展。具体体现在以下几个方面。

其一，池州傩戏具有独特的宗族演出体系，各族间的傩戏互不交流。池州傩戏不同于徽州的傩祭活动，它从不离开其固定的宗族社区范围，且平时不演出，一般只在每年正月初七至正月十五日择日演出。它既无职业班社，也无专职艺人，“演员和观众都是本宗族成员”[2]。可见，池州傩戏是靠口传心授的方式在宗族内师承，世代沿袭，形成独特的宗族演出体系，只为本宗族“请神敬祖，驱邪纳福”。它无求于外，也不交流于外，可以说各演傩宗族都“把傩戏的演出视为祭神，把面具也作为神祇顶礼膜拜”[3]。这种“不示外人”的做法表面上体现了族人“祭如在，祭神如神在”[4]的虔诚心态，深层次上反映了乡民对自造的神灵恭敬有加，祈求傩神专职庇护

① 吕光群，纪明庭：《安徽贵池傩戏调查报告》，文载顾朴光主编《中国傩戏调查报告》，贵州人民出版社1992年版，第56页。

② 吕光群，纪明庭：《安徽贵池傩戏调查报告》，文载顾朴光主编《中国傩戏调查报告》，贵州人民出版社1992年版，第31页。

③ 王兆乾：《池州傩戏》，《黄梅戏艺术》1983年第1期。

④ 张燕婴译注：《论语·八佾》，中华书局2006年版，第31页。

自己的私利心态。在这种心态的支配下，各宗族各演自己的傩戏，互不交流，并形成一种祖传的制度。这种祖制在今天池州市贵池区梅街镇姚街姚氏宗祠的戏台对联上充分地体现出来，其对联词曰："制度礼仪遵古法，声音节奏守遗风。"这种遵守古法，恪守遗风的制度，使"祖传的一切制度、礼仪，以及傩戏演出的规范都不容篡改……一切都一代一代原封不动地传下来"[①]。因此，池州贵池各宗族的傩戏都是独立的，也是排他的，都是封闭地演出。这种各宗族世代单传，互不交流，各自演出自己的傩戏，使得池州傩戏自身缺乏交流互动的发展基因；再者，各宗族都是集中在正月初七至十五日的短短几天内，纷纷在各自的祠堂里演出，客观上又使池州傩戏不具备交流互动、以促发展的时间和空间。因此，池州傩戏亘古不变，而被学界誉为"戏曲活化石"。

其二，池州傩戏是一种典型的农耕时代传统社会的族傩表现形态，具有祭祖、祭社的双重性质，各族的傩戏表演是一种仪式性极强的活动，束缚了傩戏表演艺术的提高。如前所述，池州傩戏是以"社"为组织单元，"社"下再组织傩神会具体承办，实质上是由宗族势力来组织举办，演员和观众都是宗族成员，演出的经费由宗族的"公田"承担，演出的地点在宗族的祠堂，行傩的目的之一是请神庇护合族平安。由此可见，它是一种典型的以宗族为单位进行的傩祭活动，是传统社会的族傩表现形态。这种以宗族为单位进行的傩祭活动中，凝聚着一个宗族的祭祖和祭社的双重宗族文化性质。如各族在傩戏演出前要向祠堂里的祖宗牌位敬香叩拜，恭请祖先之神灵降而视听，因而，演唱傩戏的目的之一"主要是属于敬奉祖先神灵，娱悦祖先神灵，祭祀祖先神灵的活动"[②]。同时，池州傩戏又有着浓厚的"社祭"的性质，"社祭"始终贯串傩戏活动的全过程，正如王兆乾先生所论："贵池傩事活动始终贯串着对宗族土地的祭祀仪式。"[③]这种祭祖和祭社的双重宗族文化性质决定了池州各宗族的傩戏活动是一种宗族集体的仪式性活动。这一"仪式"可分为狭义、广义两类：狭义上的仪式是指傩戏

① 姚永昌：《贵池刘街"傩"漫谈》，文载王兆乾主编《傩戏·中国戏曲之活化石——全国首届傩戏研讨会论文集》，黄山书社1992年版，第92页。

② 王秋贵：《傩戏三型辨》，文载朱万曙，卞利主编《戏曲·民俗·徽文化论集》，安徽大学出版社2004年版，第254页。

③ 王兆乾：《安徽贵池的社祭祀圈》，《池州师专学报》1997年第4期。

表演过程中部分剧目本身就是仪式，可独立进行，如“迎神下架”“社坛启圣”“跳土地公婆”“关公舞大刀”“送神上架”等，学界通称为“傩仪”；广义上的仪式是就整体傩戏活动本身而言，在演傩乡民眼里，“把傩戏演出视为降神”[①]，演员戴上面具即表示神灵已经附体，实现了人神的转换，“这些面具或戴上面具的演员就被纳入到了仪式情境之中，在降神和神的仪式中，这些角色亦成为了其所代表的神”[②]。因此，在池州傩戏表演的过程中，“傩戏每一个人物（按：角色）上场，均放铳燃鞭，烟雾缭绕，以示神灵驾到”[③]。演戏过程中乡民也可随时在祠堂的神案前上香焚纸，祭祀神灵，祈神逐疫，正如谱牒所载：“鸣金跳号，谓之逐疫。”[④]因此，池州傩戏表演的整个过程实质上就是祭神祭祖、行傩逐疫的仪式，演戏就是在行仪式，演唱者也就是仪式的行为者。由此可见，无论是广义还是狭义，池州傩戏的演出都是一种行鬼神祭祀的仪式行为，在儒家思想占据统治地位的古代社会里，人们的祭祀观念讲究的是“诚”，排斥的是“娱”，即“追求在一种真诚的主观心态中与神鬼沟通，也就是说诚能感神，诚能通神”[⑤]。池州贵池各宗族的傩戏活动严格地按照祖宗的定制举办，“祖传的一切制度、礼仪，以及傩戏演出规范都不容篡改”[⑥]，乡民们年复一年地搬演傩戏都是在重复进行着同一种仪式行为，既是一种祭神祭祖的表现，也是一种祭祀至诚的表现。因此，各宗族在傩戏演出的场地、内容和程式等方面固定不变，使得傩戏活动极为僵化，缺乏发展上扬的空间，数百年间代代因循，一直保持着古朴、粗犷、稚拙和神秘的色彩。

其三，宗族势力的贫弱限制了宗族社区文化的繁兴，乡民唯以观傩为乐，使得傩戏缺乏发展的动力。贵池各宗族族民执着地搬演傩戏，既因为

① 潘小平：《贵池傩戏彩绘面具艺术的审美特征及象征意义》，《黄梅戏艺术》2003年第2期。

② 张建建：《冲傩还愿——贵州傩仪的结构、类型、意义》，贵州人民出版社1997年版，第146页。

③ 陆焱：《论傩戏仪式与结构》，《中华文化论坛》2005年第1期。

④ ［民国］佚名：《贵池梨村章氏宗谱》卷二《风土》，民国十六年（1927年）重修本，安徽贵池元四村章氏族人藏。

⑤ 尹飞舟等：《中国古代鬼神文化大观》，百花洲文艺出版社1999年版，第427页。

⑥ 姚永昌：《贵池刘街“傩”漫谈》，文载王兆乾主编《傩戏·中国戏曲之活化石——全国首届傩戏研讨会论文集》，黄山书社1992年版，第92页。

它是宗族集体性的民俗信仰和仪式行为，也因为它是乡民难得的一种文化自娱活动。傩本身是一种逐疫的仪典，其“本源是原始狩猎追赶式群舞，模仿百兽的行为及驱逐追捕百兽的情景——百兽率舞，这本身也是一种‘戏’”[①]，由此可见，傩在其起源里就植入了“戏”的娱人化基因。所以，朱熹谓之“傩虽古礼而近于戏”[②]。演至宋元明清，“傩中戏和戏中傩的相互促进……逐渐促成了傩戏的大面积出现”[③]。傩戏在保持傩的“逐疫”古意的同时，其世俗化、娱人化的因素也显得较为突出。池州傩戏正是如此，是一种“以驱灾疫、祈吉祥为目的的请神敬祖的祭祀活动。由于这种活动是以戏曲的形式出现，既祀神，也娱人，起到‘人神共赏’的作用”[④]。因之，明清时期每年的正月初七至元宵，贵池乡野各姓村落大演傩戏，既是各族驱邪纳福的行傩仪式活动，也是乡民难得的休闲娱乐活动。明末清初的邑人刘城（1598—1650）所写的诗《上元即事效俳体》，生动地揭示了乡人观傩的热闹场面，现摘录如下：“面具登场鼗鼓挝，蜡词傩舞共讴哑。连宵分值三更罢，此夕同堂万众哗。坐给飞觥扶目倦，归看列烛照涂叉。高曾遗矩雍熙日，云比豳风乐岁华。”[⑤]

然而，值得注意的是明清时期傩戏的“娱人化、世俗化”成分，是各地傩戏普遍存在的共性，演戏唱傩、祀神赛会也是全国各地尤其是江南社会共通的一种文化现象[⑥]，今天，它们多湮没于历史尘埃之中。何故池州傩戏能够完整地保存下来，且内容如此丰富，以致被学术界誉为“中国戏曲活化石”。考察此问题还须将视野投向宗族自身，如果再与徽州的宗族社会相比较，答案则更加清晰。

明清时期，池州与其毗邻的徽州都是典型的聚族而居的宗族社会，均

---

① 曲六艺，钱茀：《中国傩文化通论》，台湾学生书局2003年版，第721页。

② [宋]朱熹：《四书集注》，北京古籍出版社2000年版，第133页。

③ 曲六艺，钱茀：《中国傩文化通论》，台湾学生书局2003年版，第722页。

④ 贵池戏曲志编辑室：《贵池戏曲史料集》（内部印发），1989年7月编印，第176页。

⑤ [明]刘城：《峄桐诗集》卷九，见《四库禁毁书丛刊本》，清光绪十九年（1893年）养云山庄刻本。

⑥ 关于明清时期民间社会祀神赛会娱神娱人的大众消闲娱乐文化的论述，学界多有研究，可详见赵世瑜《狂欢与日常——明清以来的庙会与民间社会》，生活·读书·新知三联书店2002年版；陈江《明代中后期的江南社会与社会生活》，上海社会科学院出版社2006年版；陈宝良《明代社会生活史》，中国社会科学出版社2004年版。

重视行傩逐疫，徽州府的婺源县、祁门县有诸多专业的傩班四处演出。然而池州的宗族势力实难以与徽州的宗族势力相等同，在丰厚的商业利润支撑下，徽州宗族家资富饶，“藏镪”百万甚至千万的强宗大族比比皆是。在雄厚的经济基础之上，徽州各族积极地去营建宗室，“振兴文献”，进一步促成了徽州民间文化的繁兴。其体现之一便是民间的社团组织如雨后春笋般兴起并逐渐繁盛起来，其中迎神赛会类的会社组织及其举办的活动多且活跃。不独仅此，徽州的各类戏曲演出活动也极为频繁和活跃，一些家族热衷于在祠堂里营建戏台，搬演戏文，甚至出资蓄养戏班，观戏、赏戏成为一种习俗。相比之下，池州的宗族势力则显得较弱，虽然在历史上贵池也形成了“茅坦杜、渚湖姜、元四章、棠溪柯、石门高、宋村宋、姚街姚”[①]等大姓宗族，但这是就其人口繁衍和房支分化而言，是自然意义上的人口大族，而非经济意义上的豪门世族。此论我们可从元四章氏的宗祠——“秩序堂”里的《捐田碑记》得到例证，其碑文曰：“其间，惜祭产无多，取资有限，虽欲尽物，何可得哉。十一世孙绪昇欲拓前规，捐其所购：房□亭株林冲庄屋一则、弓田九亩四分、弓地四亩二分、竹园一段、养山一号，以为永远祭业。”[②]该祠堂于乾隆十二年（1747年）重修时，也立碑记载仲德公（始迁祖）支裔的捐资情况，碑名《祖祠□□记》，其中“铭公（按：仲德公长子）股应奉：洪英、洪傑、洪惟共银八两四分”[③]，平均每户不足三两。一个当地的大姓氏族，祠中“祭产”尚且不多，所捐的“祭田”也屈指可数，修葺宗祠时，支裔的捐资更显寒酸，可以想见，他姓宗族经济窘迫之状况，正如光绪《贵池县志》所载：“家鲜蓄积，市无巨商。”[④]虽然明清时期贵池也有各类会社组织，但主要还是宗族性的“傩神会”居多。明中叶后池州府虽然诞生了艺术奇葩青阳腔，结果却是“红杏出墙”，香飘于外。历史上贵池也曾举办春秋两度的祭祀昭明太子的大型

① 贵池市地方志编纂委员会编:《贵池县志》,黄山书社1994年版,第169页。

② 该碑于“嘉庆十四年三月□日,(由)吉丹公立”,镶嵌于祠堂上厅左侧墙壁。文中的□代表字迹不清,无法辨认。

③ 该碑与《捐田碑记》碑并列镶嵌于祠堂上厅左侧墙壁,1959年修水库时,拆作为涵洞底板,1984年祠堂重修时归位,因长期遭泥沙冲刷,碑中间文字被磨失掉。

④ [清]陆延龄修,桂迓衡等纂:光绪《贵池县志》卷七《舆地志》,《中国地方志集成·安徽府县志辑》(第61册),江苏古籍出版社1998年版,第21页。

迎神赛会活动，但是以官方为主导，且活动区域限于贵池城里，“郡县有司则以前三日躬迎神貌于郭西庙，入郭内祝圣寺而礼之。是日（按：农历八月十五）诸家扮会迎神者……游于通市，或及郡县之公堂。薄暮而毕”[①]，就是这一传统的大型祭祀赛会活动也因为清军和太平军反复争夺池州的战祸而销声匿迹。

总之，在明清时期，池州并未产生如同徽州的强盛宗族，也未形成繁兴的文化现象。徽州的宗族族民“商成帮，学成派”，有较多的文化欣赏和娱乐活动的选择空间，池州的宗族族人却“不事贸迁”，力伺稼穑，固守宗族的傩戏表演以自娱。正如钱茀先生所指出的那样：“由于长期处在封闭的环境里，普遍的文化水平不高，文化生活缺乏，层次较低。一年能看到一次傩戏表演，便是乡间一大盛事”[②]，“因而，他们的欣赏水平难以提高，难以达到都市人的层次。所以，同一个傩舞、傩戏节目，虽然简单粗糙，但观众们总是百看不厌”[③]。池州傩戏正是如此，由于宗族势力的贫弱，宗族社区的文化生活匮乏，数百年来他们重复演绎并观看同样的傩戏，致使池州傩戏表演艺术缺乏发展的后劲。

五、傩戏对宗族的反哺功能

一年一度的傩戏演出，本质上是一种逐疫祈福的活动，同时也兼有“酬愿”的目的。乡人认为，过去一年之所以平安度过，全赖祖灵和诸神的保护，所以有必要在新一年的正月演出傩戏，以酬谢祖灵和诸神在过去一年的辛劳，并再度索求祖宗英灵和傩神的庇护。因此，一年一度的傩戏演出也是一种求索酬报的祭祀活动。它由宗族的势力举办，与宗族社会紧密地联系在一起，受到宗族势力的保护与限制，反过来，它对宗族社会也具有积极的反哺作用，体现如下。

① [清]郎遂编辑，池州市杏花村文化旅游区管委会整理：《杏花村志》卷九《文章》，黄山书社2015年版，第180页。

② 曲六艺，钱茀：《中国傩文化通论》，台湾学生书局2003年版，第719页。

③ 钱茀：《傩俗史》，广西民族出版社2000年版，第134页。

（一）傩戏具有祭祖敬祖的作用

在传统社会里，“追本报远”的祭祖敬祖活动是宗族社会的大事，明清时期则盛行“演剧敬祖”的祭祀方式，一些宗族甚至将“凡敬祖之礼，莫大乎演剧”[①]的内容写进族规公约。池州傩戏也具有这种“演剧敬祖”的含义和作用。

其一，祠堂演戏，娱祖祭祖。明清时期，池州傩戏的表演大多在宗族的祠堂里进行，祠堂是宗族社会的核心组织，是安置祖先神位的重要场所，也是全体族人祭祀祖先的重要场所。池州傩戏中戏剧性的剧目演出分为两类：一是“假面摆位”型，二是“假面搬演”型[②]。演出之前，演员和观众须在会首或族长的带领下，向祖宗灵位礼拜，告慰祖先演出即将开始，实则是恭请祖先听戏。演出的具体方位多集中在祖先的神主牌位前展开，惟太和章姓的傩戏演出分出三个区域。如缟溪曹家的“假面摆位”傩戏，就在祠堂上厅的祖宗牌位前演示，正中设一方桌，负责说唱的“先生”坐于桌侧，“假面”们只能占据方桌前的位置，“先生”处在祖先神灵与傩戏神灵之间的位置，这表明“先生”的责任主要是向逝去的祖先神灵解说“假面”们的故事。这正是“演剧祭祖”的一种方式，正如王秋贵先生所言：“他们的傩戏演示，主要是属于敬奉祖先神灵，娱悦祖先神灵，祭祀祖先神灵的活动。”[③]太和章姓的傩戏演出分为三个活动区域，傩仪活动区在祖先灵位正前方的祠堂上厅，傩舞表演区在祠堂的中厅展开，正戏剧目《和番记》则在祠堂大门内的下厅搭台演出。“这种由外向内的设置，就把家族内部的祖先神灵与外在的各种傩神，划开了一个内外亲疏的明显区分……而演出《和番记》则在下厅（大门口内）舞台上，面对上厅祖宗牌位和中厅的族人。这就等于无言地声明：我们是在演戏，我们演出《和番记》是给

---

① ［日］田仲一成著，云贵彬，王文勋译：《明清的戏曲——江南宗族社会的表象》，北京广播学院出版社2004年版，第153页。

② “假面摆位”即演员戴着面具却不演唱，曲文由“先生”负责讲唱；“假面搬演”即演员戴着面具自己演唱展示戏曲内容。

③ 王秋贵：《傩戏三型辨》，文载朱万曙，卞利主编《戏曲·民俗·徽文化论集》，安徽大学出版社2004年版，第254页。

逝去的祖先神灵和活着的同宗族人共同观赏的”[①]。

其二，遵循祖制，崇祖敬祖。池州傩戏本身具有深厚的祖先崇拜的文化内涵，各族民众视演傩戏为祖传的定制，一切制度礼仪遵守古法，声音节奏恪守遗风，祖先的一切规定具有神圣性，不得亵渎。如傩戏的剧本，各家族都有一部祖本，称“总稿”，由会首掌管，村人学戏时，一般据祖本抄录副本以学唱，“剧本既属祖传，所以不得擅自更改，即使是错别字，也依样画葫芦”[②]。再如笔者在数度下乡调查的过程中，问及傩戏中一些情况，得到的答复多是“祖上如此”。这种傩戏演出时必须严守“祖上如此”的做法，既反映出村民心目中浓厚的祖先崇拜的情结，也恰恰印证了傩戏本身具有深厚的祖先崇拜的文化内涵。傩戏演出的动机之一是“娱祖”，是外在的、形式的，内在的、本质的则是“祭”的内涵，通过傩戏来祭祀祖先，追思祖先的恩泽，一些家族甚至将祭祖的具体仪式直接搬进傩仪中，如墩上街道的茅坦杜姓的傩祭中便有“祭茅镰”的仪式。“祭茅镰”即祭祀十二把旧镰刀，相传在杜姓先祖迁居茅坦时，这里尚是棘茅丛生的蛮荒地带，杜姓祖先用镰刀割草垦荒，先后用坏了十二把镰刀，开垦出大片荒地，从此便在此地繁衍生存下来，后人为了缅怀凭吊先祖的创业功勋，便有了祭拜十二把镰刀的祭茅镰仪式，寄予着对先祖的感激与崇敬。这种“祭之以礼”正是宗法社会里祖先崇拜的核心内涵，它融入傩仪，说明乡民将祖灵系统与傩神系统看成是平行的、统一的，祖灵系统也同样具有傩神系统的宗教文化功能。其实，池州各宗族都是将祖灵系统视为有傩神系统的宗教功能，他们将本属于“淫祠崇拜”的傩神面具置放于宗庙祠堂，在神圣的祖灵牌位前演出傩戏，从儒家文化的层面看，似有不恭之嫌，如“被视为‘通儒’的雍乾时期的陈祖范就常熟人的情形说：‘其祭礼，颇忽于祭先祖，恪于祭外神’”，但“如果说清朝人不敬仰祖先，显然是不合实际的”[③]，陈祖范所表达的只是那些“通儒”辈的担心和不满。实际上在明清时期，“民间的祖先崇拜更依靠民间的淫祠崇拜的鬼神文化的支撑，祖先崇

① 王秋贵:《傩戏三型辨》,文载朱万曙,卞利主编《戏曲·民俗·徽文化论集》,安徽大学出版社2004年版,第255页。

② 王兆乾:《安徽贵池乡村傩事活动中的戏剧演出及其研究》,《黄梅戏艺术》1997年第2期。

③ 冯尔康:《18世纪以来中国家族的现代转向》,上海人民出版社2005年版,第75页。

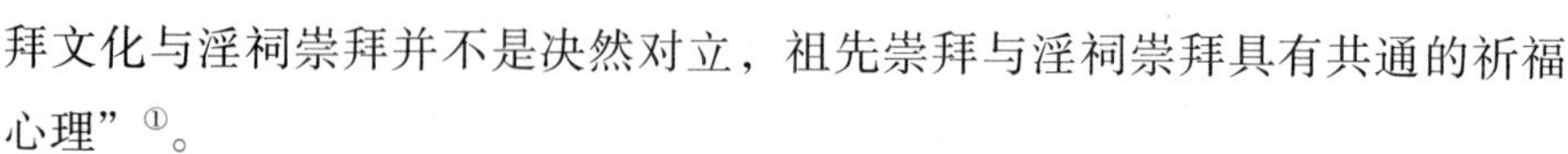

拜文化与淫祠崇拜并不是决然对立，祖先崇拜与淫祠崇拜具有共通的祈福心理”[①]。

总之，池州各宗族通过傩戏的演绎，充分地表达出他们崇拜祖先、敬重祖先、祭祀祖先的情感，演出傩戏正是聚族而居的宗法社会里一种祭祖敬祖的宗族文化行为。

（二）傩戏具有巩固同宗情感的作用

明清时期池州各族的傩戏表演，总体来看分成三个部分，即傩仪、傩舞、傩戏，三个部分有机地组合成完整的傩事活动。从前述的谱牒、方志等文献的记载分析来看，它是各宗族村落每年一度的盛大驱傩表演活动；从其表演的具体内容和活动的组织过程来看，我们可以追寻到傩戏具有娱乐宗亲、团结族众、巩固同宗情感的作用。具体分析如下。

其一，假面搬演，娱乐宗亲。钱茀先生认为，傩戏是一种初级的戏剧表演形式，保持着原始戏曲的形态，池州傩戏是代言体的初级戏曲。其中的正戏本多演出《孟姜女》《刘文龙》《和番记》《章文显》《陈州放粮》《宋仁宗不认母》《薛仁贵征东记》《摇钱记》等，王兆乾先生将这些剧本与1967年上海嘉定出土的一批明代成化时期的刊本《说唱词话》进行比对后，惊奇地发现池州傩戏剧本与之有密切的关系，有的甚至完全相同，说明了池州傩戏中的戏剧性演出是将民间的“讲唱文学”直接作为演出的脚本。这些脚本主要表演人间故事、喜怒哀乐、悲欢离合等，是世俗性的“演人”之剧，因其是池州傩戏的有机组成部分而成为广义上傩仪的一部分。虽然表演的形式尚处于初级形态，古朴野拙，依据今天我们对戏曲的欣赏水准来衡量，不具观赏性，但“这些‘演人’之戏进入仪式情景，其自身即有的愉悦功能，也在仪式情景中发挥出来，由此形成‘和神’仪式中娱人心志，感人耳目的浓郁气氛”[②]。因此，池州傩戏的娱乐性是不容置疑的。周显宝通过对池州傩戏中的音乐仪式性作用展开分析，认为傩乐具有“通神”“养生”“遣欲”“宣化”四种功能，“看傩戏、听傩乐就是贵池乡民们一年

---

① 林济：《长江流域的宗族与宗族生活》，湖北教育出版社2004年版，第300页。

② 张建建：《冲傩还愿——贵州傩仪的结构、类型、意义》，贵州人民出版社1997年版，第148页。

之中最快乐、最放松的时刻。”[①]因而，虔诚的山民年复一年地搬演傩戏，一方面是进行求索酬报的仪式行为，是履行祖传的仪典，另一方面也是进行娱神、娱祖、娱人的娱乐活动。虽然今天池州贵池东南山区的一些宗族恢复傩戏演出后，观者多是一些年纪较长者和进行田野调查的学者，年轻辈的观者寥寥，究其因是今天的文化娱乐生活相对丰富，粗糙的傩戏演出难以吸引他们，但在文化生活相对匮乏，欣赏水平相对较低的古代，傩戏的演出是宗亲族人难得的休闲娱乐时机。正如太和章氏的傩戏祖本《和蕃记》第二十八场“团圆”里所言，他们演出傩戏，是为了年年共乐太和乡。所以，池州各族开演傩戏时，宗亲族人中观者甚众，恰如刘城在其《上元即事效俳体》诗里所言：“连宵分值三更罢，此夕同堂万众哗。”可见傩戏的演出时间之长、观傩的气氛之热，寥寥数字便将傩戏的娱乐宗亲族人的作用宣泄无遗。

其二，巩固“一本”，强化同宗。“一本观”在重视血缘的宗法社会里，是族人根深蒂固的观念，祭祖与收族是“一本观”的两个方面，“即因一本观而崇拜祖先，而团聚族人”[②]。池州各族的傩戏也体现出族人“一本观”的思想或情感，它除具有祭祖敬祖的作用外，还具有巩固同宗情感，强化宗族意识的作用，即团聚族人的作用。明清时期，池州各宗族随着人口繁衍，出现了聚落分化，一些大姓宗族分家外迁，同族的不再同村或同里，而是各房分居数个自然村，各房支又接着分化出多个自然村，他们有的为了使同族或同房支的联系不淡化，仍旧把傩事集中在总社进行，有的集中在各房支进行。如渚湖姜姓一族“把傩戏分成若干出，各房头分担固定几出，年年联合演出”[③]；再如南山刘姓宗族，虽然衍生出“八大房头”，分居九个自然村，有两个傩神会组织，傩戏演出的剧目、情节也有差异，但是共用一堂傩神面具，象征同宗的认同。如果说这是在傩戏的组织管理上强化“一本观”，以期达到“收族”作用的话，那么在傩戏演出目的方面，我们也能看到这种作用。《梨村章氏宗谱·风土篇》里明确记载：“新年蛋

① 周显宝:《安徽贵池傩戏中乐器和音乐的仪式性功能探究》,《中央音乐学院学报》2003年第3期。

② 冯尔康:《18世纪以来中国家族的现代转向》,上海人民出版社2005年版,第122页。

③ 贵池戏曲志编辑室:《贵池戏曲史料集》(内部印发),1989年7月编印,第177页。

茶相馈，开筵请亲邻，作傩戏，初六、七择吉戏神下架。”从这条简短的宗谱资料里，我们可以窥探出元四章氏将傩戏作为娱乐宗亲，巩固同宗情感的一种重要方式。元四章氏是贵池的一个人口大族，据笔者调查，历经明清、民国数百年的人口繁衍，该族以始祖“保二公”的迁居地“梨村”为中心，分支不断外迁，成圆弧状发散形成33个自然村落，分别隶属于14个房支（“彦”字辈的3个、“仲”字辈的6个、“王”字辈的5个），但傩神会只有2个，即“元四嚎啕会”“杨村嚎啕会”，会首由各房支轮流应值，“负责当年演出活动及掌握经费开支”，“因宗族房头多，自初七起，连演十夜”[①]。因此，“亲邻”可作同宗的不同村落的族人理解，章姓宗族正是通过演戏娱乐并张筵款待“亲邻”，不断地巩固着同宗的情感。在这里我们可以清楚地看到“傩是一种凝聚力和亲和力。傩戏的演出，使本村、本族的人和谐地聚集在一个目标下”[②]。乡民通过演出傩戏，既表达了其“一本观”，也强化了宗族的意识。强化宗族的意识在各族傩神会的朝社赛会活动里表现得尤为充分，因为这种公开的集体活动是宗族势力的一次综合展示机会，各族之间在某些方面存在着暗暗的竞争和比试，所以，池州各族虽然经济实力相对贫弱，但在公开的集体活动中，却十分靡费，傩神仪仗都是争奇斗艳，盛装出游。如开元乡元二保（今池州市贵池区梅街镇刘街社区）汪、刘、姚、戴、郑等姓九社联合举办的青山庙会，各傩神会为了互相攀比，制作出各具特色的仪仗道具，“除有全副锡制銮驾、香盘、吊炉和十番锣鼓、龙灯、狮子灯外，还有特制的几人高举的大旗，20斤重的大铁铳，筛子大的开锣，用无数锦缎绣的莲花瓣连缀成的‘百代伞’和两人抬的扎板（又称‘牙子’，乐器模型）”[③]，可见他们的朝庙仪仗十分壮观，当地流传的一句谚语“南边旗，荡里伞，刘锣戴铳汪扎板，山里山外干呐喊”[④]，精炼地总结出该项活动中各宗族的庙会仪仗之恢宏。不仅如此，各族在庙会的演出形式上也极为丰富，据《贵池姚氏宗谱》记载：“古时朝庙，仪仗外，有千秋，抬阁，高跷诸胜，又选俊童十余，着梨园服，扮故

① 贵池戏曲志编辑室:《贵池戏曲史料集》(内部资料),1989年7月编印,第177页。

② 钱茀:《傩俗史》,广西民族出版社2000年版,第247页。

③ 吕光群,纪明庭:《安徽贵池傩戏调查报告》,文载顾朴光主编《中国傩戏调查报告》,贵州人民出版社1992年版,第58—59页。

④ 贵池戏曲志编辑室:《贵池戏曲史料集》(内部印发),1989年7月编印,第163页。

事，立人肩窝上，名曰‘站肩’，其壮丽繁华，与江浙等处赛会无异。”[①]在这种恢宏繁华的形式和表象背后，应是宗族意识的膨胀使得他们不惜靡费，而各族又正是通过这一相对较量性的仪式活动，进一步彰显、巩固并强化了他们的同宗情感和宗族的自豪感。

（三）傩戏具有兴宗旺族的诉求

池州傩戏里存在着一种族人共同的诉愿，其实傩文化里本就充斥着“愿”的成分，张玉龙先生曾分析：“‘愿’在傩仪中占着显著的地位。‘愿’是什么呢……一种是人希望避免的事物，如：灾病、鬼魅、不育、凶兆等等；一种是人希望得到的东西，如：财、喜、长寿、平安……希望避免的和希望得到的都在人的心中织成了某种‘情绪’，这情绪就是‘愿’。”[②]从发生学的角度看，希望避免和希望得到正是人们行傩的目的。这种“愿”的成分在池州傩戏里也存在不少，集中体现了族人兴旺宗族的心理诉求。我们可以从下述的两个方面来探悉。

其一，池州傩戏的傩仪和傩舞里充斥着族人兴旺宗族的心理诉求。傩仪和傩舞除动作表演外，绝大多数剧目还配有台词的诵白，如严肃虔诚的“请神词”、祈神佑护的“吉祥词”、一领众和的“喊断词”等，从这些台词的表白中，我们可以清晰地感受到族人希望避免和希望得到的那种情绪宣泄。兹摘录几首如下。

南山刘姓傩祭活动中送神仪式的送神诗：“一年兴一年，买马置庄田。合门齐发迹，富贵永绵绵。”[③]

南边姚姓傩事活动中送神仪式的送神颂：“三杯醴酒敬神前，默佑南姚万万年。承世子孙绵福禄，华对三祝胜尧天。”[④]

东山吴姓傩戏中的“嚎土地”仪式的吟诵词：“（白）判官、小鬼过

① 《贵池姚氏宗谱》卷四《风物志》，1995年七修本。

② 张玉龙：《生命·仪式·文化》，文载贵州省文化厅艺术研究室编《傩·傩戏·傩文化》，文化艺术出版社1989年版，第234页。

③ 王兆乾辑校：《安徽贵池傩戏剧本选》，台北施合郑民俗文化基金会1995年版，第226—227页。

④ 王兆乾辑校：《安徽贵池傩戏剧本选》，台北施合郑民俗文化基金会1995年版，第568页。

来。我是吴氏门中老土地，保佑吴氏门中，风调雨顺，国泰民安，家门清吉，人眷平安。判官、小鬼过来。我是吴氏门中老土地，保佑吴氏门中，大男小女，人人清吉，个个平安。判官、小鬼过来。我是吴氏门中老土地，保佑吴氏门中，家烟发达，弟子兴旺，看牲旺相，作种丰收，日进千乡宝，时招万里财。”[①]

这些明白晓畅的词、诗、颂，在池州各族的傩戏里比比皆是，族人所希望得到的殷殷之情绪，也透过这些“诵白”跃然欲出。当然，有些“诵白”也晦涩难懂，但仔细分析，也能探悉出族人亢族之“愿”。如南山刘氏举行的逐疫仪式的“杀关”喊断词：“（众白）都来！关公出来不当要，手持偃月刀一把。但有妖物吾门过，杀的杀来剐的剐。”该词充满了肃杀的气氛，实则是族人焦虑情绪的一种表达。逐疫是古人举行跳傩仪式的直接目的，而“古人以疫为鬼神而兴”[②]，逐疫也就是驱逐鬼神妖怪。刘氏族人焦虑鬼怪妖物降灾宗门，所以要杀之、剐之，以祓禳灾祸。但傩除仪式具有一体两用的特征，即“举行仪式的人们常常在‘疫疠’之对立面预设‘吉福’”[③]，“傩仪中除了‘逐疫’功能外，祈求傩神保佑的纳福功能也并存于其中”[④]。因此，祓禳灾祸的另一面便是族人的纳吉祈福、亢兴宗族的诉求。这种亢宗兴族、禳灾纳福的诉求，我们可从姚姓宗族的傩舞《打赤鸟》喊断词中得到进一步的认知，其词如下：

年首：都来呀！　　　　众：嗬！
年首：我是官人小使人；　　　　众：嗬！
年首：官人差我放飞禽；　　　　众：嗬！
年首：放了飞禽回家去；　　　　众：嗬！
年首：回家去见大官人。　　　　众：嗬！
年首：都来呀！　　　　众：嗬！

① 王兆乾辑校:《安徽贵池傩戏剧本选》,台北施合郑民俗文化基金会1995年版,第465页。

② 张建建:《冲傩还愿——贵州傩仪的结构类型意义》,贵州人民出版社1997年版,第131页。

③ 张建建:《冲傩还愿——贵州傩仪的结构类型意义》,贵州人民出版社1997年版,第131页。

④ 王廷信:《明代的傩俗与傩戏》,《山西师大学报》(社会科学版)1999年第1期。

年首：二十年前小后生；　　众：嗬！
年首：手拿弹弓随路行；　　众：嗬！
年首：见了飞禽就要打；　　众：嗬！
年首：打死飞禽见主人。　　众：嗬！
年首：都来呀！　　众：嗬！
年首：家有千口；　　众：嗬！
年首：靠我弹弓一手；　　众：嗬！
年首：昨天打了一百；　　众：嗬！
年首：今日打了九十九。　　众：嗬！
年首：都来呀！　　众：嗬！
年首：赤鸟赤鸟；　　众：嗬！
年首：年年下来害我禾苗；　　众：嗬！
年首：今日穿胸一箭；　　众：嗬！
年首：打死赤鸟过元宵。　　众：嗬！①

该词中既放鸟又打鸟，前后矛盾，令人费解。其实山民的“打赤鸟”活动不仅仅是一种驱旱祈雨、祈祷丰收祭仪目的的生产性魔法，同时也是山民在阴阳五行观念浸润驱遣下祈春迎春、驱阴导阳、禳解灾祟的一种巫术实践。可见，这种前后矛盾的喊断词，正体现出“即祈即禳”的傩除仪式的一体两用特征，饱含着族人禳灾纳福、驱穷祈富的心理诉求，族人希望避免的和希望得到的情绪正好通过这首看似费解的喊断词宣泄出来。理解了这点，我们就能理解词中的集体附和声“嗬”，它是观众（族人）情绪宣泄的最佳方式。

其二，池州傩戏中的一些傩俗事项也反映出族人兴旺家族的愿景。傩在漫长的流变过程中，逐渐与当地的风土人情、民俗习惯相结合，形成一些独特的傩俗事项，并沉淀于傩事活动中。池州傩戏中也有诸多的傩俗事项，其中“求子”傩俗和“送穷”傩俗普遍存在于各家族的傩戏中，典型地反映出族人兴旺家族的愿景。

① 傩舞《打赤鸟》是贵池多数宗族里都有的一个表演节目，名称稍有差异，棠溪东山吴氏称《放鸟》，缟溪金姓、曹姓称《打翅鸟》，它们的喊断词都大同小异。词中的“嗬”是族人（观众）发出的集体附和声。

“求子”傩俗的表现形式多样化，一是乡民争吃印有“麒麟送子”“观音送子”等图案的供粑[①]；二是在社坛做祈子的活动，如“源溪曹姓，生儿子人家向社神献‘灯伞’，新婚之家在社坛抢去灯笼挂于内室，以祈得子”[②]，山湖村唐姓家族的“献马杯”仪式，“在社坛踩高跷马，生儿子人家献八个红蛋，妆扮鲍三娘及花关索的踩马者，将蛋从竹马腹下穿过，表示已具有生殖的灵性。晚上，新婚人家前来向鲍、关讨蛋，以求得‘彩’”[③]。山民在祭神祭祖、驱邪纳福的傩事活动中注入“祈子”的内容，一方面源于宗法社会的传宗继嗣、多子多福的传统思想，另一方面也是出自傩神崇拜的宗教信仰，希冀得到神灵的护佑，以保障家族人丁兴旺，瓜瓞绵绵。这一愿景在荡里姚姓的傩神仪仗“百代伞”上能得到有力的注解，该“伞的围幛用绸缎刺绣的许多莲花瓣缀起来，这种莲花瓣是由本族各户捐送的，每添一口男丁即捐一个，莲花瓣多，表明其家族兴旺”[④]。

“送穷”是古代社会一种较为普遍的习俗，如唐朝诗人姚合的《晦日送穷》诗云：“万户千门看，无人不送穷。”[⑤]明清时期贵池的“送穷”习俗主要是“正月二十九日扫除星舍尘积投水”[⑥]，除此之外，在合族举办的傩事活动中，也存在“送穷”的傩除习俗，集中体现在吃“邀台”上。“邀台”（又称“腰台”）是指傩戏演到午夜休息时，由年首在祠堂神案前办夜餐招待，吃过后继续演出，此风俗各族皆然。“邀台”的形式一般是将豆腐、酸菜、猪肉各两碗，放入小铁耳子锅内，谓之“一品锅”（取“一品吉祥如意”之意），另有一壶酒，八人一桌，演戏、看戏者都可以吃，席间要说吉利话，一般吃后至少要剩一夹菜、一杯酒，取“年年有余”之意。从取意来看，“邀台”反映了族人纳吉祈富的愿望；从招待的常理来看，这样的

---

① 供粑实即糕点，正月演傩戏时，家家户户都用糯米粉做成印有“鲤鱼跳龙门”“麒麟送子”“天官赐福”“观音送子”等图案的糕点，送进祠堂，作为祭傩神的供品。

② 王兆乾：《巫风·傩俗·戏剧》，《民族艺术》1995年第3期。

③ 王兆乾：《巫风·傩俗·戏剧》，《民族艺术》1995年第3期。

④ 吕光群，纪明庭：《安徽贵池傩戏调查报告》，文载顾朴光主编《中国傩戏调查报告》，贵州人民出版社1992年版，第53页。

⑤ 杨启孝编：《中国傩戏傩文化资料汇编》，台北施合郑民俗文化基金会1993年版，第109页。

⑥ [清]陆延龄修，桂迓衡等纂：光绪《贵池县志》卷七《舆地志》，《中国地方志集成·安徽府县志辑》（第61册），江苏古籍出版社1998年版，第21页。

"邀台"颇为寒酸。有的家族的"邀台"较之上述的标准更低，如荡里姚姓家族的"邀台"吃"斋粥"，即用豆腐、肉丁、豆角、腌菜切碎，混在米里煮成粥，再放点油盐，吃时桌上无菜无酒，演员和观众都吃粥；缟溪曹姓家族的"邀台"更为窘迫，公堂只供应一瓶酒，演员和观众自带一小碟咸菜就餐。新春正月里，年首举办如此"寒酸"的招待餐，演员和观众不仅毫无怨言，而且吃得津津有味，其由何在？王兆乾先生认为是古人"送穷鬼"的风俗与傩事相结合而形成一种"送穷"的傩除习俗，如"缟溪曹在请神的演出时端咸菜于神前，表示自己家穷，以求众神怜恤赐福，也是送穷的遗意"[①]。因此，"吃"仅是形式，内在的本质是"送穷"，表达了族人期盼家道富裕、宗族殷实的深切愿望。

（四）傩戏具有宣教规范的功能

池州傩戏之所以能够完整地保存下来，得益于宗族的组织与保护，而宗族之所以全力组织与保护傩戏，一方面是由于宗族自身需要行傩逐疫，演戏敬祖，团结族众，亢兴宗族，另一方面则是傩戏本身是在宣教、维护传统，这在规范族人言行方面也起到了一定的作用，适合宗族社会的需要，体现如下。

其一，强固祖先崇拜，维护宗法制度。池州傩戏本身不仅具有浓厚的祖先崇拜的文化内涵，而且各宗族年年在供奉祖灵牌位的祠堂祖庙里搬演傩戏，其本质上又是一种祭祖敬祖的文化行为。应该说这样的祭祀文化行为能够进一步强固族人的祖先崇拜意识，增强其感念祖先恩德的思想，自觉地维护宗族制度和宗法秩序。它和硬性的"族规家法"条文在维护传统方面有异曲同工的作用。在族人看来，傩戏是祖上传下来的，搬演傩戏是一种祖制，祖上的一切定制要自觉维护和遵守，不得更改，正如戏台楹联所言："制度礼仪遵古法，声音节奏守遗风。"这是一种无形的却是强有力的宣教，族人在年年演戏、观戏的同时，不断地在重复祖制，感受着祖灵浩荡的恩德，也在不断地遵守祖制，自觉地维护宗法制度。我们以姚姓宗族的南边姚支系为例分析，南边姚是迁居虾湖村（今池州市贵池区梅街镇

① 王兆乾：《安徽贵池乡村傩事活动中的戏剧演出及其研究》，《黄梅戏艺术》1997年第2期。

姚街村）的姚姓一支，因人口增长，次房移居虾湖南边（长房居虾湖原址，称荡里姚，二者仅以一条小街相隔）而分化出来，因这一支的宗祠盖在小街的南边，故称南边姚支系。随着人口的进一步繁衍，至清中叶，南边姚支系的长房留居原址（其中一支分居于太和，今庄村），次房迁居楼华，三房移居殷村，四房挪居毛坦，形成五个自然村，共同组建一社，称为“霞湖南边大社”，共享一堂傩神面具。五村各有分祠，与祖居地虾湖南边的宗祠共同构建成相对完整的宗法体系。据笔者调查，历史上南边姚支系的傩戏演出在正月初七至正月十三日，楼华、殷村、毛坦、太和各村轮流演出，但只演《刘文龙》戏，正月十五日，四村汇聚于南边姚的宗祠公演，除演出《刘文龙》戏外，重点演出《孟姜女》戏，今南边姚宗祠已毁，故宗祠公演活动停止。这种轮流演出与汇聚公演的祖制，正与传统社会的宗法秩序相吻合，是“分别祭祀始祖大宗和支祖小宗”[①]的宗族祠祭文化的体现。可以说，宗族演傩既能够强固祖先崇拜意识，维护宗法制度，又能加强宗族宗法关系。

其二，宣扬“节孝”伦理，规范族人行为。无论从狭义还是广义角度，池州傩戏演出都是一种仪式行为，它以佩戴面具为表演特征，面具在乡民眼里是神祇的象征，“乡民们称之为傩戏之神”[②]，而“象征在宗教生活中的作用非常显著，它既是神灵角色的标志，又是沟通人与超自然联系的桥梁，人们通过宗教象征来表达自身对神灵的虔诚信仰以及某些特定的观念”[③]。因此“演出傩戏时，傩神会成员必须事先沐浴更衣，焚香、礼拜，才能触摸、佩戴”[④]。演员一旦戴上面具就变成了其所代表的神，实现了人神的转换。“人神转换的意义结构，便也将傩戏所演示的戏剧内容置于仪式情境之中，使这些戏剧所搬演的故事、情节、言辞对话，甚至其嬉戏调笑

① 常建华:《宗族志》,上海人民出版社1998年版,第176页。

② 彭文廉:《简括庄重堂皇的民间艺术——贵池傩戏脸子》,《黄梅戏艺术》1990年第3期。

③ 瞿明安,郑萍:《沟通人神——中国祭祀文化象征》,四川人民出版社2005年版,第1页。

④ 潘小平:《贵池傩戏彩绘面具艺术的审美特征及象征意义》,《黄梅戏艺术》2003年第2期。

等内容，都成为仪式的一个组成部分，成为仪式的‘话语’”[①]，正是“由于仪式化的作用，（戏剧）从其娱乐性的功能，转到了教化功能的结构之中”[②]。池州傩戏中正戏的演出，因处于仪式情境之中，其教化的功能愈益突出。

池州傩戏中的正戏剧目大多源于明代的“说唱词话”，或源自“宋元旧篇”的南戏剧目，其中《刘文龙》《孟姜女》两剧为大多数宗族所选用。何故这两剧在宗族社会里受到青睐，我们从“刘家戏”“范家戏”的剧情便可明了其因。“刘家戏”演绎的是刘文龙新婚不久即辞别妻子萧氏，赴京赶考并考中状元，受朝廷重用外放任官、出使番邦，多年未得返乡。萧氏在家侍奉公婆，文龙同窗秀才宋中贪恋其美貌，串通媒婆谎称文龙已死，并以逼债为名，欲强娶萧氏。萧氏不从，求神托梦给文龙，文龙得梦知家中危机迫近，急忙回乡惩治了宋中和媒婆，并宣布皇恩封刘父为荣禄大夫，妻萧氏为一品夫人，阖家欢乐团圆，神仙怜惜两人的苦难人生，让其超升天界。“范家戏”的剧情大意：书生范杞良逃避徭役，途中无意间见到孟姜女在塘边洗澡。孟姜女曾许愿，只要看见自己身体的人，不论贫富，都要与之成亲，遂与范杞良结为夫妻，但范杞良终又被官府抓去修筑长城。秋风凉，孟姜女为其夫送寒衣，一路风霜，历尽艰险。由于千里送寒衣之诚意感动神灵，终于在太白金星的指引下来到长城。不料其夫范杞良早被官差打死，孟姜女在尸骨堆中嚎啕大哭，咬破手指，滴血辨认丈夫的遗骨，感天动地，长城为之崩倒。此时太白金星告知孟姜女，她本是仙人坠落凡尘，遂指引其回归仙府。

从上述剧情大意来看，忠孝、贞节、团圆皆是全剧的主旨，反映了宗族对演剧的宣传教化功能的期待。明清时期，宗族社会有选戏的偏好，田仲一成先生认为，所演的剧目一般以忠孝节义的演出剧目为中心[③]。他在对池州傩戏中《刘文龙》《孟姜女》两剧展开分析后指出，萧氏和孟姜女“是

① 张建建：《冲傩还愿——贵州傩仪的结构类型意义》，贵州人民出版社1997年版，第146—147页。

② 张建建：《冲傩还愿——贵州傩仪的结构类型意义》，贵州人民出版社1997年版，第148页。

③ ［日］田仲一成著，云贵彬、王文勋译：《明清的戏曲——江南宗族社会的表象》，北京广播学院出版社2004年版，第167页。

主角，都宣示了对夫尽节的节妇、烈妇的苦难……可以说，作为贞烈的媳妇，人们向村里已婚的女性推崇萧氏，向未婚的女性推崇许氏（孟姜女）。每年让人们看同样的演出剧目，与其说是娱乐，不如说更近于仪式。可以说，它们有一种很强的意味，那就是，作为宗族对妇女每年正月进行的道德教育”①。应该说田仲一成先生的分析不错，但更需要说明的是，该两剧已置于仪式的情境之中，其跌宕的情节、人物的对白、神仙的点化都是仪式的“话语”。因此，除去“贞节”的内容外，两剧中还有尽忠尽孝、劝善抑恶、因果相报、得道成仙的“话语”成分，而今天的“太和章村的傩戏本还特意增加了李夔一角，协助刘文龙和番十八载，以显朋友之义，使五伦之间的忠孝节义无一或缺”②。尤其是“孝道”成分在傩戏里更为凸显，南山刘氏演出本就浓墨泼写萧氏女“割股为翁调治”的行孝行为，荡里姚氏干脆在傩神仪仗里设置“二十四孝幡”，将传统文化“二十四孝”中的二十四个人物故事，以图文并茂的形式刺绣在围幛上，供族人观瞻。所以，它不独是对族中女性的道德教育，而是对全体观看演出的族人的伦理道德教育，因为“观众亦不是被动的接受者，作为乡土一员，他们中的任何一个都能立刻进入到这个戏剧 / 仪式的情境之中去”③。可以说，傩戏具有宣扬“节孝”伦理思想，净化族人心灵，规范族人行为的功能。因此，在年复一年的这种仪式“话语”的感召教化下，族人的善恶是非观念更加明晰，追求和睦团圆的情感更加浓厚，宗族更加稳固。除却儒教的忠孝、节烈宣传效应外，傩戏剧本里还有着浓郁的佛道两教的思想，故而，在剧本中呈现出儒释道三教思想合流的趋势，佛道思想与儒家伦理最终成为傩戏剧本内容的三大精神支柱。这样的仪式宣教作用，既是傩戏本身所固有的，也是宗族社会所需要的。

---

① ［日］田仲一成著，云贵彬、王文勋译：《明清的戏曲——江南宗族社会的表象》，北京广播学院出版社2004年版，第307页。

② 李舜华：《斜阳影里话〈金钗〉——宣德写本〈刘希必金钗记〉的发现与研究》，《东南学术》2006年第6期。

③ 张建建：《冲傩还愿——贵州傩仪的结构类型意义》，贵州人民出版社1997年版，第151页。

（五）傩戏具有和睦宗族社区的作用

明清时期，池州傩戏是社祭活动与傩祭活动的合一，它在“社”的范围内活动，以“社”为组织单元，而“社”的范围多与各宗族社区范围相吻合。从傩祭角度看，同社者敬奉、共用一堂傩神面具，有着同一的傩神信仰。从社祭角度审视，同社者有着同一的祭祀对象，而“社”与“社”间（同宗的不同支系间、不同的宗族间）又构成了大小不一的社祭祀圈，有着大小不等的祭祀对象[①]。他们在举办傩事活动时，虔诚有加，举止合度，彬彬有礼，不仅使得宗族内部亲情融融，而且宗族与宗族之间也能够相互谦让，冰释前嫌，这些无疑在客观上起到了和睦宗族社区的作用。具体言之，体现在以下三个方面。

其一，慰藉族众心理，稳定宗族社区。从驱邪逐疫的傩祭信仰角度来看，傩戏具有较强的心理慰藉作用，能够营造出和睦的气氛，有利于宗族社会的稳定。池州演傩各族皆迁徙而来，置身于较恶劣的自然环境中，为了宗族的发展，他们行傩逐疫，祈求神灵的护佑。从科学的角度来看，这种崇奉神灵的行事方式并不是积极的，但在科学不发达的古代社会，它又不是消极的，至少在人们的心理上会产生较强的慰藉作用。因为不论是演戏者还是观戏者，族人都可以通过积极地参与，融入家族的傩祭活动中，将一切灾难、虚弱、仇恨、偏见、嫉妒、恐惧等不良的东西，统统归咎或移植到鬼蜮身上加以驱赶，从而将自己在过去一年中碰到的不愉快以及由此而产生的危及生活和睦的不良情绪释放出来，并在傩事活动中化解掉。因此，傩戏可以将“人的愿望和恐惧朝积极的方向转化，从而收到了减轻个人和整个家族精神压力的效果”[②]。如池州傩戏正戏剧目的结尾部分通常表现出惩恶扬善、和睦团圆的圆满结局，而傩舞《踩马》《跳钟馗》《魁星点斗》《打赤鸟》和傩仪《新年斋》《打社公》《问土地》等节目的驱除和祈愿诉求又极为充分，尤其傩戏活动的最后一项都是逐疫送神的傩除仪式性演出，无论是台上演员还是观戏的族众，皆虔诚有加。所有这一切不仅契

① 王兆乾:《安徽贵池的社祭祀圈》,《池州师专学报》1997年第4期。

② [德]儒道夫·布朗德尔:《安徽贵池刘街乡姚姓家族永兴大社的傩及其社会心理学功能》,文载麻国钧主编《祭礼·傩俗与民间戏剧》,中国戏剧出版社1999年版,第664页。

合了族人禳灾祈福、驱邪纳吉的心理需求，而且能在整个宗族社区内营造出一种和睦吉利的氛围，有利于宗族社会的稳定。

其二，同“社”联“社”共祭，亲善和睦社区。从社祭内容的朝庙（社）赛会活动角度审视，池州傩戏具有较强的和睦社区功能。因为作为“社祭”内容的朝庙（社）赛会活动，“不仅是一种信仰仪式，而且是一种社会仪式，其大规模的巡游活动不仅成了一种联系村落共同体（“同里”）的纽带，而且也是联系地方共同体的纽带”[①]。如长寿乡寿三保（今贵池区墩上街道山湖村）唐、王、项三姓的“踩马朝社”活动，山湖村共有10个自然村，由多姓迁居形成，其中唐、王二姓迁居最早。唐姓自“宋朝从山西太原迁至唐村（今属石台县），明朝时从唐村迁此（按：老屋唐村）”[②]；王姓于明洪武七年（1374年）自青阳县杨田埂迁此（阳春王村），王姓与唐姓世有姻亲关系，组建一社，名“黄岗东社”；项姓是晚清末年从江北的桐城县招亲迁来，顶替王姓一个无嗣的支系，开展傩事活动[③]。按传统规矩，“踩马朝社”活动主要由唐、王两姓承担，“每年正月十四和十五两日，王唐二姓的傩队都先在社树前跳土地和踩地马，名为‘踩地圣马’。然后踩马队伍行约六公里，环绕九个自然村，逢村、逢庙（包括不到一米高的土地庙或者土地庙的遗址）便由踩马童子踩一次地马”[④]。这一仪式及其巡游活动的意义在于：一方面是驱除灾害，保一方平安；另一方面是向四邻拜年，是亲善社区各族的一种举措。

傩戏的这种亲善、和睦宗族社区的作用，不仅在“同社”里得以展现，在著名的“联社”型的青山庙会里，更是发挥得淋漓尽致。青山庙“在元二保中区，元大德七年创建，供奉昭明及城隍诸神像”[⑤]，青山庙会是该保的汪、姚、戴、刘、郑姓等宗族的“九社”[⑥]，共同祭祀昭明太子的一种仪

---

① 陆焱:《贵池傩与社祭》,《云南师范大学学报》(哲学社会科学版)2005年第3期。

② 王汝贵:《贵池山湖傩戏浅识》,《安徽新戏》1994年第3期。

③ 王兆乾:《安徽贵池的社祭祀圈》,《池州师专学报》1997年第4期。

④ 王兆乾:《安徽贵池的社祭祀圈》,《池州师专学报》1997年第4期。

⑤［清］陆延龄修,桂迓衡等纂:光绪《贵池县志》卷七《舆地志》,《中国地方志集成·安徽府县志辑》(第61册),江苏古籍出版社1998年版,第130页。

⑥“九社”即姚姓有五社,郑姓与古水洞姚姓合为一社,刘姓一社,汪姓一社,戴姓一社。

式和赛会活动，每年正月十五日上午进行，俗称“九社朝土主”[①]。明清及民国时期，青山庙会极为兴盛，各社的朝庙仪仗十分壮观，赛会活动“壮丽繁华与江浙等赛会无异”。后因“咸同兵燹”及“极左”的政治运动，青山庙宇今已荡然无存，庙会活动也被迫中辍数十年，直至20世纪末才在原址恢复，习俗礼仪遵循古制，但内容已大为削减，“九社”也减至“六社”[②]。不过从今天仍然火爆的庙会活动中，我们可以窥一斑而知全豹，能够追寻到昔日的华彩，其中各社朝庙的秩序和相互礼拜的仪式，值得我们注意。现以“六社”为例，正月十五日上午九时左右，姚村大社的傩神会首先出动，在礼炮声中启动全副銮驾，行至青山庙旧址前，鸣炮，将仪仗分两列呈八字形摆开，会首及各支系父老手捧“香盘”，面向庙门一字排列，烧香、献礼、鸣炮、叩拜，俗称“开门”（昔日由会首开启庙宇大门，因青山庙坐落在姚村地界，所以姚村大社首先开启庙门，以主人的身份迎接各社的朝庙队伍，现以姚村先到为“开门”）。待姚村开门的礼炮响后，汪村大社的傩神仪仗队伍出发，行至庙宇前，姚村傩神会立即鸣炮欢迎，两姓会首及宗族长者相互寒暄作揖后，汪姓将其仪仗分两排列开，会首、长老开始向庙神朝拜，拜毕，再与姚村主人作揖，并到姚村傩神神案前礼拜。此时，刘姓灵田大社的傩神仪仗队伍停留在流经青山庙宇脚下的白洋河对岸，等汪姓朝庙完毕，刘氏宗族的傩神仪仗队伍才越过河堤朝庙（图5-5）。其后是南边姚姓的霞湖南边大社、荡里姚姓的虾湖大社、西华姚姓的福田大社等，朝庙次序一如古制，欢迎、作揖、礼拜等仪式如上文所述。其间，伞旗舞动、铳炮轰鸣、锣鼓喧嚣，气

图5-5　刘氏宗族的傩神仪仗队伍朝拜青山庙途中

① 贵池为南北朝时梁朝昭明太子——萧统的封邑，贵池民间尊称他为“案菩萨”，把他作为地位较高的傩神——当地的“土主”加以供奉，并付诸傩事活动中。

② 今日的庙会活动删减了诵读祭文仪式和表演杂戏的内容。因戴姓已败落，郑姓及宋村姚姓至今未恢复傩事活动，今天的庙会活动仅有“六社”参与。

氛热闹沸腾，一直延续到下午二时左右结束，再依后来先走的次序退场，准备当夜的傩戏“大演”，姚村大社最后退出，俗称“关门”。透过朝青山庙的秩序和相互礼拜的仪式，我们可以清楚地看到，数百年来那醇香浓郁的民间礼让习俗，在“土主”傩神崇拜的催化下，在池州傩戏中得到了充分的发酵。各姓的会首、长老在庙会上互贺新年，并在对方的傩神面具前烧香礼拜，极大地增进了宗族社区之间的和睦友情，消融田间地头的纠纷，化解乡里乡邻的矛盾，使得各宗族社区数百年来能够和睦共处，共祈丰年，正如殷村姚姓《正月十五日上庙回来到祠堂感诗断》所言：“旗锣铳伞闹喧天，九社齐会各尊先……祖宗传流数百年，子孙遵守庆丰年。”

综上来看，池州傩戏因依附于宗族而反作用于宗族，它有利于宗族族众的团结，增强了宗族的凝聚力，有利于宗族社区的和谐稳定。这种反哺作用可以说是积极的，至少是中性的。当然，不应忽视的是，傩戏也给宗族带来一定的负面影响，表现在两个方面：一是“靡费”。池州宗族势力原本贫弱，每年一度的傩戏演出在满足族人精神需求的同时，也消耗掉宗族的部分财力，尤其是在大型的朝庙赛会上，更是达到了“靡费”的程度，各族的傩神仪仗都是盛妆出行，争奇斗艳，以显示其宗族实力，如南边姚傩神会“民国二十四年花了几百担稻谷，费时数年，才制作一座（供奉傩神面具的）‘龙亭’”，完工的“龙亭”“雕梁画栋，金碧辉煌”[①]。二是“锢思”。池州傩戏是一种泛神灵的宗教信仰，具有“神秘的宗教意识等文化特征”[②]，纯朴的山民年年虔诚地搬演傩戏，观看傩戏，对傩神顶礼膜拜，思想上受到神灵意识的禁锢，这种“锢思”的影响一直延续至今。如殷村姚“圣帝登殿”傩仪的结尾，必有一族人冲上戏台紧紧地扶住舞刀逐疫的周仓扮演者，等到社坛送神的炮仗声响起才松手，询问其故，族中耆老答曰：祖上如此，如不扶住，演员仍然是神，舞刀的动作将不能停下来，直至累死而被傩神带走。诸如此类的祖传规矩或现时的傩神显灵等话语，傩乡耆老仍可绘声绘色地娓娓道来。

① 贵池戏曲志编辑室：《贵池戏曲史料集》（内部资料），1989年7月编印，第163页。

② 王义彬：《别无选择的生存：泛宗教、边缘化——池州傩戏的文化内涵》，《音乐艺术》2006年第3期。

第三节　皖南宗族与传统手工技艺文化

传统手工技艺类非遗是指人类在社会生产与发展过程中，不断积累和传承的，凭借当地的自然材料，用于解决人们物质性生存问题和精神性需求问题的知识、技能、技艺及其实物、工艺品及文化场所。这类非遗在皖南地区颇多，它们的形成、传承与宗族的关系值得探讨。

一、皖南传统手工技艺文化概况

我国传统手工技艺源远流长，其种类繁多且技艺精湛、内涵丰富且艺术价值较高，遍及社会生活的诸多方面。春秋战国时期的《考工记》就记载了大量的手工业生产技术和工艺美术资料。

皖南传统手工技艺随着历史的发展不断演进，在明清时期发展到顶峰，种类繁盛、技艺超群，有徽州文房四宝之“清艺”、徽州刺绣之“绝艺”、金银首饰乃至髹漆装裱之“精艺”、制灯堆佛之“巧艺”、烟火之“幻艺”、医学之“奥艺”、书画之“文艺”、琴棋投壶之类“雅艺”、傀儡口技之类“戏艺”等，明万历《歙志》总括为“奇艺”。大量的技艺都是古人精心打造，也是皖南区域文化的特色。其中，宣纸制作技艺和徽派传统民居建筑营造技艺，已被联合国教科文组织列为世界级非遗；徽墨制作技艺、徽州三雕、徽派盆景技艺、万安罗盘制作技艺、绿茶制作技艺（黄山毛峰）等已被列为国家级非遗（见表5-9）。

表5-9　皖南世界级、国家级传统手工技艺类非遗统计①

非遗项目名称	级别、批次	主要传承地	旧属府名
宣纸制作技艺	世界级 第二批国家级	宣城市	宁国府
徽派传统民居建筑营造技艺	世界级	黄山市	徽州府
徽州三雕	第一批国家级	黄山市	
徽州竹雕	第一批国家级	黄山市	

① 此表内容据中华人民共和国文化和旅游部、安徽省文化和旅游厅官网发布的信息整理；同时根据联合国教科文组织的非遗类别的分类方法，将传统美术类非遗也归为传统手工技艺类非遗。

续 表

非遗项目名称	级别、批次	主要传承地	旧属府名
歙砚制作技艺	第一批国家级	黄山市	徽州府
徽墨制作技艺	第一批国家级	黄山市	
万安罗盘制作技艺	第一批国家级	黄山市	
徽州漆器髹饰技艺	第二批国家级	黄山市	
徽派盆景技艺	第二批国家级	黄山市	
祁门红茶制作技艺	第二批国家级	黄山市	
绿茶制作技艺（黄山毛峰）	第二批国家级	黄山市	
绿茶制作技艺（太平猴魁）	第二批国家级	黄山市	
徽笔制作技艺	第四批国家级	宣城市 黄山市	徽州府 宁国府

皖南传统手工技艺文化十分丰富，表5–9所列世界级和国家级非遗文化足以说明皖南传统手工技艺文化的珍贵。这些传统手工技艺也是皖南历史文化的一部分，是皖南区域文化的又一绚丽篇章，其特点如下。

（一）种类丰富多样

皖南传统手工技艺种类齐全，涉及面广，在文化、生活、科技、娱乐、民俗、艺术等方面都能寻到相应的技艺文化。文化类如文房四宝、砖雕、木雕、石雕、竹雕，还有刻书、碑刻、制匾等；生活类如髹漆、刺绣、制扇、布鞋、竹器、打铁、家具、制茶、酿酒、特色小吃等；科技类如万安罗盘、日晷制作等；娱乐类如灯艺、烟火等；民俗类如纸扎、制香、塑像、米塑、嵌字豆糖等；艺术类如盆景、剪纸、印泥、瓷艺等。从明万历《歙志》总括的“镇中之人精心巧思，惯作如此伎俩，斯固当今寰宇所无而亦宋室官家所未有”[①]的描述中也可以看出皖南传统手工技艺的种类丰富多样，技艺高超，影响深远。

（二）技艺高超

皖南传统手工技艺在精品和竞争意识下日趋精进。它不是简单表面的生产加工和急功近利的粗制滥造，而是为了在当时文化市场上取得竞争优

① ［明］张涛修，谢陛纂：《歙志》卷九《奇艺》，明万历三十七年（1609年）刻本。

势而精雕细琢的精品佳作，每一件都是富有文化内涵的艺术品。匠人们如果技艺不精，在皖南技艺作坊数不胜数的市场竞争下就很难适应和占有市场，更不可能获得可观的利润回报。如歙砚的砚材虽出在婺源的龙尾山，但由于歙州聚集了大量文人墨客和具有高超技艺的砚工，文化市场异常繁荣，因此没有称为婺砚而是歙砚。可见人们并不关心技艺起源于哪里，而更关注技艺兴盛于何处。还有徽墨，并非只有皖南才有制造徽墨所需的古松，其他地方也有，所以皖南墨工们只有不断改进制墨技艺，将墨制成精品，才能占有一定的市场。因此徽墨制作技艺非常高超，所产墨品具有丰肌腻理、光泽如漆，其坚如玉、其纹如犀，历久弥新的鲜明特点，成为皇宫贡品，备受文人墨客青睐。

（三）文化内涵丰富

皖南传统手工技艺承载着浓厚的历史文化信息。皖南的每一个匠人不仅追求技艺上的精湛，更注重技艺的文化性、思想性和艺术性。如遍布皖南城乡的徽派建筑上的砖雕、木雕、石雕，每一幅杰作都是中华历史文化的精彩呈现。还有许多文人雅士直接或间接地参与传统手工技艺的构思与生产，并且许多皖南能工巧匠具有较高的文化功底，从而使得技艺的文化特性愈加显著。明代程君房的《程氏墨苑》、方于鲁的《方氏墨谱》、方瑞生的《墨海》，清代曹素功的《曹氏墨林》、汪近圣的《汪氏墨林》等墨谱所记载的众多文人墨客对徽墨的歌咏评说，即是对徽墨制作的一种参与[①]。皖南传统手工技艺实际上是儒家文化、道家文化、佛教文化等传统文化的世俗化的一个重要载体，大量的文化、思想和道德理念借助这一载体融入百姓日常生活中，深入民心。

（四）典型的地域性

宣纸的取材是青檀，徽墨的取材是黄山古松，皖南竹木是竹雕和木雕的基本材料，遍布皖南的石材是石雕技艺发展的基础。如果没有地域的自然资源作为基础，皖南传统手工技艺可能不会光彩夺目，享誉海外。就地取材的传统手工技艺自会带有地域性的特征。被称为“东南邹鲁”的皖南

① 鲍义来:《徽州工艺》,安徽人民出版社2005年版,第46页。

社会，儒家思想已在民间普适化，皖南传统手工技艺蕴含着丰富的儒学精神，所制作的手工艺品也与其他地方不同，具有明显的地域特色，如皖南巧工雕琢的石狮透出的是朴厚良善的民间宠物形象，与北方威严凶恶的石狮形象差异较大。巧工们处在皖南大好山水之中，因地制宜，就地取材，结合皖南百姓衣、食、住、行、用的日常实际需要，精构巧思，精琢细磨，创造了堪称瑰宝的各类技艺。这种地域特色鲜明的传统手工技艺文化是皖南区域文化的亮点之一。

二、皖南传统手工技艺文化的成因

皖南传统手工技艺文化是人们在长期的生产和生活实践过程中形成的，受当地的自然环境、人文环境、经济社会发展等因素的影响。

（一）基本条件：独特的自然资源优势

皖南地形地貌复杂多样，横贯全境的黄山、白际山、天目山、五龙山等山脉间分布着许多山间盆地和谷地，盆地和谷地间有新安江、青弋江、水阳江、秋浦河等水系纵横贯通。皖南山清水秀，层峦叠嶂，溪水澄清见底，境内的皖江平原西狭东阔，河网密布，土壤肥沃。自古物产丰富，竹木郁郁葱葱、茂盛成林，还有名贵的古松树、樟树、银杏、枫树等树木，这些都是大自然赐予皖南先民们的宝贵资源，先民们利用这些资源，再加上精湛的技艺，生产出精妙绝伦的手工技艺品。

易水法制墨能在皖南山区发扬光大并非偶然。唐朝末年北方连年战乱，民不聊生，为避乱，易水制墨人奚超携其家室南迁至皖南，吸引其定居于此的是古木参天的黄山松树，这便于他重操旧业。在黄山独特的地貌和气候条件下，黄山松树与一般山上的松树不同，其材质坚实，富含树脂，特别耐用。黄宾虹曾说：“李氏廷珪以歙多松，留居于此，因世其业。始以黄山之松，逾于它产。……水性之殊，因其地质，固不独造作有法，松烟自异而已。”[①]这里指出松树所燃松烟对于造墨的重要作用，而制作方法并不

① 上海书画出版社，浙江省博物馆编：《黄宾虹文集》（杂著编），上海书画出版社 1999 年版，第 14 页。

是其独有。另外，专家指出岩寺所制之墨，坚如玉纹如犀，与皖南的水有很大关系。清人阮尔询在《麒麟阁·登瀛洲二墨引》中有一段这样的描述：“黄山有曹、阮二溪，仙迹也。合为丰水，流百里而遥，至岩镇，颖水自西南来会之，判青黄之色，发翰墨之香。程君房、方于鲁居此，汲以和胶，足当易水。”[①]这里提到的颖水水质清澈且富含矿物质，是岩寺制墨最佳的水源。

不仅徽墨得黄山古松和颖水的得天独厚的资源，皖南的石、木、砖、竹雕，也是因为优质的自然材料而享誉天下，还有高山绿茶的叶片之所以柔嫩厚肥，经久耐泡，浓郁清香，也与皖南的自然环境是分不开的。皖南先民们正是凭借天然资源的优势，将皖南传统手工技艺文化发扬光大，遗留千年。

（二）内部动力：人地矛盾的生存环境使然

皖南山区是“八山一水一分田，一分道路和庄园”的地表空间结构，山多田少地贫瘠，再加上北方中原世家大族南迁，人口数量剧增，在当时农民主要依靠土地财富维持生计的背景下，人地矛盾异常突出，农民面临着严重的生活危机。《新安志》记载：“郡在万山间……大山之所落，深谷之所穷，民之田其间者，层累而上，指十数级不能为一亩，快牛剡耜不得旋其间，刀耕而火种之……歙之人芸以三四，方夏五六月田水如汤，父子祖跣膝行其中，淈深泥，抵隆日，蚊蝇之所扑缘，虫蛭之所攻毒，虽数苦有不得避，其生勤矣。”[②]由此可知，农民的生活环境非常恶劣。《新安志》还记载：“山限壤隔，民不染他俗，勤于山伐，能寒暑，恶衣食……自唐末赋不属天子，骤增之，民则益贫。然力作重迁，犹愈于他郡。”[③]入明后这种“力作重迁”的习俗已然不再，为了解决生存问题，皖南先民们不得不从事手工技艺或者外迁经商谋生。诚如顾炎武所言：“徽郡保界山谷，土田依原麓，田瘠确，所产至薄……故丰年甚少，大都计一岁所入，不能支什

---

① 鲍义来：《徽州工艺》，安徽人民出版社2005年版，第19页。

② ［宋］罗愿撰，萧建新、杨国宜校著：《〈新安志〉整理与研究》卷二《贡赋》，黄山书社2008年版，第62页。

③ ［宋］罗愿撰，萧建新、杨国宜校著：《〈新安志〉整理与研究》卷一《州郡》，黄山书社2008年版，第16页。

之一。小民多执技艺，或贩负就食他郡者常十九。”[①]

这种以“多执技艺”谋生的习俗历明清不衰且日臻浓郁，皖南民间至今传有“买田买地，不如学个手艺”的说法，便是这种习俗的反映。近现代艺术大师黄宾虹（1865—1955）就认为皖南奇工巧匠多的原因是人多地少的生存环境，迫使民众勠力手工技艺，“艺能日进，片长薄技，新巧相向，争自揣摩，期于尽善”[②]。可以说山多田少的自然条件和人口日增的生存环境是皖南传统手工技艺文化形成的内部动力。

（三）文化背景：浓厚的文化艺术氛围

明清时期，皖南徽、宁、池三府宗族崇儒重教重文，教育文化浓郁且厚重，使得宗族民众的文化素养普遍高于他郡，出现的人才灿若群星。既有学者名儒、文坛才俊、名臣能吏，也有富商大贾、艺苑名流、科技群彦、能工巧匠等，涉及政治、经济、哲学、经学、文学、艺术、科技、工艺、建筑、医学、雕刻、印刷、绘画、戏剧、饮食等方面，他们在各方面守正创新，为世人奉献了璀璨的文化成果，形成了浓厚的文化氛围。文化环境对一个人的影响是潜移默化的，传统手工技艺的匠人生活在充满文化和艺术的人文环境下，自然会受到熏陶，文化水平和审美能力都非常高，尤以徽州为最，“新巧相向，争自揣摩，期于尽善”，所以徽州传统手工技艺熏染了很多文化特色，富有文化品位，集实用性、技艺性、文化性、艺术性为一体。这也是现如今黄山市非物质文化遗产居多的重要原因。

此外，外来文化也对徽州传统手工技艺的匠人进行熏陶。皖南大好河山，特别是被誉为“天下第一奇山”的黄山，吸引了大批名流儒士慕名而来，他们或饱览风光，或游学会友，或隐居于此，诸如李白、唐寅、祝枝山、董其昌、范成大、贾岛、苏轼、杜牧、汤显祖、田汝成、张佩芳、魏源等，他们都在皖南历史上留下了文化踪迹。这些名流儒士的到来，不仅繁荣了皖南的文化艺术，同时也促进了传统手工技艺的繁荣发展，提高了匠人的技艺水平和文化品位。

---

① ［清］顾炎武撰，黄坤等校点：《天下郡国利病书》（二），上海古籍出版社2012年版，第1024页。

② 上海书画出版社，浙江省博物馆编：《黄宾虹文集》（金石编），上海书画出版社1999年版，第488页。

（四）经济基础：强大的宗族经济实力

明清时期，徽商足迹遍布天下，居十大商帮之首。他们“贾而好儒”，擅于捕捉商机，恪守诚信经营的商业之道，兼之不畏艰难、百折不挠的商业进取精神，使其获得了大量的经济财富。宁国商人也同徽商一样，行商于外，独池州“土著之民惮远行，不事贸迁，耻贱役，甘心贫穷……池在大江之滨，民以耕渔为业，家鲜蓄积，市无巨商”[①]。总体来看，明清时期，徽、宁、池三府，前两者宗族重商，经济上比池州宗族富裕，他们在经商致富后，多嘉惠桑梓为宗族做“义行”，如修祠堂，置办族田学田，建书院，铺路修桥，扶孤济贫，建造公共设施等。通过此等“输入故里”的方式，徽宁商人既提高了自身的威望，也增强了宗族的经济实力，从而进一步增强了宗族内部的凝聚力。在此雄厚的经济基础之上，宗族所创办的书院、义学，又促使族人“学成派”，培养了大批文化、艺术、科技人才，这在一定程度上推动了皖南传统手工技艺的发展并传承至今。比较徽、宁、池三府的经济基础，我们也就明白了表5-9所列皖南国家级传统手工技艺类非遗徽州府居多，宁国府次之，池州府独缺的原因所在。

皖南传统手工技艺一般以宗族血缘关系为纽带进行学徒式的传授，师傅多为宗族长辈，对晚辈自是严厉要求，用心传授。晚辈也将技艺作为家业，潜心学习，努力创新，不断提高技艺水平，发扬光大，光宗耀祖。可以说，宗族的经济实力是皖南传统手工技艺文化形成的重要支撑。

三、皖南传统手工技艺文化举隅

皖南传统手工技艺文化种类繁多，逐一介绍非本书的主旨所在。我们仅选择几例具有代表性的技艺文化做一简介，从中也可窥视皖南传统手工技艺文化的厚重与珍贵。

① ［清］陆延龄修，桂迓衡等纂：光绪《贵池县志》卷一《舆地志》，《中国地方志集成·安徽府县志辑》（第61册），江苏古籍出版社1998年版，第20—21页。

（一）徽墨制作技艺

墨伴随着人类社会的不断进步而不断完善和发展，书写着中华文明的历史。在新石器时代，先人们就学会用墨作为美术装饰材料，制作黑陶。古代制墨多采用石墨、松烟两种方法，皖南黟县也产有石墨。罗愿在《新安志》中介绍黟县时说："黟，紧县，自秦以为县，属鄣郡，县居黟山之阳故名。……以县南墨岭出石墨故也。"[①]"紧"为唐宋时州县的等级，共七等，"紧"为第四等。这里谈到黟县南墨岭这个地方盛产石墨，"与毉同"，说明墨的质量非常好，如同黑琥珀，光滑细腻。其实我国自汉代就已用古松烟制墨。晁贯之《墨经》记载："古者松烟、石墨二种，石墨自晋魏以后无闻，松烟之制尚矣，汉贵扶风、隃麋、终南山之松……"[②]唐代易水有位墨官叫祖敏，善用松烟制墨。唐末动乱，大量墨工纷纷南迁，导致制墨中心南移，其中河北易水人奚超携家人迁到歙县，将松烟制墨之法带到皖南，利用皖南遍布的古松专门从事制墨，并教授儿子廷珪学习制墨技艺。南唐后主李煜对奚氏制墨称赞有加，赐奚氏姓李。民国《歙县志》记载："南唐李廷珪，易水人，本姓奚，父超，唐末渡江至歙，以邑多松留居造墨，后主赐姓李，人得其墨而藏者不下五六十年……廷珪造墨不减其父。弟廷宽，子承晏、承用皆著名。"[③]李氏制墨用料非常讲究，松烟一斤，要用珍珠三两、玉屑一两、龙脑一两，同时和以生漆，捣十万杵。李墨坚硬锋利，可以削木，被视为佳品。因当时歙州属于新安郡，所以将歙州所制的墨统称为"新安香墨"，作为传统书法、绘画使用的特种颜料，直至宋宣和三年（1121年），宋徽宗下令将"歙州"改为"徽州"，才把"新安香墨"改称为"徽墨"，一直沿袭至今。宋代文化艺术活动异常繁荣，读书风气浓厚，为徽墨发展提供了广阔的文化市场，徽州每年要向朝廷进贡一千斤"龙凤墨"。宋代李氏制墨仍有极高的声誉，廷珪的次子承宴较为杰出，皇帝将李

① ［宋］罗愿撰，萧建新、杨国宜校著：《〈新安志〉整理与研究》卷五《黟县》，黄山书社2008年版，第161页。

② ［宋］晁贯之：《墨经》，转引自桑行之等编《说墨》，上海科技教育出版社1994年版，第29页。

③ ［民国］石国柱、楼文钊修，许承尧纂：民国《歙县志》卷十《人物志》，《中国地方志集成·安徽府县志辑》（第51册），江苏古籍出版社1998年版，第436页。

承晏的“双脊龙墨”赐给大臣修国史，还被黄庭坚、苏轼等文豪所收藏。宋代也有很多制墨名家，如潘谷、高庆和、戴彦衡、吴滋等，民国《歙县志》载，“潘谷造墨精妙”[①]。元代时皖南徽墨制作技艺并没有中断，还出现了专制桐油烟墨的陶得和等制墨名家，但社会动荡，其技艺已是“今不如昔”。

明朝经济的发展、商业的繁荣、文化艺术的需要促进了皖南徽墨业的进一步发展，使其达到了空前盛况。这一时期是徽墨的全盛时期，出现的制墨名家可以说是群星璀璨，如方正、邵格子、罗小华、程君坊、方于鲁、方瑞生、吴去尘、吴楚、汪元一、汪道贯、吴百昌等。清代初期，社会动荡不安，徽商经济受到影响，很多墨店被摧毁。随着清政府注重经济发展，并采取怀柔政策，社会逐渐安定下来，对徽墨的需求渐大，为徽墨技艺的发展带来了契机，出现了曹素功、汪近圣、汪节庵、胡开文等四大制墨名家，另外，还有方密庵、程正路、程瑶田、江秋史、程音田、汪心田等制墨家。

制造徽墨大致有采松、造窑、发火、取烟、和制、入灰、出灰、试墨八道工序。采松，选取古老的松枝截段，削刺；造窑，用木板作顶，用泥土封密两板漏气处，窑要留出气孔和取烟的小门；发火，点燃松枝；取烟，从小门扫烟，松烟分为前、中、后三个等级，前面最差，中间次之，最后最好；和制，先把墨煎好，再把胶、药料放一起拌匀，然后放到铁臼里捣研，最后放到墨模制墨；入灰，为防止风吹日晒碎裂，要把湿墨放入灰里五六天，充分干透；出灰，将干透的墨拿出来；打磨，先用布擦掉墨上的灰，再用黄蜡打磨，越光越好[②]。

（二）宣纸制作技艺

造纸术是我国的四大发明之一，为中华文化的传播与发展发挥了重要作用。宣纸是我国造纸技艺上的一朵奇葩，被誉为世界手工造纸技艺的“活化石”。《旧唐书》记载，运往京城长安的宣城郡贡品中有纸和笔，说明

① ［民国］石国柱、楼文钊修，许承尧纂：民国《歙县志》卷十《人物志》，《中国地方志集成·安徽府县志辑》（第51册），江苏古籍出版社1998年版，第436页。

② 鲍义来：《徽州工艺》，安徽人民出版社2005年版，第97页。

唐代宣城郡就已经生产纸和笔。唐代张彦远所著的《历代名画记》中有这样一段描述："江南地润无尘，人多精艺。三吴之迹，八绝之名，逸少右军，长康散骑，书画之能，其来尚矣……好事家宜置宣纸百幅，用法蜡之，以备摹写。"[①]这是最早提到宣纸的文献。然而这里的宣纸并不是用青檀皮和沙田稻草为原料进行生产制作的，而是"用法蜡之"，因此这里谈到的宣纸是对宣州地区纸张的统称。《小岭曹氏宗谱》记载泾县小岭始迁祖曹大三的生平，述及曹氏族人开创宣纸制作的事迹。在元末明初，以小岭所产青檀皮为主要原料造成的纸质量最佳。由单一青檀皮作为造纸原料，纸张较硬，柔韧性较差，润墨性也不好。到了明代中叶，在青檀皮中加入纤维较短的沙田稻草，增强了纸张的绵柔性和润墨性。明宣德年间，"陈清款"宣纸的问世标志着宣纸制作技艺已臻成熟，该宣纸由皇家监制，技艺高超，被列为皇室贡品，并以皇帝年号命名为"宣德纸"，受到皇宫和文人墨客的青睐。到了清代，已经普遍使用青檀皮和沙田稻草两种主要原料制作宣纸，且技艺日精，生产的纸张更适合书画之用。清代宣纸制作技艺由小岭传播到泾县以及周边地区，生产地点不断增多，但因地理环境等因素，纸张的质量以泾县宣纸最佳。生产泾县宣纸要按照严格的工艺流程，利用当地独有的山泉水，采用独特的配方，对青檀皮和沙田稻草等主要材料进行处理。宣纸兼具润墨性、耐久性、抗腐性，被誉为"千年寿纸"，主要供书画、裱拓、水印等用途。与其他手工技艺一样，历史上小岭曹氏也将宣纸制作技艺对外严格保密，有"传子不传女、传媳不传甥"的传承习俗。

（三）徽州三雕

徽州三雕是指具有徽派风格的木雕、砖雕、石雕三种民间雕刻工艺，它"源于宋代，至明清极盛，形成不同时期的风格。明代的风格粗犷、古朴……清代的风格细腻繁复"[②]。徽州三雕应用广泛，主要用于民宅、祠堂、牌坊、古桥等建筑物的装饰，以及家具、屏联、笔筒等生活用具的制作。

徽州木雕具有重要的艺术特点。其在总体风格上表现出生机勃勃的艺

① [唐]张彦远撰，周晓薇校点：《历代名画记》，辽宁教育出版社2001年版，第20页。
② 方卫星主编：《徽州技艺》（歙县卷），合肥工业大学出版社2014年版，第26页。

术格调，颇具汉唐风韵。这种画面注重张力，热情向上的艺术格调与徽商的进取精神、区域的富裕完美结合，其造型准确，意态如生，表现出健康、喜气、乐观的审美情调，写实功力之深厚，令人叹为观止。徽州木雕的雕刻技艺具有多样性，有平板线刻、凹刻、凸刻、浮雕、透雕、圆雕、多层雕等，有的木雕作品竟有七八层，每一层使用的雕刻技艺各有不同，具有强烈的装饰美感。不止如此，徽州木雕的题材、内容与儒家精神紧密联系，呈现的画面既有帝王将相、才子佳人、文人墨客的形象，又有表现忠孝节义的道德美谈，如岳母刺字、卧冰求鲤、杨家将、戚家军、周仁献嫂等，既有民间喜闻乐见的故事画面，如郭子仪祝寿、刘备招亲、闹元宵等，也有五福捧寿、龙凤呈祥、九狮滚球、喜上眉梢等表现吉祥如意的图案[①]。这些画面蕴含的儒家思想，借助木雕这一载体进行传播，让徽州民众在潜移默化中饱受儒家文化的熏陶，滋养了徽州浓郁的文化氛围和淳朴的民风。

徽州木雕是中华艺术中的一颗璀璨明珠，其内容丰富、文化内涵深厚、造型语言纯熟、雕刻技艺精湛，是同时代其他地方木雕所难以比拟的，具有重要的历史价值和艺术价值。

徽州砖雕艺术在宋代时期就已出现。其在明代时期风格古朴粗犷，主要以单层次浮雕为主。明末清初，随着徽商经济实力的增强，对砖雕艺术要求不断提高。有清一代，砖雕艺术风格更加细腻繁富，用料上以水磨青砖为主，注重情节和构图，多层次浮雕前后透视，层次分明，给人一种精妙无比的美感。一块方不盈尺的砖坯上的透雕可以超过十个层次，整个面的布局也采用了立轴和手卷式的章法，显得更加端庄严谨。安徽博物院藏有刻郭子仪祝寿、百子图等内容的砖雕，是清代徽州砖雕的代表作，体现出高超的砖雕技艺。砖雕主要用于民宅的门罩门楼以及官邸、寺庙的八字墙上。门罩门楼的上方经常挑出飞檐，既可以遮挡雨水，又可以增加美观，下方以砖雕图像镶在花边图案的框内。皖南进士和官宦宅第的门楼多为三层、五层不等的贴墙牌楼，高大轩昂，雕刻精美。砖雕所用材料为特制的水磨青砖，这种青砖要软硬适度，不能太脆或太嫩，太脆刀刻容易迸，太嫩刀刻容易碎。

徽州石雕盛于明清而衰于民国，取材于花岗石、茶园石和黟县青石，主要用于祠堂、庙宇、民居、牌坊、桥梁、石狮等建筑物件上。祠堂是石

① 鲍义来:《徽州工艺》,安徽人民出版社2005年版,第143—144页。

雕工匠大显身手的地方，如歙县北岸村吴氏宗祠有西湖六景石雕，在石栏板的望柱上雕刻狮、象等动物圆雕，还有长卷浮雕白鹿图，个个形象多变、构图别致、妙趣横生。皖南牌坊上的石雕也展现了高超的石雕技艺，如许国牌坊上雕的虬龙、狮子等动物图案，虽线条简练，却形神兼备，一幅幅图案寓意丰富。徽州石雕艺术不仅在皖南区域大放异彩，也在其他地域绽放魅力，如建于明弘治十三年（1500年）的山东曲阜孔庙大成殿的28根雕龙石柱，是徽州石匠雕刻的，其造型优美生动，雕刻玲珑剔透，刀法刚劲有力，龙姿栩栩如生，技艺之精湛，倍受世人赞誉。

（四）万安罗盘制作技艺

中国古代先民非常重视方位的选择，将观察所得的方位、天文、地理等知识经验与事物的凶吉联系起来，形成了早期的风水学，奠定了罗盘出现的基础。在罗盘出现之前，战国时期的郑国人就开始使用“司南”指示方向，汉代用方形的“式盘”，根据阴阳五行占卜凶吉。唐宋时期发明的人工磁化的方法促进了指南针的应用与发展，后来人们将定向磁针与方位盘结合，制作出“罗经盘”，这就是最早的罗盘，又称“风水罗盘”。明清时期，我国罗盘生产地主要在徽州、苏州、漳州、兴宁四地，这一时期徽州休宁县万安镇的罗盘制作发展兴盛，因产品制作精良、设计独特而较为出众，享誉为“徽罗”“徽盘”。皖南的风水堪舆习俗为万安罗盘提供了广阔的市场，不管是村落选址、大兴土木、宗族修建祠堂，还是建住宅、修坟墓，只要是破土动工都要请风水大师择地相向，因此，罗盘成为风水大师的必备堪舆工具。

历史上，万安镇曾有方秀水、吴鲁衡、胡茹易、胡平秩、汪仰溪等名家世代相传制作罗盘，其中明中叶方秀水创办的罗经店是早期万安镇上的名店，其制作的罗盘上加盖“元记”印章，销往海内外。清雍正元年（1723年），吴国柱（字鲁衡）创办了万安吴鲁衡罗经店，改进罗盘制作技艺，开发盘式新品种，创制了日晷、月晷和指南针盘等产品，使其名声大噪。万安吴鲁衡罗经店改进的罗盘制作技艺通过家族代代传习（见表5-10），至今已有300多年。在代代传习过程中，吴氏族人不断创新制作技术，认真钻研，精益求精，大大提高了罗盘的精准度，所制罗盘深受海内外欢迎，逐渐成为中国罗盘的著名品牌。

表5-10　万安吴鲁衡罗经店罗盘制作技艺传承谱系[①]

传承谱系	传承人姓名	生卒年月
一代传人	吴国柱	1702—1760年
二代传人	吴光煜	1744—1806年
三代传人	吴洪礼	1785—1830年
	吴洪信	1791—1849年
四代传人	吴肇坤	1810—1863年
	吴肇瑞	1817—1861年
五代传人	吴毓贤	1851—1922年
六代传人	吴慰苍	1900—1960年
七代传人	吴水森	1949—2014年
八代传人	吴兆光	1984年—

万安罗盘制作技艺主要有裁制坯料、车圆成坯、刻画分格、填粉清盘、书写盘面、上油打磨和安装磁针七道工序，每道工序都有严格要求。万安罗盘有水罗盘和旱罗盘两类。水罗盘出现的时间较早，水罗盘为浮针结构，盘面中间有凹槽，也就是“天池”，使用时需要放入一定量的水，因携带不方便，后来被旱罗盘取代。旱罗盘为顶针结构，磁针以“天池”中心的铜柱枢轴为支点转动，上端顶托着磁针的重心部位。万安罗盘还分为三合盘、三元盘、综合盘等不同的盘式。三合盘是唐末风水宗师杨筠松（山东滨州人）所创制，是由地盘、人盘、天盘三层二十四方位组成；三元盘是明末清初堪舆大师蒋大鸿（江苏华亭人）在三合盘的基础上创制的，一层二十四方位，还有易卦六十四卦圈层。徽州人重风水堪舆，于是将三合盘、三元盘制作技艺移置过来，并在此基础上创制出综合盘，保持了三合盘的地盘正针、人盘中针、天盘缝针和三元盘的易卦层，以及两种罗盘的其他主要圈层，所以综合盘层数细密，内容庞杂，具有多种功能。

万安罗盘制作技艺主要在家族内部传习，涉及多学科的知识与经验，包含有天文地理、易学占卜、环境哲学、建筑居住等内容，具有重要的历史文化与科技价值。

① 本表是笔者据实地调研、采访传承人所得资料编制而成。

（五）绿茶制作技艺（黄山毛峰）

据《徽州府志》记载，黄山产茶始于宋嘉祐，兴于明隆庆。黄山毛峰属绿茶烘青类名茶，在清光绪年间，由歙北漕溪谢正安（1838—1910）首创。谢正安出生于制茶世家，对制茶技艺耳濡目染，18岁就到江北做茶叶生意，但受“咸同兵燹”影响，家业荡尽，穷困潦倒，生机难以维持，转机于同治年间清政府的“商务奋兴”，谢正安回老家漕溪收购春茶，稍经加工便挑运到皖东运漕、拓皋销售。后因亲叔谢光荪在江苏靖江县新沟司衙内任职，又将茶叶从长江水路先运到靖江，再运到上海。上海茶庄林立，茶叶市场竞争异常激烈，他意识到要有好的招牌，茶叶才能卖得好，所以在老家漕溪创办了“谢裕大茶号”。为了打开上海市场，光绪元年（1875年）谢正安试创黄山毛峰，谢正安在清明节前后到充头源选采肥壮芽茶，精心制作，经过“下锅炒（即用五桶锅杀青）、轻滚转（手轻揉）、焙生胚（毛火），盖上园簸复老烘（足火、显毫）”[①]等制作程序，制成别具风格的新茶。由于“白毫披身，芽尖似峰”，故称“毛峰”。因数量较少，先运到上海的谢裕大茶行，英国商人品尝后连连称赞，迅速名扬上海，后运往关东，而后销往华北地区，名扬天下。因“毛峰”产于黄山源，紧邻黄山，则称为“黄山毛峰”。

特级黄山毛峰有鱼叶金黄，芽壮多毫，清香若兰，汤色清澈，滋味鲜醇的特征。清宣统二年（1910年），谢正安的儿子谢大钧奉命经营谢裕大茶行，然而在社会动荡，时局不宁的背景下，谢裕大茶行和其他皖南茶商一样，走向衰落。到了民国九年（1920年），谢家已是“授受之资本无从盘计，仅存屯镇屋宇而已”[②]，被迫关门歇业。后来谢氏族人居住在老家漕溪，继续从事茶叶生意，直到1993年谢正安的玄孙谢一平建立漕溪茶厂，2006年经家族同意，重新启用“谢裕大”招牌，谢正安创制的黄山毛峰制作技艺得以恢复，成为珍贵的国家级非物质文化遗产。

---

① 蒋文义：《黄山毛峰的起源及其沿革》，《中国茶叶加工》2001年第3期。

② 谢大钧：《民国九年〈复字阄书〉》，转引自张斌《关于“黄山毛峰”创始人谢正安家族的两份阄书》，《黄山学院学报》2007年第1期。

四、宗族与传统手工技艺的关系

明中叶以来，皖南形成了典型的宗族社会，传统手工技艺在宗族社会中孕育并发展完善，它们与宗族有着密不可分的关系。宗族力量在传统手工技艺的发展中发挥着直接或者间接作用，传统手工技艺的繁荣发展又反哺宗族，巩固宗族地位，提升宗族实力。

（一）宗族促进传统技艺的发展

明代中叶后，“民间大建宗祠祭祀始祖的热潮，宗族组织迅速发展”[①]。皖南宗族所建祠堂是徽派传统民居建筑营造技艺和徽州三雕技艺的集中展示场所，众多祠堂的兴建为传统手工技艺的发展提供了平台。祠堂是供奉祖先牌位，尊祖敬宗的地方，也是宗族社会处理宗族内部事务的场所，是宗族族权的物质载体之一。因此，皖南宗族非常重视祠堂建设。明中叶后出现大规模的建祠热潮，一些大族房支分派众多，建祠多达二三十座，如歙县江村江氏宗族有31座祠堂，黟县西递胡氏宗族有26座祠堂。这些祠堂有宗祠、支祠、家祠、专祠等，建造规模大多宏大壮观，用料优良讲究，营造异常精细，装饰非常华丽，既包含徽派传统建筑民居营造技艺，也有大量的徽州三雕技艺的展现。以绩溪龙川胡氏宗祠为例，这是一座明清时期徽派建筑祠堂，为三进七开间建筑结构，被誉为世界“雕刻艺术博物馆”。其门楼、享堂、寝室、祭祠等建筑构件大都经过精雕细琢，一些木雕千姿百态、惟妙惟肖、巧夺天工，成为雕刻艺术品，且内容丰富，具有很高的艺术价值。

皖南牌坊主要是为了旌表宗族重要人物或功德而建造的，每一座牌坊都有一个动人的故事，是宗族文化的物化象征。因此，宗族对牌坊的建造如同建祠一样，要求甚高。其石雕艺术精美超绝，有平雕、浮雕、镂空雕，雕刻的图案栩栩如生，无不反映出皖南石雕工匠的卓越技艺。可以说，皖南宗族祠堂、牌坊的建造直接推动了徽派传统民居建筑营造技艺和徽州三雕技艺的发展。

① 常建华:《宗族志》,上海人民出版社2010年版,第46页。

唐力行先生在20世纪80年代就已提出皖南宗族势力与徽商的关系，他认为“徽商的兴起得力于宗族势力”[①]。笔者认为徽商不仅是指盐商、典商、木商、茶商、药商、粮商等从事大宗贸易的商人群体，还应包括从事工艺生产与销售的“工艺商”等商人。皖南有名的手工技艺者虽不如徽州盐商经营利润丰厚，成为震惊朝野的大商人，但部分也成为名商。他们经营方式多是前店后坊，亦工亦商，因制作技艺高超，产品质量上乘而受人追捧，成为闻名的工艺商人。如嘉靖、万历年间，休宁人汪尚权“商于湖阴（按：芜湖）。数年，复大募工治铁冶，指挥百人，斩斩有序……资日丰于旧”[②]；歙人阮弼“自芜湖立局，召染人曹治之，无庸灌输，费省而利滋倍。吾方购者益集……则又分局而贾要津”[③]。由此可见，工艺商人也同其他行业的徽商一样，共同促进了营商地经济社会的发展。当代诗人刘夜烽曾赋诗：“千艘舳舻四海通，亦官亦贾亦儒宗。繁华若问前朝事，应计徽商第一功。”[④]赞誉徽商对皖南文化发展的促进作用。“富商显宦，邻里相望，以故百艺工巧”[⑤]，这是黄宾虹对皖南为何多奇工巧匠的思考，说明徽商和宗族是皖南传统手工技艺发展的重要推手。工艺商人在技艺的创新与传承发展过程中，自然会受到族人的恩泽，借助宗族势力，展开商业竞争，提高所售产品的市场占有率，借助宗族势力与当权者建立联系，巩固自己的商业地位。另外，皖南传统手工技艺制作工序大多繁杂，需要雇请副手、帮手、伙计等人，工艺商人则大多雇佣值得信任的族人帮助自己，将重要的事情交托他们办理，这一现象说明宗族为皖南传统手工技艺的发展提供了人力支持[⑥]。由此可以看出，宗族势力在皖南传统手工技艺文化产生与发展的过程中发挥着重要作用。

为了促进宗族的稳定与发展，皖南宗族都会制定详细的族规家法规范族众的生活行为。如四业当勤、崇尚节俭、重视教育、济贫救灾、扶孤救

① 唐力行:《唐力行徽学研究论稿》,商务印书馆2014年版,第244页。

② 张海鹏,王廷元主编:《明清徽商资料选编》,黄山书社1985年版,第368页。

③ 张海鹏,王廷元主编:《明清徽商资料选编》,黄山书社1985年版,第369页。

④ 刘夜烽:《夜烽诗词选》,安徽文艺出版社1989年版,第168页。

⑤ 上海书画出版社,浙江省博物馆编:《黄宾虹文集》(杂著篇),上海书画出版社1999年版,第87页。

⑥ 唐力行:《唐力行徽学研究论稿》,商务印书馆2014年版,第205页。

寡、禁止闲游、禁止赌博、尊敬耄老等，其中四业当勤的规定促使皖南的士农工商都取得很大成就，“知识分子在理学、朴学、科技、艺术等领域创造了彪炳史册的辉煌业绩……手工业者创造的刻书、罗盘、歙砚、徽墨，誉满天下。徽商称雄中国商业舞台三个多世纪”[①]。宗族重视教育，所创办的学校，为皖南出现卓越的文化、艺术、科技人才奠定了基础，这在一定程度上推动了皖南传统手工技艺的发展。可以说皖南宗族的族规家法间接促进了皖南传统手工技艺的发展。

（二）传统手工技艺对宗族的反哺作用

皖南商人“输入故里”的“义行”，客观上巩固了宗族统治，提高了宗族地位。明代宋应星在《天工开物》中论述：“商之有本者，大抵属秦、晋与徽郡三方之人。万历盛时，资本在广陵者不啻三千万两，每年子息可生九百万两。只以百万输帑，而以三百万充无端妄费，公私具足，波及僧、道、丐、佣、桥梁、梵宇，尚余五百万。各商肥家润身，使之不尽，而用之不竭，至今可想见其盛也。”[②]由此可见徽商资本的雄厚。徽商的利润分配主要包括以下几个方面：首先是上交官府、报效朝廷、赈灾救济，谋取在以后经营过程中获得官府的支持；其次是投入商品生产，扩大生产，增强经济实力，以获得更多的利润；再次是用于提升自身的生活品质，“肥家润身”，如衣食住行方面的奢侈消费，还有为提高自己的文化层次的弄文附雅、办文会、蓄戏班、兴诗社等；最后是用于“输入故里”，如兴建祠堂、修建书院、置办族产族学、撰文修谱，以及修桥铺路、兴建土木等，工艺商人也跻身“输入故里”的行列。《小岭曹氏宗谱》卷二《学文公传》记载宣纸制作工艺商人曹学文设槽起家的情况，因勤俭持家，吃苦耐劳，获得的利润丰厚，后来捐资建曹氏宗祠[③]。可以说工艺商人凭藉其技艺文化获利并“输入故里”，既有益于本宗族的建设与发展，扩而广之，也促使皖南宗族维持长久不衰，是维护宗族统治的重要支撑。这是皖南传统手工技艺对

① 赵华富:《徽州宗族研究》,安徽大学出版社2016年版,第353页。

② ［明］宋应星著,国学经典文库编委会编:《天工开物》,四川美术出版社2018年版,第254页。

③ 曹天生:《千年小岭——人类非物质文化遗产中国宣纸发祥地》,经济科学出版社2014年版,第124页。

宗族的反哺作用之一。

皖南传统手工技艺所表现的文化内涵丰富，儒家的思想文化颇为突出，这能够使宗族子弟在潜移默化中接受传统思想的熏陶与教育。皖南的建筑结构及其对称布局都突出体现了男女有别、长幼有序的儒家理念。皖南徽派建筑上的三雕艺术作品都包含了形象而又生动的儒家故事，深富教育意义。如黟县承志堂的“郭子仪上寿”“岳母刺字”“卧冰求鲤”“杨门女将”“苏武牧羊”等雕刻作品，无不体现了忠孝节义的思想内涵。除建筑上的徽州三雕图案外，其他的技艺形式也多是围绕这一主旋律，如徽墨中的图案、徽州刻书中的插画、徽州竹雕的图案、制匾的文字等无不如此，传达着深邃的儒家思想文化。可以说皖南传统手工技艺所表现的文化内涵进一步深入民众的血液之中，在思想上影响宗族子弟，有利于强化宗族统治，维护宗族社会的稳定。

皖南传统手工技艺大多子承父业，血缘传承。明代中叶起，受商品经济的影响，虽然手工业“家传世袭”的传统生产模式受到冲击，但仍有很大一部分传统手工技艺沿袭着子承父业的生产模式。如徽墨生产技艺，早期的制墨名家方正创办墨肆“振肃坊”，其子方冕、孙方激，曾孙方凤冈、方凤岐代代相传。清代曹氏徽墨传承了十三代，曹素功、曹孝先（素功长子，号永锡）、曹定远（素功孙）时为曹氏徽墨的鼎盛期。祖孙三代延续制墨，其中康熙二十八年（1689年）前为素功经营时期，康熙二十八年（1689年）至三十四年（1695年）为永锡经营时期，康熙三十四年（1695年）至乾隆四年（1739年）是定远经营时期。乾隆四年（1739年）至乾隆四十年（1775年）左右，经历了阶立、鹤亮与旦中两世，是逐渐衰落的时期。乾隆晚期至嘉庆年间传至六世，是分散的时期，曹氏墨店分成三个支系，即六世孙尧千、德酬和引泉，三支都延用艺粱斋和曹素功之名，直到20世纪50年代公私合营后曹氏墨店还在继续[①]。从中可看出曹氏徽墨技艺的发展对曹氏宗族的反哺作用。皖南传统手工技艺的家族传承，虽不利于手工业的快速发展，但对宗族、家族发展无疑还是有益的。如万安罗盘制作技艺，万安罗盘店大多为家族性作坊，技艺秘不外传，即使对家族女性也是“传媳不传女”。每个工种只负责一道工序，并要求各司其职。在自然经

① 王俪阎，苏强：《明清徽墨研究》，上海古籍出版社2007年版，第28页。

济社会，技艺就是吃饭的本领，家族都将其视为“财富”，不会轻易外泄，传统手工技艺越受到世人青睐，就会传承发展得越好，从而给家族带来更多的财富，也促成家族在享有传统手工技艺福利的基础上进一步发展壮大。

行文至此，我们要呼应本书第三章所论的皖南宗族与教育文化。明清时期皖南的教育文化发达可以说是不争的事实，在本章所论的皖南宗族与戏剧文化、传统手工技艺文化的相互关系上，正因皖南宗族重文重教的得力举措及治生理财职业教育理念的普及与践行，既为国家培养出诸多的仕宦名流，达到了“亢宗”“亢族”的目的，也为宗族培育出众多的戏有师承、匠怀绝技的艺术人才，起到了“兴宗”“兴族”的作用。然而，仕宦名流百年终，艺术文化千秋传，也正是宗族培养出来的无数能工巧匠和文化人才，在“商成帮”的同时也出现了“学成派”的繁盛局面。这些饱学但未进仕流的诸多宗族匠才们创造出的各类技艺和非技艺文化灿若星辰，备受世人追捧，也备受宗族珍视而传承不绝，衍为当下珍贵的非遗，使得世人因此遗产而记起并研究创造这一文化的宗族，这或许也是包括传统手工技艺文化在内的非物质文化，对过往宗族社会的穿越式反哺吧。

第六章　结语与思考

第一节　基本结论

一

明清时期，徽州府、宁国府、池州府所在的皖南山区，因山环水绕的封闭地理条件和山清水秀的自然环境，历史上是北方族姓避乱南迁或仕宦名流迁居的理想之地，其中迁入徽州者最多，宁国府、池州府次之。徽、宁、池三府互为毗邻，地相交错，习俗相近，文化相通，因之三地人口又有互迁者，其中由徽迁宁、池者为多，构成相对意义上一个完整的宗族社会圈。这些迁入皖南山区的族姓繁衍生息、聚族而居，明中叶后形成宗必有谱、族必有祠、祠必有产的宗族社会。而族规家训的制定、族田祠产的设置又进一步推动了皖南宗族社会的发展。

二

在宗族社会形成与发展的过程中，教育颇受宗族重视。明清时期，徽、宁、池三府教育文化极为兴盛，体现出皖南宗族重文重教的社会风尚。这种风尚本质上是一种精神或曰心理、观念层面的文化，通过书院学舍，族众言行或谱牒、方志等载体反映出来，可以独自构成一个文化系统，即教育文化，它与皖南民众所创造出来的物质或非物质文化事象共同构成明清时期皖南丰富的区域文化。

府县官学、书院、私塾、社学、义学等大量创办，成为影响明清时期皖南各地举业以及地方文化建设的重要因素。为了“亢宗”“兴族”，皖南宗族十分重视宗族子弟的教育，大力支持文教事业。不仅输资兴办各类教育机构，如族塾、书院、文会等，还慎择良师施教，严格考核族中子弟学习，并通过物质上资助奖励、精神上鼓励等方式激励族中子弟读书、科考。注重仕举教育的同时，皖南宗族也十分重视治生理财的职业教育，鼓励族人掌握精湛的专业知识和技能。

应该说皖南宗族的重教是皖南教育文化发达的重要原因之一，取得了显著成效，不仅培养了大批科举人才，也使宗族社会的整体文化素质得以提高，产出一大批文化学术和专业技术人才，为皖南宗族民众创造物质，尤其非物质文化事象奠定了人才基础。这些显著成效又积极反哺宗族社会，对宗族自身的建设及皖南区域文化的形成与发展产生了深远的影响。

三

宗族因风水等方面的考量而选定居址，并通过培护水源、营建水口、护卫龙山等方式改造完善村落的生活环境，宗族势力的发展对村落的得名、空间形态、整体规划以及村落间的关系等都造成了直接影响。

出于生活的需要和精神的诉求，宗族在村落中营建了各类物质设施：一是礼仪标识建筑，包括祠堂、寺观、村社和牌坊等。祠堂的建造成本来自公共的族产和族人的捐输，祠堂发挥着祭祖、集会、执法、娱乐等功能，有的祠堂还附带戏台建筑。寺观中的香火庙一类，依赖宗族的资助，为宗族祭祀先祖、照料祖墓，二者相互依赖，也时有矛盾冲突。宗族也会因信仰和慈善的需要，捐助村落周围的寺庙祠宇，佛道和民间信仰与儒家礼法伦理之间在村落互补而共生。村社作为祭祀社稷和地方神的场所，因宗族的聚居而演变为族社，同时承担着祭神和祭祖的双重功能。牌坊在皖南分布广泛，数量庞大，主要是对忠孝节义人物和功德的旌表，宗族的文教氛围、制度保障和人力财力支持是其形成并建立的重要支撑。二是村落的交通设施建设。宗族修建了道路和津渡桥梁，方便了族人出行和行旅往来，也是重要的慈善事业。同时，宗族还成立了路会、桥会等组织，对道路和桥梁进行管理，并持续维护。

皖南宗族在村落中聚族而居，创造了丰富的物质文明，而这些物质建设也对宗族起反哺作用，便捷了族人的生活，增强了宗族内部的凝聚力，形成了宗族的文化资本，促进了宗族的繁盛兴旺。

四

位于皖南的黄山、宣城、池州三市非物质文化遗产众多，它们多是在明清时期的宗族社会里产生或完善并遗存下来，其中戏剧文化、傩文化、传统手工技艺文化最具代表性。

明清时期的皖南宗族对演剧活动颇为重视，一来是尊祖敬宗、娱乐神灵、和睦族人的需要，二来是宣教伦理、规范族人言行并展示宗族势力的需要。是故，宗族倾情于演剧。戏剧文化里目连戏、徽戏和皮影戏虽皆是由职业或半职业的班社组织演出，但班社成员多是单一的宗族人员，并在班社内师承。池州傩戏则无职业班社，由宗族的“傩神会”组织族人仅在本族内搬演。宗族对戏剧演出活动提供了物力、财力和空间上的支持，具有组织和保护的作用，同时制定出具体的规则，使得戏剧演出活动牢牢地受控于宗族。反过来，戏剧文化也积极地反哺宗族社会，具有尊祖敬宗、宣教伦理、统合宗族、排遣焦虑、和睦宗族之功能。正因有此反哺功能，宗族才更加重视戏剧演出活动，使得戏剧文化在宗族社会里赓续不辍。

明清时期皖南的传统手工技艺文化繁盛，其成因大体可归结于独特的自然环境和人地矛盾的生存环境迫使族人在仕举之外去从技谋生，尤其皖南宗族既重视仕举也重视职业教育，为传统手工技艺的发展奠定了专业技术人才基础，兼之宗族经济后盾支撑，在宗族建设和发展过程中，身怀绝艺的族人在生产技艺各方面去创新创造，而精湛的技艺又以父授子承的方式在族内传承，使得宗族在该领域内保持了强劲优势，也使得传统手工技艺文化在宗族内长盛不衰。

综上所述，明清时期徽、宁、池三府是典型的宗族社会。宗族聚族而居，精心营建村落、祠宇，积极建设道路、桥梁，开展公共物质文化建设，创造了丰富的物质文明，诸多的物质文明遗存下来成为珍贵的物质文化遗产。宗族十分重视文教事业，整体上提升了宗族民众的文化素养，不仅促进了宗族自身的建设与发展，也催生了丰富多彩的区域文化，宗族民众创造出来的各类技艺和非技艺文化事象灿若星辰，它们又积极地反哺宗族，并在宗族社会里传承不绝，衍为当下珍贵的非遗。

第二节　思考与启示

皖南珍贵的文化遗产是宗族社会的先人们创造并馈留给我们的。时下，宗族社会早已不存在，但宗族的遗存体（或曰延伸体）——宗亲共同体正活在当下，国家的公权力也已全面掌控基层社会，如何保护、传承、利用这些珍贵的文化遗产，更好地落实乡村振兴战略，促进“皖南国际文化旅游示范区”建设，我们作出如下的思考。

一、现状可喜亦可忧

现今，无论是政府还是民间宗亲都很重视文化遗产的保护和传承，这是文化之幸事。《中华人民共和国文物保护法》《中华人民共和国非物质文化遗产法》的颁布给文化遗产的保护提供了法律的支撑。省、市人大也依据上位法出台地方性的法令条例着力保护本地的文化遗产。各级政府也积极拨付专项财政资金对文化遗产进行修缮保护、传承资助，组建相应的实体机构和教传基地，加强研究和传习的力度。如在徽剧研究和传承上，黄山市就成立了“徽剧研究中心”“徽剧艺术传习所”“徽剧博物馆”，抢救整理、保护和传承的力度颇大[①]。民间也自发地组织班社开展传习活动，如绩溪县伏岭村就组建了徽戏童子班，其演绎的徽剧艺术还进入了省级非遗拓展项目。不独徽剧，目连戏的民间班社则更多，历史上目连戏风靡徽、宁、池三地，今也有不少班社恢复组建并演出，如2000年祁门县历溪目连戏班恢复组建，并将演出目连戏作为该村文化旅游的一个项目，游客可参与其中体验目连戏的深邃与神秘感。池州傩戏虽无班社组织，但自20世纪80年

① 其实早在1951年休宁县就组建了“群乐徽剧团”(后改名“徽州地区徽剧团”),1978年重新成立“徽州地区京徽剧团”(后并入黄山市歌舞剧团)。1956年,婺源县组建“婺源徽剧团”,同年安徽省组建“安徽省徽剧团”(后易名“安徽省京徽剧团”),至今仍在演绎徽剧。应该说这些剧团在保护徽剧艺术方面均作出了贡献。

代在贵池殷村姚复演以来，周边各姓纷纷跟进恢复祖传的傩戏，现今已成为春节期间贵池山里诸姓的一道文化大餐，吸引着众多的游客和国内外学者前往观看，池州学院因其地缘关系，在池州傩戏的研究方面取得了不俗的成绩，所以在2016年被安徽省文化厅（现为安徽省文化和旅游厅）审定为“安徽省非物质文化遗产（池州傩戏）教育传习基地”单位。

虽然政府和民间在文化遗产的保护、传承方面都做了不少努力，取得了一定的成绩，但不可否认，二者努力的方向虽然一致，但轨道有偏差，尚未做到同轨。政府主要依靠公权力从法规条例的执行、遗产项目的开发、传承资金的援助等方面展开工作；民间则是视祖传文化遗产为其珍贵的财富，自觉地在保护和传承，以期能上对得起祖先，下不愧于子孙，同时也期望祖馈的文化遗产能给他们带来一定的经济效益，从而进一步改善生活。以古村落为例，入选“传统村落”名录者，政府都会拨付一定的财政资金用于村落环境的整治和历史建筑的修缮，尚能得到一定程度上的保护，但“由于现代化、工业化、城镇化的不断推进，越来越多的农村青年走出家门，或求学，或谋生，不愿再回到家乡，造成农村‘空心化’”[①]，尤其那些交通不畅、文化旅游未曾开发的村落，这种现象愈益严重，文化遗产的保护、传承也就陷入了窘境状态。此不仅是政府要考虑的事，也是学术界应关注并研究的问题。从本书研究来看，笔者认为创造、保护并传承区域文化的主体是宗族，所以时下的宗亲共同体也应是保护、传承的主体，但政府在此项工作中应起主导作用。

二、建议与对策

（一）宗亲共同体的义务

从宗亲共同体来看，它是宗族的遗存体或曰延伸体，虽然不再具有历史上宗族那种强固的宗法性，但血脉相通的血缘关系客观上存在，也使得宗亲共同体具有一定的凝聚力，如今宗祠修缮（或复建）、族谱续修之耗

① 孔华:《池州“中国传统村落”的现状及保护对策》,《安庆师范大学学报》(社会科学版)2017年第5期。

资，宗亲民众皆踊跃出资出力便是例证。对祖遗的物质文化遗产，他们合力保护是毋庸置疑的，关键在于对非物质文化遗产的保护与传承，对于那些不能产生经济效益的非遗项目，宗亲共同体应主动关注老艺人，尤其是传承人的生活境况，要充分认识到传承人对于本族及地域文化传承的重要性和紧迫性。如省级非遗皖南皮影戏第九代唯一的传承人何泽华耗尽积蓄建成“皖南皮影戏博物馆”，免费开放，虽观者甚众，然后继乏人，他想将自己的儿子培养成传承人，但其子跟其以前收过的徒弟一样根本不感兴趣，对于皮影戏的传承，他坦承只能眼睁睁地看着它走向消亡[①]。出现这样的状况，不知何氏宗亲群体作何感想。时下，国家对非遗传承人尤其是具有代表性的非遗传承人颇为重视。所谓代表性传承人是指在有重要价值的非物质文化遗产传承过程中，代表某项遗产深厚的民族民间文化传统，掌握杰出的技术、技艺、技能，为社区、群体、族群所公认的有影响力的人物[②]。这不仅是一种荣誉，而且政府也会给予相应的补贴。宗亲共同体也应给予相应的补贴，以创造条件帮助老传承人培养新的传承人，并在资源、经济和地位上给予保障。对于新传承人来说，许多年轻人选择外出打工是利益驱使下的行为，为了获取更多的经济利益。宗亲共同体应与政府联手，为他们创造较为有利的工作和生活条件，并建立奖励制度，鼓励村内更多的年轻人从事非遗表演活动的研学，并给优秀的传承者一定的经济补贴。唯有如此，这类活态的非遗才能够赓续不辍地传承下去。

（二）政府的职责与主导

从政府层面看，政府在保护、传承的工作中应占主导地位，毕竟相对于历史上的宗族而言，宗亲共同体仅是一个较松散的民间基层的血缘组织，在文化遗产的保护和传承方面，较之过去宗族社会而言势必力弱，而国家的公权力则可以填补这一缺位。首先，应加快建立健全法规制度的工作，以人大通过的法律法规的约束力对文化遗产进行有效的保护，从而保证保护和传承工作的严肃性、连续性和权威性。其次，需加大财政资助投入力

① 朱青:《皖南皮影的前世今生》,《农村·农业·农民》(A版)2011年第12期。

② 祁庆富:《论非物质文化遗产保护中的传承及传承人》,《西北民族研究》2006年第3期。

度。历史上的宗族社会皆有祠田、族田、学田、义田等公田，其田租收入兼之富户的资金挹注可支撑宗族的公共事务，但时下公田已经不复存在，富户的捐助也是自愿行为，于非遗的保护和传承而言是杯水车薪，这就需要政府财力的支撑。虽然政府在文化遗产的保护和传承上确实有投入，但据笔者调研，在物质文化遗产的保护和修缮方面力度较大，非遗方面的馆藏场所建设和文化研习演出单位的投入力度也不小，但直接资助仍存活于乡野的非物质文化活动，与宗亲共同体的需求还存在一定的差距。再次，还需组织团队，培养人才。此处的团队与人才建设涉及两个层面：一是学术研究的团队与人才；二是传承与发展的团队与人才。前者涉及高校科研院所，后者涉及政府的职责和宗亲共同体的义务。就前者而言，学术界在徽州文化研究方面已做出了不俗的成绩，老中青的研究人才队伍早已形成，此不足虑，但宣城、池州二地的历史文化研究，在团队建设和人才培养方面还需加大力度。就后者而言，当前，政府颇为重视文化遗产的保护、传承工作是不争的事实，如辟地建馆予以静态的典藏，设立全额拨款的研习文化馆或中心展开动态的研究和习传，在学校、研究机构等设立教育传习基地，等等。陋见认为这样的工作在收藏展示、传授普及文化遗产知识方面或许能起一定的作用，但真正保护并传承文化遗产，还需从创造这一文化的母体角度去思考。因此，指导宗亲共同体组建专业团队、培养专门的人才，并给予较大力度的财政资助，不仅是政府的职责，还应是政府首先要考虑并具体落实的事。

（三）乡村振兴与文化遗产

如何实施乡村振兴战略，党中央于2017年12月29日召开农村工作会议，制定出实施乡村振兴战略“三步走”时间表及实施乡村振兴战略的目标任务，并提出了实施乡村振兴战略的七条“路径”，其中“必须传承发展提升农耕文明，走乡村文化兴盛之路”是七条路径之一。乡村文化是相对于城市文化而言，从历史的角度看，它是指乡民在农业生产与生活实践中逐步形成并发展起来的道德情感、社会心理、风俗习惯、是非标准、行为方式、理想追求等，体现为民俗民风、宗教信仰、物质生活与行为章法等。从现存的角度看，它以文化遗产的形式体现，表现为静态的古建筑群、碑刻雕塑等物质文化遗产和活态的传统礼俗节日、体育游艺、曲艺杂技等非遗，它是中华优秀传统文化在乡村的驻留或曰体现。

从前几章的分析来看，皖南的物质文化遗产、非物质性文化遗产颇为丰富，如传统村落数占据全省的九成多，非物质文化遗产众多且依然活态地传承于乡野，它们都是珍贵的乡村文化，如何更好地保护、传承、兴盛这些乡村文化资源，促进皖南的乡村振兴，需要政府和宗亲共同体共同发力。从历史上皖南区域文化的衍生、传承及其对宗族社会的反作用角度看，时下宗亲共同体应自觉珍视、保护、继承祖传的文化遗产，并在此基础上创新适合时代发展需求的新的文化。从国家公权力的主导职责角度看，地方政府应考虑如何充分利用皖南现存的文化遗产在乡村振兴战略实施过程中的作用，切实做到深入挖掘、继承创新优秀传统乡土文化，把保护传承和开发利用结合起来，赋予中华农耕文明新的时代内涵，并同时思考如何调动时下的宗亲族群在创造区域文化方面的积极性。如此，提升农耕文明，兴盛乡村文化，建设美丽乡村，实施乡村振兴，前景可期。

（四）文旅的开发与保护

最后，还需赘言的是“皖南国际文化旅游示范区”建设与皖南区域文化的关系。随着新时代的发展，人们日益增长的文化需求和追寻历史文化的情怀使得文化旅游业备受大众青睐，文化旅游热潮兴起。皖南区域不仅山川秀丽，历史文化积淀也颇为深厚。因此，国家实施了“皖南国际文化旅游示范区”建设项目。在文化旅游热潮中，自然需要文化资源的开发，其中古村落（镇）历史文化是不可忽视的文化旅游资源，但保护与开发应是相辅相成、相互促进的，保护是开发的前提，开发是保护的重要手段，二者应该统一于文化遗产保护工作的始终。那么如何做到“皖南国际文化旅游示范区”建设与皖南区域文化保护和传承的良性互动，笔者认为“结合生态保护模式，开辟乡村文化旅游”是最佳途径。

文化遗产尤其是非遗的保护模式可概括为博物馆模式和田野生态模式。前者是指在传统博物馆思维的影响下，专注于对纯粹的和独立的、排除了背景与环境的文化现象进行收集、保存与展示的保护方式；后者是一种较为注重整体性的保护方式，明确体现日常生活的情境性，更加注重保护文化遗产的生活状态和生活场景。如池州市曾建立了刘街傩文化核心保护区，这里民风淳朴、古村相望，白洋河流转于山间村旁，风景秀丽，历史上也是信客朝圣九华的另一条通道，但文化旅游滞后，村落经济不振，这就需要文化和旅游管理部门开发乡村旅游的新形式，吸引更多的游客来到傩乡古村落，看池州傩戏的孕育之地，追寻文化之根，提振池州傩戏核心保护区的经济，如此可使演傩的宗亲共同体获得经济收益，使他们充分认识到祖传傩戏的文化与经济价值，从而更加自觉地保护与传承祖传的傩戏。因此，较之于博物馆模式而言，田野生态模式更佳。在“皖南国际文化旅游示范区”建设的过程中，政府不仅要做好规划工作，还应加强交通基础设施的建设，加大招商和文化遗产研究力度，着力开辟乡村旅游的田野生态模式，吸引乡村宗亲回归村落生活，从而“维系和延续原住民非物态的生活流：固有的生活方式、生活技艺、生活智慧、生活风尚。只有这样，古村落（镇）才能得到科学的保护与可持续发展”[①]，也只有这样，皖南区域文化才能在近似原生态的情景状态下得到合理的保护与传承，同时也得到合理的开发和利用。至于如何具体地实施开发，非本书所论范围，留待他人研究了。

① 陈勤建:《古村落(镇)原住民的生活流的可持续发展——古村落(镇)非物质文化遗产保护思考》,《民间文化论坛》2008年第6期。

主要参考文献

一、基本史料

（一）志、史典籍

[1]［明］程敏政纂修：《休宁县志》，明弘治四年（1491年）刻本。

[2]［明］丘时庸修，王廷榦纂：《泾县志》，明嘉靖三十一年（1552年）刻本。

[3]［明］何东序修，汪尚宁等纂：《徽州府志》，明嘉靖四十五年（1566年）刻本。

[4]［明］张涛修，谢陛纂：《歙志》，明万历三十七年（1609年）刻本。

[5]［清］庄泰弘等修，刘尧枝等纂：《宁国府志》，清康熙十三年（1674年）刻本。

[6]［清］姚子庄修，周体元纂：《石埭县志》，清康熙十四年（1675年）刻本。

[7]［清］马世永纂修：《池州府志》，清康熙五十年（1711年）刻本。

[8]［清］李瑾修，张洞纂、叶长扬纂：《旌德县志》，清乾隆十九年（1754年）刻本。

[9]［清］段中律纂修：《青阳县志》，清乾隆四十七年（1782年）刻本。

[10]［清］徐心田纂修：《南陵县志》，清嘉庆十三年（1808年）刻本。

[11]［清］黄应昀，朱元理纂修：《婺源县志》，清道光六年（1826年）刻本。

［12］［清］丁宝书等纂：光绪《广德州志》，清光绪七年（1881年）刊本。

［13］［宋］罗愿：《新安志》，清光绪十四年（1888年）重刻本。

［14］［民国］葛韵芬修，江峰青等纂：《重修婺源县志》，民国十四年（1925年）刻本。

［15］［民国］释印光修：《九华山志》，民国二十七年（1938年）活字排印本。

［16］［民国］陈惟壬纂：《石埭备志汇编》，民国三十年（1941年）铅印本。

［17］安徽省徽州地区地方志编纂委员会编：《徽州地区简志》，黄山书社1990年版。

［18］祁门县地方志编纂委员会办公室编：《祁门县志》，安徽人民出版社1990年版。

［19］石台县地方志办公室编：《石台县志》，黄山书社1991年版。

［20］安徽省东至县地方志编纂委员会办公室编：《东至县志》，安徽人民出版社1991年版。

［21］旌德县地方志编纂委员会办公室编：《旌德县志》，黄山书社1992年版。

［22］安徽省青阳县地方志编纂委员会编纂：《青阳县志》，黄山书社1992年版。

［23］歙县地方志编纂委员会编纂：《歙县志》，中华书局1995年版。

［24］泾县地方志编纂委员会编：《泾县志》，方志出版社1996年版。

［25］广德县地方志编纂委员会编：《广德县志》，方志出版社1996年版。

［26］宁国县地方志编纂委员会编纂：《宁国县志》，生活·读书·新知三联书店1997年版。

［27］绩溪县地方志编纂委员会编：《绩溪县志》，黄山书社1998年版。

［28］郎溪县地方志编纂委员会编：《郎溪县志》，方志出版社1998年版。

［29］宣城地区地方志编纂委员会编：《宣城地区志》，方志出版社1998

年版。

（二）谱牒

［1］［明］胡尚仁等纂修：《清华胡氏族谱》，明天顺二年（1458年）胡氏刻本，中国国家图书馆藏。

［2］［明］许可複等纂修：《续修新安歙北许村许氏东支世谱》，明隆庆三年（1569年）刻本，安徽省图书馆藏。

［3］［明］黄玄豹纂修：《潭渡孝里黄氏族谱》，明隆庆年间刻本，中国国家图书馆藏。

［4］［明］程沔等纂修：《歙托山程氏族谱》，明万历元年（1573年）刻本，中国国家图书馆藏。

［5］［明］汪湘纂修：《汪氏统宗谱》，明万历三年（1575年）刻本，中国国家图书馆藏。

［6］［明］佚名：《荥阳茂林潘氏重修统宗谱》，明万历六年（1578年）刻本，上海图书馆藏。

［7］［明］程弘宾纂修：《歙西岩镇百忍程氏本宗信谱》，明万历十八年（1590年）刻本，中国国家图书馆藏。

［8］［明］吴元满纂修：《新安歙西溪南吴氏世谱》，明万历三十年（1602年）刻本，上海图书馆藏。

［9］［明］范涞纂修：《休宁范氏族谱》，明万历三十三年（1605年）刻本，中国国家图书馆藏。

［10］［明］王鸿纂修：《武口王氏统宗谱》，明天启三年（1623年）刻本，中国国家图书馆藏。

［11］［明］潘文炳等纂修：《婺源桃溪潘氏族谱》，明崇祯六年（1633年）刻本，安徽师范大学家谱中心藏（复印件）。

［12］［明］许光勋纂修：《纂修古歙城东许氏世谱》，明崇祯八年（1635年）刻本，安徽省图书馆藏。

［13］［明］黄文明纂修：《古林黄氏纂修族谱》，明崇祯十六年（1643年）刻本，安徽省图书馆藏。

［14］［清］方表等纂修：《旌德方氏统修宗谱》，清康熙三十七年

（1698年）刻本，上海图书馆藏。

［15］［清］方怀德等纂修：《歙县方氏家谱》，清康熙四十年（1701年）刻本，中国国家图书馆藏。

［16］［清］王居穆等修：《婺南云川王氏世谱》，清康熙四十五年（1706年）刻本，中国社会科学院历史研究所图书馆藏。

［17］［清］朱国兰等纂修：《新安月潭朱氏族谱》，清康熙四十六年（1707年）刻本，安徽省图书馆藏。

［18］［清］张尚煊纂修：《旌阳张氏续修宗谱》，清康熙五十九年（1720年）刻本，上海图书馆藏。

［19］［清］黄臣槐等纂修：《潭渡孝里黄氏族谱》，清雍正九年（1731年）刻本，安徽省图书馆藏。

［20］［清］吴翟等纂修：《茗洲吴氏家典》，清雍正十一年（1733年）木活字本，安徽省图书馆藏。

［21］［清］许登瀛纂修：《重修古歙东门许氏宗谱》，清乾隆十年（1745年）刻本，安徽师范大学家谱中心藏（复印件）。

［22］［清］汪纯粹纂修：《弘村汪氏家谱》，清乾隆十三年（1748年）刻本，安徽大学徽学研究中心藏（复印件）。

［23］［清］黄世恕等纂修：《新安黄氏大宗谱》，清乾隆十七年（1752年）刻本，中国国家图书馆藏。

［24］［清］黄凝道修：《休宁古林黄氏重修族谱》，清乾隆十八年（1753年）刻本，上海图书馆藏。

［25］［清］洪定渭纂修：《歙西王充东源洪氏宗谱》，清乾隆二十一年（1756年）刻本，安徽大学徽学研究中心藏（复印件）。

［26］［清］佚名：《礼和曹氏宗谱》，清乾隆二十九年（1764年）重修本，安徽贵池刘街社区曹氏族人藏。

［27］［清］吴如彬等纂修：《昌溪太湖吴氏宗谱》，清乾隆三十年（1765年）刻本，安徽师范大学家谱中心藏（复印件）。

［28］［清］黄治安撰修：《休宁古林黄氏重修族谱》，清乾隆三十一年（1766年）刻本，安徽师范大学家谱中心藏（复印件）。

［29］［清］鲍光纯纂修：《重编歙邑棠樾鲍氏三族宗谱》，清乾隆三十

一年（1766年）一本堂刻本，中国国家图书馆藏。

［30］［清］汪锦云等修：《汪氏义门世谱》，清乾隆三十六年（1771年）木活字印本，上海图书馆藏。

［31］［清］项启鈵等纂修：《桂溪项氏族谱》，清嘉庆十六年（1811年）木活字本，中国国家图书馆藏。

［32］［清］叶有广等纂修：《黟县南屏叶氏族谱》，清嘉庆十七年（1812年）木活字本，中国国家图书馆藏。

［33］［清］胡培翚等纂修：《绩溪金紫胡氏家谱》，清嘉庆二十四年（1819年）刻本，黄山市博物馆藏。

［34］［清］李垣等纂修：《李氏家乘》，清道光元年（1821年）刻本，上海图书馆藏。

［35］［清］胡叔咸等纂修：《明经胡氏壬派宗谱》，清道光六年（1826年）木活字本，安徽大学徽学研究中心藏（复印件）。

［36］［清］程绍部等纂修：《绩溪仁里程敬爱堂世系谱》，清道光九年（1829年）刻本，中国国家图书馆藏。

［37］［清］章维烈等纂修：《绩溪西关章氏族谱》，清道光二十九年（1849年）刻本，中国国家图书馆藏。

［38］［清］王轩等纂修：《双彬王氏支谱》，清同治元年（1862年）孝睦堂木活字本，上海图书馆藏（胶卷版）。

［39］［清］胡朝贺纂修：《明经胡氏存仁堂支谱》，清同治八年（1869年）木活字本，中国国家图书馆藏。

［40］［清］佚名：《武溪陈氏宗谱》，清同治十二年（1873年）刻本，安徽大学徽学中心藏（复印件）。

［41］［清］许文源等纂修：《绩溪南关许余氏惇叙堂宗谱》，清光绪十年（1884年）刻本，安徽师范大学家谱中心藏（复印件）。

［42］［清］冯景坊纂修：《绩溪东关冯氏宗族》，清光绪二十九年（1903年）木活字本，中国国家图书馆藏。

［43］［清］吴念祖主修：《昌溪太湖吴氏宗谱》，清光绪三十二年（1906年）木活字本，安徽省图书馆藏。

［44］［清］汪源等纂：《泾县汪氏宗谱》，清宣统元年（1909年）刻本，

上海图书馆藏。

[45]［清］梅朝宗纂修：《宛陵宦林梅氏宗谱》，清宣统二年（1910年）木活字本，上海图书馆藏。

[46]［清］周馥纂修：《建德县纸坑山周氏宗谱》，清宣统三年（1911年）木活字本，上海图书馆藏。

[47]［清］胡祥木等纂修：《上川明经胡氏宗谱》，清宣统三年（1911年）木活字本，中国历史博物馆藏。

[48]［民国］汪立中纂修：《余川越国公汪氏族谱》，民国五年（1916年）木活字本，上海图书馆藏。

[49]［民国］吕朝熙编订：《旌德吕氏续印宗谱》，民国六年（1917年）丁巳铅印本，上海图书馆藏。

[50]［民国］吴期颐等纂修：《老田吴氏家谱》，民国七年（1918年）木活字本，上海图书馆藏。

[51]［民国］耿全纂修：《鱼川耿氏宗谱》，民国八年（1919年）木活字本，安徽大学徽学研究中心藏。

[52]［民国］朱懋龄等纂修：《屏山朱氏重修宗谱》，民国九年（1920年）刻本，中国国家图书馆藏。

[53]［民国］胡宝锋、胡宜铎纂修：《明经胡氏龙井派族谱》，民国十年（1921年）木活字本，安徽大学徽学研究中心藏。

[54]［民国］方镛纂修：《隐龙方氏宗谱》，民国十一年（1922年）木活字本，上海图书馆藏。

[55]［民国］胡缉熙等纂修：《龙川胡氏宗谱》，民国十三年（1924年）敬爱堂木活字本，安徽大学徽学研究中心藏。

[56]［民国］汪嘉锦修：《坦川越国公汪氏族谱》，民国十四年（1925年）木活字本，上海图书馆藏。

[57]［民国］王德藩等纂修：《绩溪盘川王氏宗谱》，民国十五年（1926年）教堂木活字本，安徽省图书馆藏。

[58]［民国］周德炽总修，周德灿等纂：《周邦头周氏族谱正宗》，民国十九年（1930年）六顺堂木活字本，上海图书馆藏。

[59]［民国］佚名：《贵池姚氏宗谱》，民国二十年（1931年）木活字

本，安徽贵池姚街姚氏族人藏。

［60］［民国］吕龙光等修：《新安大阜吕氏编修宗谱》，民国二十四年（1935年）德本堂木活字本，安徽师范大学家谱中心藏（复印件）。

二、学术专著（含编著）

［1］姚翁望：《安徽画家汇编》，安徽省博物馆1979年编印。

［2］叶显恩：《明清徽州农村社会与佃仆制》，安徽人民出版社1983年版。

［3］张南：《简明安徽通史》，安徽人民出版社1994年版。

［4］梁启超：《中国历史研究法》，华东师范大学出版社1995年版。

［5］白新良：《中国古代书院发展史》，天津大学出版社1995年版。

［6］黄山学院徽州文化研究所编，姚邦藻主编：《徽州学概论》，中国社会科学出版社2000年版。

［7］金其桢：《中国牌坊》，重庆出版社2002年版。

［8］卞利：《明清徽州社会研究》，安徽大学出版社2004年版。

［9］常建华：《明代宗族研究》，上海人民出版社2005年版。

［10］傅衣凌：《明清农村社会经济：明清社会经济变迁论》，中华书局2007年版。

［11］方利山：《徽州学散论：续集》，中国戏剧出版社2009年版。

［12］王长安主编：《安徽戏剧通史》，安徽教育出版社2010年版。

［13］贺为才：《徽州村镇水系与营建技艺研究》，中国建筑工业出版社2010年版。

［14］赵华富：《徽州宗族论集》，人民出版社2011年版。

［15］丁希勤：《古代徽州宗教信仰研究》，安徽师范大学出版社2013年版。

［16］陈瑞：《明清徽州宗族与乡村社会控制》，安徽大学出版社2013年版。

［17］曹天生：《中国宣纸》，华中科技大学出版社2016年版。

［18］丁希勤：《古代徽州和皖南民间信仰研究》，安徽师范大学出版社

2016年版。

［19］卞利主编：《徽州传统聚落规划和建筑营建理念研究》，安徽人民出版社2017年版。

三、学术论文

（一）期刊论文

［1］王兆乾：《黄梅戏流行区的古老戏曲池州傩戏》，《黄梅戏艺术》1983年第1期。

［2］朱万曙：《关于青阳腔的形成问题》，《安徽新戏》1998年第5期。

［3］徐祥民：《徽州民间雕刻艺术的社会基础》，《阜阳师范学院学报》（社会科学版）2002年第3期。

［4］唐力行：《徽州宗族研究概述》，《安徽史学》2003年第2期。

［5］周显宝：《青阳腔的仪式生境与历史变迁》，《戏曲艺术》2004年第2期。

［6］关传友：《安徽涉林碑刻的探讨》，《农业考古》2006年第4期。

［7］纪永贵：《青阳腔产生的民俗背景》，《中国戏曲》2007年第5期。

［8］谈家胜：《近20年来安徽贵池傩戏研究综述》，《池州学院学报》2007年第6期。

［9］谭甲文，凌玮：《古代池州书院的发展及其对池州地区教育文化的影响》，《池州学院学报》2007年第6期。

［10］谈家胜：《贵池傩戏对宗族社会的反哺作用探究》，《戏剧》2008年第3期。

［11］陈勤建：《古村落（镇）原住民的生活流的可持续发展：古村落（镇）非物质文化遗产保护思考》，《民间文化论坛》2008年第6期。

［12］谈家胜：《宗族社会与地域文明——以安徽贵池南山刘氏宗族为例》，《东南文化》2011年第3期。

［13］桂盈满：《石台县榉根岭古徽道初探》，《池州学院学报》2013年第1期。

［14］卞利：《明清徽州村落的自然和文化特征及其村落与民居关系研

究》，《安徽建筑工业学院学报》（自然科学版）2013年第5期。

［15］陈浩河，韩丽，陈琪：《祁门县社景村傩舞〈游太阳〉与汪华祭祀》，《黄山学院学报》2015年第4期。

［16］吴衍发：《皖南皮影戏考述》，《蚌埠学院学报》2017年第1期。

［17］陈雨婷：《皖南花鼓戏源流考述》，《安徽广播电视大学学报》2017年第2期。

［18］刘道胜：《明清徽州乡村文会与地方社会——以〈鼎元文会同志录〉为中心》，《中国史研究》2017年第4期。

［19］孔华：《池州“中国传统村落”现状及保护对策》，《安庆师范大学学报》（社会科学版）2017年第5期。

（二）学位论文

［1］陆森：《村落社区的傩仪与象征——以贵池傩为中心》，中央民族大学2005年博士学位论文。

［2］张晓纪：《明清时期安徽人才地理分布研究——以政治、科举人才为例》，福建师范大学2009年硕士学位论文。

［3］刘洋：《清代前期旌表制度研究》，黑龙江大学2011年硕士学位论文。

［4］张晓婧：《清代安徽书院研究》，安徽师范大学2014年博士学位论文。

［5］陈心怡：《山地城镇水系景观规划历史经验与实践应用》，重庆大学2016年硕士学位论文。

［6］方啸：《万安罗盘制作技艺及其保护传承状况研究》，安徽医科大学2017年硕士学位论文。

［7］李慧芳：《明清徽州演剧活动与宗族互动研究》，安徽师范大学2019年硕士学位论文。

附　录

纷繁与多维：区域文化研究的理论与实践*

谈家胜

区域文化，顾名思义是指特定区域内人们所创造并传承下来的各种文化事象的总和。在漫长的历史发展过程中，我国各地形成了各具特色的区域文化。关注并研究它们，肇始于20世纪30年代学术界各种文化研究会的成立，最早的是吴越文化研究会，接着巴蜀文化研究也随之兴起，再后有楚文化、岭南文化、齐鲁文化、三秦文化、中原文化、燕赵文化、三晋文化等[①]。20世纪80年代以来，随着文化研究的热潮兴起，区域文化不仅成为学术研究的资源，也成为学术研究的特色。进入21世纪，区域文化研究高潮出现，学界在研究的过程中，所涉论的理论问题纷繁，研究的方法多维，研究的成果丰硕。限于能力与篇幅，本文仅就21世纪以来“区域文化研究”略作回顾，期以管窥、总结区域文化研究的理论、方法与成果，并在此基础上就区域文化研究的前瞻作一思考。所选论、著，是从综合角度而论，对于区域文化内某一具体的特色文化研究，则不在本文所论范围之内。

---

*本文系国家社科基金项目“明清时期皖南宗族社会与区域文化关系研究”（编号：13BZS038）阶段性研究成果。

① 马春香：《区域文化研究缘何而热》，《文艺报》2006年第89期。

一、区域文化的概念与分类

（一）区域文化的概念

在人文社会科学领域，文化的概念可能是最繁杂的。取用权威的辞书解释，即文化有广义和狭义之分，广义上的文化指人们在社会历史实践过程中所创造出来的物质财富和精神财富的总和，狭义上的文化特指精神财富。可见，广义上的文化是内含多种文化元素的复合型文化。但文化与区域存在着不可分割的联系，文化的创造发展与传承需要周围的环境和环境中生存的人。这种环境就是区域，区域环境的存在是文化发生发展的载体。在某个区域的载体中，文化成为一个系统，这个系统中相同气息的文化相互联系，共同形成了该区域文化。所以，学界基本趋同认为，区域文化在本质上属于复合文化。张森材、马砾在《江苏区域文化研究》中直言“区域文化是在特定的地域出现的复合文化”①；赵心宪在《地域文化与文化区域的文化研究》中也认为，区域文化是指某个特定地区中产生的特殊的文化现象的总称②；双传学在《区域文化刍论》中说：“区域文化是指区域成员在实践中创造出来的一切物质的和精神的财富的总和。”③

但正如人们对文化概念的阐释多种多样，不同学者对于区域文化的内涵理解也不尽相同。在文化区域学者看来，它“是指生活在特定历史文化区域的人在从事物质生产、精神生产和社会活动中所形成的带有一定地域特色和历史文化变迁痕迹以及一定族群烙印的价值观念、思维方式、行为心态、民族意识、风俗习惯、道德规范、文化艺术遗存和生活方式、人文传统等诸多要素的总和”④。而张凤琦则从文化人类学的角度解释，认为区域文化是生活在同一个文化单位的人们所生产出来的生产资料和生产方式，

① 张森材，马砾：《江苏区域文化研究》，江苏古籍出版社2002年版，第5页。

② 赵心宪：《地域文化与文化区域的文化研究——“黔中文化研究”的科学价值取向问题》，《重庆师范大学学报》（哲学社会科学版）2012年第6期。

③ 双传学：《区域文化刍论》，《江苏社会科学》2006年第6期。

④ 徐习军，秦海明，张锐戟：《文化大发展大繁荣视角的区域文化创新探论》，《淮海工学院学报》（人文社会科学版）2012年第9期。

这些生产资料和生产方式形成的气质、风俗和道德价值观念成为这个地区的区域文化。赵心宪侧重从地理空间角度解释，认为区域文化是空间的概念，它们有着共同的生活空间和相似的文化特征。周大鸣、吕俊彪、林亦修等学者从族群角度解释，认为区域文化是“指在具体的自然地理空间之中的族群文化的总称，在一定程度上，它甚至还包括有不同的文化区域”①。

尽管内涵阐释不尽相同，但从中可以梳理出区域文化所必备的要件。第一，共同的区域或者生存空间。这个空间可以是自然的地理空间为主，也可以是社会行政区划空间为主，或者是二者的重叠。第二，创造区域文化的人。文化离不开人类，没有人类，文化无从谈起，人类是文化产生的最重要的因素。第三，历史上形成并传承。区域文化的形成是一个历史的过程，不是一蹴而就的。据此要件，拙文界定，区域文化是指一定时期、一定区域内特定的人们，通过社会实践所创造并传承下来的物质及精神财富的总和。

（二）区域文化的分类

我国地域辽阔，民族众多，五千余年的文明历史赓续不辍。在历史上形成的各区域文化作为中华文明的一部分，既有中华文化的共性，又有各个区域文化自身的个性。对这些丰富的区域文化如何分类，也是学界感兴趣的研究课题。我们所熟悉的划分方式，大体有如下几类：从文化的主体属性角度划分，有汉文化、藏文化、羌文化、纳西文化、客家文化等；从行政地理角度划分，有湖湘文化、滇黔文化、闽文化、齐鲁文化等；从自然地理地势角度划分，有珠江文化、草原文化、高原文化、岭南文化、海州文化等。近年来，随着区域文化研究的深入，学术界比较侧重综合行政区划、地理位置及地势不同来划分区域文化的类型。《区域文化与文学研究集刊》收录的《区域与区域文化》一文，就依之将区域文化划分为东部地区的关东文化、燕赵文化、黄土高原文化、中原文化、齐鲁文化、两淮文化、巴蜀文化、荆湘文化、潘阳文化、吴越文化、岭南文化、台湾海峡两

① 周大鸣，吕俊彪：《珠江流域的族群与区域文化研究》，中山大学出版社2007年版，第5页。

岸文化；西南少数民族多元风格的族群文化；西部游牧民族的内蒙古文化、北疆文化、南疆文化、青藏高原文化[①]。

由上可见，我们可以根据不同的划分方式，或以地理、或以主体、或以文化特质、或综合各元素，来划分不同内涵的区域文化；划类的目的也在于更好地研究该区域的文化，展示区域文化研究的学术价值与实践意义所在。

二、区域文化研究的理论与方法

近年来，随着各地对区域文化研究热情的高涨，其研究理论和方法也不断完善，相关的研究成果也不断涌现。除上述的区域文化的概念探讨外，所涉论的问题还有以下几个方面：

第一，关于区域文化研究的角度问题。研究角度即区域文化研究的视角问题，研究区域文化应该从什么视角出发，把区域文化的研究置于什么样的位置。一种观点是从纵向的历史视角出发，将区域文化置于中国传统文化的大背景下来考察研究。章开沅先生在《历史视角下的区域文化研究》中指出，《鄂西北历史文化论纲》的出版，是鄂西北地区区域文化研究中的一个成功的阶段性研究，这个成果的关键之处便是它以区域历史为切入点，展开对区域文化整个体系的研究[②]。诚然，研究一个地方的文化，必定会联系到它的历史根源，一方面，在地区的历史演变过程中，区域文化自身不断发展并且增添适应自身发展的活力；另一方面，在不同的历史时期，邻边地区的外来文化和中国传统的主流文化对其产生潜移默化的影响，这些都对区域文化起到了重要的塑造作用。可以看出，将历史作为研究一个地区的区域文化的入口，可以把中国传统文化与地方历史文化相结合，将研究的个体即区域文化置于广阔的中华文化历史的海洋里，抓住区域文化研究的本质，阐明个体与整体的联系。另一种观点是从横向的联系角度出发，将区域文化置于全球化的背景下来考察研究。陈建森的《关于区域文化研究视域和价值取向的思考——以岭南文化为例》一文认为，中华民族的文

① 周晓风，张中良：《区域文化与文学研究集刊》（第1辑），中国社会科学出版社2010年版，第3—11页。

② 章开沅：《历史视角下的区域文化研究》，《湖北日报》2005-02-01。

化绵延五千年，其优秀的文化也是全世界人类文化的一部分，所以区域文化的研究应置于全球化的视角之下，一方面不仅回归于本源的中华文明，另一方面更加强了中国文明与世界文明的接轨，与世界文化相呼应[①]。张树俊的《论区域文化价值及其研究取向》[②]，蔡平、张国勇的《区域文化研究的新视野——以雷州文化研究为例》[③]均持此观点。持此论者的视域更为广阔，在全球一体化的当下，区域文化的研究应该关注与其相关的周边文化的互动共生的事宜，研究区域文化应有越过特定研究对象的地域和气度，这样的研究成果才能达到区域文化精神中所包含的品格。

第二，关于断代区域文化的研究问题。历史造就了深厚的文化，在研究区域文化时，不仅可以从面这个横向的视域看整个区域文化，还可以从历史的纵向来观察文化，纵向选择一个时期再展开这个时期的面进行探索，将不同历史时期的文化相比较，可以更清晰地认知区域文化的传承。因此，断代区域文化的研究就具有了很高的学术与实际价值。徐州文化的研究是一个典型代表，王建在《区域文化研究的理论与实践论略——“汉代徐州区域文化研究”课题的方法论思考》中提出，“汉代徐州区域文化研究”这个课题是从历史穿梭的方向对徐州文化进行探寻[④]。《江苏区域文化研究》一著是成功的案例，该著以历史断代的形式探究了苏北的徐汉文化和苏南的吴文化，不仅有空间地域的定位，还有时间的界定[⑤]。

断代区域文化研究是区域文化研究领域内一个新拓展的文化史学园地。不同的时代会产生不同的文化事项，我们在区域文化研究的过程中，不仅考虑到其与其他文化的不同特征与联系，还要注意考察因自身时代不同而产生的阶段性特点，方能更清晰地认知区域文化的起源与传承，这就是断代区域文化研究的意义所在。

第三，关于多区域文化比较研究的问题。任何一种区域文化都不是独

---

① 陈建森:《关于区域文化研究视域和价值取向的思考——以岭南文化为例》,《华南师范大学学报》(社会科学版)2008年第5期。

② 张树俊:《论区域文化价值及其研究取向》,《绥化学院学报》2008年第6期。

③ 蔡平,张国勇:《区域文化研究的新视野——以雷州文化研究为例》,《广东海洋大学学报》2010年第2期。

④ 王建:《区域文化研究的理论与实践论略——“汉代徐州区域文化研究”课题的方法论思考》,《徐州师范大学学报》(哲学社会科学版)2002年第1期。

⑤ 张森材,马砾:《江苏区域文化研究》,江苏古籍出版社2002年版。

立存在和发展的，它既有其个性，也应体现着其所处时代的文化共性，尤其相邻区域的文化特质还会出现重叠交叉现象。这一现象也引起了学术界的重视，多区域文化比较研究的趋势出现并且加强。成功范例是自2012年起由湖南大学、四川大学、西南民族大学和湘潭大学共同倡议、轮流主办的"湖湘文化与巴蜀文化高层论坛"，从湖湘文化与巴蜀文化研究的双边交流开始，已经逐步扩展为长江流域的湖湘文化、巴蜀文化、吴越文化的多边交流，出现了"区域文化比较从'点'向'线'拓展"①。这种区域文化研究的新方法是值得我们借鉴的，它是未来区域文化研究的一个新的方向和趋势。多区域文化比较研究不仅是区域文化研究的一种方法，而且促进了区域间文化的传播与交流的研究。李静在《论区域传播与区域文化的关系》中认为，任何一种文化都不是独立存在和发展的，区域文化的形成离不开文化的传播与交流②。所以，在研究区域文化时，更应该通过文化的交流与传播，注重各个文化之间的联系，不能把研究范围仅仅局限在一个狭小的地理空间之内，应把几个相关联或者相近的文化共同进行研究，认识文化的成长和相互交融过程，丰富区域文化研究的方法，赋予文化研究以新的动力。

第四，关于多学科研究方法的使用问题。前述区域文化在本质上属于复合文化，是指在特定的区域出现的各种文化事象的总和。因此，研究、揭示区域文化的内涵，必然涉及多学科研究方法的使用，概论之主要有以下几种：一是历史学的文献研究与考据法，这一方法在区域文化的纵向研究，尤其断代区域文化研究过程中普遍使用；二是社会民俗学的调查研究法，包括田野调查与问卷调查，该方法较多用于文献资料匮乏且又是活态的文化事项的研究；三是文化人类学的参与观察法，该方法似乎与社会学的调查研究法相似，但实质不同，需长时间地参与、观察文化主体的活动，主要用于揭示具体文化事象的源起与传承机理；四是地理学的环境分析法，包括自然生态环境和人文地理环境分析，以考察区域文化产生的环境载体和成因；五是系统论的联系分析法，系统论认为一个整体便是一个系统，

① 郭潇雅，吴运亮：《从"点"到"线"：区域文化研究走向深入》，《中国社会科学报》2013-10-21。

② 李静：《论区域传播与区域文化的关系》，四川大学2002年硕士学位论文，第2页。

整体内的各分支是子系统，这些子系统的内部则是一个个更小的系统，它们相互联系构成整体，“区域文化也是由一个个子系统构成的文化系统，这些子系统就是区域文化的基本要素”[①]，这些基本要素相互且共同作用，从而形成自己独特的文化。

这些多学科研究方法，在具体的区域文化研究过程中往往会被研究者综合运用，这也是区域文化的复合性特征所决定的。如林亦修在研究温州区域文化时，“主要以民俗学、文化人类学、区域社会史的相关理论为指导，采用地方历史文献、民间谱牒、各类民间口述资料、田野实地考察相结合的研究方法，在自然地理、族群演进、信仰民俗三个维度上剖析温州区域文化”[②]；周大鸣、吕俊彪等在研究珠江流域的族群与区域文化时，“采用历史资料研究、民族研究文献整理和田野调查相结合的研究方法……在具体的田野调查中，我们主要采用传统的人类学参与观察法进行长时间的深入调查”[③]；张森材、马砾在研究吴文化时，“力图运用统计学、文献学、考古学等多种手段，通过文化学、民俗学、社会学等具体的史料，希望能够对吴文化的种种现象、这些现象所反映的吴文化的精髓，及其发生、发展、演变的历程，进行多视角、多方位的审视和历史的考察”[④]。这些多学科研究方法的综合运用，是开展区域文化研究的必备条件，仅仅运用其一，则难以研究清、揭示出区域文化的内涵与特征。

三、区域文化研究的实践与前瞻

（一）区域文化研究的成果

区域文化研究自20世纪80年代开始热起，进入21世纪，学术界有关区域文化的研究宏论大作不断涌现。文化研究也吸引了政府的高度关注，被置于文化建设的重要位置，研究成果更加丰富。限于篇幅，拙文难以全部

① 张森材，马砾：《江苏区域文化研究》，江苏古籍出版社2002年版，第8页。

② 林亦修：《温州族群与区域文化研究》，上海三联书店2009年版，第9—10页。

③ 周大鸣，吕俊彪：《珠江流域的族群与区域文化研究》，中山大学出版社2007年版，第14页。

④ 张森材，马砾：《江苏区域文化研究》，江苏古籍出版社2002年版，第508页。

阐述，遴选相关专著介绍如下，以期能起窥斑见豹之效。

张森材、马砾合著的《江苏区域文化研究》，对江苏苏北地区的徐汉文化、苏南的吴文化进行了详细论述，并对南北的戏曲、民俗风情、饮食文化作了阐述。林国平主编的《闽台区域文化研究》[①]以章节和专题结合的形式，论述了闽台文化的形成和历史作用，展现了闽台地区特有的文化习俗，包括宗族、教育、文学、音乐、戏曲、歌舞、宗教、民间信仰、民俗等各个方面。吕静的《陕北文化研究》[②]，不仅对陕北文化的概念界定、文化区域范围及形成做了介绍，还重点对陕北的文化特点展开了深入研究，并探究了榆林生态、绥德炕头石狮文化、民间舞蹈、陕北道情、陕北民歌等专题性文化。周大鸣、吕俊彪的《珠江流域的族群与区域文化研究》一著，从珠江流域的族群分布与文化互动角度，考察了珠江上游、中游、下游不同的族群及其区域文化，使我们对珠江区域复杂多元的少数民族文化有了全新的认识与了解。浙江省社科联编的《区域文化研究》[③]，虽非特定区域的文化研究，而是涉及苏、浙、赣、鲁、皖、沪等地域的文化事象研究的论文集，但也反映了具有官方性质的学术机构对区域文化研究的高度关注。林亦修的《温州族群与区域文化研究》[④]，也从族群迁移的视角，考察了温州历史上长期以来的族群迁移与温州区域文化的形成过程，得出了温州区域文化是一种有特色的移民文化的结论。丰坤武的《南通文化研究》[⑤]也是一部区域文化研究的佳作，这本书的最大特点就是将南通区域文化作了进一步的划分，解析为海陵文化圈、胡逗洲文化圈、沙地文化圈、通东文化圈，并根据南通区域文化的个性提出了南通文化产业发展的战略对策。潘承玉的《中华文化格局中的越文化》[⑥]一书则对越文化的创造主体和发育环境及其与吴文化、楚文化以及北方中原文化的互动关系，越文化对整个中华文化的贡献和对东亚文化的影响等一系列问题，进行了深入的研究和全新的阐述，是“一部不可多得的区域文化研究新著，标志着越文化研究迈

① 林国平:《闽台区域文化研究》,中国社会科学出版社2000年版。
② 吕静:《陕北文化研究》,学林出版社2004年版。
③ 浙江省社科联组编:《区域文化研究》,浙江人民出版社2007年版。
④ 林亦修:《温州族群与区域文化研究》,上海三联书店2009年版。
⑤ 丰坤武:《南通文化研究》,南京出版社2010年版。
⑥ 潘承玉:《中华文化格局中的越文化》,人民出版社2010年版。

上一个新的台阶”[①]，堪称近年来越文化研究不可多得的成果之一。

上述浙江省社科联编的《区域文化研究》反映出官方对区域文化研究的高度重视。无独有偶，安徽省社科联也每两年一度组织举办淮河文化、皖江文化学术研讨会，并出版论文集。如自2004年起至2014年，安徽省社科联联合皖江各市，先后举办了六届“皖江地区历史文化研讨会”，并出版了学术论文集，此也可视为皖江区域文化研究的成果。论及安徽，则徽州区域文化研究成果最为丰富。皖南徽州（今黄山市）正因其文化的厚重，在学界的研究下形成了一门国际性的显学——徽学。在徽学研究领域内，有大徽州、小徽州之称，小徽州即指历史上徽州一府六县的区域，在此空间范围内形成的同质性文化，我们称之为徽州区域文化。该区域文化研究的成果颇为浩繁，研究成果汗牛充栋。为进一步推进徽学研究，1999年，“徽州文化全书”课题被确定为国家社科重点项目。目前《徽州文化全书》20卷已全部完稿，由安徽人民出版社出版发行，这可视为对徽州区域文化研究的一次整体性总结。

（二）区域文化研究的前瞻

综上来看，关于区域文化研究，无论是就其内涵的发掘、理论方法的开拓，还是具体的区域文化研究，较之以前都有了很大的进步。当下，文化已成为经济发展的内驱动力之一，各地方均在积极整理、发掘地方历史文化资源。以此来看，区域文化研究有着广阔的前景。为了进一步深化区域文化的研究，推动文化的发展，陋见认为可在以下几个方面加以拓展：

第一，处理好区域文化与整体中华文化之间的关系。近年来虽然区域文化研究成绩可表，但似乎过于强调区域文化的特质性，忽略了传统文化的影响。中国整体的传统文化与各个区域文化是源与流的关系，不论地方区域文化怎样婀娜多姿，都离不了传统文化对她的滋养和哺育。如徽州文化，“它是在原徽州（府）下属六县（歙、黟、休宁、祁门、绩溪、婺源）所出现的既有普遍性又有典型性并且具有一定学术含量的各种文化现象的

① 董楚平，吴艳玲：《一部不可多得的区域文化研究新著——评〈中华文化格局中的越文化〉》，《浙江树人大学学报》（人文社会科学版）2011年第5期。

整合”[①]，其普遍性就在于它“是中华正统文化传承的典型。它集中地、典型地体现了中华传统文化的精华”[②]。换言之，徽州文化是在传统文化的滋润下产生的。因此，在研究具体的区域文化时，应将其置于整体传统历史文化的大背景下考察，才能更加清楚地认知区域文化。如陈建森教授就认为“在岭南文化历史生成的过程中，中原主流文化一直就是岭南文化的核心内容”[③]。

第二，重视区域文化的个性与共性结合研究。此与第一点近似，但又有区别。当下区域文化研究往往过于注重地区间文化的差异，忽视或轻视地区间文化的共性，具体表现在研究中，通常都是以其差异性来吸引人们的眼球，这样离开共性专谈特殊性是没有根基的做法。一个事物与另一个事物的不同不是因为本身的不同，而是先有相同的根源才能产生比较而有不同，如宗族文化，随着北人南迁，它在皖南、赣南、苏南、沪浙、岭南等地落地开花，但因自然环境、人文历史等要素的不同，宗族民众在各地又创造出了各具特色的区域文化。如果抽去宗族文化的共性，则难以理解其个性了。

第三，协调好区域文化研究与区域经济发展的步履。近年来，许多地方一味地追求经济效益，大力进行地方区域文化研究，发展文化产业。地方政府关注、重视地方区域文化的研究，于学界而言是好事，但步履太快却没把事办好。如有些地方为了文化产业的发展，进行的大量研究都不具有可靠的理论和详实的资料支撑，带来了文化研究的夸大和虚假性，这种急功近利式研究是学术研究之大忌，并不利于区域文化的深入研究与开发。因此，必须在做好充分的学术研究的基础上，才能做好文化的保护与开发，促进经济的发展。

第四，加强多学科相互协作，拓展区域文化研究的视野与方法。区域文化本质上是复合型文化，这就要求人们要结合多学科的理论与方法去分

---

① 张海鹏:《徽学漫议》,文载朱万曙主编《论徽学》,安徽大学出版社2004年版,第41页。

② 叶显恩:《徽州文化的定位及其发展大势——〈徽州文化全书〉总序》,《黄山学院学报》2005年第2期。

③ 陈建森:《关于区域文化研究视域和价值取向的思考——以岭南文化为例》,《华南师范大学学报》2008年第5期。

析文化现象，如文学、社会学、宗教学、语言学、考古学、民族学、人类学等[1]。近年来，学界在努力尝试运用多种学科的交叉与渗透来开展区域文化研究，如李后强、苏东来在学界研究康巴文化的基础上，提出了康巴文化研究的“六度方法”，即从经纬、海拔、日照、水量、物产、交融等六个方面展开分析，“该方法是一个多学科融合的知识体系，涉及生态学、文化学、地理学、气候学、民族学等内容”[2]，使我们对康巴文化的成因及其特征有了更加清晰的认知。但总体上观察学界综合运用多学科理论与方法来研究区域文化，应该说尚存很大的提升空间。因此，欲推进区域文化研究的深化，必须开展多学科之间的整合研究，以增添研究的活力。

四、结语

21世纪以来，区域文化研究呈蓬勃发展态势，研究成果迭出。究其因有二：一是趁20世纪80年代以来的研究之势，研究力量壮大，研究视角拓宽，研究理论方法多元；二是文化成为经济发展的内驱力已成为社会的共识，发掘历史文化、促进经济发展成为地方关注的事项，这也拉高了区域文化研究的热度。当下，社会已进入全面深化改革时期，优秀传统历史文化遗产的保护与利用是文化建设领域内深化改革的重要课题，由此来看，区域文化研究前景看好。同时，我们也清醒地认识到，目前从事区域文化研究的主体力量还是史学、文学工作者，受专业熏陶，多学科理论、方法的综合运用还是我们的瓶颈，需要理论的拓展、方法的更新，这需要其他学科的人才融入区域文化研究中去，这样才能更好地拓展区域文化研究的广度和深度。

（原载《地方文化研究》2016年第5期）

① 司冬梅:《区域文化研究的时空概念及未来趋势》,《中华文化论坛》2013年第1期。

② 李后强,苏东来:《康巴文化研究的“六度方法”》,《中华文化论坛》2016年第9期。

皖南非物质文化遗产时空结构研究*

张军占

非物质文化遗产是在特定历史时期和文化空间由民间创作的活态文化，蕴含着先民们特有的文化意识、想象力、精神寄托和思维方式，与先民们的生产生活实践息息相关。不同于物质文化遗产，其主要依附“人”这一载体，借助口传心授的方式传承与发展。非物质文化遗产因时间而具有历史、艺术、科学、经济等价值，因空间而具有地域性和多样性①。因此，研究非物质文化遗产的时空问题，对地域文化保护、开发、整合具有重要的现实意义。

近些年，很多中外学者致力于非物质文化遗产的研究。目前，国外学者主要研究非物质文化遗产的旅游开发与影响、政治性质、动力机制、所有权与版权保护、信息化保护与评估等问题。在国内，从研究内容上，主要关注非遗保护、传承发展、价值评估，非遗的旅游开发、数字化，非遗与现代生活、文化空间、非遗空间等问题；从研究方法上，主要利用人类学、社会学、民俗学、旅游学等学科的研究方法进行定性研究，而定量分析研究得较少。近年来，学术界开始用定量或计算方法研究复杂的人类社会科学。一些专家运用地理信息系统（GIS）分析非物质文化遗产的空间分布特征及影响因素，主要在全国或省域的宏观研究尺度上分析非物质文化遗产的空间问题，很少有学者从中观区域角度分析非物质文化遗产的时间和空间两方面问题，尚没有发现以皖南非物质文化遗产时空结构研究为题的研究成果。本文综合运用历史文献分析法、EXCEL统计分析方法、GIS空间分析方法，分析皖南非物质文化遗产的时空结构，探讨皖南非遗的分布特征及成因，为皖南历史文化的保护传承以及旅游规划开发提供基础。

*本文系国家社科基金项目“明清时期皖南宗族社会与区域文化关系研究”（编号：13BZS038）阶段性研究成果。

① 胡惠林：《时间与空间文化经济学论纲》，《探索与争鸣》2013年第5期。

一、研究区域概况

安徽省域内有长江、淮河两大南北河流，将安徽地域分为皖北区域、皖中区域、皖南区域。皖南区域指安徽省长江以南地区，主要包括池州、黄山、铜陵、芜湖、宣城、马鞍山六个地级市，面积约3.65万平方千米，是安徽省历史文化资源最为丰富的区域。皖南区域地形地貌复杂，高山、丘陵、盆地交互镶嵌其间，自然风景优美，俗称“七山一水一分田，一分道路和庄园”，因此可开垦土地所占比例很小。区域内河网密布，有长江、新安江、青弋江、水阳江、秋浦河五大水系及支流贯通于山川、盆地之中。皖南在先秦时期属吴、越、楚统辖，受到吴文化、越文化和楚文化的影响，为形成富有较强认同感的地域历史文化提供了外部条件。安徽省有省级以上非物质文化遗产项目513项，其中皖南地区有223项，约占总数的43.5%。非物质文化遗产不但类型多样、数量丰富，而且历史文化价值极高。其中，宣纸制作技艺、程大位珠算、徽派传统民居建筑营造技艺被联合国教科文组织列入世界级非物质文化遗产名录。

二、数据来源与研究方法

（一）数据来源

本文从中央人民政府网站获得皖南地区世界级非物质文化遗产名录和四批国家级非物质文化遗产名录；从安徽省文化厅网站获得皖南地区省级非物质文化遗产名录；通过查阅皖南历史文献资料、实地调查和电话调查采集皖南非物质文化遗产出现的历史时期、发源地以及主要传承地信息等相关属性数据；从安徽省统计局网站获取皖南各市人口、面积、GDP、旅游收入等社会、经济数据。为了更加准确地反映非遗项目的地域性，对于一些多个地区联合申报的非遗项目，按照行政区划、文化原生地进行拆分；将同一传统技艺进行合并，如将太平猴魁、黄山毛峰、松萝茶、屯溪绿茶等绿茶制作技艺合并为一项传统技艺。为保证数据的可靠性，按照“就高原则"，去除列入世界级、国家级的重复项目。通过整理共得出皖南非遗名录223项，其中，世界级非遗名录3项，国家级（包含扩展名录）31项，省级（包含扩展名录）189项。

本文以非物质文化遗产项目原生地的所在村落为研究要素点，非遗项目如在一个城市或乡镇流布范围比较广，则选其行政中心作为要素点，已经搬出原生处，则将传承较好的行政地作为要素点。以1∶25万安徽省（基础要素版）矢量地图为底图，分割出皖南各地市行政区划图，利用百度地图拾取坐标系统，确定皖南非遗项目所在村镇的地理坐标。运用ArcGIS10.2技术构建皖南非遗项目的空间属性数据库，绘制其空间分布图（图1）。

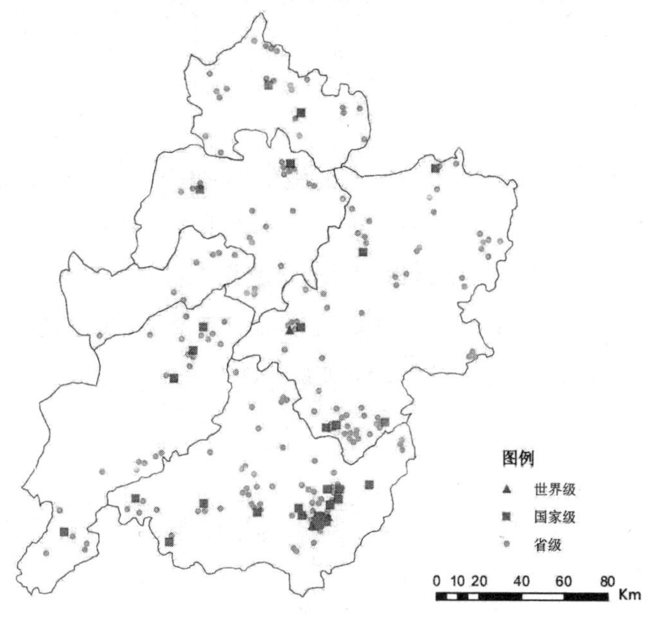

图1　皖南非物质文化遗产空间分布

（二）研究方法

1.最邻近指数法

最邻近指数法是分析点位置关系的点模式分析，用随机分布模式作为标准来判别点状分布类型。首先，利用ArcGIS10.2计算出每个非遗要素点

附录

与其最邻近非遗要素点之间的距离r_1，得到这些距离的平均值，即为最邻近距离$\bar{r}_1$；其次，计算研究区域内点状要素分布为随机型时的理想指数，即为理论邻近距离r_E，利用公式$R = \bar{r}_1 / r_E$，得出最邻近指数。其中理论邻近距离的公式为：

$$r_E = \frac{1}{2\sqrt{m/a}} = \frac{1}{2\sqrt{D}}$$

式中m为点非遗单元数，a为皖南区域面积，D为点单元密度值。

当$R = 1$时，即$r_1 = r_E$，表示皖南区域内非遗点要素为随机型分布；当$r_1 < r_E$时，表示非遗点要素为凝聚型分布；当$r_1 > r_E$时，表示非遗点要素为均匀型分布。

2.核密度估算法

由于地理事象发展在空间位置上的概论不一样，核密度估算法是利用概率论估计未知的密度函数。核密度估算法以每个样本点为中心，计算在半径为h的圆内每个样本点的密度贡献值。利用ArcGIS10.2对区域内每一个样本点用同样的方法进行计算，然后进行叠加，得到非遗要素点在整个区域的分布密度。f在某x点处的密度贡献值$f(x)$为：

$$f_n(x) = \frac{1}{nh}\sum_{i=1}^{n} k\left[\frac{x - x_i}{h}\right]$$

式中$f_n(x)$为核密度函数，$k\left[\frac{x - x_i}{h}\right]$称为核函数，$n$为非遗数量，$h$为带宽，（$x - x_i$）表示估计点到样本点$x_i$处的距离。

三、皖南非物质文化遗产的时序演变特征

非物质文化遗产以时间方式生产、记忆历史精神现象，在时间延续和历史变迁过程中呈现出不同历史时期的文化特征。由于非物质文化遗产由民间创造，且主要靠口传心授，皖南地方志、家谱族谱、文书等历史文献资料记载有限，部分项目很难确定其出现的具体历史时间。为便于分析数据，本文将皖南非物质文化遗产的出现时期分为石器至秦汉时期、魏晋南

北朝至隋朝五代、宋元时期、明清时期四个历史时期（见表1）。

表1　不同历史时期皖南非遗类型数量

（单位：项）

历史时期	民间文学	传统音乐	传统舞蹈	传统戏剧	曲艺	传统体育、游艺与杂技	传统美术	传统手工技艺	传统医药	民俗	总计	百分比
石器至秦汉	2	3	4	0	0	1	4	14	0	4	32	14.3%
魏晋南北朝至隋朝五代	0	4	4	0	0	1	5	12	1	12	39	17.5%
宋元	1	2	9	1	0	1	3	19	0	4	40	17.9%
明清	2	9	12	13	1	3	9	40	9	14	112	50.3%
总计	5	18	29	14	1	6	21	85	10	34	223	100%

如表1所示，石器至秦汉、魏晋南北朝至隋朝五代、宋元三个历史时期，皖南非遗类型并不齐全，在石器至秦汉时期和魏晋南北朝至隋朝五代两个历史时期没有出现传统戏剧类非遗，在石器至秦汉时期和宋元时期两个历史时期没有出现传统医药类非遗，这三个历史时期都没有出现曲艺类非遗。直到明清时期，非遗项目类型才发展齐全，涉及十大类，数量也是迅速增加，相当于前三个历史时期非遗数量之和。

皖南在石器至秦汉时期生产力低下，非遗的出现与历史地理环境有较强的依附关系。这一时期出现非遗32项，约占皖南非遗总数的14.3%，涉及传统舞蹈、传统手工技艺、民俗等七类项目，其中传统手工技艺类非遗数量最多，有14项。此时期非遗特征为反映吴越先民们生存、生活、崇信巫术、尊奉神灵等原始山地游耕文化内容较多。说明生活在此时期的吴越先民，在生产力低下的情况下为摆脱自然灾害、瘟疫等困扰而主动创造文化，努力解决生存问题，用诸多驱邪避灾的方式抚慰内心的精神世界。如传统舞蹈（祁门傩舞、舞狮、三圣傩舞）、民俗（跳五猖、九十殿庙会、郭村周王会）等非遗。

魏晋南北朝至隋唐五代时期是中国封建社会的兴盛时期，非物质文化在秦汉文化的基础上继续发展。这一时期的非遗有39项，约占皖南非遗总数的17.5%，涉及七大类，没有出现民间文学，新安医学在此时出现。受战乱影响，中原的贵族士大夫南迁至此，为皖南地区带来了先进的农业、手工业生产技术，中原文化与山越文化在此相互交融，形成了独具特色的地域文化。唐朝时随着国家的经济重心逐渐南移，皖南地区经济社会发展水平不断提高，与此同时，文化氛围空前活跃，佛教文化也在皖南地区广泛流传。此时期非遗特征为反映宗教信仰的民俗类非遗增长较快，传统手工技艺已经不仅仅满足先民生活需要，先民们在提高生活质量方面所作出的智力投入逐渐增多，传统音乐、传统舞蹈、传统美术类非遗也同步发展。如民俗类非遗（九华山庙会、上九庙会、广济寺庙会、徽菜、许村大刀灯）、传统手工技艺类非遗（宣纸制作技艺、皖南木榨油技艺、横望山米酒酿造技艺、凤丹制作技艺、顶谷大方制作技艺、宣酒纪氏古法酿造技艺、五城豆腐干制作技艺、徽墨制作技艺），还出现了传统舞蹈类非遗（东至花灯舞、黎阳仗鼓）和传统音乐类非遗（九华山佛教音乐、当涂民歌、美溪唢呐）。唢呐、民歌、仗鼓等传统音乐形式的出现说明皖南先民们的文化生活日益丰富多彩。

宋元时期皖南经商风气逐渐形成，徽商开始兴起[①]，手工业、商业得到初步发展，为传统手工技艺类非遗发展提供了基础。宋元时期的非遗有40项，约占皖南非遗总数的17.9%，涉及八大类。此时期非遗特征为随着手工业、商业的发展壮大，与其相关的手工艺商品制作要求越来越精细，服务于徽商经营活动的非遗文化内容逐渐被创造。说明此时期皖南地区先民们因外出经商，逐渐形成具有特色的文化事象，并随着与外界交流日益增多，在将区域外的非遗文化带入皖南的同时，也带来了经济财富，先民们对文化内容与生活品质有着更高的追求。如民间文学类非遗（徽州民谣），传统舞蹈类非遗（无为鱼灯、手龙舞），传统美术类非遗（徽州墙头画、徽派版画），传统体育、游艺与杂技类非遗（湖阳“打水浒”），传统音乐类非遗（徽州民歌、齐云山道场音乐），民俗类非遗（湖村抬阁）得到迅速发展，特别是传统手工技艺类非遗（徽州三雕、万安罗盘制作技艺、徽州漆盘制作技艺、徽派盆景技艺、葛公红茶制作技艺）日益精湛，数量有19项，约

① 王裕明:《宋元时期的徽州商人》,《安徽史学》2015年第3期。

占宋元时期非遗总数的47.5%。

明清时期徽商穿梭于大江南北，遍布整个皖南区域，是皖南经济、文化的鼎盛时期。这一时期皖南手工业高度发达，商业氛围非常浓厚，城镇人口大量聚集，社会经济呈现出高度繁荣的景象。明清时期的非遗有112项，约占皖南非遗总数的50.3%，涉及十大类。此历史时期非遗项目全面增加，传统手工技艺类、传统戏剧类、传统医药类非遗增加幅度较大，其中，传统手工技艺类增加21项，约占皖南传统手工技艺类非遗总数的47.1%；传统戏剧突增了13项，约占皖南传统戏剧类非遗总数的92.9%；传统医药类增加9项，约占皖南传统医药类非遗总数的90%。首次出现曲艺类非遗项目西华唱经锣鼓，其他类型的非遗都有所增加。清朝后期皖南虽遭到战乱破坏，但因地理环境的原因，很多流布范围较广、已深入民众日常生活的非遗项目仍然传承下来。明清时期的非遗特征为反映先民们生存、生活、崇信巫术、尊奉神灵等原始农耕文化的内容逐渐减少，提高人们的生活品质和主体精神以及满足健康需要为目的文化内容增长很快。说明随着皖南经济财富的大量集聚，皖南民众为提高自身的社会地位，对文化的需求日益增多，对非遗文化产品的质量要求也越来越高，并有意识地改善身体状况，以求延年益寿。如传统手工技艺（耿福兴传统小吃制作技艺、大九华水磨玉骨绢扇），传统戏剧（青阳腔、徽剧、梨簧戏），传统医药（祁门胡氏骨伤科、野鸡坞外科、沛隆堂程氏内科、张一帖内科疗法、西园喉科医术），传统体育、游艺与杂技（徽州武术、叶村叠罗汉、三阳打秋千）等类非物质文化遗产。

综上所述，非物质文化遗产作为时代的文化产物，会伴随着时间不断进行演化。皖南非物质文化遗产不同历史时期的演变特征经历了从早期生产生活的基本满足、崇尚巫术和尊奉自然神灵的文化事象向展示高超的生产技艺、追求生活品质、注重自身精神愉悦和健康为主的文化事象过渡。从石器时期至明清时期，非物质文化遗产数量不断增加，类型也逐渐齐全，手工技艺不断提高，文化内涵不断丰富。非物质文化遗产在皖南区域的时序演化与皖南社会文化发展一脉相承，也较好地印证了皖南地域文化的形成与发展过程。

四、皖南非物质文化遗产的时空结构分布特征

（一）皖南非物质文化遗产空间分布类型特征

利用最邻近距离公式，计算皖南地区223项非物质文化遗产的理论最邻近距离 $r_E = 6.99$ km，根据ArcGIS10.2软件进行测算，皖南非遗的最邻近距离为 $r_1 = 4.89$ km，得出最邻近指数：$R = 0.7$，说明皖南非物质文化遗产具有较强的空间集聚分布趋势，空间分布类型为凝聚型。

（二）皖南非物质文化遗产聚集区域分布特征

利用核密度函数，通过ArcGIS10.2的Spatial Analyst中集成的Kernel Density工具进行核密度估计。通过多次试验，选择带宽 h 为1.79 km，得出四个历史时期的皖南非物质文化遗产核密度分布格局（图2）。

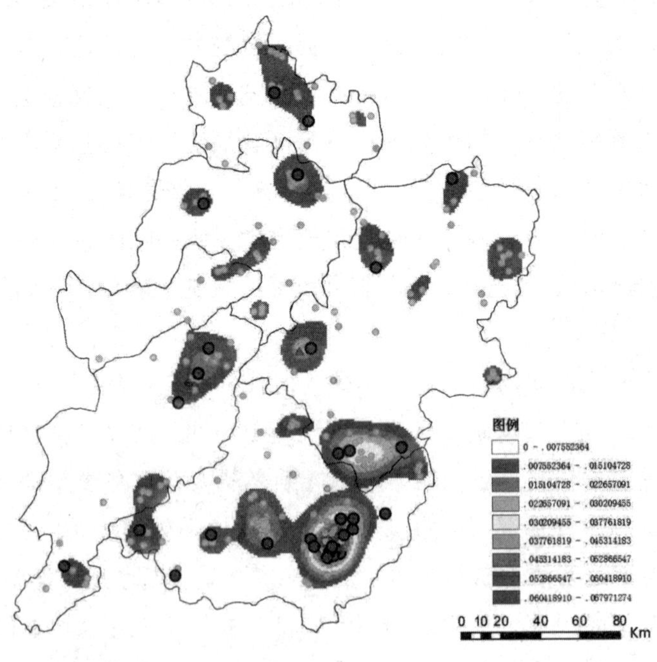

图2　四个时期皖南非物质文化遗产密度分布

由图2可看出，现阶段皖南非物质文化遗产空间聚集分布呈“百花齐放”，主要分布在屯溪、歙县、休宁、绩溪、黟县、池州等山间盆地。聚集区域主要有2个非物质文化遗产带，分别是“徽文化”非物质文化遗产带和“皖江文化”非物质文化遗产带；1个高核密度圈，主要包括黄山市屯溪区、徽州区，歙县的徽城镇、雄村镇、郑村镇；1个高密度圈，即宣城市绩溪县；2个次级密度圈，主要包括黄山市黟县的碧阳镇、西递镇、宏村镇等几个乡镇，池州市九华山周边地域；5个小密度圈，主要包括池州市牯牛降周边地域、宣城市的泾县、芜湖市的镜湖区、马鞍山市和县、宣城市宣州区。此外，广德县的横山周边区域、宣城市郎溪县梅渚乡、池州市石台县大演乡、池州东至县官港镇和木塔乡也是非物质文化遗产的聚集地域。以上内容表明，非物质文化遗产主要聚集在地理位置相对封闭，交通不便的山间盆地。

四个历史时期的非物质文化遗产空间分布均不平衡，有明显差异。石器至秦汉时期形成黄山市屯溪区和宣城市绩溪县2个高密度圈，以马鞍山市和县为中心的周边区域为次级密度圈；魏晋南北朝至隋唐五代时期形成黄山市屯溪区、黄山市歙县、宣城市绩溪县3个高密度圈，以黄山市徽州区、休宁县，池州九华山为中心的周边区域为次级密度圈；宋元时期，黄山市屯溪区、歙县、休宁县为高核密度圈，宣城市绩溪县为次级密度圈；明清时期非遗聚集的密度圈与现阶段基本一致，差异不大（见图2）。这表明四个历史时期黄山市和宣城市绩溪县均为非物质文化遗产密集区，明清时期皖南非物质文化遗产密集区域不断增多，密集度与皖南社会经济发展水平以及深厚历史文化底蕴密切相关。

（三）皖南非物质文化遗产行政区划分布特征

按照行政市域尺度划分，非遗在级别、数量、类型分布上呈现差异化(表2、表3)。有世界级非物质文化遗产3项，其中宣城市1项，为宣纸制作技艺，黄山市2项，为程大位珠算和徽派传统民居建筑营造技艺，其他四个地级市没有世界级非物质文化遗产项目。国家级非物质文化遗产共31项，其中黄山属于国家级非遗的富裕区，有18项，占皖南国家级非遗总数的58.1%，铜陵市没有国家级非遗项目，其余分别是宣城5项，池州4项、芜湖2项、马鞍山2项。相比较世界级和国家级非遗数量，皖南省级非遗数量较大，共189项，其中黄山和宣城属于省级非遗富裕区，非遗数量较多，分别是60项和58项，约占皖南省级非遗总数的60.3%，池州、芜湖、马鞍山非遗数量一般，铜陵属于非遗的贫乏区，省级非遗数量只有7项，约占省级非遗总数的3.7%。皖南共有36个县区，223项非遗，平均每个县区拥有非遗数量约6项。非遗项目数量超过6项的县区有16个，主要分布于池州市青阳县和东至县，黄山市7个县区，马鞍山市和县、芜湖市镜湖区、宣城市除旌德县以外的5个县区。黄山、宣城为徽文化中心，历史文化底蕴深厚，创造了丰富的非物质文化遗产。皖江地区文化相互交融，长久的文化积淀，再加上九华山佛文化影响，形成了独具特色的非物质文化遗产。然皖江地区的铜陵素有“铜都”之称，改革开放以后重视工业生产，非遗破坏严重，非遗申报与保护力度不大，因此，非遗数量很少。

表2　皖南非遗市域分布特征[①]

（单位：项）

市域	非遗总数	世界级	国家级	省级	县区	县区非遗数量	市域	非遗总数	世界级	国家级	省级	县区	县区非遗数量
池州	27	0	4	23	贵池区	5	铜陵	7	0	0	7	铜官区	1
					青阳县	7						郊区	1
					石台县	5						义安区	4
					东至县	7						枞阳县	1
					九华山风景区	4							

① 对几个县区联合申报的非遗项目进行拆分。

续　表

市域	非遗总数	世界级	国家级	省级	县区	县区非遗数量
黄山	79	2	18	59	屯溪区	20
					徽州区	10
					黄山区	8
					休宁县	11
					黟县	10
					歙县	15
					祁门县	11
马鞍山	23	0	2	21	花山区	1
					雨山区	2
					博望区	3
					和县	7
					含山县	6
					当涂县	4
芜湖	22	0	2	20	镜湖区	7
					弋江区	0
					鸠江区	0
					三山区	0
					芜湖县	3
					繁昌县	4
					南陵县	5
					无为县	4
宣城	65	1	6	58	宣州区	11
					郎溪县	10
					广德县	8
					绩溪县	21
					泾县	11
					旌德县	3

表3　四个历史时期皖南非遗市域分布

（单位：项）

城市	石器至秦汉时期	魏晋南北朝至隋朝五代时期	宋元时期	明清时期	总计
池州	0	4	4	19	27
黄山	11	12	18	38	79
宣城	10	12	12	31	65
芜湖	2	2	5	13	22
马鞍山	7	7	1	8	23
铜陵	2	2	0	3	7

（四）皖南非物质文化遗产类型分布特征

皖南非遗在类型分布上差异化显著，呈阶梯状（图3）。第一阶梯只有传统手工技艺，第二阶梯非遗类型是民俗和传统舞蹈，第三阶梯非遗类型是传统美术、传统音乐、传统戏剧，第四阶梯非遗类型是传统医药、传统体育、游艺与竞技、民间文学、曲艺，其中，曲艺类非遗数量最少，只有1项。这表明皖南独具特色的文房四宝技艺、徽州三雕、竹雕、竹刻技艺、茶叶技艺、徽菜技艺等传统手工技艺类非物质文化遗产挖掘充分，保护传承情况良好，民俗、传统舞蹈、传统美术、传统音乐、传统医药类非物质文化遗产虽丰富多彩，但有待进一步挖掘，传统体育、民间文学、曲艺类非物质文化遗产数量较少，急需深度挖掘，保护传承情况较差，地方政府要加大保护力度。

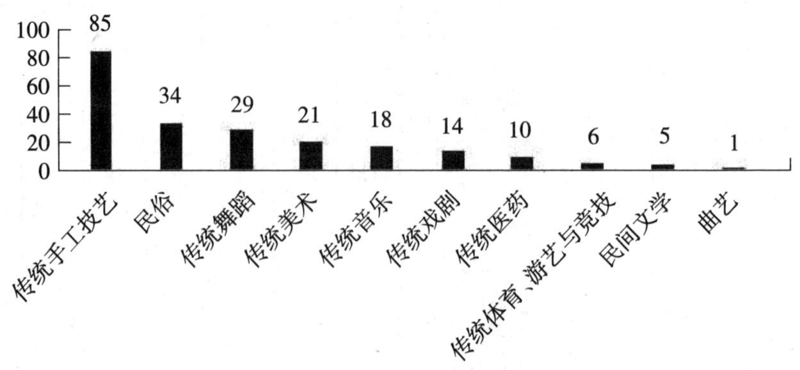

图3　皖南非遗类型差异化分布

五、皖南非物质文化遗产时空结构成因分析

（一）地形地貌因素分析

地形地貌是影响皖南非物质文化遗产时空分布的重要因素。皖南地形地貌类型多样，以香隅—殷家汇—青阳—南陵—宣城市—广德一线为界形成两大地理板块：北部沿江平原区和南部丘陵山地区[①]。北部沿江平原是呈西狭东阔状的皖江平原。南部丘陵山区包括黄山市全境，宣城市绩溪县、旌德县、泾县、宁国市，池州石台县、东至县。丘陵山区自西北向东南有九华山、黄山、天目—白际山3条山脉平行排列，山脉方向呈北东向展布。山地间因地势低下，秋浦河、青弋江、水阳江、新安江流经此地，形成许多山间盆地，以屯溪盆地面积最大，还有绩溪盆地、休宁盆地、歙县盆地、泾县盆地等。皖南非物质文化遗产主要分布在北部皖江平原和南部盆地。皖江平原土地肥沃、资源丰富且水源充足，农业生产条件好，素称“鱼米之乡”，适宜居住，人们世代在此繁衍并逐渐形成了稳定的人口聚集地，虽利于非物质文化遗产的传承发展，但受历史战乱及现代城镇化影响严重，非物质文化遗产保护与传承情况一般，数量较少。南方山区盆地因山相隔，交通不便、地理环境比较独立，外界对非物质文化遗产的影响较少，在相对封闭的条件下，为非物质文化遗产的保护与发展提供了重要基础。

（二）河流因素分析

皖南非物质文化遗产空间分布与河流流域密切相关。皖南地区河网交错密布，依水而居是皖南地区先民们的生活智慧，河流沿岸也是徽文化、皖江文化的最早诞生地，非物质文化遗产相对丰富。笔者实地调查统计发现，皖南非遗原生地所在乡镇及村庄沿河情况，池州、宣城、马鞍山全部沿水而建，黄山、芜湖、铜陵沿水建设的区域都在80%以上，一些村庄有河流穿村而过，还有的位于河流一侧。以皖江、新安江、青弋江、水阳江、

① 邵甬，胡力骏，赵洁：《区域视角下历史文化资源整体保护与利用研究——以皖南地区为例》，《城市规划学刊》2016年第3期。

秋浦河五条主要河流水系为基础数据，利用ArcGIS10.2工具栏中的缓冲区进行定量分析（图4），分别以4 km、6 km、8 km为缓冲半径，结果显示，皖南非遗有89项分布在4 km主要河流缓冲区内，约占总数的39.9%；有125项非遗分布在6 km主要河流缓冲区内，约占总数的56.1%；有151项非遗分布在8 km主要河流缓冲区内，约占总数的67.7%。皖南非物质文化遗产沿河两岸孕育发展，传承千年，沿皖江、新安江呈“两横”分布，沿秋浦河、青弋江、水阳江呈“三纵”分布。整体上皖南非物质文化遗产沿主要河流呈“两横三纵”的分布格局。

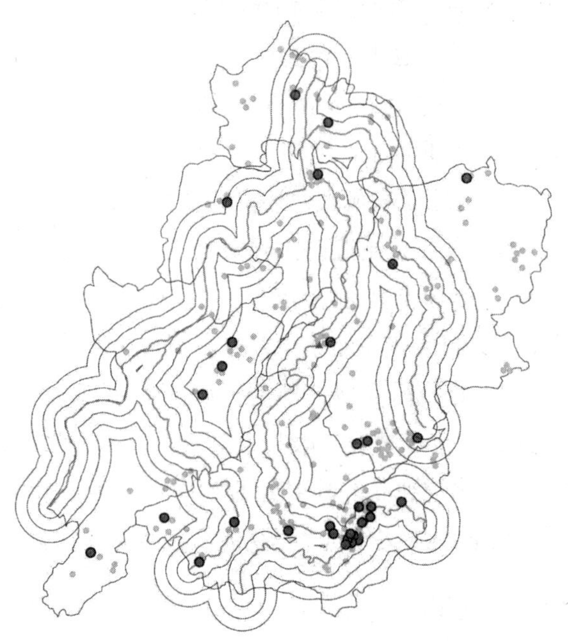

图4　皖南非物质文化遗产的主要河流缓冲区分析

（三）社会经济因素分析

纵观皖南社会经济发展史，明清以前皖南非物质文化遗产的分布与地区社会经济发展水平呈正相关，明清以后呈负相关。黄山市和宣城市绩溪县为古徽州的中心区，也是皖南非物质文化遗产主要聚集区域。石器至秦汉时期，皖南生产力低下，地广人稀，农耕条件较差，自然灾害频发，吴越先民们为满足基本的生存生活需要，利用自然资源制作生产生活必需品，借以崇信巫术、尊奉神灵抚慰未知之难，用辛勤和智慧与大自然斗争，创造了较少的非物质文化遗产。魏晋南北朝至隋唐五代时期，随着中原大族南迁至此，经济重心南移，农业和手工业技术不断改进，社会经济发展水平有所提高，创造的非物质文化遗产有所增加。宋元时期宋室南迁，徽州三省通衢，成为江南经济发达圈。明朝中期，商品经济日益兴盛繁荣，徽州社会经济达到鼎盛，徽商遍布皖南，大量财富聚集皖南，社会经济发展水平很高，非物质文化遗产呈现“跨越式”增长，类型涉及十大类，傩戏、目连戏、青阳腔、徽剧、皮影戏、庐剧等传统戏剧不断出现，绿茶、红茶、酿酒、三雕、文房四宝等传统手工技艺更加精湛。

随着后工业化时代的到来，现代化对传统文化产生了巨大冲击，现阶段皖南非物质文化遗产主要分布于经济发展比较落后的地区。清朝末年，受战乱的毁灭性打击，徽商日渐衰败，徽州经济发展速度缓慢。现阶段，皖南经济发展实力呈“北强南弱”局面（图5），北部的芜湖、马鞍山、铜陵三市经济发展实力较强，南部的黄山、宣城、池州三市经济发展水平均不高。但皖南非物质文化遗产主要集中于南部三地市，约占皖南非物质文化遗产总数的76.7%，因其社会经济发展水平较低，交通和通讯设施相对落后，与外界信息交流较少，再加上地形地貌因素的影响，城镇化进程缓慢，人地关系比较稳定，从而传承与保护了丰富多彩的非物质文化遗产。

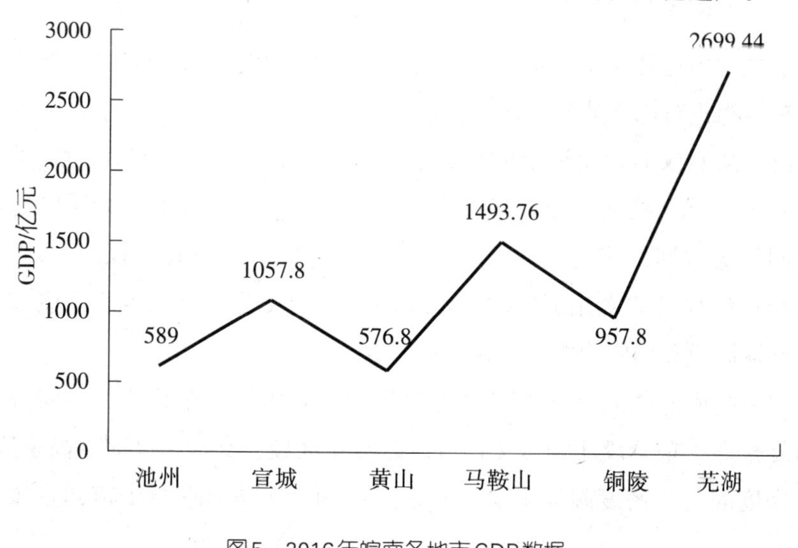

图5　2016年皖南各地市GDP数据

（四）历史文化因素分析

多元历史文化融合和积淀是影响皖南非物质文化遗产分布疏密的重要因素。皖南文化包括徽文化和皖江文化两大地域文化圈。秦汉以前，古徽州是以山越人伐山为业、刀耕火种的山地游耕文化为主。自秦置黟、歙二县以来，中原汉文化开始渗入，中原大族士民迁徙徽州。中原儒家文化与山越文化交融汇合，演绎成独具特色的徽州文化[①]，加上长期的历史积淀形成了新安画派、徽派篆刻、徽州版画、徽州刻书、徽州三雕、徽派建筑、徽州园林、徽剧、徽菜，以及医学、自然科学、数学等非物质文化遗产。历史上，早期皖江地区属吴越楚，唐宋时期自南方徽州和江西鄱阳、北方河南、河北等地迁徙大量士民，元明时期也有中原望族迁徙至此，因此，皖江地区也是移民地区。多元文化间的吸收融汇形成皖江文化的开放性、多样性特质，积淀了深厚的文化底蕴，为文学、戏曲、科技、宗教、民俗等文化发展提供了土壤。与徽州文化圈相比，皖江历史文化圈所形成的非物质文化遗产数量不多，但也出现了池州傩戏、青阳腔、东至花灯舞、九华山庙会、当涂民歌、无为民歌等具有较高文化价值的非物质文化遗产。

六、结论与讨论

本文运用地理信息技术方法，从时空角度对皖南223项非物质文化遗产的分布结构进行深入分析，研究显示：

（1）从秦汉时期至明清时期，非物质文化遗产数量不断增加，类型也逐渐齐全，手工技艺不断提高，文化内涵不断丰富。皖南非物质文化遗产在不同历史时期的演变特征经历了从早期生产生活的基本满足、崇尚巫术和尊奉自然神灵的文化事象向展示高超的生产技艺、追求生活品质、注重自身精神愉悦和健康为主的文化事象过渡。

（2）皖南非物质文化遗产具有较强的空间集聚分布趋势，空间分布类型为凝聚型。现阶段非物质文化遗产以带状区域、高核密度圈、高密度圈、次级密度圈、小密度圈为主要分布现状。四个历史时期黄山市和宣城市绩

① 栾成显:《徽州文化的形成与演变历程》,《安徽史学》2014年第2期。

溪县均为非物质文化遗产密集区域，明清时期集聚区域不断增多。皖南非物质文化遗产在级别、数量、类型分布上呈现差异化，类型分布呈阶梯状分布。

（3）皖南非物质文化遗产的时空结构形成受区域地形地貌特点、河流水系流域、社会经济发展和历史文化融合等因素影响。相对封闭的南部山间盆地分布较多，农业生产条件较好的北部平原非物质文化遗产分布一般；皖南非物质文化遗产空间分布与河流水系贯穿密切相关，沿主要河流水系呈“两横三纵”的分布格局；历史时期皖南非物质文化遗产主要分布在社会经济水平较高的区域，现阶段主要分布在社会经济水平较低的区域；多元历史文化融合和积淀是影响非物质文化遗产分布的重要因素，皖南非物质文化遗产主要分布于徽文化圈和皖江文化圈。

皖南非物质文化遗产资源丰富，地域特色显著，具有重要的旅游开发利用价值。非物质文化遗产是时间和空间的综合产物，在现代化背景下，要使皖南非物质文化遗产得到更好的传承与发展，需要吸收时空所赋予的养分，可以借鉴“文化+旅游产业”的模式，将非物质文化遗产与旅游产业整合。在政府主导下，推进非物质文化遗产资源空间地域整合，依托皖南其他旅游资源，规划设计文房四宝之游、戏曲文化之游、传统手工技艺展示游等非物质文化遗产旅游线路，将非物质文化遗产资源转化为文化旅游产品，既提高了区域文化旅游内涵，又带动了区域经济发展，同时也实现了非物质文化遗产的可持续发展。

（原载《中国文化产业评论》2017年第2期）

后　记

生长于皖南乡村、工作于皖南城市的我，对迄今仍然同族聚集的传统村落既熟悉又陌生，熟悉的是她的现状，陌生的是她的过去，有一种探究其秘的冲动，基于此，我也做了些零星的个案研究。2013年，“皖南国际文化旅游示范区”建设的热潮已现，黄山、宣城、池州三市被列入核心区域，其历史文化资源的保护传承、开发利用吸引了我的注意力，在学校积极鼓励申报国家社科基金项目的促动下，我也鼓起勇气以皖南宗族与文化的关系为研究视角，申报国家社科基金项目并通过评审立项。科研之路十分艰辛，也惟其艰辛才有收获。通过本项目研究，我们认为现今皖南区域的文化遗产大多是明清时期宗族民众创造出来的，得益于宗族的保护才传承下来；宗族民众所创造出来的文化又积极地反哺宗族自身的建设，使得宗族发展更加稳健，宗族社会更加稳定。这一关系是双向的平衡互动，直至出现新的力量打破这一平衡，社会就会发生新的变化。

科研对于我这样一个只有半桶水水平的文化人而言更为艰辛。当初申报国家社科基金项目，仅仅是为了向学校交差。因为2011年我受校领导之命主笔且成功申报了我校唯一的安徽省普通高校人文社科重点研究基地“皖南民俗文化研究中心”，并负责该研究基地的建设与管理。在学校高度重视并再三督促之下，身在研究中心也不好意思不申报国家社科基金项目了。于是抱着试试看的态度，在检视时下社会所需、借鉴学界研究成果、结合自身既往研究的基础上选定了申报的题目，精心撰写申报书，算是给学校一个交代，至于能否申报成功，不抱希望，其时手头上还有个省教育厅的重点项目在研。

或许是评审专家眷顾我校，真应了“无心插柳柳成荫”之谚，我申报的项目立项了。短暂的高兴之余，开启研究的历程后却陷入了长久的焦虑：

一是科研的艰辛非科研者难能体会，况且自身水平有限，学校图书馆的资料储备也不足；二是省教育厅重点项目刚刚结项又受命主笔成功申报“安徽省非物质文化遗产教育传习基地”并负责该基地的建设，其后又受命承接、主持省教育厅重大科研项目“皖江文化研究”的任务，这些工作很是耗费精力，影响了本项目研究的进度；三是本项目的研究需要展开实地调研以搜集资料，但调研并非有抬脚就走的便利，需要申请、审批且不得影响正常的工作。凡此诸多困扰致使本项目研究曾延期一次，幸赖课题组同仁的努力，项目研究成果终于出炉，并通过了五位评审专家的评审，2019年8月27日，全国哲学社会科学工作办公室颁发了结项证书，至此方能长舒一口气。

项目虽然结项，但书稿修缮还得继续，或许是此前过于疲累，想缓缓气，修缮的工作有所放松。其间又申报了校教学质量工程项目（优质校本教材），并在最短的时间内完成了教材的编著、出版任务，接续申报了省社会科学创新发展研究项目。弹指间两年就过去了，书稿修缮也终于完成并交付出版社付梓刊印，算是给本项目的研究画上了一个较为圆满的句号，在本书出版之际应该表达我真诚的谢意。

首先要感谢我的硕士生导师王世华先生和访学导师瞿林东先生。早在读研期间，王世华先生就给我指明了从事地方文化与宗族关系研究的方向，本项目从申报书的撰写到项目研究过程都是在先生的指导之下完成的，在本书付梓之际，先生又拨冗赐序；2008—2009学年度，我在北京师范大学访学，瞿林东先生精心指导我从事徽州谱牒文化研究，使我对谱牒资料及其价值较为熟悉，这为本项目的研究奠定了一定的学识基础。

其次要感谢项目成果验收的五位评审专家。2019年3月，本项目匿名版的研究成果呈递省社科规划办送外鉴定，焦虑心情随之泛起；2019年6月，省社科规划办转来五位评审专家的鉴定意见，心始稍安。删繁就简、调整结构、核查资料、补充材料、强化论证等书稿修缮工作，都是依据专家的指导意见展开，修缮后的书稿质量也确实有所提高。遗憾的是迄今尚不知这五位专家的尊姓大名，只能笼统地在此致谢，尚祈见谅。

再次要感谢学界的前贤时俊，本书是立足于你们研究成果的基础之上。区域文化的研究是学界关注的对象，尤其徽州文化的研究成果众多，这为本书奠定了厚实的学术基础，本书借鉴、吸纳的研究成果均一一注引，此既是学术之规范要求，也是借此向你们表达最诚挚的谢意。

又次要感谢课题组同仁，正是你们的艰辛努力，才使本书能够完成。本书第三章是江慧萍老师撰写，第四章是金晶老师撰写，张军占老师（现调至合肥师范学院马克思主义学院）对皖南非物质文化遗产的时空结构作了深入研究，为本书中的非物质性文化事象的选择奠定了基础。

复次要感谢我的夫人姚爱武，由于忙于工作和科研，家务勤杂方面我成了甩手掌柜，夫人独自承担，默默奉献。还要感谢我的学生孙小昌、李慧芳、李梦仙、张成儒等，他们本科皆受教于我，后又分别在安徽大学、安徽师范大学读研，包括谱牒在内的典籍文献的查找、核实任务，多请他们帮忙。李慧芳读研期间师从王世华先生与我，其硕士论文《明清徽州演剧活动与宗族互动研究》是王世华先生与我商讨后结合本项目给她出的命题，其研究成果部分吸纳于本书。

最后还要感谢池州学院的领导、同事，正是你们的鞭策，使我成功申报了本项目，既为学校争光也进一步锻炼了自己的科研能力。同时也要感谢安徽师范大学出版社的编校人员，本书的出版也给你们添了麻烦。

谈家胜

二〇二二年八月十八日